李鸿章家族

（插图版）

LIHONGZHANG
JIAZU

宋路霞
著

时代出版传媒股份有限公司
安徽文艺出版社

图书在版编目（CIP）数据

李鸿章家族/宋路霞著. —合肥：安徽文艺出版社，2018.1
（2019.9重印）
ISBN 978-7-5396-6061-5

Ⅰ. ①李… Ⅱ. ①宋… Ⅲ. ①李鸿章（1823-1901）
－家族－史料 Ⅳ. ①K820.9

中国版本图书馆CIP数据核字(2018)第005031号

出 版 人：段晓静
责任编辑：岑 杰 韩 露　装帧设计：八牛设计 闻 艺
....
出版发行：时代出版传媒股份有限公司　www.press-mart.com
　　　　　安徽文艺出版社　　www.awpub.com
地　　址：合肥市翡翠路1118号　邮政编码：230071
营 销 部：(0551)63533889
印　　制：安徽联众印刷有限公司　(0551)65661327
....
开本：710×1010　1/16　印张：26.5　字数：400千字
版次：2018年1月第1版　2019年9月第2次印刷
定价：58.00元
....

（如发现印装质量问题，影响阅读，请与出版社联系调换）
版权所有，侵权必究

序言：一个家族与一个时代
………熊月之

第一章：末代相府
八千亩地、珐琅钟、汇款单 / 001
从熊砖井走向世界的大宅门 / 008

第二章：文章经国
典狱长的家事和婚事 / 012
"读书做官"变成了"招兵打仗" / 020
曾国藩的"钱袋" / 023
翰林变成"绿林" / 028
曾门"刺头""忝为门生长" / 033

第三章：发迹沪上
九千淮军挺进上海滩 / 038
苏州杀降 / 045
负气回老家 / 049
幼子最早"走" / 056

第四章：强国之梦
情系"克虏伯" / 062
铁路之难 / 072

"请进来、走出去"的先驱 / 078
北洋大臣身边的弟兄们 / 084

第五章：宰相合肥
寻找李氏大宅门 / 090
"半个安徽是李家的" / 101
芜湖米市——李氏家族的第二故乡 / 108
两眼漆黑的"铁算盘" / 112
李家首富李凤章 / 121

第六章：豪门联姻
赵氏夫人的"帮夫运" / 125
兵也淮系，婚也淮系 / 127
盘根错节的豪门网络 / 137

第七章：甲午风云
七十大寿与盛极转衰 / 145
北洋舰队与颐和园工程 / 151
春帆楼的屈辱与枪声 / 157

第八章：落日辉煌
大清帝国的超级使节 / 162
调了包的《中俄密约》 / 173
一当十一的超级谈判 / 176
魂归肥东 / 181

第九章：三子鼎立

李经方一生皆悲剧 / 185

用功读书与主张"放脚" / 190

无意之中发洋财 / 195

五百万英镑的遗嘱谜案 / 198

天下第一等孝子 / 207

备受欺负却最有"心劲" / 214

第十章：云贵总督

讲武堂惜才留朱德 / 220

蔡锷念旧释总督 / 223

跑马厅边油灯尽 / 224

第十一章：富贵公子

甘石桥"赶三一去无京丑" / 230

粉子胡同里的皇亲与李家人 / 235

魂系天涯的外交官 / 250

第十二章："怪味"姑爷

败将女婿张佩纶 / 255

买条"火龙"自称雄 / 262

从不买账的蒯光典 / 264

末世难为守财神 / 267

第十三章：短命侯爷

招商局李党遍天下 / 272

暗算赵铁桥 / 274

段祺瑞一语释侯爷 / 277

侯爷之死 / 279

第十四章："遥控"安徽

李氏家族大逃亡 / 281

李国松居沪大不易 / 284

李国光成立船运公司 / 286

李国森与他的青铜器 / 289

李十五章：旷世才女

张爱玲的书激怒李家人 / 293

低气压时代的奇葩 / 303

无可奈何花落去 / 308

宁为玉碎不为瓦全的李国秦 / 310

第十六章：岁月寒暑

暴风雨中的旧王孙 / 318

李家彝坚决反封建 / 325

新四军的割头朋友 / 328

"秘书上行走" / 331

毕生皆造桥 / 334

海外"航空母舰" / 337

闯荡原始森林 / 342
从小开到言派名角 / 345

第十七章：屡败屡战
梁思成的高足 / 353
福建铁路的开创者 / 359
舞台美术专家 / 366
总督宝剑风波 / 370
"杀人如麻"的李道稔 / 375
继往开来的李家"道"字辈 / 379

第十八章：树大根深

附录：
附录一　李氏家族世系简表 / 387
附录二　李氏家族大事记 / 402
附录三　参考书目 / 408
附录四　文安公后裔2015故乡归来记 / 410

后记 / 414

一个家族与一个时代

熊月之

晚清历史上,李鸿章活动极广,影响极大,争论极多。李鸿章去世以后的一个世纪中,关于他的研究一直为学术界所重视,传记、年谱、回忆录不胜枚举,论文难计其数。前两年的电视剧《走向共和》,更使李鸿章再次成为大众关注的焦点,街谈巷议,家喻户晓。

史学界同人都知道,李鸿章研究,成果极丰,起点极高,要出新意,已经难矣乎哉。在这样的心态下,我翻读《李鸿章家族》,原不抱很高期望,但是,读着读着,便渐渐地被书中内容所吸引,难以释卷。一个家族,因李鸿章的命运,先是大红,后是大黑,悬殊之大,有若天渊。这部家族沉浮史,本身就是近代社会变动的缩影,很值得研究。君子之泽,五世而斩。在中国历史上,持续兴旺的家族本不见多。同一时代,因环境、境遇的差异,不同的家族显现出不同的色彩。有的呈上山型,越来越好,渐入佳境,如无锡荣氏家族;有的呈下山型,每况愈下,渐趋式微,如无锡张叔和家族;有的呈闪电型,稍纵即逝,旋起旋灭,如许多军阀家族。李鸿章家族则呈波浪型,时起时伏,蜿蜒向前。

这个大起大落的家族,在那个风雷激荡的年代,竟出了那么多的人才,政治家、外交家、企业家、科学家、艺术家,散处在中国大陆、香港、台湾、新加坡、美国、加拿大、尼日利亚等地,这种众多人才出于一家的现象更值得研究。家境、家风、家教、遗传基因、个人气质、逆境的锻炼,都在家族演变中发生作用。这样的家族,实在是社会史研究的极好个案。

为了写这本书,作者搜集、查阅了许多第一手资料,除了已刊的李鸿章奏稿、文稿、各种传记,还有李鸿章、李瀚章、李经羲等人的未刊信札,李经方的长篇遗嘱,李鸿章一支积善堂的田产目录,李蕴章一支慎余堂的田产、盐票目录,李家葊所作的长篇"交代"……作者东奔西走,南下北上,做了大量实地调查，口访笔录，发微阐幽，合肥、芜湖、安庆、北京、保定、天津、威海、苏州、南京、扬州、杭州、香港，都洒下了她辛勤的汗水。

书中有相当一部分资料是首次披露，弥补了以往研究中的一些缺憾，解决了一些没有解决的问题，加深了人们对李氏家族的理解。读李经方的遗嘱，从他的田产、房产、股票分布在芜湖、合肥、上海、大连、南京、安庆、天津、宣城等许多地方，投资房地产、银行、保险、盐业、纺织厂、砖瓦厂、铁矿等多种企业，可以知道近代豪绅与古代财主的区别。从其遗嘱聘请专门律师和证明人的格式，也可看出近代人法律意识的变化。

我读过宋路霞的多种著作，其共同的特点是，以文献资料和调查访问相互印证、补充，都是用墨水和汗水写成的。我钦佩她的学识和方法，钦佩她的闯劲、钻劲、韧劲，钦佩她乐在苦中，以学术研究为安身立命之本的精神境界。

作者本习中文，办过杂志，笔下功夫了得。在她潇洒流畅的笔下，本已非凡的故事，被娓娓道来，环环相扣，时而风轻云淡，时而金戈铁马，时而哀怨缠绵，让读者跟着情节的展开，或喜或忧，或发眦眦裂，或掩卷浩叹。

这是一本资料、义理、辞章三长兼具的书，在存史、教化、娱情三方面，都值得一读。特此郑重介绍。

于上海社会科学院

2004 年 10 月

2009 年 3 月

2016 年 1 月

（本文作者是原上海社会科学院副院长，兼历史研究所所长、博士生导师、《上海通史》主编。）

第一章：末代相府

八千亩地、珐琅钟、汇款单

李瀚章的孙子、香港国光船务有限公司老板李国光

香港国光船务有限公司的老板李国光先生，是位红光满面、整天乐呵呵的好好先生。他已年逾古稀，还整天带领着两个儿子和一班人马，在九龙尖沙咀的写字楼里忙得飞飞。

问他为什么还要这么卖力，他一脸苦笑："我们底子薄，比不上人家，现在香港生意不好做，一切需要自己打理……"

笔者马上当面揭穿他："您什么底子薄？您不是拥有八千亩地吗？您这个大地

李鸿章的大哥、湖广总督李瀚章

主还叫苦,别人怎么办?"

"哈!哈!哈!……"他开怀大笑起来,"你怎么知道的?谁告诉你的?八千亩地是不假,可是那早就是过去的事情了,过去半个多世纪了,早成历史的陈迹了……我若是现在还有八千亩地,还用得着在这儿忙活吗?"

说的也是。

那么后来……

原来,这位国光老板是位"真人不露相"的好手,笔者费了不少的工夫才弄清他的原始面目,原来他是晚清重臣、直隶总督兼北洋大臣李鸿章的侄孙,即李鸿章的大哥、晚清两广总督李瀚章的孙子。他的祖父李瀚章在打太平天国的时候,曾在曾国藩的幕府里办理军需(总理湘军后路粮台),是个办军需、筹粮饷的能手,论资历、资格比李鸿章还老呢!李瀚章对清廷有功,后来仕途一路青云,当过湖南巡抚、浙江巡抚、江苏巡抚(相当于省长),还当过湖广、四川、漕运、两广共四个地方的总督(掌管两个或三个省的地方官),尤其在湖广总督的位子上,一干就是十三年。这在当时是了不起的大官了,差不多相当于新中国成立初华中区的书记了。俗话说,"三年清知府,十万雪花银",一任县太爷还能挣十万雪花银呢,何况掌管好几个省的总督呢,赚他八千亩地,还不是小菜一碟吗?

其实,自从太平军1853年打到了安徽,李氏家族就整个地被绑上了战车,不仅是李鸿章、李瀚章,他们六兄弟中的李鹤章、李凤章、李昭庆,包括失明的老四李蕴章,全都在戎马倥偬之中。

从此老李一家就从一个书香之家,演变成一个军旅之家;后来又从一个军旅之家,演变为一个官宦之家。李鸿章则当上了文华殿大学士,成为天子身边的、皇家倚为右臂的一代名相。

……

封建社会讲究"一人得道,鸡犬升天",作为宰相的侄孙,李国光沾点儿光还不是正常的吗?不沾光反倒是不正常了。他的祖父李瀚章思想老道,木头疙瘩,不像李鸿章有办洋务的经验,挣了钱知道往沿海大城市里搞点投资,比如在上海买栋大房子,还买股票……李瀚章有了钱只知道在安徽老家买地,到他1899年去世时,名下已有四万多亩地了。他有十一个儿子,所以每个儿子分得了四千亩地,同时给每个儿子在乡下置办了一座大宅院,少则三进,多则五进、七进。李国光虽没去住过,但他听父辈说过,那都是在当时不得了的好房子,可知"半个安徽是李家的","宰相合肥天下瘦",这些民间传言,并非空穴来风。

李国光是李瀚章的第七个儿子李经沣的独养儿子,同时兼祧两房(老五李经沅无子,过继李国光为嗣子),所以到了李国光继承家业的时候,名下理应就有了八千亩地和两座大宅院。说他是个八千亩地的大地主,还冤枉吗?

李鸿章、李瀚章与他们的子孙

年幼时的李国光与父亲李经沣

不幸的是，当年他只有7岁，却在十二天内，接连死了两位老爸：嗣父是因病，死在北京；而生父却因临近年关要洗澡，就在屋子里生个炭火盆取暖。他对妻子和用人说："你们都走吧，我自己擦巴擦巴就行了。"结果这成了最后的遗言，他因煤气中毒而去世。

那时他家已住在天津，出丧的时候，一个7岁的孩子拿着哭丧棒，披麻戴孝地走在送葬的队伍前面，后面跟着两个寡妇和两具棺材……人家里过大年，他家里哭声震天。毕竟是李家，前来送葬的人成团成旅，在马路上排了长长半条街，吹鼓手把小号吹得昏天黑地，在当地传为一大新闻。

……

俗话说"富不过三代",李家到李国光正是第三代!

"那后来的日子……"

"简单说吧,后来就是孤儿寡母地过日子。虽说有八千亩地,7岁的孩子,又奈若何?全靠乡下的账房打理。京城里虽说还有大伯父李经畲,但已年迈体弱,民国后不食周粟,已靠变卖故物度日,何况与家父又不是一个母亲生的,就不能指望什么。太平日子还好说,兵荒马乱的年头,乡下农民都逃难了,土地也荒芜了,账房报上来的数字是年年歉收。所以到了1947年我在上海圣约翰大学读书时,还要靠业余去一家报社搞搞校对,调整调整版面,打打工,才能维持学业……"

换句话说,整整八千亩土地,就这么不知不觉地没影儿了。

李瀚章的孙氏夫人与李经沣三兄弟

"就这么糊里糊涂地没有了？"

"就这么糊里糊涂地没有了！"他斩钉截铁地把两手一摊，一脸"白茫茫大地真干净"的神情。

这在有正常思维的人看来，谁信呢？这要在"文革"中写成交代材料的话，不被红卫兵往死里打才怪！新中国成立那年他22岁。

谢天谢地，皇天不负苦心人！笔者终于目睹了在大陆绝对无法看到的、令人对"豪门盛衰"有了感觉的两样东西。一样是李家金山银山、蒸蒸日上时，慈禧太后赏赐的珐琅钟。

那是一个非常精致、色彩至今仍很鲜艳的长方形的古典珐琅钟，原有一套十二个，正宗原装的法国货，是当年法国公使进贡给慈禧太后的国礼，慈禧非常喜欢。那时她周围的太监迷信，认为送钟不好，不吉利，弄不好就成了"送终"了，所以建议慈禧还是赏给哪个大臣吧。慈禧本不想送掉，就推说："总督当中，谁有十二个儿子我就赏给谁。"谁知那时还真有多子多孙的人，结果下面报上来，说是李瀚章有十二个儿子，慈禧没辙了，于是就赏给李瀚章了。

李经沣与御赐珐琅钟

那包装得漂漂亮亮的一套珐琅钟，千里迢迢送达湖广总督府的时候，老太爷感动得跪在地上久久没起来……

其实李瀚章只有十一个儿子，说十二个那是误传。李瀚章得了十二个珐琅钟，一个儿子一个，自己留一个。每一房都欢天喜地，视为无上的荣耀，轮番与那钟合影照相留念。传到"国"字辈手里时，人家是长房之子才获得一个，他李国光兼祧两房，一个人得了两个。有一年，其中有一个出了点毛病，他请一个懂行的亲戚打开钟的后盖看看，发现里面有当年的钟表匠作的保养记录，时间是在19世纪50年代，说明这批珐琅钟起码有一百六十年历史了。现在这两个钟走时仍很准，只是闹钟不闹了，可知这御赐的东西都是真家伙。

另一样"证据"可就叫人揪心了，竟是一盒子发黄了的、从50年代中期就开始的、从香港汇往大陆的汇款单的存根，是寄给那些原先也有着四千亩地、一座大宅院和一个珐琅钟的人的后代……他们的生活后来陷入了困境，家里的东西早已经卖得"见底儿"了，不得不靠别人接济过日子。这样的汇款每月有一批，少则三十元，多则五十元、八十元，养活那些早已把珐琅钟也卖出去填肚子的本家人。

翻检着眼前一小捆一小捆的发黄了的汇款存根，1958年的、1959年的、1960年的……笔者哑然，顿时有点西风古道瘦马的味道。

突然想起不久前曾经看到过的，一摞李慎余堂（李家老四房）的田产目录，小楷手书的原稿，何年何月购进哪里的田，几亩几分几毫，购买人是谁，卖出人是谁，证明人是谁，价钱多少，方位何处，清清楚楚。这样的田产目录竟然有十七册！堆在桌上有一尺来高。这十七册田产目录的总数加起来，也未必能有四万亩地。而李瀚章的四万多亩地，怎么就变成了眼前一盒子汇款存根了呢？它们之间的距离，不过才隔了两代人……

《红楼梦》里说"呼啦啦似大厦倾"，那大厦说倾就真的倾覆了！

不知那些每月翘首盼望着香港汇款的人，他们是年老无子，体弱多病，还是吃喝嫖赌，风花雪月，以至于弄得衣食无着？看看户头，居然有十户人家！

一个世受皇恩、位极人臣、屡获赏赐、权倾天下，几乎是金钱堆成的大宅门，在李鸿章死后也就是五十年光景，其中的一部分人，已经潦倒到了如此地步！当然还有另一部分人，如李国光等人，从一个报社的打工仔，一个被张春桥逐出《解放日报》的"狗崽子"，变成了尖沙咀高档写字间里的大老板……豪门之事，陵谷兴替，转眼兴废，哪是拨拉拨拉算盘珠子就能算得清楚的！

李国光打开了话匣子，哪一支、哪一房、哪一家、哪个人……

"文章经国,家道永昌……"按照李家老祖宗立下的子孙辈分表,此时的李国光更像一位历史老人。这八代人从李文安(1801年生)算起,如今已是两百多年了。两百年间八代人的盛衰往事,两百年间一个顶级大宅门的后院秘闻,掺和着国际风云、政坛恩怨、豪门诡秘、商场硝烟……还有那几起至今还说不清楚的谜案……

李家事,怎么看都像一部近代《红楼梦》!

从熊砖井走向世界的大宅门

据说李家的发家得助于一口井,一口神奇的井,在合肥市以东三十里地。

现在从合肥市中心乘中巴向东走,一个多小时,就会来到一个过去叫肥东县磨店乡的地方。磨店大马路的北部有个不大的、只有几十户人家的村庄,现在叫祠堂郢村。

合肥磨店乡大门

这个村庄一百多年前可是个了不得的地方,当地无人不知这是当朝宰相李鸿章的老家。村里不仅有李家老宅,李家池塘,李家的拴马桩,村外还有大面积的李家的坟冢和护坟田。那座雕龙画凤、气宇轩昂的李家祠堂,虽说只有三进,但供应这祠堂日常开销的义田就有上千亩。久而久之,那村庄的名字也就因李家的祠堂而成了祠堂郢村。每年前来烧香祭祖的李家人,春秋两季,马拉骡驮,前呼后拥,动辄遮天蔽日……

转眼一百年过去了,在后来的数十年间它很少被人提起,因为原先的李家祠堂已经不复存在了;祠堂里的"神主"早被砸了个稀巴烂。不仅李家的坟头,所有的坟头都被平掉了,自然,这个家族的高墙深院和荣华富贵,也伴着远去的岁月,早已烟消云散了……现在村里唯一还"值钱",还时常被提起的,就是村头路边的那口古井。

这是一口有着数百年历史的、井栏早已斑驳陆离,如犬牙交错的古井,开凿于明朝,是一位姓熊的地方官员带人挖掘的,所以史称"熊砖井",无论是明清时代的肥东地方志,还是李氏家族的碑刻文献,都有记载。这样一口井,若是在大城市,恐怕早就被罩上了铁丝网,旁边竖了牌子,要想一照芳影还得收费也说不定。可这是在乡间,凡事似都打了折扣,没人来保护它,没人竖牌子,每天早晨晚上,村民们仍来挑水做饭,它的使用价值和别的水井没什么两样。

但是据说这口井有着非凡的法力,能给人以福音。当年有一个官员,为求保佑,特意从井栏上敲下一块石头,回去刻了官印,所以现在看到的熊砖井,确有一处豁口特别大。至于那个官员后来有没有高升,不得而知,但在这井边生活了多少代的李家,最后倒是真的发家了。

他们的远祖原先姓许,后来他们的一个祖先过继给一位母舅后才改姓李。

姓李以来整整六代人,基本上都是背朝青天脸朝地的传统农民,与科举无缘,与官场更无缘。而从第七代人李文安开始,第七代、第八代、第九代,在不长的时间内,三代人中竟有四个人接连考取了封建社会的最高学历——进士,还有很多人考上了举人、拔贡,秀才。那时的规矩是"学而优则仕",于是带动了整个家族,光宗耀祖、升官发财、飞黄腾达……这是怎么回事呢?老乡们说,就因为从李

熊砖井附近的李家宗祠残碑

近看熊砖井

文安的父亲开始,李家搬到这井边来住了,李家喝了这井里的水……可知这井水有水平!

有传统意味的是,李家许多人活着的时候依井而居,死了之后就绕井而葬。他们中有的人在外闯荡了若干年后,到了"叶落归根"的时候,又回到了这里。还有些人即便活着的时候并不住在井边,但死后也葬到了井边!

李家的三世祖就葬在熊砖井以西的大老坟,是片离熊砖井仅半里地的松树林;四世祖也葬在大老坟;五世祖葬在熊砖井附近的小老坟,离井只有一里路;六世祖李殿华即是李鸿章的祖父了,葬在熊砖井以北的枣树林,李家人称之为井上坟;李鸿章的父亲李文安也葬得不远,离井数里路。到了李鸿章要入土为安的时候,虽葬得远一点,但也没出肥东,在从熊砖井到合肥市的大路边上,离城十五里,地名叫大兴集。在这前后,他的兄弟、儿子,以及侄子、侄孙许多人都回到这里长眠。只有李鸿章的大儿子李经方这个驻英公使"海派",葬入上海的万国公墓。

李家人就是从这儿走出安徽,走向华北、华东、华南和沿海一线,进而走向世界的。

当然,他们中的大多数人还是没有回来。两百年间,天翻地覆,物是人非,后代早已散居在世界各地,除了中国大陆和香港、台湾,还在美国、加拿大、德国、澳洲、日本、新加坡等地安居乐业,和他们的老祖宗一样,从事"洋务"的居多,干文教事业的也不少,但无论走到哪里,只要讲起安徽合肥,只要说是姓李,他们就会掰着手指头"文章经国,家道永昌……"地盘算一番,然后判定你是哪一房,是不是他们老李家的嫡系。年纪大的,还会提起"熊砖井"。

这口熊砖井,现仍蹲在原来那个地方,蹲在那个无数李家人走向新天地时的村口路边。过去是这个姿势,现在仍是这个姿势,远远地,用它那残缺的井栏,切割着乡间的风景。它已伤痕累累,最深的绳沟已能伸进一只成人的手……每天,仍向村民们奉献着清清涟漪。

第一个背井离乡去闯天下的李家人,就是李鸿章的父亲李文安,他是李家"文章经国,家道永昌"八代人中的第一代人。

第二章：文章经国

典狱长的家事和婚事

李鸿章的父亲李文安(1801—1855,号玉川,又号玉泉,别号愚荃,榜名文玕)是个心地善良的司法官,也是一个很不错的诗人。

他这个司法官可不是县衙里的"无公道",而是京城里刑部的执法官,曾任主管广西、奉天、山西的司员,当过提牢厅和秋审处的主管,掌管着犯人的生杀大权,还亲自管理过两个监狱。照理说,这可是个肥水大得可撑船的差事,哪个犯人家属不有求于典狱长呢?而李文安在刑部一干就是十八年,一贯秉公办事,官私毫无闲言,最后官至督捕司郎中,记名御史,相当于现在公安部侦缉局的局长。要不是后来太平天国兴起,他们父子必须放下公文簿去打仗,这个位子他恐怕可以一直坐下去的。这个位子得来实属不易,完全是他二十年辛苦寒窗,拼命读书的结果。

李文安的父亲李殿华(即李鸿章的祖父)是个"五十年不进城"的乡下读书人,家有几十亩地。他不进城,但总想从黄土地上走出去,于是于科场功夫甚为在心。但是他在考试时总不顺利,科场屡次失意,后来干脆就在家设馆教教学生和孩子,把希望寄托在儿子们身上。

他家住一处三进的小瓦院,算不上很富裕,至多相当于中农,年成不好的时候,日子过得就很紧张。他的孙子李鸿章曾揭过家里的"老底儿",他在给他弟弟李鹤章的信中写道:"前吾祖父穷且困,至年终时,索债者如过江之鲫。祖父无法以偿,唯有支吾以对。支吾总非长久之计,即向亲友商借,借无还期,亦渐为亲友所厌。其时幸有姻太伯父周菊初者,稍有积蓄,时为周济,并劝祖父以勤俭,并亟命儿孙就学,吾祖父从其言,得有今日……"(《李鸿章家书》)。可见早年李家日子并不好过。但是李殿华心气很高,立志让四个儿子都能读书做官,飞黄腾达,光宗耀祖,为此,还不惜工本请来科场高手当家庭教师,帮助儿子们攻读、备考。

四个儿子中总算小儿子李文安实现了老爸的理想,于江南乡试中举,四年后又考中了进士,从而跻身于京城衮衮诸官之列,使李家这个泏水边的中农之家,一夜之间,"以科甲奋起,遂为庐郡望族"(《庐州府志》)。

考中进士在当时是何其了得的功夫!多少人苦读一辈子也不得入其门。李鸿章的淮军哥儿们中,只有刘秉璋一个人是进士。他的同党唐殿魁、唐定奎家,打仗能行,读书不来,两百年间,整个唐氏家族只考中了一个秀才,所以他家后代唐德刚先生正话反说:考进士考不中是正常的,而考中是不正常的(唐德刚《晚清七十年》)。全国每四年才有一次考进士的机会,每次只有百余名幸运儿能够登榜,比现在的博士还难考得多,可见科举之难"难于上青天"。

李文安早年读书读得很苦。他在兄弟中排行最小,从小身体很弱,别人家聪明的孩子4岁就启蒙了,他到8岁才读书,到了13岁,别人都有考上秀才的了,而他才读完四书和毛诗。老爸望着他直发愁,没看出他是个大器晚成型的人才,还以为他贪玩不用功,就叫大儿子李文煜来督阵,专门管教他读书。

李文煜科场也不顺心,考上秀才后再无长进,也学老爸的样子,在家开馆收徒教书。这个大哥对付小弟也真厉害,每年正月初三就开学,一直要念到大年夜为止,毫不放松。然而毕竟严师出高徒,结果李文安青出于蓝而胜于蓝,中了举而大哥未中,几年后李文安又中了进士,而几个哥哥都名落孙山。

不过李文安也费了九牛二虎之力,他苦读到35岁那年(1834年)才江南乡试中举,在这之前,他已经历了十数年的寒灯煎熬,其间也当教书先生,或收徒,或馆于人家,但自己的功课绝不放松。中举后又过了四年,终于圆了进士梦,这时他已快40了,度过了他人生的大半截(李文安《都门望云思乡赋》)。

但是最要紧的还是他的"命"好。他这个进士中得不早也不晚,正好与数年后大红大紫的曾国藩同一年考中,这种关系过去称为"同年"。在那个时代,这是一种极其微妙又极其重要的人际关系,从"实惠"的意义上说,远远超过了同乡、同学、同族,甚至超过同胞的关系,因为同时考中进士就意味着要同时做官,有着共同的联系和参照。初做京官的他们无形中就是一个整体,除了他们的考官,他们之间往往比官场上的其他人更亲近,更能够理所当然地相互帮忙,相互利用。

李文安性格比较内向,"资性中下",但他万事心中有数,眼力不差,同年中始终与曾国藩拉得挺紧。那时曾国藩不过是个普通的京官,初任翰林院侍讲学士、内阁学士,只是个编编史书的闲官,后来才当上礼部、兵部、吏部侍郎(相当于现在的副部长)。而李文安早早地就安排两个儿子李瀚章和李鸿章去拜曾为师,跟其学"经世之学",一旦到了他们要奋发进身的时候,就派上大用场了。这大概是李文安贡献给他的家族的最高智慧。

他本人作为司法官一贯清廉正直,坚持依法断案,每到秋审最后断案的时候,披览卷宗每到深夜,力求准确地量刑,不冤枉一个好人,"庭净面折,人有包老再世之目"。但他"以倔强不苟合,不获于上官"(李鸿章为其母亲写的《墓志铭》)。其实,历来官场上都是如此,做事既要认真,又不能太认真,要看是什么事。你什么事都太认真了做官就不讨巧了。问题是李文安这安徽人的脾气,凡事都太认真了,就必然不讨领导的喜欢,所以他始终没当上"部级干部"。他们同年中人家都升得挺快,他弄来弄去还在看监狱。

尽管如此,一些正直的同僚看得清楚,用诗的形式记下了他做的好事,尤其是善待狱囚的善举,这在那个黑暗的时代是极其难得的。那年头连无辜的老百姓都没人关心,谁还去关心那些狱囚呢?

有《咏李玉泉先生为提牢诗》数首为证。诗曰：

一汤一饭浅深量,是否堪餐每自尝。
甘苦可推军十万,狱中留得姓名香。

晚饭散过号腹来,双眸炯炯不胜哀。
狱中幸有推恩米,例自先生到此开。

棘墙深闭见天遥,溽暑熏蒸未易消。
赖有仁风吹隔座,蒲葵五万共招摇。

托钵沿门酿俸钱,秋深检点补黄棉。
先生更给病囚被,寒到圜扉不耸肩。

(司狱王燮堂)

是说他管提牢厅时,下属两个监狱,他每天都要巡视一遍。这到底是刑部大狱,竟然关押了五万因犯!每个监狱从南到北往返一圈五里地,两个监狱每天走一遍就是十来里路,他总是坚持每天亲自到场巡视,仅仅这一点就很不容易。

他严禁狱吏虐待囚犯,规定囚饭每人要保证给足一满勺饭,为了防止狱吏克扣斤两,遇到开饭他就要亲自检查,并且亲自尝尝生熟。狱中开支有限,晚饭后伙房关门,而遇到那些晚饭后才押解到狱的囚犯,他不忍其饥肠辘辘,就自掏腰包,捐米煮粥,聊以慰藉。春夏季节狱中易发传染疾病,他早早派人熬好了药做好准备。甚至夏天买来扇子和席子,冬天捐献棉衣,还在每个"所"备置12条棉被,供生病的犯人发汗养病之用……可见他除了心地善良,还是个非常仔细的人。所以在他管事期间,狱中没发生过意外死亡之事。

他对自己的工作也挺满意,诗中一再流露出得意之情:

每思工部千间厦,更爱香山万里裘。
我且按囚给大被,铺秸草刈野塘秋。

南北奔驰十里程,衣冠整肃踏沙行。
给筹鱼贯分餐际,堪念嗷嗷待哺情。

衣冠整肃待衙参,每日平安竹报谙。
常愿两监无病帖,论功不厌纪窗南。
(李文安《贯垣纪事》)

他的《愚荃敝帚二种》付印时已是同治五年(1866年),已在他去世十年之后。他的两个儿子李瀚章和李鸿章早已是朝廷的命官,一个是两江总督,一个是湖南巡抚,为之写序和跋的人本可以大加恭维,大吹大捧,写序人本可以是当朝大吏,或皇亲国戚,然而不然,为之写序的不是亲戚就是同事,人们一再称颂的仍是他的善良和清廉。

他的善良还为他促成了一桩不错的婚姻。

当初在磨店老家时,有一年他父亲抱回一个正在出天花的女孩。那女孩在路边啼哭不止,浑身发烫,显然是个被遗弃的病孩。李殿华虽在乡下,毕竟是个小知识分子,略懂些医道,尤擅长儿科,见了心怜之,于是抱来家医治,几番调治后居然治愈。女孩病虽好了,但脸上却留下了稀稀落落的白麻点,这对女孩子来说,是个不小的缺陷。女孩没有地方去,就成了李家的一员,长大后就在李家帮着干活,她要以辛勤的劳动来报答李老太爷的养育之恩。她既然要整天跑进跑出地干活,也就没有必要像深闺里的小姐一样裹小脚了,同时也没有亲生母亲在旁监督她裹脚,那双自由自在的大脚就成了她生活

李鸿章与李瀚章

中的好帮手,什么重活儿都不含糊,久之就成了村民们的笑料。

一个脸上长了麻点,蹬着一双大脚,又整天在地里扛活儿的姑娘,长大之后是无法找到一门好婆家的,何况还是个被丢弃的孩子,亲爹亲娘还不知在哪里。但她不知道,有一双善良的眼睛早就在注意她了,这就是李家的四少爷李文安。李文安是个心慈面善的人,见不得人家受苦。有一天他晚上从外面回来,看见姑娘劳累得倒在灶门口,睡着了,就顺手脱下外衣盖在姑娘身上。其父闻知后,知道儿子对姑娘有情,遂命之结为夫妇(丁德照、陈素珍编著《李鸿章家族》)。

孰料新娘子有很强的帮夫运,她非凡的才干在婚后不断地表现出来。原来她也姓李,特殊的身世,使她不仅吃苦耐劳,泼辣能干,遇事有"豁出去"的气概,而且有很高的智慧。她擅长干农活儿,也善于治家,前半生非常辛苦,后半生极其享福,应验了中国人那句"吃得苦中苦,方为人上人"的老话。

她是李家的大功臣。丈夫在家时要读书备考,在外时要秉公做官,家中一切,就只能由她负责打理。她还为李家生了六男二女。六男即李瀚章、李鸿章、李鹤章、李蕴章、李凤章、李昭庆兄弟;两个女儿,大女儿嫁记名提督、同县张绍棠,二女儿嫁江苏候补知府、同县费日启,都嫁得十分风光。她的大智慧还在于,每当丈夫和儿辈遇有升迁,别人总是喜笑颜开时,她却不然,她总是不露喜色,反而沉静地时时以盈满为戒,显示了"福人"的真功夫。

李鸿章的母亲李氏

上苍也回报了这位苦心的女人,让她在后半生大富大贵,活到83岁,比丈夫李文安多活了二十八年。

她晚年跟着两个当总督的儿子过,在总督衙门里当她的太夫人,享尽天下荣华富贵,根本不在乎乡下的那儿进小院了,所以在熊砖井的老土地上,并没留下她的大宅院。她的儿子们帮助清廷打败太平天国后,有一年总督"换防",李鸿章从湖广总督的位子上北调京畿,去任直隶总督,留下的湖广总督的职位恰好由他的哥哥李瀚章接任。当时她正跟儿子住在总督署内。总督要调换了,而老母亲是同一个,老太太是不需要"挪窝"的,走了一个总督是她的儿子,再来一个总督还是她的儿子。乡间邻里不无羡慕地传出话来:"人家李家是总督换防而老太太不用换防。"其福分真是人人仰之,无以复加。此后两个总督又有过一次类似的"换防",老太太仍是"他们换他们的防,不关我事"。

她的后半生,不仅享受了一般官僚家庭的荣华富贵,还屡受皇恩。

她75岁生日时,适逢慈禧太后40寿辰,清廷为笼络汉臣,推恩及亲属,特下《褒赏谕旨》:"内阁奉上谕,大学士直隶总督一等肃毅伯李鸿章、湖广总督李瀚章之母年近八旬,特沛恩施,着赏给御书'松筠益寿'匾额一面,紫檀三,镶玉如意一柄,大卷江绸袍褂料二匹,大卷八丝锻袍褂料二匹"(《文安公之配李太夫人褒赏谕旨》)。1882年,老人家年纪大了,身子骨欠佳,久病不愈,皇上又下谕旨,赏李鸿章一个月假期去湖北(李瀚章的督署)探望,并赏其母人参八两,以资调理(《文安公之配李太夫人赠参养病谕旨》)。可是那八两人参并没有养好老太太的病,老太太于圣旨下达的当日就去世了。于是皇上再下一道谕旨:"内阁奉上谕:大学士直隶总督李鸿章、湖广总督李瀚章之母,秉性淑慎,教子义方,今以疾终,深堪轸恻,朝廷优礼大臣,推恩贤母,灵柩回籍时,着沿途地方官,妥为照料,到籍后,赐祭一坛,以昭恩眷。钦此!"(《文安公之配李太夫人饰终谕旨》)。

在中国,这是没有几个老太太能够得到的至高恩宠。

次年3月,载着李母灵柩的大船从汉口沿长江而下,一路上各地官员迎接送往不敢怠慢,中经巢湖、店埠河、全羊河水路运至磨店乡,合葬夫墓。在磨店来说,无疑又是一次盛大的典礼。

这还没完,在她去世二十多年以后,清廷还追封她为一品夫人、晋封为一品伯夫人、晋赠一品侯夫人。那时不仅是李瀚章、李鸿章,连她所有的儿子都已去世了,朝廷还在念记着她,可知她的身价在晚清历代皇帝眼里,都是不低的。

"读书做官"变成了"招兵打仗"

李文安在京城刑部当官十八年,虽然没什么大红大紫,但日子总算过得也还平稳。尤其是在京的最后几年,好几个儿子都来到北京,不是读书就是当官,妻子李氏也来京城住过一段时间,家中自是一番喜气洋洋。

二儿子李鸿章最出色,1847年考中进士,入了翰林,先为庶吉士,后为编修,父子俩同为进士,都成了京城官场上的人。大儿子李瀚章也考中了拔贡,步入仕途。那可是每十二年才举行一次的省级选拔考试啊,每个府的府学只有两个名额,每个州或县学,只有一个名额,是在尖子里拔尖子。李瀚章考中后分配到湖南当县官,初到湖南时,湖广总督裕泰一见就唤起了"第六感觉":"他日继吾位也,必李令也"。三儿李鹤章虽屡次乡试不第,好歹也是个秀才了。四儿李蕴章、五儿李凤章和六儿李昭庆都是国学生,都曾来京城读书,李凤章还当上了国史馆的誊录官。如此子弟兵云集京城,李文安怎能不欣慰呢!

谁知好景不长,没几年,"一声霹雳震天响",他们就一个个卷铺盖回安徽老家了。不仅没有官做了,而且"读书做官"一下子变成"招兵买马"、书生打仗了。这主要是南方的太平天国狂飙兴起,席卷了半个中国,又从武汉顺流而下,直捣江南和安徽的缘故。李氏兄弟面对老家安徽的省城安庆失守的严重局面，只好感叹"生于末世运偏消"了。

据说安庆失陷的警报传到京城时，李鸿章尚不知最新情报，正在海王村逛书摊。一个知情的同乡人见了他劈头就问："你难道还不知咱们的省城已失陷了吗？为什么还在这儿闲逛？"李鸿章顿时感到时局严重了，连忙去找同是安徽籍的京官、时任工部左侍郎的吕贤基，怂恿他上书朝廷，建议立马组织精兵强将赶赴前线，夺回江淮战略要地，只有这样，才能确保大清北方的安全。

吕贤基认为说得不错，就令他代为执笔，自己签个名上报皇上即是，因为在此之前，李鸿章经常为之代笔。"文忠归，翻检书籍，审查时势，惨淡经营，而得长篇……"写完奏疏已经深夜，幸好他住的地方离吕贤基家不算远，就赶紧差人送去，便于第二天早晨吕贤基上朝时呈递上去。报告送走之后，李鸿章蒙头大睡，醒来时已是第二天中午。

他心里惦记着昨天的事情，未见有消息传来，就直接驱车到吕贤基的家里听动静。谁知刚跨进吕家的院门，只听见里面号啕声一片，像是死了人一样。他还没反应过来，只见吕贤基从里面跳了出来，朝着他大声叫道："都是你害的我！现在倒好，皇上派我回乡督办剿匪。你害我，我也要害你！我奏调带你同行，当我的帮办！"（刘晦之《异辞录》）

不知老李当时有没有被他那阵势吓唬住，反正这回要放下书本去打仗是无疑了。不仅他本人要回乡督带练勇，半年多后，太平军接连拿下了桐城、舒城，庐州（合肥）也危在旦夕，实行戒严，朝廷再次震动，他的父亲李文安也被派回去练勇协剿了。

其实李家父子早就预感到局势不妙，迟早要挺身而出。因为那时朝廷的八旗军早已形同摆设，不能打仗了。一旦有紧要，"文武以避贼为固然，士卒以逃死为长策"，而且，地方上多年不打仗了，部队又实在少得可怜，偌大一个庐州府，守兵只有五十余名，全省能够动用的兵额，不过才四千，这如何挡得住太平军的滔天洪水？所以短短两年时间，太平军就横扫了半个中国。刚刚当上皇帝的苦命天子咸丰,只好大派汉族官吏的用场,把他们尽可能地赶上战场。既然官军不可恃,那么就鼓励那些有本事的在京官吏,打回老家去,通过他们自己本乡本土的各种关系和势力,培植新的武装力量吧。所谓回乡"结寨团练",就是一招。

李文安早就在暗中操作了,他不断有信写回老家,叫家乡的哥儿们筑圩练兵自卫,先为防患预备之计,同时把在京读书的三儿李鹤章也打发回家,叫他弃文从武。所以在他们父子回到安徽之前,当地早已是山头林立,圩主横行了。所谓圩主,都是些有势力的地主乡绅,趁着天下大乱,自立称雄。圩主之间是"贼来则相助,贼去则相攻",并无官府的统一领导,诸如吴长庆、张树声、张树珊、周盛波、周盛传、刘铭传、潘鼎新……都是当时不可小视的地方势力,后来在李鸿章编练淮军时,都成了老李麾下的强将。人们所谓的"庐郡团练整齐",其实指的就是这种情况,这与李文安的工作是有直接关系的。官派团练大臣的任务是要把这些散兵游勇组织收编起来,帮助朝廷对付太平军和捻军。

书生带兵打仗,说起来容易做起来难。吕贤基临出京的时候与其母亲告别,自知此遭必定有去无回,跪在地上大哭了一场。去和咸丰皇帝告别的时候,君臣两个相对又是大哭一场。李鸿章后来和何莲舫的诗句中有"谏草商量擗吾围,伏蒲涕泣感君恩""追伧同胞烈士魂"之句,说的都是当时的实情。李文安虽不惧死,但还是在回乡后不到一年半就战死了。

李文安从未打过仗,起初运气还算不错,初战安徽临淮,又战庐州和巢县,战事还算顺利。他会同御史袁甲三(袁世凯的伯祖父)和安徽巡抚福济,屡战屡胜,曾大破捻军,还曾亲率乡团千余人,联合清军,攻破了庐州城外的农民军营垒。在庐江的白石山一战中,直接与太平军的英王陈玉成对垒,居然围城打援,打败了英王的一支部队,切断了庐州城的外援,声威大震。可是后来在会攻巢县的时候,后勤工作没有及时跟上,军粮不足,那些临时招来的士卒吃不饱肚子,就不肯卖命了,自然就劳师无功。李文安回到团练公所

清军炮台

郁郁不乐,借酒浇愁,竟发病猝死。他劳累一生,没有享到儿孙们的福,临终前还不忘遗命其子:"贼势猖獗,民不聊生。吾父子世受国恩,此贼不灭,何以家为?!汝辈当努力以成吾志!"

有其父就有其子。后来李家六兄弟都直接或间接地加入了剿灭太平军的战争,为朝廷卖死命。两位女婿也不示弱,为老丈人脸上添了不少光。大女婿张绍棠夫妇在李家困难的时候,曾屡番接济李家,令李鸿章数年后还感激不尽(李鸿章《诰封一品夫人亡妹张夫人家传》及其给弟弟的信)。李家子弟兵中,除了老四李蕴章因有眼疾,只在其大哥李瀚章的衙门里做过一段时间差事,不能直接率兵打仗,其余都上过战场,并有累累战功。

曾国藩的"钱袋"

李瀚章的学位和官位都比其弟李鸿章差了一截,打起仗来,"帅气"和

"霸气"也略显不足,但他有他的长处。他有经济头脑,会"抓钱",会当家,会料理后勤,周旋人事,办事扎实可靠无二心,这样的人无论到什么时候,都会讨领导喜欢的。这可能与他在家是老大,其父初到京城做官时,他必须学会帮助母亲管家,安排全局有关。

李瀚章(1821—1899),名章锐,号小泉、筱泉、筱荃,晚年自号钝叟。他命运不错,除了刚入仕途时碰上连年打仗外,战争结束后就一帆风顺,青云直上,从湖南省的一个小县官、总理湘军的后勤官,一直升到湖南巡抚、浙江巡抚、湖广总督、四川总督、两广总督。一生没有什么大的跌宕坎坷,既没有他二弟李鸿章那样的闻名中外,也没有李鸿章那顶"大卖国贼"的帽子,是个非常务实的,有点老土兮兮的地方官。

他是1849年的拔贡,又朝考一等,很不容易。因其老爸与曾国藩同年的关系,他得以拜曾为师。也许他们父子原本就是跟曾国藩有缘,1851年当局分配工作时,他就分到了曾国藩的老家湖南,在永定县当县官。

不知他的运气是好还是不好,1851年正是洪秀全起兵造反的时候,第二年就打到了湖南。当时他原本要调任益阳当代理知县的,还未及上任,太平军就已打到了长沙城的城门下。湖南巡抚骆秉章立马把李瀚章派上用场,命他率兵把守长沙城的南门天心阁。李瀚章在此之前还从未打过仗,临危受命,居然义勇奋发,身先士卒,成功地完成了任务,虽无显功,也得到了六品衔的奖励,显然朝廷是看到了他的忠诚。

他到湖南的第三年,太平军的势头越来越猛,直逼长江边,这时曾国藩也被朝廷赶回老家来打仗了,李瀚章遂成为曾的忠诚部下,随营差遣。1855年曾国藩在江西设立湘军后路粮台(后勤处)时,曾国藩认为李瀚章"醇厚明白",头脑清楚,忠诚可靠,于是叫他当后勤总管。李瀚章知道,军粮军饷就是军队的生命,就是胜利的保障,他的父亲李文安在安徽战场上脑筋动足,出钱出力,就是因打巢县时军粮没有跟上,结果引起部卒哗溃,大败而归,连老命也送掉了。这种萧何式的差事,是万万马虎不得的。

但是部队的给养毕竟要有来源,连年的战争,军费不断增大,朝廷拿不出多少钱来,全靠部队就地筹饷。朝廷只给政策,饷银很有限。战线不断扩大,筹集军饷的活儿就是个无底洞,李瀚章肩头的分量可想而知。他在江西主持报销局,后来去广东专办牙厘(设卡收税),都是为湘军筹集军饷的,的确颇有成效。难怪曾国藩一再表扬他:"精细圆适,其从国藩也久,其为国藩谋也极忠……"时常想着要对他专折保奏。

李文安去世不久,庐州(合肥)失陷。李家老家东乡磨店距城只有三十多里地,村里男女老少都在逃难。李瀚章身为长子,这时就把母亲、弟妹都接到了江西,先住奉新,后住南昌,在此先后,他们兄弟都成了曾国藩的帮手。

1862年春天,清军与太平军的对峙到了一个非常关键的当口。太平军虽然由南而北地打过长江去了,但没有继续北上直捣皇宫,夺取全中国,而是挥师折向东南,扑向风光绮丽、物华天宝的江南。这就给了清军大大的喘息时机,同时给了老曾以极大的灵感,他调兵遣将,接连做出重大决策。

其中与老李家有关的就有两条:一是派李鸿章去上海借洋助剿;二是派李瀚章去广东,到这个太平军的大后方,兴办厘卡,筹集粮饷,以接济久围在南京城外的曾国荃部和在浙江的左宗棠部。

李瀚章和他的六弟李昭庆是这年8月同时到达上海的。9月,李瀚章从上海乘船赴广东。李鸿章为创设淮军,托他在香港采购三千支天字号洋枪。从此他在广东的任上,为李鸿章的淮军不知办了多少军火(王尔敏《淮军志》)。李昭庆则被二哥留下,在淮军里带兵。

广东一地历来是对外贸易的老根据地,康熙时代就有十三行专干海外贸易,商品经济非常发达。李瀚章在广东设厘卡八处,每月可得厘金数万两,大大地充实了曾国藩的"钱袋"。李瀚章活儿干得不错,官运就来了,第二年即升任广东按察使,第三年又升任广东布政使(相当于主管财政的副省长),第四年当上了湖南巡抚,从此名列封疆大吏之列了。太平军被镇压下去后,清廷要恢复经济、振兴世面的时候,他还在浙江巡抚任上大力抓过盐务,议定章程,恢复旧法,招徕"引商"。后来在湖广总督任上也为"盐引""盐税"问题动足脑筋,既要严格税收,保证国家的利益,以备军饷,又要不伤害盐商包括场商、运商的积极性,使他们有利可图。这实际上是历朝历代官府衙门的永久性课题。

过去有种说法,历来办盐、管盐、业盐的,没有不发财的。但凡能与盐业沾上点边的,必定吃喝不愁。李瀚章一辈子管钱、管粮、管盐,但是他的儿子当中没有一个盐官和盐商(李经沣后来当上扬州盐栈栈长,那是在他去世多年之后民国时期的事,是沾了经沣女婿、国民政府财政部次长张福运的光),官私上下在经济方面对他并无闲言。他在位这么多年,只有为朋友(李鸿章的同年杨延俊之子杨宗濂)受过一次用人不当的告状。到了75岁的时候,却为征收"闱姓"税(流行于广东一带的大型赌博活动。李瀚章为筹军饷,主张对其收税,不主张取缔)的事情,引起舆论大哗,受到弹劾。那时已是甲午之后了,李鸿章垮台了,墙倒众人推,李瀚章也成了失势的老马,被人赶回家了。

李瀚章真的是眷恋自己的老家,他从官场上退下来后,本可以到大儿子李经畬或二儿子李经楚家里养老,因李经畬在北京有大宅门,李经楚在上海也有大宅门,哪里都不会亏待他。他却执意要回合肥老家,也许,他已非常厌倦官场,连同城市也厌倦了,也许他真的是太累了。1899 年,79 岁的李瀚章死在合肥老家,那正是李鸿章因甲午战败,遭到全国声讨的时候,也就是李家的好运走到尽头的时候。他眼一闭,什么都不看了。他一生只看到了李家的上升时期,基本上没有看到李家的败落,从这点上说,他的福气不错。

他死后,清廷念及他的毕生贡献,给了很多荣誉,如给予谥号勤恪(勤奋而谨慎),赐祭葬,赐祭文,御制碑文,国史馆立传,赠(追认)荣禄大夫,任内一切处分悉以开复(全部取消);给他的大儿子李经畬(翰林院编修)和二儿子李经楚"遇缺即补"的优惠(遇到可以提拔的机会,优先提拔)。

他不仅有十一个儿子,还有十个女儿。十一个儿子中就算老大、老二本事大,下面的小哥儿们始终没能超过他们。老三李经滇,是个拔贡,当过直隶州知州和汉口造纸厂会办。老四李经湘,亦文亦武,当过淮军的统领,也当过外交官,还办过教育。老五李经沅,国学生,是个职业外交官。老六李经澧,历任嘉兴电报局总办和哈尔滨电报局总办。老七李经沣,国学生,长期在陕西当县官,所以他的两个女儿叫国秦、国邠,都是以陕西的地名为名。老八李经湖,国学生,是江苏候补知府。老九李经淮早逝。老十李经粤是公子哥儿,基本没做过什么事。最小的儿子叫李经淦,早逝。

他的十个女儿尽嫁豪门大户,有的嫁光绪帝师孙家鼐的侄子孙传樾,有的嫁光绪另一帝师孙诒经的儿子孙宝瑄(曾任民国总理的孙宝琦的弟弟),还有的嫁曾国藩的最小的外孙,即曾国藩的小女儿曾纪芬与上海道聂缉椝的小儿子聂其焜……他们又为李氏大宅门增添了不少有趣的故事。

合肥李府正厅

李瀚章的经济细胞源远流长,他的后代中出了几个善于办实业的好手。别的不说,单是清末民初中国最大的两家银行——中国银行和交通银行,就都是他的后代创办的。交通银行的第一任总理是他的二儿子李经楚,中国银行的第一任总理是他的外孙孙多森(李瀚章二女儿的二儿子)。一家人"霸占"了中国两家最大的银行的首把交椅,这是何等的身价?

如果说李瀚章一生为官,对子孙后代还有什么其他影响的话,那么他与晚清皇亲、广州将军长善的友谊,无形中对他的后代也产生了深远的影响,以至于他的二儿子李经楚及孙女李国奎一家,长期租住了长善的儿子志钧和志锐在北京的大宅院,即西单以北的著名的粉子胡同中的三个大宅院。那粉子胡同,实际就是光绪皇帝的妃子珍妃和瑾妃的堂兄弟家。长善是两个皇妃的亲叔叔,她们的父亲叫长叙。志锐、志钧是她们的堂房哥哥。她们有一个亲侄女他他拉氏,民国以后改名叫唐石霞,即是光绪的弟弟溥杰的元配夫人。皇妃还有一个堂房侄女,即志钧的孙女儿,民国后(约在20世纪20年代)嫁给了李鸿章的三弟李鹤章的曾孙李家炜。这是李鸿章家族近百年来,到了第四代人,才与皇亲国戚"攀"上的亲,而那时,大清王朝早就完蛋了,皇亲们已没落得一塌糊涂了。民国后一些势利的人管满人叫"臭旗人",而李家人则不然,可见他们的心性与众不同。

李瀚章家四代人与长善家保持了美好的友谊,派生出了许多感人的故事(容待后叙),这大概是老太爷不曾料到的。

翰林变"绿林"

李鸿章的脑袋瓜儿大概就是比别人聪明,首先是读书聪明,悟性过人,会考试。

他父亲中举是在35岁,中进士时已快40了。而他21岁中举,24岁就中了进士,他的几个兄弟穷追猛赶也没赶上。李瀚章29岁时考上拔贡(从秀才中考试选拔出的优等生)时,李鸿章已中进士两年了,此后李瀚章学业再无长进。老三李鹤章15岁就跟父亲去京城读书了,20岁时还没读出个名堂,就由其老爸出钱,捐(买)了个国子监生(即国学生,清廷最高学府国子监的学生),26岁时仍是个秀才,后来横竖考不上也就死了这条心。老四李蕴章少年时患眼疾,情有可原,只能捐个国学生。老五李凤章小李鸿章十岁,早年也被老爸带入京城读书,曾游太学,没念出名堂就在国史馆当个誊录员,20岁时原计划到南京参加江南乡试的,却因太平天国运动兴起而作罢。老六李昭庆的学历也只到国学生为止了。他们读书的功夫都不及李鸿章。

　　李鸿章天生聪颖,学什么像什么。小时候老师带他去池塘边洗澡(那池塘在磨店乡祠堂郢村,是个很大的水塘,如今还在),把衣服往树枝上一挂,随口吟道,"千年古树为衣架",他马上接口:"万里长江作浴池"。他父亲翻阅家中账本,不时感叹,"年用数百金,支付不易",他望着窗外的春光,嘴里念叨:"花开千万朵,色彩无穷"。其父要两个儿子都练习对对子的基本功,以将来应付科举,出上联:"风吹马尾千条线",李瀚章老老实实地来了个实对,说:"雨洒羊皮一片腥"。而李鸿章则虚空夸大,神驰万里,脱口为,"日照龙鳞万点金"!牛皮哄哄,胆大包天,无意中道出了心底的霸气。

　　他年轻时作的《二十自述》和《入都》诗,更是气冲霄汉的人生宣言,曾被传诵一时。其诗云:

李鸿章书匾

蹉跎往事付东流,弹指光阴二十秋。
青眼时邀名士赏,赤心聊为故人酬。
胸中自命真千古,世外浮沉只一鸥。
久愧蓬莱仙岛客,簪花多在少年头。

（《二十自述》）

频年伏枥向红尘,悔煞驹光二十春。
马是出群休恋栈,燕辞故垒更图新。
遍交海内知名士,去访京师有道人。
籍此可求文益友,胡为悒郁老吾身。
桑乾河上白云横,惟祝双亲旅社平。
回首昔曾勤课读,负心今尚未成名。
六年官宦持清节,千里家书促速行。
直待春明花放日,人间乌鸟慰私情。

（《入都》）

　　字里行间全是郁积待发的万丈豪气。有了这样的才情和心志,又有了曾国藩的"年家子"的身份,得以拜在曾国藩这个大儒的门下,李鸿章自是没有不成功之理。难怪曾国藩对他"大爱之",料定他有济世之才。

　　李鸿章1845年来到京城,成为曾门的学生,果然两年后(丁未科)中了二甲十三名进士,朝考后成绩名列前茅,于是入了翰林院,与后来成为中国第一任驻英大使的郭嵩焘,闽浙总督、福建船政大臣沈葆桢,以及曾国藩的幕僚陈鼐并称为"丁未四君子",都被曾国藩看好。这一科的状元是张之洞的族兄张之万(若干年后成了李鸿章的姻亲,他的孙女嫁了李鸿章的孙子李国杰)。李鸿章三年后成了翰林院编修,又充武英殿纂修、国史馆协修。这些名衔很好听，其实都是些摇笔杆子、歌功颂德的清闲活儿，乏味得很，对李鸿章这个才高八斗、"气吞万里如虎"的鬼才来说，并无很大的刺激。

然而很大的刺激很快就来到了，那便是1851年洪秀全的金田起义。

大概命该李鸿章做不成诗人和文人，他在翰林院只坐了六年板凳就去干"绿林"了，被同乡吕贤基拖回老家打仗去了。

拿枪杆子毕竟不同于握笔杆子，回乡的头

李鸿章的恩师曾国藩

几年，李鸿章真的是尝到了"烽火连三月，家书抵万金"的滋味。他刚到安徽的第二个月，太平军就占领了江宁(南京)，建都为天京。才半年多，他的上司吕贤基就在舒城战败后投水自杀了。第二年年初，他的老家庐州(合肥)也失陷了，安徽巡抚江忠源战死，安徽布政使(相当于管财政的副省长)刘裕钤、知府陈源兖、同知邹汉勋、胡子雍等一大帮子官员也都战死了(实际是庐州被攻破后，巡抚江忠源受伤投水自尽，他身边的官员也都随之投水)，他的家园也被太平军荡平。第三年，他的父亲李文安战败抑郁而死……他怀着国恨家仇，带着小部队东征西突，全无经验，也全无本钱，尽是在打"浪战"。在运

031

漕镇、东关、巢县、含山一带打游击,虽打过小的胜仗,荣获过六品衔,但更多的是农民军漫天而来,而官军兵败如山倒,有时竟是全军覆没……

形势实在是太严峻了。他先是入幕周天爵(安徽巡抚),后来又跟从新的巡抚福济,但是都觉得不得要领,因为大家都是文官带兵,都不会打仗,意见分歧,地盘屡失。他们虽然曾经一度从太平军手里夺回过庐州,可是不久又被夺了回去……安徽成了拉锯战的战场,每天都有坏消息报来。

1858年,安徽已成太平军的主战场,官军方面以郑魁士为统帅。时李鸿章心高气盛,面对太平军的攻势总是心有不甘,对郑魁士的退避战略大为不满,认为你越是退避敌人就越是猖狂,所以坚持应当迎面痛击,大战一场。郑魁士并不把他的牛气冲天放在眼里,但被他逼急了,就说:"你这么想打仗,叫你带兵,你能保证打赢吗?"李鸿章说:"我保证打赢!"郑魁士又问:"你话说得好听,你敢立军令状吗?""立就立!"李鸿章立马书就递过去——写张纸还不是小菜一碟吗?这原本就是老李的老本行,可是这么一来老李可就惨了。

七月,"官军与贼战而大败,贼漫山遍野而来,合

身穿便服的李鸿章

肥诸乡寨皆被蹂躏,傅相所居寨亦不守。封翁(李文安)先已捐馆(去世),傅相与诸兄弟奉母避之镇江,而自出谒诸帅,图再举,既落落无所合……"(薛福成《庸盦笔记》)。这一仗太平军大破清军,李鸿章的团练队伍全被打垮了,他们兄弟连自己的老娘都保不住了,只好逃跑。战后他想东山再起,因败将败名,谁还相信你呢?这一仗打得他自己在安徽也站不住脚了,真是到了山穷水尽的地步。好在大哥李瀚章在江西曾国藩幕,全家就都逃往江西。他单枪匹马,牛皮已吹破,只好灰溜溜地也前往江西,先是到大哥那里,然后伺机入曾国藩幕。这大概是李鸿章一生中最狼狈的时候。

大哥永远像父亲一样关爱着二弟,后来的几十年中,每到关键时刻,大哥多少总能帮上他的忙。他们兄弟间的情谊,沉婉深长,若干年后,到了李鸿章为李瀚章写墓志铭的时候,他再也掩饰不住了,也没有必要掩饰了,挥洒得满纸深情。

六年"绿林"生活,整天狼奔豕突,生死无定,李鸿章心力交瘁,不知出头之日在何时,"昨梦封侯今已非","书剑飘零旧酒徒",又是借诗言志:

> 巢湖看尽又洪湖,乐土东南此一隅。
> 我是无家失群雁,谁能有屋稳栖乌。
> 袖携淮海新诗卷,归访烟波旧钓徒。
> 遍地槁苗待霖雨,闲云欲去又踟蹰。

曾门"刺头""忝为门生长"

李鸿章原本曾国藩的弟子,虽然出京之后因战争原因,彼此少有联系,但有李瀚章在曾的幕府之中,就不会没有李鸿章的消息。

按说曾国藩原本对李鸿章感觉不错,即便在他战败沦落之时,曾老师也不会拒绝他的。谁知情况并非尽如人意，原因是曾老师也不是个省油的灯，他要用你，是看中了你的才华，但同时也看清了你的缺点，看你一副骄兵必败的样子，先要收拾一下你的锐气，让你先坐一阵冷板凳再说。

薛福成在他的《庸盦笔记》里继续写道，李鸿章前来见过曾国藩后，曾并没有主动让他留下来。等了近一个月，他熬不住了，就托他的同年、正在曾的幕府中做事的陈鼐前去打探风声。陈鼐聪明，老师面前先是旁敲侧击，不得要领，后来看不下去了，就直截了当地为之充当了说客——曾老师的架子还没放下呢。

陈鼐对老师说："少荃(鸿章)过去不是您的学生吗？他这次来，是想来侍奉老师的，愿在老师的身边得到锻炼。"曾老师酸劲正浓，毫不松口："少荃嘛，是翰林呀！志大才高，是办大事的，咱们这儿这么个小地方，像个小水沟一样，怎么能容得下人家那高船巨舰呢？算了吧，还是叫他到京城去当他的京官吧！"陈鼐不依："人家少荃这些年已吃了不少苦了，经过很多磨难了，远不是当年意气用事的少荃了，老师为什么不可以试用一下呢？"这么一说，曾国藩无话可说，只好同意了，李鸿章遂得入曾国藩幕。但曾老师规矩大得很，起初他觉得很不舒服。

曾国藩每天黎明即起，招呼全体幕僚一起吃早饭，边吃饭边把要说的话说了，要紧商量的事情商量了，然后处理别的事情，这是多少年的习惯了。而李鸿章一到晚上就生龙活虎，与人讨论、争辩是非，动辄几更天，一到早晨就懵懵懂懂，起不来床，总不想参加一大早的"会餐"。

有一天他谎称头疼，想"赖餐"，可是曾老师不依，一次次派差弁来叫，不一会儿巡捕官也来催了，说是："人不到齐不开饭的。"李鸿章这才知道事情的严重性，连忙披上衣服一路跟跄跑过去。那天的早饭曾国藩铁青着脸一句话也没说，直到吃完后才冲着李鸿章扔下一句："少荃！既入我幕，我有言相告，此处所尚，唯一诚字耳！"说完走人。把李鸿章吓得张口结舌地愣了半天。

话又说回来，李鸿章懒散归懒散，正经活儿还是干得不错的。他为曾国藩掌管文案(当秘书),无论奏稿还是批示,都写得条理清楚,合情合理,严丝合缝。数月后,曾国藩也不得不承认:"少荃天资于公牍最相近,所拟奏咨函批,皆有大过人处,将来建树非凡,或竟青出于蓝,亦未可知。"李鸿章也甚感曾老师的与众不同,觉得从前辅佐诸帅,都是茫茫无所获,现在到了曾老师这里才像找到了指南针,获益匪浅。

但时间一长,李鸿章那过于自信、敢于犯上的老毛病又犯了,像个"刺头",屡教不改,在老师面前有时好像他是老师似的。1860年曾国藩当上了两江总督,把司令部设在安徽祁门,李鸿章大不以为然,认为祁门地形如同在一只锅的锅底,周围可以居高临下,是兵家所谓的"绝地",必须赶紧离开,否则一旦有紧急情况,没有进退的余地。他向老师进言,老师不听,老师有老师的考虑。他不够识相,一再申辩,老师不耐烦了。曾府里就他这么一个"刺头",弄得老师火气又上来了:"你要是害怕在这里,你走人好了!"折腾一番,大家不欢而散。

不久又发生了弹劾李元度的事情,他和老师又是大吵一通,结果产生了更大的裂痕,最后竟真的一甩袖子走了!

李元度原是有功于曾国藩的湘军元老,在曾国藩最困难的时候给了他勇气,使他打消了战败自杀的念头。如今就因为有一仗没听曾的劝告而遭战败,曾国藩一气之下要弹劾他,并要李鸿章写奏折。李鸿章不同意这么做,在曾的面前极力为李元度开脱,他列举了李元度多年来的功绩,以及与曾一起共患难的艰苦岁月,说明主帅不可以对部下这样无情无义。他一个人说服不了老师,就鼓动全体幕僚一起去与曾理论,弄得老师下不了台,老师更是不依了。

最后他撂挑子:"您一定要弹劾他,我不敢起草!"曾国藩还怕你这个"刺头"吗?曾的幕府里人才太多了,曾本人就是湖南大儒,写个奏折还难得住他吗?曰:"你不起草,我自己起草!"李鸿章还不示弱:"您若要这样的话,那我要告辞了!"你来这一招又能吓唬住谁?我老曾没有你就不能活了吗?挥挥

手:"随你的便!"

话说到这个份儿上,老李不走也得走了。于是离开安徽,再次回到江西去找大哥。也不知大哥是怎么看这些问题的,一个是上司,一个是亲兄弟,估计李瀚章只能和和稀泥而已。

但在江西,又有什么好日子过?半年之后,他那元配夫人周氏不堪漂泊的苦难,不幸病逝了。李鸿章真是沮丧透了。

再说曾国藩幕府里没有了"李屠夫",人家照样没吃"带毛猪",人家照样还收复了安徽省的省城安庆!曾国藩的大本营遂移往安庆。心里很不是滋味的李鸿章,这时更加尝到了冷板凳的味道。尽管如此,他还是由衷地为湘军的胜利而感到高兴,毕竟只要湘军坐稳了安庆,长江中游的战争形势就发生了重大变化,从战略上讲,拿下太平军的天京就指日可待了。在这种情况下,李鸿章自无长期隐居下去的必要,于是很识时务地给老师写了一封信,对安庆的收复表示祝贺,尽管自己没出上力气。

你李鸿章肚子里有几根肠子曾老师还能没有数吗?这次当老师的也态

中年时期的李鸿章

度宽松了,他要派李的用场,就主动给了他台阶下,回信中说:"你要是在江西无事,可以马上前来。"李鸿章要的就是这句话,于是立马打点行装,赶赴安庆。至于他后来编制淮军,赶赴上海,收复苏常,出任江苏巡抚,进而署理两江,都是在到安庆之后的事情,都是安庆之行给他带来的"运道"。从他初至安庆到荣升江苏巡抚,时间不过才两年耳,可知曾老师在安庆的一封信,对他李某来说,具有何等重要的战略意义!

所以十年后曾老师仙逝,他不能不大发悲声——"谋国之忠,知人之明,昭如日月。生平公牍私函,无一欺饰语……中流失柱,滔滔如何?……一朝仙去,不复归来,为公为私,肝肠寸裂!兄本为拟文哭之,无如一字落墨,泪寄千行……"又从千里之外送来挽联:"师事近三十年,薪尽火传,筑室忝为门生长;威名震九万里,内安外攘,旷世难逢天下才。"说的都是真心话。

第三章：发迹沪上

九千淮军挺进上海滩

1861年7月，当李鸿章重新来到曾国藩身边的时候，太平天国之役正处在一个关键的转折点上，形势发生了微妙的变化——湘军已夺回了安徽省城安庆，控制了长江上游的局势；在南京周围，有曾国藩的九弟曾国荃部重兵压境；太平军建都南京后没再大军北上，直逼北京，而是派小部队北去意思意思，把重点改为进攻长江三角洲，去中国最富庶的地方——镇江、常州、常熟、昆山、苏州、上海，捞实惠去了。但是他们在上海遇到了前所未有的激烈抵抗，几次攻城不下，上海租界里的英法联军，还有洋枪洋炮武装起来的机动部队（洋枪队），以及少数清军，不那么好对付。同时，太平军内部上层发生内讧，大开杀戒，先自削弱了不少战斗力……这就给曾国藩以可乘之机。

清廷一看有苗头，忙不迭催促曾国藩，利用眼前大好时机，乘胜追击，力争一举拿下南京。但这时，在上海城内被太平军围困了很久的商人和士绅们，感到吃不消了，他们的生意和生活已经受到极大的影响，他们怕夜长梦多，上海一旦陷落，整个江南必不可收拾，于是派代表到安庆来讨救兵了。

1861年11月8日，上海官绅厉学潮、钱鼎铭等人，代表被太平军围困在上海县城里的商人和士绅，乘外轮来到安庆面谒曾国藩。他们递上苏州宿儒冯桂芬（道光进士，翰林院编修，咸丰三年回苏州办团练，苏州沦陷后逃到上海）的一封长信，信中陈述了冯对形势的分析和援军上海的战略主张。冯桂芬认为，上海一地战略地位极为重要，对内辐射江浙，对外广通欧美，不仅历来是国家的赋税重地，而且是军队的饷源重地，一旦不保，将贻害全局，官军也将有兵而无饷,后果可想而知。他又分析了目前上海"将怯兵惰,且夕不可恃"的状况,表示上海为苏杭及外国财团所聚集的地方,物宝天华,人杰地灵,月可征得饷银数十万两,若落入太平军手中则天下更无太平之日了。目前趁太平军内讧之际,官军大可与洋人的"洋枪队"配合一起,克敌制胜。钱鼎铭等人甚至声泪俱下,叩头乞师。

当时曾国藩和朝廷的眼光只看到南京就在眼前,急于发重兵拿下南京,没有看清苏浙两地大有钳制南京的后劲,所以起初曾国藩对开赴上海颇有些疑虑,一是担心上海地方太远,宛如"飞地",一旦形势有变化,"声援不相达";更重要的是,上海一地,南面和北面已被太平军占领,而东面是大海,在军事上是个"死地",没有回旋的余地,万一失利反而不合算,因此徘徊再三。

而李鸿章鬼才心眼多,他从丰富的饷源看到了士卒作战的积极性,从太平军大军攻城不下,看到了上海的"人气",甚至看到了"以沪平吴"的前景,所以极力怂恿曾国藩派兵前去。曾国藩最初的计划是让曾国荃当主帅,而配以李鸿章和左宗棠为副手分兵援沪,也以上海一地丰富的饷源相号召。他在给曾国荃的信中写道:"上海为苏杭及外国财货所聚,每月可得厘捐六十万两,实为天下膏腴。"谁知曾国荃的见识还远不及他大哥,他不理这一套,一心要拿下南京创建头功,这就给了李鸿章一个历史性的机遇。

有一天曾国藩召集湘军将官开会,商议援沪事宜,结果将官们你看我,我看你,谁也不想去那个"死地"找死。这下急坏了搬救兵的上海人,钱鼎铭遂夜访李鸿章,以"世交"的身份再次拍胸脯,以丰厚的饷源作保证,怂恿李鸿章自动请缨,编队前往。他说上海一地有的是钱,缺的是能打仗的兵和能领兵的将。李鸿章问他,将的标准是什么,他说,像你这样的就行。李鸿章的高明在于"于众疑处而不疑",恰恰认为援兵上海,是一个独立崛起的好机会,于是在第二天的会议上自告奋勇,愿意编队前去……这就是后来举世闻名的淮军。而在当时,他手里还无一兵一卒,还只是个曾国藩的文案(秘书)呢。

李鸿章受命编练淮军,因前有他们父子办团练的基础,跟合肥肥东、肥西的哥儿们都混得不错,所以数月即成。他叫他的弟弟李鹤章去家乡肥东招募丁勇,把过去被打垮的摊子再召集起来,他自己则把重点放在肥西。因为肥西历来民风强悍,各个山头、豪绅、地头蛇筑寨自保,几成传统,咸丰以来更是山头林立,号称"民团",与官方主办的"官团"不是一码事,甚至战斗力更强些,是些地方主义的死硬分子。他们在数年的太平军、捻军和清军的拉锯战中,不仅没有被消灭,反而越战越强,形成了几个山大王——周公山下是张树声、张树珊兄弟的地盘,也就是今天的张老圩;大潜山以北是刘铭传的地界,就是有名的刘老圩;大潜山以南是唐殿魁、唐定奎兄弟的领地,筑起了唐老圩,还有一个董老圩;紫蓬山一带则有周盛华带领的周盛波、周盛传兄弟筑的周老圩……附近还有地方的武装组织"官团"在活动。他们在合肥、庐江、舒城、六安交界处方圆百里的地方互为犄角,"寇来则相助,寇去则互攻"。时间久了,经过战争的优胜劣汰,形成了张、周、刘三大支武装,而以张树声实力最大,成了三山的首领。也就是说,抓住了张树声,差不多就抓住了整个肥西的地方武装。

这回又是老天长眼。张树声的父亲张荫谷与李鸿章的父亲李文安关系不错,当初李文安回乡办团练的时候,还曾把他召来幕府。有了这层关系,李鸿章自然就有了与之对话的资本,他们成

淮军名将刘铭传

了世交。

终于有一天,张树声把周氏兄弟和刘铭传请到了自己的圩子里,仿照桃源三结义的办法歃血为盟,然后对他们说:咱们兄弟这些年来很不容易,但是长期这样当山大王也不是回事,男子汉总得要个功名。听说李家的李少荃现在曾国藩手下做事,正在编练淮军,饷银不愁,我们不如去投奔他吧。几位兄弟想想既然没有别的出路,也就同意了。于是由张树声起草了一封信,派人送到湘军大营。据说曾国藩看到这封信后,兴奋地拍着李鸿章的肩膀说:"独立江北,今祖生也!"把他比作东晋的祖狄了。于是树字营、铭字营和盛字营有赖以建。

淮军名将刘秉璋

拿下了"三大王",李鸿章又去找潘鼎新、吴长庆和刘秉璋。潘鼎新和刘秉璋自幼是同学,还曾一起去北京求学,一开始住在庐州会馆,拜在李文安的门下。李鸿章考中进士后,老太爷就有点搭架子了:"以后你们跟着我的儿子学就行了。"所以,名分上潘鼎新和刘秉璋还是李鸿章的学生呢。后来刘秉璋考中了进士留在了北京,而潘鼎新只考上举人只好回老家。潘的父亲被太平军杀害后,潘正在三河镇办团练,誓死为父报仇,所以李鸿章一封信过去,他正求之不得,立马率部前来。吴长庆的父亲吴廷香是跟李文安一辈的团练头子,与李家也算有过交往,战争中也被太平军所杀,与太平军有不共戴天之仇。李鸿章通过刘秉璋去说合,也将其拉到自己的麾下了。至于刘秉璋本人,因是京官,李鸿章则按正规手续向朝廷打报告,正式调动过来的,刘的家乡也被太平军洗劫得干净。李鸿章自己的父亲和妻子也是死于战乱的。如此如此,李鸿章手下会聚了这样一帮子与太平军有杀父之仇的将领,官兵的情绪和战斗力可想而知。

李鸿章太明白安徽人的心性了,面子比天大,乡情比地深,只要够交情,要头也肯给。哪怕有一丝八竿子才搭得上的"关系",说有用的时候就有用了。所以他尽可能把老乡的关系用足用透。用这种动之以乡情的手段,曾国荃手下的悍将、安徽桐城人程学启也被他挖过来了。就这样,他七捣鼓八捣鼓,居然历时仅数月,就拉起了有十三个"营"上万人的淮军部队。与此同时,李鸿章还留意招募幕僚,他的安徽同乡周馥(从此跟了他四十年),还有后来成为亲家的蒯德模、蒯德标这时都成了他的幕僚。当然,跟刘秉璋更近乎些,

上海县城

初到上海的淮军部队

李鸿章在检验机枪

他们从师生关系发展到同僚,后来又发展到亲家,天下太平后,李家刘家共配对了七门婚事。

1862年4月5日至5月29日,这支新组建的军队前后分七批,乘坐钱鼎铭等上海士绅花十八万两白银租来的英国轮船,前往上海。

据周馥后来回忆说,船过南京的时候,清清楚楚地看到江边堡垒上全副武装的太平军战士,一个个剑拔弩张,他们只是慑于外国轮船而不敢开枪,眼睁睁地看着淮军从眼皮子底下溜过。而淮军士兵也生怕遇到意外,一个个闷头不敢出声。九千淮军,就是在这张外国"虎皮"的掩护下,到了上海前线。

上海这个五方杂处的花花世界,此时已有了二十年的开埠历史,满天满地都是势利眼,哪能看得起这群叫花子般的淮军呢?大概除了钱鼎铭等少数人,没多少人会相信,这帮老土能够打仗,能够打败太平军。讥讽的语言,嘲笑的眼光,不时袭向军营。李鸿章当时驻扎在城南的徽州会馆,他沉着地对部下说,不要在意那些流言蜚语,但看谁会打仗。要想叫流言蜚语销声匿迹,关键看能否打胜仗。

他一方面严肃军纪、抓紧训练士兵,积极备战;另一方面自己也要熟悉环境,包括与在沪的中外官员"过过招",尤其注重考察洋人的军队和武器装备。他甚至不惜化了装,混上英法联军的军舰,看看洋人到底有多少实力,武器到底有多么厉害,为什么能顶得住太平军的进攻。不看不知道,一看吓一跳。他在给朝廷的奏折中不断地惊叹,人家那枪,那炮,尤其是那落地开花的大炮……哎呀,把他羡慕得只差眼珠子没冒出来。李鸿章的聪明还在于他绝对是个现实主义者,从那一刻起,他就无时无刻不想着办洋务的事——洋务!洋务!我们自己也要造枪、造炮、造军舰!

还没等他去造枪、造炮、造军舰,战役就打响了。1862年6月,太平军李秀成部率万人大军对上海进行第二次战略围攻,形势紧急。然而李鸿章已通过在广东办厘捐的大哥李瀚章,火速从香港买了三千支洋枪,用来训练队伍。在此关键时刻,当大哥的又一次帮了他的忙。

进入上海的第一仗关系到军威国威,关系到淮军能否在上海站住脚,只能胜,不能败。他亲自到第一线督战,一个也不要想逃跑。这第一仗打的地点正是现在上海西部的虹桥开发区,房价被炒得热火朝天的地方。当时双方打得非常激烈。据说李鸿章搬来一把椅子往虹桥桥头一坐,亲自督战,看你们谁敢往后跑。太平军这时也用上了火炮,火力非常猛烈。春字营的张遇春率队上去没多久就顶不住了,渐渐退了下来,刚跑到桥边,被李鸿章撞见。李回顾左右说:"拿把刀来,把他头砍了!"吓得张遇春不得不硬着头皮返回去再战。张遇春是淮军最早的营号,又是李鸿章的亲信,在此万分紧急的关头,老李要拿他来开刀,其他将领看在眼里,只有铁心死战。正在这时,程学启部来了个里应外合,终于击退了太平军。

接下来的8月和10月,又是两场恶战,由勇猛善战的程学启部和刘铭传部,打太平军的谭绍光部,一场在上海西区的北新泾(现在已是高科技开发区,美丽整洁的街道四通八达),一场在更外围一点的四江口。刘铭传是率领着洋枪队上场的,打得极其过瘾,大获全胜。这就更加坚定了李鸿章要大力举办洋务的决心。

接连三个胜仗一打,是骡子是马已经拉出来遛过了,上海人不得不佩服这帮土里土气、穿着像叫花子一样的大兵,中外人士不得不拿正眼来看李鸿章了。英国人的报纸也大拍马屁,说这支淮军是"中国最优秀的军队"。清廷也大为欣慰,马上把原先给李鸿章的那个虚衔去掉,改为实授江苏巡抚(两个月后,又被任命为南洋五口通商大臣)。这样,李鸿章就因战功而当上了江苏省的巡抚(省长),下一步开始考虑如何拿下省会苏州了。

苏州杀降

1863年春天,整个战局发生了很大转折,原先是太平军围攻上海,现在轮到淮军去围攻太平军了。李鸿章部署了三路合围,仍由屡建军功的程学启

常胜军的首领戈登

部打头阵,还有英国军官戈登率领的"常胜军"(其前身是华尔率领的洋枪队)从旁配合,实行战略反攻,首要的目标是拿下江苏省会苏州。

苏州是忠王李秀成经营有年的根据地,标志着太平军对苏南一带的占领,在城中建有富丽堂皇的忠王府。按说他是要坐镇其中拼死抵抗的,可是这时也正是他们的老窝天京面临最大危机的时刻,将领腐败,军心涣散,互相残杀,各自为政,他不得不回过头去照应老窝,而把苏州城交给了他的死党、慕王谭绍光。

他哪里知道,天京上层一乱,他们脚底下的基础已经大为动摇了,上行下效,苏州的军心也涣散了,人心思降。谭绍光虽然忠心耿耿,效命忠王,但不等于下面的中层干部都能效命你忠王,恰恰是中层干部中出了大问题。更要紧的是,他还不知道他这回的对手老李,是个惯于搞招降纳叛的老手,对部下和对手也惯于搞恩威并施和"抚剿联动"的。老李那三角眼往下稍稍一斜,一个鬼点子就上来了。当他知道他的部下郑国魁,与城中八王之一的纳王部云宽拜过把兄弟的时候,就命其抓紧策反。

郑国魁也是合肥人,巢湖上的盐枭出身,因触犯族规杀死族长,从家里逃了出来,成了太湖上的土匪头子,太平军得势的时候曾在太平军里混过,现在淮军得势了,又投奔了淮军。在程学启的授意下,他开始秘密活动。终于在一天深夜,苏州城东北的阳澄湖(就是现在著名的大闸蟹产地)上,漂来了一只负有特殊使命的小船,程学启在洋人戈登的陪同下,秘密与城中纳王部云宽、康王汪安钧接头。程学启也不知哪里来的权力和胆量,居然向他们提出,杀死谭绍光,让出城池,封你们两个人二品武官。这两个人官迷心窍,居然相信了。他们也不想一想,你程学启才几品官,怎么能有权封二品官?谎大能唬天。于是由戈登作证,大家折箭为盟,誓不反悔。程学启还和郜云宽交换了生辰帖子,八拜为交,结为"兄弟",以示生死不渝。

这一切谭绍光居然毫无察觉,可见其也是个官僚主义者。几天后,郜云宽等八人(即所谓"八降王")趁他召开军事会议的时候,突然发难,刺杀了这位年轻的战将,打开城门,把程学启的部队放了进来。但事情做到了这一步,郜云宽等人脑子似乎又清醒点了,他们先只让出了半座城池,就停下来再讲条件,对原先的条件有所反悔,只答应让出一半城池,自己仍要占据另一半,同时要求自己的部队不能拆散,要成建制地编入淮军,至少要编二十个营……程学启当初封人家二品官都有权有胆,这回要来点实惠的他反而没权没胆了,说是要回去请示请示。

他当晚出城来到李鸿章的幕帐,劈头就说这八个人不可靠,应当及早诛灭。李鸿章毕竟是翰林,起码比程学启要文绉绉一点,有些犹豫不决。他认为杀降古今中外都不是好事,信誉和人格上损失太大;另外,这一仗打完还有常州、常熟呢,那里的守城将官必然拼死抵抗,不会投降了,这必将给后来的战役带来更大的困难……但程学启听不进这一套,瞪着眼朝着李鸿章吼道:"他们的人比我们多几倍,你知道他们是真降还是假降?他们和我们同住一城,万一发生兵变,到时候你脑袋怎么掉的怕你还不知道呢!"说完一甩袖子就走了。李鸿章被他这么一激,脑子也转过来了,连忙奔出去拉住老弟……

第二天上午,李鸿章亲自进城接见"八降王",安排了盛大酒宴,说是要当面封赏他们为副将和总兵。八降王不知是计,一个个兴高采烈地来了。李鸿章装模作样地念了封赏的名单,就请他们入席举杯庆祝。这时进来一个马弁送来一封急信,李鸿章就趁势说是暂时离开一会儿,就出去了。过了一会儿,正当八降王酒酣耳热之时,进来了八个武弁,每人手里拿着一套清军的顶戴官服,跪到酒席前说:"请大人更换顶戴。"八个人已完全放弃了警惕,高高兴兴地站了起来换衣服。谁知就在这一刹那,八个武弁迅速地从衣服底下抽出了匕首,朝那降王刺去。很快,八个人头就在八个武弁手里了。

八降王被杀以后,他们的部队见是上了当,顿时作困兽斗,群起与淮军决一死战。但是他们群龙无首,只能是混战,而淮军是做好准备的,所以他们人数虽数倍于淮军,但已不抵用了。李秀成的十万精锐部队,仅仅几天时间就被干光了。

占了上风的淮军在城里杀红了眼,接下来就趁势劫掠,疯狂扫荡,满城大乱。李鸿章上街一看不得了,起先淮军将士手里拿的还是缴获的兵器,后来就全是老百姓家中的财物了。于是一把揪住程学启:"你不是说你的军队纪律好吗?今天你看看,怎么样啊?"程学启飞身上马游行街市,想亲自压一下势头。谁知刚一走到街口桥下,就看到他的一个营官左手抓着一个妇女,右手夹着一个姑娘,连拖带拉地正从桥上下来。他气得无以言状,一骨碌从

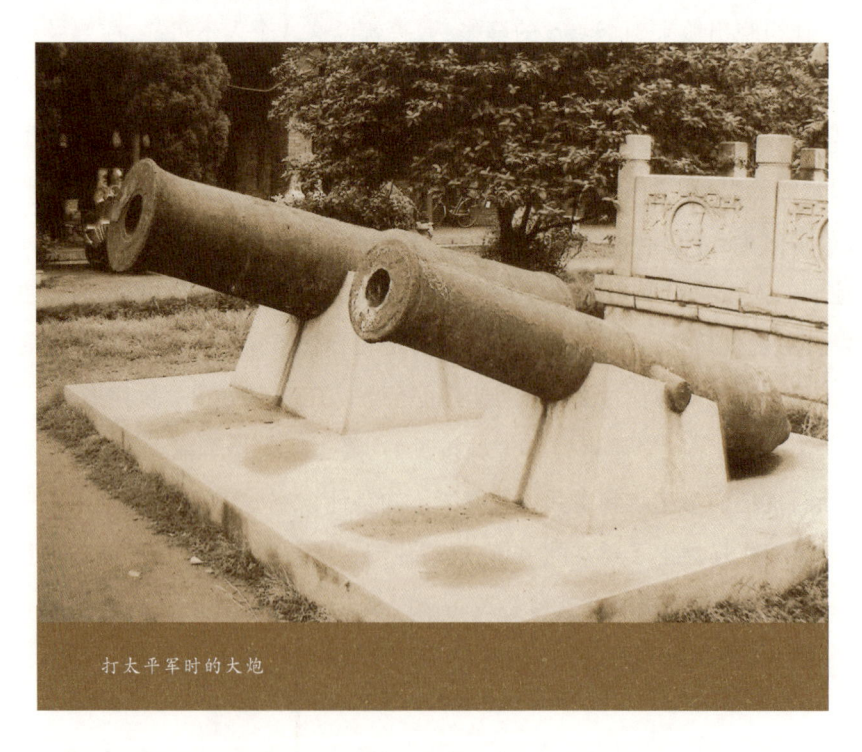

打太平军时的大炮

马上下来,朝天大叫:"我跳河死了吧!""你们这是逼我死呀!"……那营官急忙拉住了他,长跪谢罪,局面方才渐渐稳住。

苏州杀降不是一件小事,中外一片哗然,尤其是洋军官戈登,他认为自己是当时谈到的证人,背信弃义这给大英帝国带来了耻辱,提着左轮手枪气势汹汹地到处找李鸿章算账,还威胁要率领常胜军发动兵变,帮助太平军打官军,吓得李鸿章不得不躲到一只小船上去办公。后来老李还是用了"有钱能使鬼推磨"的一招,渐渐安抚了他。在后来攻打常州的战役中,还派了他大用场。

因为有了苏州杀降的教训,常州城里的太平军守军再也不相信淮军任何人,上下一心,誓死不降,血战到底。常州城墙又高又厚,易守难攻,淮军那时还没有重磅大炮,久攻不下。李鸿章思之再三又想到了戈登,因为那时全中国只有他手里有几门开花大炮,威力极大。可是戈登还在生李鸿章的气呢,怎么办?大丈夫能伸也得能屈,低头说软话吧。这回老李走了迂回战术,请出赫德(英国人,清廷聘为总税务司)前去说服戈登。结果还是重磅大炮有发言权,大炮拉上去不久就把常州城墙轰了一个数丈宽的大豁口,轰出了气势,轰出了胆量,淮军部队一哄而上,占领了城头,很快就占了上风。李鸿章和他的哥儿们一个个看得眼都直了眼,他再次从洋枪利炮上认识了西方。

不打不成交。有了这次大功,戈登的所有坏处李鸿章都可以容忍了,他与戈登后来也成了铁哥儿们,无话不谈。几十年后,戈登在苏丹战场上被击毙。李鸿章1896年出使欧美到达英国时,还念念不忘这位老朋友,特地到他的墓地上祭拜了一番。

负气回老家

李鹤章(1825—1880),字仙侪,号继泉,又号季荃,别号浮槎山人。是李家老哥儿们六个中的老三,也是个会打仗的主,在打太平运动的几年中为朝廷立下了汗马功劳,甚至还挨了枪子儿负过伤。所不同的是,李鸿章是以文带武,战略加战术,高屋建瓴,是个帅才;而李鹤章是以武尚武,就短了一口气,缺乏点后劲,只是个受人指挥的战术家。但他也有不小的军功,原本也可以升官发财的,可是后来阴差阳错地背了运——二哥怕朝廷忌讳,声高镇主,不敢多为他请功;朝廷在大获全胜之后扬扬得意,说过的话不算数,也把他老兄给忘了,评功行赏的时候,只给了他一个甘肃粮道(管粮食的官员)权作打发,弄得他兴味索然,一气之下竟回了老家,从一介武夫变成了一个乡间大财主。

按说李鹤章从军的资历并不比李鸿章浅,只是不会读书,没有功名,不很被人看重而已。他十五岁就到京城老爸那儿用功去了,可是科场不顺,屡战屡败,考到最后还是个秀才,只好作罢回老家,还是面向现实,干点实用的活儿。

适逢太平运动兴起,天下大乱,整个长江中下游都卷入了战争,他那在京城中了翰林的二哥也要回乡打仗了,他就在家乡揭竿响应,数月之间就拉起了数百人的团练队伍。团练队伍不是朝廷的正规军,是没有军饷好拿,要靠民间出钱养活的。几百人的队伍"要钱要粮要子弹",想必他为此也破费了不少钱财。第二年安徽形势更加恶化,李氏兄弟的父亲也被下放回乡办团练了,李鹤章已经是个民团的小头头了,毅然率队来到老爸的麾下。

那几年的安徽,正是太平军、捻军和官军来回打拉锯战打得最艰苦的时候,一会儿太平军打下了庐州,一会儿官军又收复了,一会儿又被太平军夺去了。巢湖等地也是,一会儿被太平军占领了,一会儿又丢了,一会儿又夺回去了……兵马蹂躏,民不聊生。在这期间,李鹤章跟着父兄打了不少恶仗。当时合肥有个叫夏金堂的屠夫,杀牛聚众,有了千把人的势力,暗中跟太平军的陆遐龄往来,约期起事。李鹤章探知了此事,抢在他们起事的前头,率百余练勇突然包围了村子,先把夏某父子干掉了,遣散了他的部众,为官军消除了一个隐患。后来打巢县、打无为、打东关,他都能身先士卒,率部立功。所以当时的安徽巡抚周天爵为之请功，赏给六品顶戴。打下无为后又赏加五品衔，以州同选用(作为州一级干部的候选干部)。

1858年秋，太平军再次攻入庐州城，李家的老宅被烧掉了，田地都荒了，团练也被打垮了，李家兄弟只好护送老娘往江西逃命，因为大哥李瀚章正在曾国藩的幕中做事，尚不失为一个安全地带。李家其他几个兄弟就在这时加入了曾国藩的幕府。李鸿章是有名的"刺头"，遇事爱坚持己见，总爱跟人和老师争长计短；而李鹤章不同，比较随和，虽也在曾府做事，讲起话来令老师要舒服得多。打安庆的时候，李鸿章因与曾老师闹别扭跑了，没参加，而李鹤章是参加了的，虽没有大功，也受到了嘉奖，赏戴花翎，以知县留湖北补用。

不久李鸿章回到了曾幕，奉命编练淮军前往上海，李鹤章充当了二哥的帮手，在东乡招兵买马。临到发兵的时候，二哥李鸿章是率兵乘英国轮船到上海的，而李鹤章真是苦命，带着有五百匹马的马队，以及后续部队，迂回绕远到淮杨里下河，从海门过江，再避开太平军绕道浙江，历经千辛万苦才到了上海。李鸿章命他为"督办前敌防剿事宜"的督办，帮他协调统率淮军的前锋部队，在上海与太平军最初的几个胜仗中，如青浦、北新泾、黄渡之战，解四江口之围，都有李鹤章的功劳，到沪不久，朝廷特诏加四品衔，以知州用，品阶又升高一级。

1863年元月，太仓太平军守将蔡元龙诈降，列队欢迎淮军入城。李鹤章信以为真，骑马来到城下，这时伏兵大作，李鹤章左腿被击中，血染衣裤。他裹伤整军再战，七天后与程学启部会师，终于拿下了太仓。

在李鸿章最大的"马上封侯"事业——攻取苏州的战役中，李鹤章也是参加了的。当时城内主要用了杀"八降王"的手段，而城外则打得异常惨烈。

李鹤章大概就是命苦，洗劫苏州城，火光七日不息的好处他没捞到，"左手抓一个妇女，右臂夹一个姑娘"的艳福更没享到，而星夜驰马，刀光血影，屁股上挨子弹的份儿他都享到了。当初程学启是从昆山正面攻苏州，而李鹤章则受命攻江阴以取无锡，来断苏州右臂。太平军十余万兵马正集结在江阴、无锡界上,从顾山以西,纵横数十里,"吹角连营"。李鹤章兵分三路进军,亲自率马队和群字营、忠字营上阵,屡挫太平军之锋,又夜半烧其营垒,焚毁其炮船,俘斩万余……经过数月激战,终于打下了无锡城。

战后朝廷评功行赏,给李鹤章再升一级的奖励:"以道员记名遇缺简放"。道员相当于一般行政市市长的级别,但这只是一个资格,还不是实授,还要等到"遇缺"的时候,也就是什么时候在位之人死了、走了或另有他任,才有可能拿你去填空。但是朝廷对他还另有话说,在嘉奖令中说他"能与其兄同心戮力,为国宣勤。此次未行破格之奖,正为该员系李鸿章之弟,以示该抚功不自私,俾得推劳将士,鼓舞众心。李鹤章当益自勉力,指日常郡、金陵次第奏捷,克成全功,更当与刘铭传、郭松林等同膺懋赏。"(《清史稿·忠义传》)这些话,李鹤章都记住了。

后来打常州,李鹤章冒雪领兵强攻,破太平军城东营垒,又参与围城打援,"躬冒矢石,奋勇争先",建立了功勋,被朝廷赏穿黄马褂(《合肥李文安公世系简况》)。

到了打金陵(南京),李鹤章可以立大功的时候,李鸿章却按兵不动了。因为苏南一带基本已经"粤氛肃清",南京这一最后的堡垒已成瓮中之鳖,拿下只是时间问题了。但这是曾国荃两年来苦心经营的结果,老李怎么可以在此唾手可得的时候,去抢人家两年经营之功呢?所以尽管清廷一再下令催其火速前往,他总是一会儿有这事,一会儿有那事,王顾左右而言他。曾国荃那头当然十分紧张,生怕即将要到手的桃子被人摘走了。只有曾国藩十分清楚,"江宁破在旦夕","功在垂成",李鸿章屯兵不进,这是李鸿章在让功啊!可是他这一摆高姿态,李鹤章可就苦了,这下无出头之日了。

金陵一役打得相当惨烈,是用挖地道的办法,挖到城墙根底下,请了一个专门搞火药的行家,放进去四万斤炸药,把城墙炸飞后,才攻入的。湘军曾挖过几十条地道,弄不好就被发现了,太平军不是往里灌水、烟熏,就是借此地道反守为攻。发现一条就只好废弃一条。那个炸飞城墙,起了关键作用的地道原本也是被太平军发现过的,是个废弃的旧坑道,太平军对其没再注意,他们没想到,正是这条旧坑道最后把他们送上了天!

战后评功行赏,人家都升官发财,高官厚禄,曾国藩被封为一等侯爵,加太子太保;曾国荃被封为一等伯爵,加太子少保;李鸿章被封为一等肃毅伯;刘铭传也升任总兵……而他李鹤章呢?只有曾国藩转赠他一块御赐奖武金牌一块,朝廷那头早就把他给忘了,只象征性地给了个甘肃甘凉兵备道打发而已。那是个边远地区的、谁都不想去的苦地方,而且,还是个道员。原先在打完无锡的时候他不就已经是道员了吗?怎么还是个道员?凭什么是这样?肯定是二哥李鸿章捣的鬼,他为了保自己的既得利益,不惜牺牲亲弟弟的前途!

其实朝廷那边也有朝廷的说法,原先以为你李鹤章也会去配合攻打南京的,所以先给个空心汤团鼓励鼓励,谁知你后来并没有真的参战,那就不能再行赏了。然而李鹤章想不通,无论怎么说,原先你朝廷是说过要与刘铭传等一并受奖的!那个廉价的甘凉道我也不要,宁肯回老家!

曾国藩这个老领导为人还是不错的,看出了李鹤章的尴尬处境后,极力拉着他一起做事。在接下来的剿灭捻军的战争中,总是把他带在身边。他向朝廷奏报,李鹤章旧伤未愈,请求将甘凉道开缺,而留营总理湘淮军水路全军营务,这实际上还是个名高而实空的职务。李鸿章也感到对这个弟弟有些不够意思儿,在他表示不愿去甘肃的时候,曾设法为其在南方福建一带谋个官做,但李鹤章也不去。后来还是半推半就地跟着曾国藩北上了。

据说李鹤章的夫人是个性格刚烈的奇女子,在打常熟城时曾发挥了一定的作用。这时看到清廷蒙人,有事有人,无事无人,本已一肚子气,再看李鸿章这个当哥哥的自己高官厚禄到手,却在那里假惺惺地"捣江湖",好像李鹤章是个多余的人,被你们安排过来安排过去的,好像需要你们恩赐口饭似的,火气比丈夫还大,更加起劲地拉丈夫后腿,坚决不干了,宁肯回老家种地,就不相信不靠你们就得饿死!有这样一位贤内助,李鹤章的官运就只能到此为止了。他好歹很不情愿地跟着曾国藩走到了清江浦,最后还是下决心回老家了。

其实李鹤章回老家对他个人来说未必是件坏事,他后来置房子置地,又兼营盐业、茶叶和当铺,果真大发其财。那时战争已过去,国家正需要发展经济,他们老李家是朝廷的功臣,做点买卖还能不开绿灯吗?他在原东乡温家大村造起了李家楼,又在合肥城里建了五进豪宅(就是现在合肥淮河路上作为李府陈列馆的那处大宅院),安徽四乡八县都有他的仓房和典当。原温家大村的李家楼,据说共有四百多间房间,一半是他的,另一半归李鸿章,所谓的宰相府,就是指此。不过李鸿章本人到底住过没住过,还是个问题。此房周围的田产和房产均作为义庄和公产,永不典卖,合肥曾有《李家楼田宅禀县立案告示》档案,详载其事。可是后来在抗战中李家人逃难,房子被日寇抢占,抗战胜利后被村民们拆毁了。

李鹤章发财后在家乡干了不少好事,如建义仓、义学、重建文庙、武庙、文昌、城隍、火神诸祠,又主持修府学、考棚、书院,还重修了《庐州府志》。大哥二哥责其领修《合肥李氏宗谱》,他二话没说,独立出资并规划,越二年完成。1879年山西大旱,曾国荃告贷诸行省,李鹤章立马捐献巨款助赈,曾国荃很感激,为其奏请赏加二品衔。后来曾与李还结为儿女亲家,即曾国藩的孙女(即曾纪泽的长女)嫁给了李鹤章的小儿子李经馥。可惜曾家小姐年仅29岁就去世了。

李经馥有个侧室陈氏,生下一个孙子李国芝(李瑞九)。他们赶上了好时候,天下太平了,不用打仗了,可以尽情享用老太爷创下的基业和赚来的钞票了。

事实证明,事情总有正反两面,发财是好事,但钞票太多了对后人来说未必全是好事。李鹤章这一支总体来说,吃饭的人多,干活的人少;挣钱的不多,花钱的不少。他的三个儿子中,只有老二李经羲有出息,官至云贵总督兼云南巡抚,民国后还当过几天国务总理。其他老大和老三,都是远近有名的花花公子,享福的料。

合肥肥东文化馆的研究员丁德照先生的《李鸿章家族》一书,说到李鹤章的大儿子李天钺(经楞)时说:"天钺平素不务正业,慵懒奢纵赌荡,寻花问柳,乡民深恶之。天钺侍从在肥讨债殴死人命,官民不敢言。合肥知县孙葆田检验尸伤,百姓怕县令威于豪强,检验不实,观者数万人。葆田令仵作(官署里检验死伤的人员)认真验尸,得致命状,谳遂定。"可见是桩不小的人命案子,已激起民愤,也激起了县官的义愤。当时正是李家的权势最炙手可热的时候,李鹤章或许已去世,而李鸿章还在世,闻知其亲侄子在老家胡作非为,不知作何感想。

丁文中讲到李鹤章的小儿子李经馥时也没有好气,说:"经馥生而秀颖,其父管教较严,后因身病体羸弱稍松弛,其母周氏尤怜爱。经馥幼时习学书史不忘,数百言操纸笔一挥而就。经馥少年放荡不学,幼时还在乡里出语烂漫。其父死后,经馥更无进取之心。岳父曾纪泽出使欧洲,累书相招才行。路经英国,翁婿游览伦敦,一日思归,竟径去不顾……"可知是个独往独来的性格,连老丈人的面子都不顾,只知坐吃老太爷的家业。他死的时候他的儿子李国芝才5岁。李国芝民国后来到上海,大概是奔着他二叔来的。

那时他家还是很有实力的,在安徽开有森林公司,在上海开有银行,还投资房地产,在江苏路上有花园洋房,进口汽车有好几辆。上行下效,李国芝也是个大少爷,一辈子会花钱会唱戏而不会经营,花的都是他爷爷的钱。家业最后就只能是车子越乘越大,房子越住越小。不过他还是干过一件有趣的事情,就是在上海开办了一个李树德堂电台,播放京剧演唱节目和故事节目,听众也可以打电话点播节目,高兴时他自己还能吊上一阵嗓子,受到海派票友们的欢迎。他是海上著名的票友,是"久记"票房的骨干,为京剧不知花了多少钱。到了解放初,家底吃得差不多了,他最小的一个儿子李家庞就出来工作,穿上军装当兵去了。

至于李鹤章解甲归田后到底赚了多少钱,谁也无法详细统计,反正足足养活了四代人是无疑的。也就是说,从李鹤章1865年回老家起,直到解放前夕,整整富了八十多年。三个儿子中老二李经羲头脑最清楚,洋务传统代代相传,后代中有李国松、李国筠、李家煌、李家炜、李家炯、李家煐、李家庞等,均各自有成。再下一辈中更知发愤,还出了几个著名的人物。他们是外交家、前中国驻美大使李道豫;著名建筑专家、清华大学建筑学院院长李道增;著名美籍华人、钢琴演奏家李道基……详情后叙。

幼子最早"走"

李昭庆(1835—1873),又名章昭,字子明,号幼荃,是李家六兄弟中最小的一个,也是安徽老乡们最寄予同情的一个。他原本也是李家将中的一个,是淮军里领兵打仗的一员猛将,可是年纪轻轻就去世了,只活了39岁,而且是死在他二哥李鸿章天津的衙门里。

老百姓总是容易同情弱者的,爱为弱者打抱不平——为什么李昭庆年龄最小却死得最早?为什么死在李鸿章的衙门里?为什么李鸿章不按常规过继他大哥或者三弟的儿子,而要过继老六李昭庆的儿子呢?他总有对不住老弟的地方吧?心虚了吧……

安徽老乡们找出了很多"疑点",来说明李昭庆的死因大有问题,其结论大致是说——李昭庆的死肯定与李鸿章有关。还有的"揭露"得更具体说是昭庆长得身高马大,一表人才,非常英俊,战后赴京进宫获慈禧召见时,被留在宫中宴游数日,引起满朝文武背后议论纷纷。事情被曾国藩知道了,跑去质问李鸿章,李鸿章为了保自己的乌纱帽而令其弟自杀……(丁德照、陈素珍《李鸿章家族》)

这种传言在安徽乡下流传很广,无非是为弱者打抱不平。其实只要查一查时间表,就会发现对不上号了。曾国藩在1872年3月就已在南京去世了,而李昭庆进京是在1872年5月的事,曾国藩怎么会知道他死以后的事情

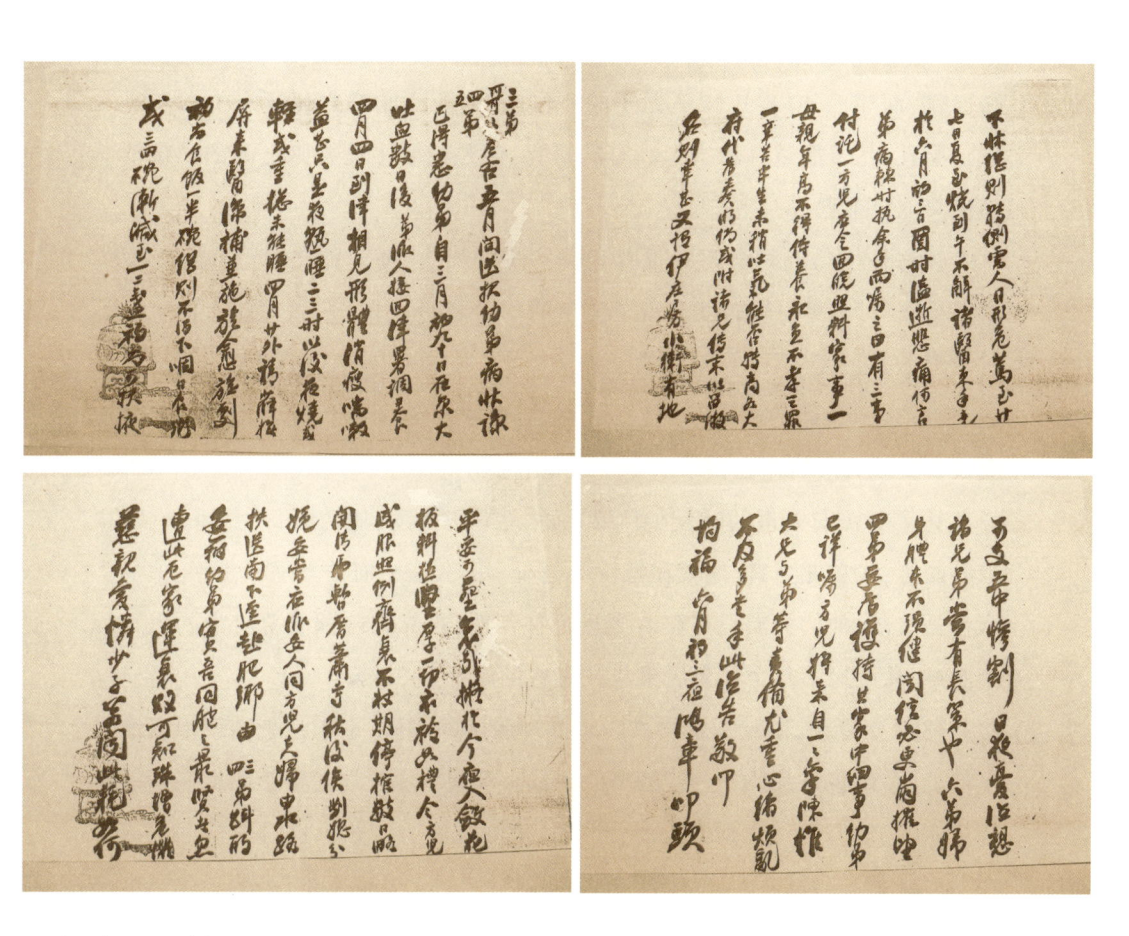

李鸿章关于六弟李昭庆之死的家信

呢？而且，李经方被过继给李鸿章是在 1862 年，是李鸿章率淮军在上海打了虹桥、北新泾等胜仗以后，荣升江苏巡抚的时候，也就是李鸿章感叹自己功名已就，而年已 40 岁还膝下无子的时候，这时距李昭庆之死还有十一年光景。况且，儿子能过继给当了高官的哥哥，该是说明了兄弟俩之间的亲情要超过其他兄弟吧。

《庐州府志》上对李昭庆很有夸奖："少通经史，博学能文，持躬端正，文章得雄直气。"年纪轻轻就获得了监生的功名。其父李文安曾写诗夸他："小时诚了了，长大岂不佳？"对他寄予厚望。可是人的命运与美好的愿望是两码事，他后来的命运的确不佳，仗打了不少，苦吃了不少，但官没当上（有名义而没有实授），最后命也丢了。

其父李文安去世的时候他刚 20 岁，天下正大乱，他的大哥、二哥、三哥或办团练，或在外当官，他就在家侍奉老母。不久庐州府被太平军荡平，他的家乡被洗劫，他们兄弟只好陪着老母逃往江西，投靠在曾国藩幕府中的大哥李瀚章，从此兄弟几个都先后聚集在老曾的麾下。

1862 年夏天，李瀚章奉命去广东办理厘金的时候，也正是李鸿章率领淮军初抵上海，实施"以沪平吴"战略的时候。李瀚章原计划是带李昭庆一同前往广东的，他们先一起到了上海，准备从上海乘船去广州。这时他们三兄弟在上海碰了头。如果这时李昭庆按原计划继续跟大哥往南走，一辈子就当个后勤粮草官的话，也许就没有后来的戎马倥偬，积劳成疾的事了。然而二哥李鸿章正是重任在肩，手下缺人的时候，就把他留下了。这么一来，他就跟李鹤章一样，在二哥手下听命，成了淮军将官中的一员。

他曾奉命回安徽招募勇丁；在湘军大部队围困天京的时候，他负责专防无为州城；后来在与江浙一带的太平军交战中，守常熟，打嘉兴，他都参与前线的指挥作战；战事稍停，他自然也跟李鹤章一样，得不到特别的奖赏。李鸿章为了避嫌，不便为自己的弟弟请赏，宁可奖励别人。这样，李昭庆劳而无功，力气都白费了，自是对二哥一肚子气。

然而仗还是没完没了地打,打完太平军后又要去剿捻。曾国藩还特别属意于他,已奏派他去训练马队,以期能在苦战中得到历练,建立功勋,而不必借诸兄之门荫以成名。那时李鸿章还有些不舍得呢,他明白小弟有多少能耐,故曾国藩来信时,他回信中只提李鹤章而不提李昭庆。但是曾国藩是一定要带他去剿捻的,因为曾的湘军暮气已深,打了十几年仗,无法再战,已基本遣散了,而要带淮军去剿捻,不带上个李家将怎么能行?淮军毕竟是支地域性极强的、以李鸿章个人为中心的子弟兵,带上李昭庆,就更便于跟各路淮军将领联络。(马昌华《淮系人物列传》)

李昭庆招募了两千人的马队,另有亲军泉字营和忠扑营近千人,原本也想在曾帅的领导下建功立业的,可是剿捻不同于打太平军,捻军的特点是机动性特别强,马队强悍,整天狂奔来去,转眼无影无踪。李昭庆以淮军统领员外郎的名义,率数千兵马千里追逐,日久劳而无功,就渐渐自觉乏味了。这期间曾国藩还写信给他,希望他能独当一面,务必要择劳苦之事而任之,帮助二哥御此大敌,并且语重心长地说:"吾两家门第太盛,人忌鬼瞰,处处皆是危机,时时皆伏祸胎。除却耐劳尽忠四字,别无报国之道,也别无保家之法。"可是李昭庆毕竟年轻,"视事太易",难耐艰苦,况且脾气也不是太好,与诸位将领未能协调好。1866年底,连曾国藩都感到剿捻无功,需要"曾瓜李代"了,而李昭庆又何功之有呢?所以才有曾国藩回任两江总督,任命李鸿章为钦差大臣,专办剿捻事宜,曾与李掉换个位子,由李鸿章带队继续打!

至于李鸿章的淮军情况,用曾国藩的话来说,就是"总是喜欢在李鸿章脚下盘桓",大概李比曾更重哥儿们的义气,更舍得重奖。由李鸿章再次出掌淮军剿捻,又值淮军蓬勃向上时期,自是别具一番气象。未出一年,就大败东捻于山东境内,东捻首领赖文光和任柱先后死于刀下。

这期间,李昭庆已有了独立编制的武毅军和马队共万把人,整天奔驰在湖北、安徽、山东、河南广大的区域内,与捻军往返周旋,不得休息。每次鏖战,李昭庆"匹马斫阵,所向无前,虽盛暑寒冬,与士卒同劳苦",也许就在那时已落下了病根。很不巧的是,那捻首赖文光原先大概已是李昭庆的瓮中之鳖,可是在追赶了数百里之后,赖文光跑到了扬州,却被留守扬州的吴毓兰部活捉了,那功劳就是人家的了,到头来仍是"事不奏功"。他年年辛苦不少,战后论功,只得了一个记名盐运使,而且并无实授,只是个空衔而已。李昭庆当然闷闷不乐,向二哥坚决要求回家去,弄得二哥毫无办法。弟弟毕竟年轻,随他去吧。时在1868年春节(《淮系人物列传》)。

几年后(1872年),李昭庆到北京办事(由前署督臣何璟奏明赴部引见,何璟是李鸿章的同年),本想顺便到天津看看二哥,谁知竟然在京旧病复发,"咳嗽日夜不绝声,先痰后血,血尽则痰,浓晦胶粘,医谓肺肾两经先绝"(李鸿章致其诸兄弟的家信),导致大吐血。数日后李鸿章派人接他回天津府衙调治,竟数月无效,最后因吐痰不出,手足俱动,哽咽气绝,年方39岁。

据说李昭庆临去世前还在生二哥的气。李鸿章去看他,他把头转到床里面去,不高兴理他。据李经方的内弟刘晦之《李昭庆之死》一文说:"赖文光就擒之日,太常(李昭庆)虽踵至,已徒手无卫矣,仅论前功,以运使候补。是时军中保案,动辄万余人,武职奖扎多弃之不取,贱视可知……军务底定,文忠复避嫌,不为推荐。于是入官则无实授之期,改途又乏出身之路,益郁郁不得志。……其后至津省兄,郁郁病际,遂不起。卒前数日,文忠往视,太常移面向内不与语。"(刘晦之《异辞录》)

李昭庆去世后,李鸿章非常难过,曾有长信写给兄弟,讲述治病的过程和安排后事诸事。他顿时觉得非常孤寂,亲人越来越少了。

李昭庆的后代倒是兵强马壮,有四个儿子四个女儿(另有一儿早逝)。老大李经方过继给李鸿章;老五李经翊过继给李凤章;老三李经榘住在芜湖"三大人公馆"(李家人称小花园,现为芜湖第八中学)当他的"三大人",一辈子过着士绅的生活;老四李经叙是"四大人",在芜湖的住宅当地老百姓称之"四大人公馆"(李家人称长春花园,现为芜湖少体校)。李经叙跟他的大哥一样,是个外交官,但命苦得很,在李鸿章的幕僚伍廷芳的提携下,两次出洋出任秘鲁和墨西哥公使代办,可惜死在任上。

李经榘的老丈人是李鸿章的丁未同年、我国第一任驻英国公使郭嵩焘。李经叙的老丈人是翰林院编修、广东人许其光。李昭庆的四个女儿嫁得也很风光,大女儿嫁苏淮扬道吴学谦;次女嫁合肥著名的清流干将、清廷驻英国留学生总监蒯光典;三女儿嫁给上海道郡有濂的大儿子邵颐;四女儿嫁的是老李的铁哥们、四川总督刘秉璋的大儿子刘体乾。

李昭庆的后代中突出的特点是出了一批外交官——除了李经方和李经叙,孙子辈中还有李国栋,出使奥地利大臣二等参赞;李国源,字仰尼,民国后任职外交部,曾出任驻仰光代理总领事。他这一房中还有一个国民党的大官——中央银行最后一任总裁刘攻芸,是李昭庆的孙女李国珍的丈夫。

第四章：强国之梦

情系"克虏伯"

李鸿章天生一个劳碌命——打太平军打了十一年，好不容易总算打完了，又要去"剿捻"；北上"剿捻"剿得差不多的时候，天津那边又来事了。

1870年天津教案爆发了，平民教民，杀杀打打。一边是外国人打死了天津知县，捣毁了衙署器物；一边是中国人火烧教堂、领事署，打死了法国领事和秘书……中国人冒犯了洋人，那还了得？何况还打死了二十几个洋人，于是七国连衔抗议，开来军舰示威，扬言要把天津化为焦土，外国军舰已集结在渤海湾大沽口了，直接威胁着北京……眼看又要引发更大的国际争端，朝廷一看大事不好，赶紧把最强悍的淮军调到天津，以防不测，同时叫李鸿章来帮助曾国藩处理这棘手的教案问题，顺手把李鸿章推上了外交前线。

李鸿章马不停蹄地率兵赶到天津，真的是没有一天闲工夫。在他之前，他的恩师曾国藩已经在处理这个事件了，把双方来了个各打五十大板，想尽快把事件平息下去。但是想不到事情很不顺手，民情沸腾，不肯买账，"媚洋""洋奴"的帽子满天飞。主要因为天津是个有着深厚反帝土壤的地方，离北京也近，有的地方官员还有着皇宫里的背景，事情就尤为复杂。结果曾国藩没有为太平军和捻军送命，却为此天津教案送了命。教案还没办完身体就吃不消了，一年后去世。

李鸿章当然也不愿与民众为敌，他一到天津就快刀斩乱麻——杀掉主要"打教"人员二十人，充军发配二十五人，就双方死伤的人数来说，基本算是一命偿一命，双方扯平了，好歹就算是"结账"了。但是为了安抚民心，争取舆论的支持,李鸿章再次操起了"痞子腔"。

据说到了真正处决"打教"人员的时候,拉出去砍头的并不全是真正的杀洋人、烧教堂的人员,有一部分原本就是死刑犯,该着要死的。李鸿章以这些人来充数糊弄外国人,天津的老百姓就暗暗叫好。而且,又在原定的二十名死刑犯中,解救了四人,重新判为徒刑发配,这就又缓和了不少气氛。洋人那头则用"糖衣炮弹"来轰,也算轰平了。不过洋人方面还要求赔偿五十多万两损失费。李鸿章这时是宁肯花钱买太平,五十万就五十万吧,赶快给我退兵！朝廷那头要的就是快赶那些军舰走,满朝的衮衮诸官,一看见大沽口的军舰就掉了魂,他们总在担心鸦片战争的噩梦重演！

那时不仅是李鸿章,清廷的有识之士都认为,中国的古老的典章制度是没话说的,问题就是兵器不如人家,所以才受欺负,于是要想方设法用新式武器装备部队,同时研究如何仿制,几乎是上下一致的呼声。李鸿章终生以此为己任。

《合肥李文安公世系简况》的编纂主持人、李鸿章的曾侄孙李家锦先生在总结李鸿章与洋人打交道的办法时说,其实这与他跟中国人打交道的办法没什么大不同,不过是一要善于借力,也就是会周旋,正面进攻不行就打侧边球;二要充分使用"糖衣炮弹",进行攻心战;三要适当地耍点"痞子腔"。有此几条,就常能无往而不胜。果然,他的老师曾国藩没能摆平的事情,他一到场,三下五除二就算摆平了。

朝廷看这个安徽人本事真不小,既会打仗又会跟洋人周旋,奏折上得很合尺度,把外国军舰也哄走了,那就太好了,那就别让他走了,留在天津吧,往后跟鬼子别扭的事多着呢,恐怕一辈子都忙不完呢。

很快,李鸿章得到了任命(1870年8月),接替曾国藩出任直隶总督,而曾国藩回任两江总督。接着又命他兼任钦差大臣(即后来的北洋大臣)。至此,他的权势和声望已在曾国藩之上了。

直隶总督,那可是全国的总督之首啊,历来都是朝廷最信得过的人才有望"中标";北洋大臣,那更是朝廷的半个臂膀,掌管着洋务、海防等诸项内外要政,若非心精力果、与朝廷肝胆相照的开放型的干才,绝非能够仰望。北洋大臣干的就是个最麻烦的差事,那是朝廷对外周旋的前沿阵地,还是对内洋务自强的前沿指挥部。不仅要面对虎狼般的流氓列强,背后还要时时提防着明枪暗箭。因为在那个连天文学、算学也不让创办、连铁路也不许修建的时代,迂腐的传统势力是足以置你于死地的。

1872年,李鸿章又被授予武英殿大学士,仍留任直隶总督和北洋大臣。至此,李鸿章的权势和威望如日中天,成了朝廷眼里最有用的人。他利用手

北洋大臣、直隶总督李鸿章

中的权力,首先要做的就是要换枪换炮,提高作战能力,巩固海防。原先对付"安内"的功夫,现在要面对洋鬼子了。他要利用天津这个华洋杂处的有利环境,抓紧更新武器装备,以备不时之需,这就需要一批洋幕僚、洋朋友、洋顾问,需要一批属于自己的翻译人才和擅长洋务的干才。

在当时,没有一个督抚大员像李鸿章那样,敢于在身边聚集那么多的洋幕僚和洋技师,他把他们当作睁开眼睛看世界的窗口,天下发生了什么事情,他都能很快知道。以至于现在看到的李鸿章在公开场合露面的照片,几乎没有一张身边没有洋人的,这在"教案"迭起的时代,需要多大的勇气!洋幕僚们则有意无意地,客观上也常代表本国的利益,向李鸿章施加影响。这样的"朋友、客人和同事"的关系,是晚清七十年中的新鲜事物。

但是买什么品牌的大炮小炮最经济致用,开头心中并不很有数。19世纪60年代,淮军只是通过军火走私商,买到什么品牌就是什么品牌,反正总比中国原始的土枪鸟枪要强得多。那时中国的兵器还停留在冷兵器和旧式火器并用的时代,火器以抬枪、抬炮、鸟枪为主,特点是铜铁浇铸,管式滑堂,前装散弹,用火绳和燧石点火……这样的原始兵器发射慢,射程近,命中率低,以此来对付太平军和捻军,大家水平脚碰脚,还算马马虎虎,而要对付克虏伯大炮和阿姆斯特朗大炮,甚至铁甲兵舰,岂不是笑话吗?

这个时候,人们不得不再次感叹老李的命好。因为这个时候,地球的那一边及时地爆发了一场战争——普法战争,为老李送来了威力无比的德国克虏伯大炮,那炮声让老李兴奋无比,把他的目光再次引向了万里之外——

普法战争中,德国克虏伯公司制造的大炮大出风头,尤其是色当一战,普鲁士第一军的一百二十尊大炮,以排山倒海之势,集中轰向法军的阵地,不仅把法军的炮阵压得根本抬不起头来,而且把法军的步兵也挡在了两千米之外,为普鲁士军队成功地赢得了时间,最后赢得了胜利。这一战役奠定了普鲁士胜利的基础,也就是奠定了德意志统一的基础,意义极其重大。普鲁士军队使用的大炮就是克虏伯的新式大炮。所以人们说:"普法战争的胜利,实际上就是克虏伯大炮的胜利。"因为这些大炮的确是当时世界上最厉害的陆军兵器。

李鸿章闻知后佩服得不得了,羡慕、眼馋极了,他梦中的淮军就应当是这个样子。他一再感慨德国人的政治军事,把德国视为中国的榜样,他在奏折中给朝廷洗脑:"该国(德国)近年来发奋为雄,其军政修明,船械精利,与英俄各邦并峙……"所以他在主持引进西式兵器时,通过与英国的阿姆斯特朗炮和格林兵器比较,最终看中了克虏伯大炮。他计划用克虏伯大炮来装备京津一带和长江一线的炮台。这期间他有信给他的洋务干将丁日昌:"津案结后,自强之策,大沽海口南北炮台,及北塘等处应驻重兵。长江以炮台为经,轮船为纬。但保津畿、长江自固根本,外人必不敢轻视。"

……

世界上真有这样巧合的事情,在李鸿章最需要克虏伯的时候,恰好也正是克虏伯需要李鸿章的时候。普法战争之后,德国迅速成为世界军事强国,产品质量、性能不断得到刷新,其本国需求有限,正处在全力向各国推销他们的产品的时代。

德国克虏伯公司是建于 1811 年的大型工业集团,最初只是生产钢铁,逐渐发展到铁轨、火车车轮等其他重工业的各个领域,但真正令其震撼世界的,还是他的"全钢后装"的后膛大炮。从 19 世纪 50 年代,老克虏伯的儿子阿尔弗里德·克虏伯为了证明其生产的钢材的优质,开始生产枪炮,决计用枪炮来打开世界的大门。这一招果真灵验,经过普法战争,克虏伯一下子变成了一座"帝国兵工厂"。最初,他们的枪炮只是销往国外,骄傲的普鲁士并无人问津。而到普法战争时,该公司已经有了半个多世纪的积累和发展,制造军火也有了二十年的历史,普鲁士陆军方才采用了他的大炮。而克虏伯大炮的确很争气,在战争中把自己的广告成功地轰向了全世界。战后各国的订单就源源不断了,该公司就赢得了世界"火炮大王"的盛誉。从此克虏伯公司索性把经营的重点放到军火生意上了,一度成为世界上最大的军火供应商,

江南制造局大门

也是向中国输出军火最多的军火商。

克虏伯打中国人的主意是煞费苦心的。当他们的推销人员得知李鸿章对德国并无恶感时,竟肉麻地送上一张李鸿章的画像,和一封足以把老李捧得晕晕糊糊的赞美信,借此跟他拉关系(《德国克虏伯与中国的近代化》)。其实,不送画像和赞美信老李也是喜欢克虏伯的。现在克虏伯自己找上门来,岂不正好?老李不仅要买大炮,要上海的机器制造局仿造大炮,还要了解和学习德国的军事装备、训练方式、战略战术等等,当然,首先是要购买德国的兵器。

老李的这种崇尚克虏伯的情结,不仅在当时,而且对中国近现代史都发生了极深远的影响。他身后的袁世凯、段祺瑞、蒋介石、张学良……包括一些地方军阀,无不眼睛向德国看。直到抗日战争爆发之前,中国兵器技术大都是以德国为范本的。蜂拥到日本去读日本陆军士官学校是后来培养基层军官的事。从洋务运动到抗战爆发,半个多世纪以来,中德之间的军事交往从来就没中断过。追根求源,还是李鸿章带的头。

从现在李鸿章留下的堆积如山的奏折和信函中,人们可知他并不是一味盲目地崇尚德国,而是做了一番精心的比较研究的。1874年他在给朝廷的关于海防的奏折中,不知多少次地提到了他对克虏伯大炮的研究心得:"查炮位一项,德国全用后膛,英国全用前膛,俄法则小炮多后膛、大炮多前膛,美国仍用老式滑膛。其中著名厂商,德国曰克虏伯,专造后膛全钢之炮;英曰阿姆士庄,专造前膛熟铁包钢之炮;又有瓦瓦司厂,后膛以钢包钢之炮。论攻坚致远,前膛不若后膛;论稳固经久,后膛不若前膛。故行仗小炮宜用后膛,取其轻而及远;轮船、炮台所用大炮,究以前膛为宜。此洋炮之大略也……"开始他还以为前膛后膛各有利弊,后来又进一步深化了认识。他在给醇亲王的信中谈道:"后膛装药枪炮最为近时利器。查格林炮一宗不能及远,仅可为守营墙护大炮之用。惟德国克虏伯四磅钢炮可以命中致远,质坚体轻,用马拖拉,行走如飞,现在俄德英法各国平地战阵皆以此器为最利,陆军炮队专用此种,所需子弹之价格与炮价相等……"

基于对克虏伯大炮的认识,李鸿章率先在淮军中组建了有近代意义的新式炮营,采用克虏伯后膛钢炮装备,编制上也仿照德国的炮营兵制。在一些水师中也配备克虏伯大炮。1877年,李鸿章麾下的淮军已经装备了十九个炮营,共有克虏伯大炮一百一十四尊。每营有正勇一百四十四名,有克虏伯四磅后膛钢炮六尊,马匹一百五十匹,车十九辆。已经装备炮营的部队有亲兵前营、盛军、护卫营、铭军、乐字营。"此时的淮军,炮营完全独立,用以配属铭盛各军,以使淮军成为国内唯一劲旅。"(王尔敏《淮军志》)

到了19世纪80年代后期,李鸿章更是大笔挥洒地购买克虏伯新式兵器。这期间已经过了日本窃据台湾事件和中法战争,客观上都促使朝廷加快了实行军事改革的步伐,克虏伯后膛钢炮更是空前地受到欢迎。1888年夏天,李鸿章定购了二百万马克的克虏伯军备物资,用来装备威海卫和大连湾的海军基地;两广总督张之洞购买了五十二万马克的克虏伯大炮,还计划与克虏伯谈判,投资三百万马克,在中国建一座炮厂;盛宣怀用十一万两银购买了四尊克虏伯大炮。1889年,李鸿章麾下的天津军械所通过信义洋行,购买了价值五百五十万马克的克虏伯大炮,用来装备北洋海军的海岸防御系统。这是克虏伯在华贸易的最大一宗。

  买了先进的兵器还得有人会操作。所以当克虏伯的使者瑞乃尔(Theodore H.Schnell)1870年带着他的大炮来到山东登荣水师的时候,李鸿章一点也没有感到鬼子的"兵气",反而把瑞乃尔留在了淮军,聘他为教官,要他为中国服务,瑞乃尔便成了克虏伯派到中国的最早的军事教官。1872年,李鸿章又托克虏伯公司再推荐人员来华任职,指导淮军炮营操练德军炮法,结果克虏伯方面代为雇了该国都司李劢协(Lemayer)来华,约期三年。在李劢协任职期满将要回国时,李鸿章又派了七名淮军基层将官跟其前往德

江南制造局仿制的克虏伯大炮

国,继续学习德国军事。被派去的人是:卞长胜、刘芳圃、查连标、袁雨春、杨德明、朱耀采、王得胜。他们学成回国后,被派到淮军各炮营当教练,有的后来成为颇有成就的军事科技人才。

1888年冬,李鸿章又从北洋武备学堂中选拔优秀学生赴德国学习军事,先入德国军校见习,继入克虏伯炮厂接受炮术讲习及构筑炮台的工程训练。这次共选派了五名学员,考中第一名的是段祺瑞,其余几个是吴鼎元、商德全、孔庆塘、腾毓藻。他们留德一年,学成回国后都派了大用场。段祺瑞最为突出,几年后就出任新建陆军的炮队统带(很多年之后,他竟与李家成了亲家,他的大女儿嫁给了李鸿章的侄孙李国源);吴鼎元当上了新军第五镇统制;商德全先任陆军学校校长,后任天津镇守使;孔庆塘后任云南普洱镇总兵。

在此前后,国内一批技术人员和兵工专家也不断地受到李鸿章的派遣,到克虏伯或德国其他兵工厂考察,其中有金陵机器局的技术人员王承荣,他回国以后不久,金陵机器局就开始了仿造克虏伯小炮。还有晚清杰出的科学家、军工专家和翻译家徐寿的儿子徐建寅,他在英、法、德国考察了三十多个兵工厂,也考察了克虏伯厂,回来写成的《阅克虏伯厂造炮纪》,对该厂的生产流程和设备运转做了详细的介绍,对于后来中国仿造克虏伯大炮起了很大的推动作用。

到甲午战争之前,中国漫长的海岸线上,从南到北,广东、福建、浙江、江苏、山东、河北、辽宁,凡有大清炮台的地方,都能看到克虏伯大炮那高昂的头颅,基本完成了1874年海防大讨论中关于海岸炮台设施的部署,同时培养出了中国第一批能够掌握和仿造西方先进武器的军事人才。

可悲的是,花这么多精力、花这么多银子买来的国防兵器,在后来的实战中并没有为中国赢得多少荣誉,除了在中法之战中打了几个胜仗,刘铭传在台湾派了些用场之外,最后在甲午之战中,由于决策和指挥的诸多问题,使很多炮台最终都一败涂地。旅顺炮台、大沽炮台、威海炮台,这些炮台简直

安装在福建马限山上的进口大炮

就是李鸿章的命根子,那是他二十多年的心血所在,都是装备了全中国最好的大炮……旅顺炮台失守的消息传来时,据说李鸿章老泪纵横。

一年之后(1896年),他以73岁高龄奉命做欧洲之行的时候,尽管已显出老态,但他到了德国,还是没忘记往远在埃森的克虏伯炮厂走一趟。在克虏伯,他自然受到了空前隆重的接待,他毕竟是该公司几十年的大主顾。克虏伯还专为他定制了四张一套的明信片,赠送了不少礼物。至今在克虏伯公司的历史陈列室里,还悬挂着他的肖像。

关于这些礼物,其他东西现在已经很难查询了,但有一样肯定是老李所喜欢的,并且现在还留在上海,那是一尊克虏伯当时新研制出来的小钢炮的模型。当年李鸿章回国后把这个模型送给了他的小儿子李经迈(李经方和李经述都跟随老李出国的,唯独李经迈没去)。李经迈去世后就传至他的儿子

刘公岛炮台上的大炮

李国超手上。李国超在 1949 年前出国时，因行李过重，将五只箱子寄存在上海合众图书馆馆长顾廷龙先生处，箱内之物就包括了这个小钢炮模型。解放后合众图书馆并入上海图书馆，这五只箱子也被带了过去，由上海图书馆继续保存，结果一存就存了半个多世纪。

铁路之难

在晚清满朝文武中，最早、最起劲地鼓吹兴办铁路的大员也是李鸿章。他的原始出发点仍是为了加强海防。

第二次鸦片战争之后，中国的边境只是短暂地平静了几天，到了19世纪70年代，沿海又吃紧了，边疆地区也出现了新的危机。在北方，沙俄利用"阿古柏事件"出兵强占了新疆伊犁；在南方，日本在美国的支持下出兵侵略了我国台湾；英国人又借口马嘉理案，强迫清廷签订了《烟台条约》，并将势力范围扩大到了遥远的西南地区……为了加强海防，为使沿海七省联为一气，战时能呼应连通，及时运兵，共同御敌，李鸿章提出必须兴办铁路。

在1874年清廷组织著名的海防大讨论时，李鸿章第一个递上奏折，全面地提出了他的洋务自强、大办实业的思想和战略，其中就强调了铁路的军事战略意义:"火车铁路,屯兵于旁,闻警驰援,可以一日千数百里,则统帅当不至于误事……"其他官员也积极附和,因为参与大讨论的都是各地督抚,而且都是沿海最吃重的位置上的封疆大吏,面临的危机感是共同的,意见也容易趋于一致。

可是这些意见递上去,买舰买炮的事情是初步定下来了,而铁路问题并没有实际下文。朝廷里的保守势力相当大,说什么"开铁路,山川之灵不安,即旱潦之灾易召",以种种理由阻止。与十年前的那场关于京师同文馆内,是否应设天文、算学一科的大讨论一样,讨论来讨论去,各执一词,各不相让,最后的决定权自然在朝廷手里。那于洋务一直懵懵懂懂的两宫皇太后,"亦不定此大计",于是就采取了最高明的表态:绝口不谈。

李鸿章熬不住这种沉默,就常去跟总理衙门大臣恭亲王奕䜣通声息。奕䜣就是当初帮助慈禧太后发动北京政变的,光绪皇帝的六叔,他是满清王朝文武百官中,难得的一个洋务思想非常活跃的一位,在很长的一段时间内,他实际上充当了李鸿章的主心骨。由于他主张向西方学习,在保守派那里还挣了一个"鬼子六"的雅号。李鸿章不断地向"鬼子六"施加影响,极陈铁路之利益,请求先试造清江至京城这一段,以便于南北转输。

可是"鬼子六"一脸苦涩,他有他的难处。虽说他是军机大臣,又曾是慈禧的同盟,但政治这玩意儿是此一时彼一时的,并不是一成不变的。在这个问题上是同盟,说明有共同的利益,并不是在所有问题上都能一致。慈禧对铁路一直没有概念,花费又属巨大,是不会轻易点头的。奕䜣也不愿在朝廷里树敌过多,还指望李鸿章他们"自下而上"地"运动"呢。

可怜的李鸿章只好来个阳奉阴违,先在下面搞点小动作再说。于是先拿唐山的煤铁矿区作为试点,修筑一段运煤的铁路,总共才十里路程。然而就这么一点"毛毛雨",也费了九牛二虎之力。

1878年,先由开平煤铁矿务局总办唐廷枢(唐绍仪家族的前辈,近代中国的第一代买办,原英商怡和洋行的总买办,后来被李鸿章挖来为朝廷办

原怡和洋行买办、被老李挖来办洋务的唐廷枢

事)出面上奏,要求修筑运煤铁路,经费由矿务局自己筹集。这么好的事,竟因朝廷里大臣反对,没有修成。1880年,再次由唐廷枢出面"泡蘑菇",提议从胥各庄到涧河口开一运煤河道,同时于唐山煤井至胥各庄修筑一条连接河道的轻便铁路。为了避免朝臣的非议,还特意声明,这条铁道不设火车机头,而以驴马拖载,这才好歹算是得到了恩准。

李鸿章当然不会满足马拉驴载的车皮在铁路上缓缓滑行,他表面上在敷衍,暗中继续做小动作,伺机得寸进尺。但无论如何,几经斡旋,中国自己造的第一条铁路终于在1881年6月9日开始动工兴建了(以后此日就定为中国的铁路节)。尽管这条铁路总共才十里长,采用每米15公斤的轻型铁轨,使用由英国工程师金达设计、由中国工人制造的"龙号"蒸气机车(火车头),那是一个才一人多高的小火车头,但这毕竟是中国人的第一条铁路和第一个火车头。

通车的那一天,李鸿章在众幕僚的陪同下,登上了火车,并与大家合影留念。他神情严肃,没有流露多少高兴的样子。他知道,前面还会有麻烦。果然,铁路上一旦行驶了火车头,流言蜚语又来了,说是"机车直驶,震动东陵,且喷出黑烟,有伤禾稼",下令禁止使用火车头,运煤车皮就再次被驴马拖载代替。这大概是中国近代化进程中最大的笑话。直到1882年,不晓得费了多少周折,才又恢复机车牵引。但是这仅仅是要运煤的破例,并不是说明从此就允许造铁路了,中国铁路的阻力还大着呢!

1881年唐胥铁路通车时用的龙号机车

李鸿章当年麾下的名将刘铭传也是主张修铁路的积极分子,1885年他已是台湾第一任巡抚。他曾跑到北京,上了一道《请筹造铁路折》,大谈铁路问题。他指出:"中国与外国通商以来,门户洞开,藩篱尽撤,自古敌国外患未有如此多且强也……自强之道,练兵、造器固宜次第举行,然其机括,则在于急造铁路。铁路之利于漕务、赈务、商务、矿务、厘捐、旅行者,不可弹述。而于用兵一道,尤为急不可缓之图。"他也主张先造清江至京城这段。

朝廷大员一看即知,这是在重弹李鸿章六年前的老调,实际上这也确是李鸿章苦心策划的"自下而上"的运动而已。想不到刘铭传的这一奏折在朝廷大员中引起了轩然大波,围绕该不该修造铁路的问题,洋务派和保守派再次展开了针锋相对的斗争。这场波及全国上下的大讨论,其意义表面上在于铁路,而实质仍在于是不是应该对外开放,引进新技术、新事物的问题。其中

赞成修铁路的主要是各地封疆大吏,有李鸿章、刘坤一、左宗棠等,朝廷里的赞成派主要是海军大臣奕譞,"鬼子六"奕䜣已经落势了;反对派主要是那些在朝的官员。那些人整天关在紫禁城内,两耳不闻城外事,只知道抱着祖宗章法行文断事,振振有词地迷惑西太后,就连后来以鼓吹"新政"出名的光绪帝师翁同龢,当时也是个反对派。

这帮老顽固的存心捣乱,可害苦了洋务派大员。狡猾的李鸿章看看光动口不行,还是得动手啊,于是设计出一条妙计:让西太后亲眼见识一下,火车究竟是个啥玩意儿,让她亲身体验一下火车的神奇的魅力,或许对于推动铁路的兴建有利。

于是他决定送西太后一件"小玩具"——在西太后居住的西苑(即北、中、南海)建一条小小的铁路,由法国商人全额赞助,让皇亲国戚们都感受一下钢铁的气息,开开眼界,就算是一次铁路交通的最高层次的启蒙教育吧。

听说是外国人要送一件"玩具",自然阻力就小了,居然得到了认可。1888年年底,这时距李鸿章上的《筹议海防折》已过去十四年了,古老的皇宫

慈禧太后御用机车

西苑里，从中海紫光阁经时应宫、福华门，进入北海阳泽门北行，直到极乐世界东面的镜心斋，出现了一条一千五百米长的微型铁路，和一台小火车头及六节小火车厢。这个风驰电掣的"玩具"，为深宫后院首次吹进了现代化的劲风，着实让从未见过火车的皇亲国戚们开了眼界。慈禧是个聪明人，她悟出这个世界的轮子的确是转得快了，从而由不置可否的态度，转向了明确地支持修建铁路。李鸿章的一番苦心，总算没白费。

五个月后，清廷终于发布了第一

李鸿章的得力干将盛宣怀

1888年9月李鸿章出席火车通车典礼

个关于兴办铁路的正式文件,内称:"(铁路)为自强要策,必应通筹天下全局……但冀有益于国,无损于民,定一至当不易之策,即可毅然兴办。"虽然讲得羞羞答答,半吞半吐,但毕竟是宣告了长达十年的关于是否应当修建铁路的大论战,以老李为首的洋务派获得了胜利。

至于李鸿章精心策划的那个"广告"——中南海里的小铁路,后因慈禧太后讨厌宫闱大内中火车机车的声响,车厢虽然还在轨道上走,但是不用火车头牵引,而改为由太监们拉着车厢在轨道上滑行了。现在人们尽可以自由地发挥想象,那该是一道何等滑稽可笑的奇观!

大清王朝关于禁修铁路的牙关终于被李鸿章及其哥儿们撬开了,这是值得大书特书的一件事。几年后,李鸿章因甲午战败而失去了往日的辉煌,在全国大规模地举办铁路之事,就历史性地落在了老李的死党盛宣怀的肩上。然而他的日子并不比老李好过,面对着的是一无资金,二无技术,三无人才的"三无"局面,实在是难为他办无米之炊。盛宣怀是个出名的能吏,著名的京汉铁路就是在他的主持下完工通车的。

具有讽刺意味的是,洋务派们办铁路,原本是图谋自救自强,维护大清王朝遥遥欲坠的风雨茅庐,但是谁又能料想得到,数年后闹起的"保路风潮",最终却导致了大清帝国的灭亡呢?

"请进来、走出去"的先驱

在大办洋务的同时,李鸿章显然感到了人才的极度匮乏,所以在举办近代学堂、选派人员出洋留学和聘请洋教师的过程中,也表现出了非同寻常的远见卓识。

早在1863年他还在江苏巡抚任上时,就采纳了苏州宿儒冯桂芬的建议,奏准在上海设立广方言馆(亦称上海同文馆)。这个广方言馆名义上是仿照北京的同文馆,实则有了很大的不同。同文馆实为八旗子弟的学校,而上海广方言馆则广招周边地区14岁以下儿童入馆。同文馆仅仅是个外语学校，而广方言馆除了学外语(分英、法、日、俄班)，还学自然科学知识，不仅培养翻译人才，还培养近代科学技术人才，学制三年。

江南制造局是传播近代科学技术的大本营，1869年设立了翻译馆，引进了很多西方科技和工程技术人员，著名的西方翻译家和科学家伟烈亚力、傅兰雅、玛高温等都在其中任职，还有中国的著名数学家和科学家李善兰、华衡芳、徐寿等，人才济济，师资力量更趋完善，于是后来就把广方言馆并入了江南制造局，招收15到20岁的学生入学，除了外语，又增设算学、舆地等学科，学制改为四年。这个学校，应当属于中国最早的语言和工程技术学校。

江南制造局的钢厂机器房

在上海广方言馆创办后的第二年,李鸿章又对中国传统的科举制度发起了挑战,这无疑是个绝对大胆的改革创意。他认为传统的科举制度排斥近代科学技术教育,是中国在自救自强中,人才缺乏和技术落后的原因之一。而中国要想与西方国家并驾齐驱,必须学习制造外国利器。而要造出先进的外国利器,则必须先要引进外国的"制器之器",并且要培养自己的"制器之人"。中国人把太多的聪明才智用到章句考证和应付八股文上去了,而一旦要对付西方的坚船利炮,却一无人才,这是中国教育的多么大的浪费和悲剧!

他在给清廷的奏折中说:"鸿章窃以为天下事穷则变,变则通。中国士大夫沉浸于章句小楷之积习,武夫悍卒又多粗蠢而不加细心,以至所用非所学,所学非所用。无事则斥外国之利器为奇技淫巧,以为不必学;有事则惊外国之利器为变怪神奇,以为不能学。不知洋人视火器为身心性命之学者已数百年,一旦豁然贯通,参阴阳而配造化,实有指挥如意从心所欲之快。"沿着这个思路,他向朝廷提出,应当把学习近代科学技术也列入科举的内容,变通一下考试制度,"专设一科取士,士终身悬以为富贵功名之鹄,则业可成,艺可精,而才亦可集。"让那些在科学技术方面学有专长的人,也能获得科举的功名,这样不就可以带动全局了吗?

旅美幼童组成的棒球队

可是那时太平天国起义刚刚被镇压下去,改革教育的事情根本还提不上清廷的议事日程。在一般人眼里,李鸿章的思想也跳越得快了些,连他的铁哥儿们兼老亲家,也是进士的刘秉璋都不同意,上面当然就不会有下文。直到1897年,已经经过甲午战败的清朝政府,终于痛定思痛,下诏决定在科举中举行经济特科考试,选拔实用人才了,这比李鸿章当年上奏要求"专设一科以取士",整整晚了三十三年。

1871年9月,由容闳提出的、第一批官派留美幼童的动议终于得到了朝廷的批准,第二年得以从上海起程出国,这是李鸿章与曾国藩联名上奏的结果。原定每年从沿海各省选出三十名十三四岁至20岁的聪慧幼童赴美,连续选派四年,共计一百二十名幼童,先入美国一般学校,再入军事院校或船政院校,连续在美学习十五年后,以期学到真本事,回国时值30岁上下,正

旅美幼童中的杰出人物詹天佑(前排居中)等

是可以为国效力的时候。

1872年8月,首批年龄9岁到15岁的少年得以在上海登船赴美。这个破天荒的计划,虽然在十年后因遭到了保守派、反对派的阻挠而告部分中断(已经在大学就读的近六十名学生继续完成学业,而还没有进入大学的幼童,除了在中等学校就读外,就只能在一些专门学校进修一段时间后就返回了),但毕竟首开官派留美学生的先河,为日后的人才培养创下了范例,何况十年间,的确为中国的近代化培养了一批优秀的技术人才。他们中有五十多人考入了哈佛大学、耶鲁大学、哥伦比亚大学、麻省理工学院等美国著名大学。回国后他们中许多人卓有成就,除了中国著名的铁路工程师詹天佑,还有民国第一任总理唐绍仪(唐廷枢的侄子)、清华大学第一任校长唐国安(唐廷枢的儿子)、天津轮船招商局总办、著名实业家周寿臣……他们中还有不少人回来就职于北洋水师、天津水师学堂、鱼雷学堂、电报学堂,也有些人被送到开平煤矿和天津医院。他们中还有一部分进入了外交界。

这项开创性的计划从上层来说,倾注心血最多的是李鸿章,因为曾国藩在第一批幼童尚未出国之前五个月(即1872年3月)就去世了。此后的一切奏章和矛盾交涉,凡是涉及上层的,无不由老李一肩担当。他那事无巨细、样样关心的信函,至今读来仍令人感动,关键时刻还惊动了美国总统格兰特。他始终像是一位老祖父,关心着远在万里之外就读的子孙。

李鸿章对于上海的格致书院(即上海格致中学)的支持和赞助,也能体现他的中西兼容、学以致用的教育思想。

这个书院是由我国著名科学家徐寿、徐建寅父子及在沪英国人伟烈亚力、傅兰雅、英国驻上海领事麦华陀等人一起创办的以理工科为主的近代学校,最初的八名校董中中外人士各占一半。中国人中除了徐寿父子,还有著名实业家唐廷枢和一位清军副将王荣和。1874年,当徐寿写信给李鸿章,请他给予支持时,老李非常高兴地支持了这一新生事物,不仅为之捐款一千零八十七两,还为学校题写了"格致书院"的横匾。

1872年第一批旅美幼童从上海出发

　　这所学校是中外合办、亦中亦西的,采用中西结合的方针办学,除了固定的科目,还定期邀请中外著名学者来校讲演自然科学的基本原理和研究方法。为了使学校教育更加贴近社会现实,也为使地方督抚大员更加了解学校的教育情况,沟通学校与地方的联系,学校还别出心裁地定期请北洋大臣、南洋大臣,以及津海、东海、江海、浙海、粤海等海关的关长(海关道)为学校出考试题,命学生课试,优秀者给予奖励。

　　李鸿章曾多次被邀请为学校试题的命题人,他出的题目有:中西格致说含义异同;西方格致说源流考;化学原子名称中译问题;《周髀算经》与西法平弧三角近似说;德奥意合纵、俄法连衡论等等,涉及自然科学和时事政治各方面,从中可以看出,他这个科举出身的进士,在近代硝烟的熏陶下,已具备了不少自然科学的知识。

在直隶总督兼北洋大臣的职位上多年，李鸿章始终是近代学堂的积极创办者和支持者，大凡各类于洋务有补的专业学校，如天津电报学堂、天津水师学堂（海军学校）、天津武备学堂（陆军学校），都是他亲上奏折，并悉心维护的。从这些学校毕业出来的中高级技术人员和近代职业军官，有不少成为后来的叱咤风云者，如段祺瑞、段芝贵、王士珍、冯国璋等人皆是，可知其影响之深远。

北洋大臣身边的弟兄们

作为旧式科举制度出身的李鸿章，对于近代洋务诸项要政不可能是先知先觉、无师自通的，他的聪明在于除了悟性高之外，主要还在于他能客观地看到自身的局限和不足，善于学习，把握时机，与时俱进，广闻天下事，不让自己成为瞎子和聋子，善于调动和运用别人的聪明智慧，愿意听取别人有益的意见和建议……为此，他必须有一批头脑绝顶"拎得清"的下属和朋友进入他的幕府，充当他的"脑外之脑"。他在这方面绝对是个成功者，数十年间，他的周围集中了当时中国最具开放智慧和实际才干的中级官员、外交人才和商务人员，他们中既有中国人也有外国人；他们之间既是主仆，也是朋友和师生，有时甚至互为师生。

这些人的作用无疑是非常明显的，他们尽其所能地为老李换一个近代化的脑子，尽力为他排除一切前进道路上的困扰，实现他的目标。正如美国学者福尔索姆先生所讲的那样："李鸿章可以名副其实地被称作是幕府制度最伟大的产儿、幕府制度最熟练的运作者和幕府制度最后一个伟大的实践者。"据福尔索姆估算，前后进入李鸿章幕府的有数百人（[美]福尔索姆《朋友、客人、同事——晚清的幕府制度》），李鸿章就是这支数百人的"乐队"的成功的指挥者。在他的指挥下，不仅是北方的军事、实业、税收、人才培养，整个清廷的内政外交，事无巨细，常常都在他的运作之中，有时朝廷也要仰仗他的影响。除了甲午战败,清廷还从未给他使过脸色。

他幕府中的中国人无疑都是洋务和外交方面的优秀人物,其著名者为:冯桂芬、郭嵩焘、薛福成、周馥、刘铭传、张树声、刘秉璋、朱其昂、丁日昌、唐廷枢、徐润、盛宣怀、郑观应、容闳、马建忠、罗丰禄、伍廷芳、郑孝胥、吴汝纶、袁世凯、唐绍仪等等。在他的亲友之中,只有他的大儿子李经方和女婿张佩纶进入了他的幕府,其他人均轮不上。在他看来,张佩纶有辩才,粗中有细,口无遮拦,耿直可爱;李经方有译才,通五国文字,性格沉稳,勇于任事。可知他要用的人,才识和忠诚都是绝对重要的。

周馥(1837—1921)是跟老李时间最长、心眼最铁的幕僚,从淮军还在招兵买马的安庆时代就开始了,直到《辛丑条约》签订后老李闭眼为止,他基本都跟在李鸿章身边,前后"风雨龙门四十年",只有短时间去内地任职,但"风筝"的线还捏在老李手里,一旦老李召唤,他立马就过来了。筹饷、治河、开矿、办学、唐胥铁路……凡是交给老周的事,都是尽可以放心的。老周又是个不计名利、不要做官的那种、死抱着"士为知己者死"的信条的老疙瘩。直到李鸿章在北京贤良寺大吐血,黄泉路近时,他一直守在旁边。李鸿章咽了气而死不瞑目,还是周馥用手为之合上眼的。他们之间的关系,那份男人之间的人情和义气的壮美,是一种怎么赞美都不会过分的、中国历史上最动人的一类故事。

盛宣怀(1844—1916)是一个干

李鸿章的"铁幕"、两江总督周馥

练的、天生的经商能手,具有常州人特有的聪明和狡猾。他帮老李办轮船、办铁路、办电报、办汉冶萍公司,办棉纱厂,办海关,还办过对外商务谈判,除了在修建铁路应当先修哪一段的问题上与老李有分歧外,其他诸项实业都是干得很利落的,有能吏之誉,是老李的一只臂膀,也是老李在上海的一只"眼睛"。

唐廷枢(1832—1892)原先是英国人在中国的最大的洋行、号称"洋行之王"的怡和洋行的总买办,帮英国人经营丝茶出口贸易,很有一套,后来受李鸿章"感召",前来为自己中国人办事,先后任轮船招商局总办、主持开采开平煤矿、创办唐山细棉土厂……他创办了几家在中国近代史上数得着的大企业,也是老李办实业的得力干将之一。

马建忠(1844—1900)的哥哥马建勋在打太平军的时候就在李鸿章的幕府,并将弟弟马建忠引荐给他。马家是天主教世家,精通外语。马建忠是老三,老二是更有名的社会人士马相伯。三兄弟号称"马氏三杰"(其实还有第四杰,即三兄弟的姐姐马氏。在苏北发生教案的时候,是姐姐马氏带领他们逃难的,转辗到了上海徐家汇。姐姐后来嫁给安徽籍人士朱懋斋,又培养出了四个上海历史上留名的儿子,他们是朱志尧、朱云佐、朱西满、朱季琳。朱志尧即上海求新造船厂的创办人)。马建忠是外语人才,不仅精通英、法文,还于希腊文和拉丁文

李鸿章的洋务助手马建忠

有很深的造诣,那正是老李所急需的,于是就让他去留学,进一步培养。1876年他被派赴法国留学,兼任驻法公使郭嵩焘的翻译,1879年获博士学位回国,是当时公派留学生中学位最高者。回来为老李办洋务,曾受命去印度和朝鲜处理外交事务,也管过轮船招商局和上海机器织布局。著名的《马氏文通》就是他的著作,是中国第一部较全面系统的语法著作。他的去世是因为庚子事变。那时李鸿章已被清廷重新委派为全权钦差大臣,与十一国公使展开谈判,每天各国各地的电文堆积如山,马建忠担任外电的翻译,随来随译,刻不容缓,每天要译七八千字,时正值大暑,他劳累过度,不幸中暑而亡。

……

甘心为他效命的忠实的哥儿们还有很多,只是无法一一评说。李鸿章身边的几个洋幕僚,是总督衙门里的一道特殊的风景,他们几乎跟总督大人形影不离,总督大人似乎也像磁石一样吸引着他们。他们充当了总督大人的耳目,通过他们,李鸿章在不断地观察着世界。在中国,还从来没有任何一个督抚大人的身边,围绕着那么多的大胡子幕僚,几乎被视为奇观。

洋幕僚中最重要的有两个人,一个是德国人德璀琳(Gustan Von Detring),一个是美国人毕德格(William N. Pethick),他们两个都会汉语,几乎天天都在李鸿章的身边转,以至于所有在李的幕府中工作的外国人,都养成了一个习惯,有事先写信给他俩中的一个。德璀琳是那些在李鸿章的工商企业中任职的外国人的联络官,也是那些为李鸿章办理外交事务的外国人的联络官。毕德格则是负责管理在北洋海军里任职的外国人的联络官。如果按地域来划分的话,他俩还有一个不太严格的区分:德璀琳联络着在李鸿章手下任职的欧洲人;毕德格则吸引着美国人,有时也有英国人。仅次于他们二人的,还有一个汉纳根(Constantin Von Hanneken),也是李鸿章的军事联络官,不过他表现得不像他们两个那么"紧跟"罢了。(前引福尔索姆的著作)

德璀琳是赫德当总税务司的时候的天津海关税务司,他虽不是严格意义上的李鸿章的幕僚,但也许起了比一般幕僚更为重要的作用,在李鸿章任职北洋期间,他们始终保持了密切的联系,他几乎在所有内政、外交上,都为李鸿章出谋划策,受到了老李的信任。

毕德格原是美国内战时期的一个骑兵,后来来到中国,能熟练地用汉语写作和对话。据说他是为了更多地了解中国以便帮助中国,才到中国来的,后来真的成了一个中国通。1872年,他成为美国驻天津领事馆的副领事和翻译,除了1880至1884这几年外,他都在这个职位上。在这期间他又担任了李鸿章的私人外文秘书和翻译。他在1879年之前就已经担任李鸿章的秘书了,更早一些时间,他是李家的孩子们的家庭英语教师,并获得了李鸿章的信任和友谊。他陪同老李接待外宾,担任他的翻译,还为老李用中文朗读了不下800部英文、法文和德文的书籍,使李鸿章对这个世界上发生的一切,都不再生疏。很难想象,当时中国还有哪一位高官像李鸿章这样,用这样的方式读了如此丰富的外国书籍!

毕德格还为李鸿章物色能够称职的外国人来华工作,陪同外国工程师或技术人员赴内地探矿。1895年,他也是陪老李赴马关议和的人员之一,并且尽力为之收集、提供各方面的消息。他是与李鸿章最为接近的少数几个外国人之一。1901年《辛丑条约》签订后李鸿章去世,一个月后,毕德格也去世了。

比这几个洋幕僚更早来到李鸿章身边的,是一名英国医生马格里(Holliday Macartney)。早在1862年还在与太平军作战的时候,马格里就辞去了在英国军队中的职务,加入了李鸿章的幕府。他担任了李的助手,协助他训练军队,在涉外事务上给予指导,充当了李鸿章与外国人之间的联络官,还是李鸿章与戈登之间的调停人。正是在马格里的鼓动下,李鸿章才于1863年在松江建立了淮军的第一个兵工厂,即所谓的"炸弹三局"中的第一个,继而又建立了苏州和南京的兵工厂。马格里始终是对李忠心耿耿,兢兢业业的。可惜在1875年,由于他与中国同事发生争端而辞职。

几乎每一次外国人与中国人发生争端时,李鸿章总是站在中国人一边的,即使是外国人是对的他也如此。他太了解中国这个社会了,太了解中国人的脾气了,任用外员,已经是"大逆不道"了,如果再"胳膊肘子朝外拐",那"天下岂有李鸿章乎"？那是不得已的事。马士从轮船招商局辞职、琅威理从北洋海军辞职,据说都是类似的情况。但李鸿章总是要对得起朋友的,他为马格里谋得了在中国驻伦敦使馆做参赞的职位。1876年,马格里陪同郭嵩焘赴英,在公使馆里恪尽职守地工作,常与李鸿章互通声息,前后忠诚事李达三十年之久。(引前福尔索姆的著作)

第五章：宰相合肥

寻找李氏大宅门

晚清时曾有名联："宰相合肥天下瘦，司农常熟世间荒。"是说李鸿章和翁同龢官场上虽是政敌，但在升官发财上都是一致的。翁同龢一生发了多少财似乎没有多少人关心，他在常熟的故居新中国成立后成为一所医院，规模不小，但除了北京之外，没听说还有什么大宅门。李鸿章为官几十年，尤其是办了那么多军工企业和民用企业，还与外国人打交道，他本人及其家族到底敛了多少财，倒始终是世人感兴趣的话题。

近代著名社会活动家、教育家，与李鸿章有过不少接触的广东人容闳，在他的回忆录《西学东渐记》里说李鸿章，有"私产四千万以遗子孙"，不知有何根据。这种说法当时很流行，人们的第一反应就是李鸿章是大贪官，无形中更加重了他的罪名。但是梁启超当时就不信，梁在李鸿章刚去世后写的《李鸿章传》里认为，不会有那么多，"数百万金，概意中事也"。梁启超与李鸿章是同时代人，政治立场又处于对立面，自是没有必要往老李脸上贴金。但究竟是多少，仍是个未知数。

这些年回国探亲的华侨多了起来。尤其是上海在"三年大变样"中，老房子成片地被改造掉，使得不少海外老华侨急匆匆地赶来，为的就是再看一眼当年的老房子。李氏家族的子弟与老朋友们漫步街头时，常常会听到朋友指着路边的一组老房子说："喏，这片房子，原先是你们李家的。""喏，那片房子，原先也是你们李家的。"……李家子弟似乎有点不信："哪会有那么多房子？"朋友说："怎么不会？半条华山路都是你们李家的，半个大上海都是你们

刘老圩子(刘铭传故居)一景

刘老圩子(刘铭传故居)的亭台和房舍

肥西县周老圩子(周盛波故居)中的楠木厅

李家的！"

　　李家子弟往往一笑了之。他们心里明白，半个大上海不是李家的，而"半个安徽省是李家的"，倒是曾经有此一说。

　　原来李鸿章发迹之后，他们六兄弟都曾在家乡安徽大规模地购置田产，并建造庞大的庄园式邸第。其实何止是李家，所有淮军将领莫不如此。至今在合肥肥西县，尚能看到很多淮军将领当年建造的大宅门旧址，当地人过去叫"圩子"，诸如"刘老圩子""唐家圩子""周老圩子""周新圩子"等等，就是刘铭传、唐殿魁、周盛波、周盛传等人的家园。有文章记载说，那些圩子大者占地上百亩，小者也有几十亩地，大多周围围以壕沟，中路通以吊桥，旁边还有角楼、炮楼，拥兵把守。当然现在都成了中学、小学和地方部门的办公处了，但圩子里高大的广玉兰树还有很多仍"健在"，那都是当年中法之战打完之后，慈禧太后赏赐的，是他们功勋的象征（其实在全国其他地方也是一样，凡是淮军大将的豪门故园里都有这种树，如扬州何园，上海小校经阁）。当时这种树刚引进中国不久，还是挺稀罕的玩意儿，所以用来赏赐功臣。

　　淮军将领尚且如此，李家六兄弟自然不会落后。据原肥东县文化馆的研究员丁德照、陈素珍夫妇多年考证,认为李氏兄弟发达后各有"领地"——李瀚章以小李河(今属永安乡)为"据点";李鸿章在温家大村(今南圩农场)盖起了大宅院(俗称宰相府);李鹤章的家园原也以南圩为中心,后又扩展到临河集一代;李蕴章在老长冈和新长冈;李凤章在许漕坊(今属永安乡);李昭庆则在梁宇店(也属于永安乡)。"这些庄园式的邸第,宏伟堂皇,十分考究。所占面积大者数百亩,小者亦百十亩。邸第外先凿以壕沟,内筑高墙如围寨,四周并辟花圃、菜圃,广阔整齐……"(丁德照、陈素珍《李鸿章家族》)

为了能亲眼见识一下这些规模宏伟的李家遗迹,以期深入了解晚清豪门的生活,笔者近几年来遍访各地,从合肥、芜湖、安庆,到北京、天津、保定、南京、威海、扬州、苏州、上海……寻找当年李家留在各地的大宅门,包括人们所说的"宰相府""钦差府""进士第""总督府",以及天津北洋大臣的衙门,哪怕能看到个轮廓或废墟也好。可惜笔者生也晚矣,历史早已荡涤了"大卖国贼"的很多痕迹,仅仅抓住了点皮毛——

在北京,李鸿章曾住过一个三开间三进的院子,现在是东城区妇产科医院,几经改造后早已面目皆非,而且进去甚为不易,护士小姐的面容简直像法官。有趣的是老李有两个玄孙(即李家玖先生的孩子)新中国成立后就出生在这个医院里,该算是生在老家里了。

李鸿章晚年在北京住贤良寺,最后死也死在贤良寺,但那并不是他的产业,是庙产。现在贤良寺也早就拆了,改造成一座小学和教育机关了。当年李鸿章住在贤良寺西跨院,那跨院在1988年时还在。复旦大学历史系毕业的学者兼老总、《龙旗飘扬的舰队》和《中国近代海军史事日志》的作者姜鸣先生,那年去探访过。当时贤良寺虽已改为小学,但西跨院仍旧还在,那是李鸿章捐建并在里面度过其最后五年的地方。姜鸣去时里面住着上海南洋公学(今交通大学)的首届毕业生、京汉铁路总工程师王稼成(寿琪)的后代。两年后,西跨院变成了一家川菜馆。

在天津,三条河交汇处的金刚桥一带,当年就是北洋大臣的衙门,李鸿章在此办公、生活了二十五年。北洋大臣的衙门嘛,应该是不错的房子,里面理应就有总督大人的住宅。而眼下那里已是片瓦不留,变成江边公园了。听公园里一位晒太阳的老人说,这儿抗战时期挨过炸弹,后来一直没修复,解放后就拆除了。北洋大臣的衙门,几乎是晚清不是军机处的军机处,不是外交部的外交部,里面不知处理过多少内外机要。1879年美国总统格兰特将军访华时,李鸿章就是在这里接待他的,格兰特是第一个来访的美国总统(当时已退休)。当然,那让老李身败名裂的甲午之战,也是在这里指挥的……那天从公园里悻悻出来之后,举目叫车,目光居然扫到了一块路牌,那是嵌在一道不知年代的青砖老墙上的路牌,上面明白地写着:李公祠大街——喔!天津的"革命"总还有不够彻底的地方,总算是还留下了一丝老李的影子。

李鸿章与美国前总统格兰特

李蕴章的曾孙李家震在太史第内院

这栋安庆的破房子有着不同凡响的"资历"——做过太平天国的英王府、湘军曾国藩的衙署。曾国藩走后被李蕴章购下,成为李家老四的"进士第"

在安庆,笔者总算看到了李家"章"字辈人住宅的原始模样,即安庆任家坡的"进士第",原是李蕴章买下的老房子,后来分家时分给了他的大儿子李经世。李经世中了进士,在京城翰林院里编史书,所以他的老房子又有"进士第"之称。这是座标准的百年老屋,是当年太平军占领安庆时的英王府(大概就因为挂了英王府的牌子,所以现在还没拆,以示保护,但一直也未见修缮,现已几乎无法住人)。曾国藩打下了安庆,赶走了太平军,这儿就成了曾国藩的司令部,想必当年是全城最好的房子。曾国藩离开安庆时李蕴章花钱买了下来,成为李家老四房的根据地。三开四进,后有花园,实际年龄已有一百五十多年了。现已多处屋漏,破败不堪,只有最后一进的楼房,还能透出些当年的豪奢之气。据李蕴章的曾孙、80多岁的李家震先生讲,那楼房是民国后加盖的,他小时候就生活在其中。如此推算起来,原始状态应当是三进。

除此之外,李蕴章的曾孙李家震先生,还向笔者出示过一张民国后拍摄的李蕴章在肥东老长冈的故宅照片——一座纯中国传统式的乡间灰瓦大宅院,据说有百亩之大。大门前有旗杆石,是供插旗杆用的,因他家出了一个进士李经世,是可以升旗的。大门外还有上马石、下马石,院外确有壕沟,水面挺宽,但看不出有碉堡或角楼。总体规格不低,确属乡间一大豪门。辛亥革命时李家人就已经移向沿海了,抗战后李家人纷纷逃难,老长冈就渐

李蕴章在肥东的老长冈近市山庄

渐荒废了。据说新中国成立前就已改为长岗小学,解放后改建粮仓,后来又改建成了肥东县党校。

在芜湖,笔者原本打算做一番文史旅游的,因为听李家人说,那里是李家的第二故乡,有李家的很多花园,如长春花园、小花园、景春花园、柳春园、烟雨墩,还有李经方的"钦差府",另有很多供出租的街面房子和里弄房子,而且整条华盛街都是李家的,应是李家老二房(李鸿章一支)、老五房(李凤章一支)、老六房(李昭庆一支)从晚清到抗战之前比较集中的居住地。然而到那儿一看,都已面目全非了。

长春花园占地十亩,在美丽的镜湖边(过去称陶塘),原是一处有着西洋式漂亮洋房的花园住宅(有李国沆夫妇结婚照为证),那是老六房李昭庆的儿子李经叙在当墨西哥公使时,请外国人设计的,是李经叙一房的家园。后来洋房已经不存,花园成了少体校。

烟雨墩是一个古木葱郁、鸟语花香的湖边半岛,碧绿地伸向镜湖,现在仍然涛声依旧,景色宜人,但是未经整修,一派白发宫女的味道。据说那原是李鸿章的地产,民国后李家在此捐建了一座图书馆,新中国成立后是芜湖市图书馆的一个分部。

小花园也在镜湖边上,与长春花园一河之隔,有桥可通,现在是芜湖第八中学,从宽阔的操场和教学大楼来看,少说也有十亩地,是当年李经榘的家园。

柳春园现在是儿童公园,中有几棵几个人才能抱过来的古树,但人们已讲不清原先是李家哪一房的了。

李经方的"钦差府"在长江边的华盛街上,新中国成立后改为中江中学,后改为第六中学,现为职业高中。笔者赶来的前一年,钦差府的主楼刚刚拆掉,从旧照片上看看,是栋三层砖楼。"钦差府"是李经方在芜湖的大宅门,院前用青石板铺成的老街就是华盛街(其实用现在的眼光看,那是标准的一条小弄堂),一直通向长江边,而江边正是货运码头,南来北往的货物堆栈及批发市场,人流如织,直到现在仍是如此,可知李经方很有经济眼光。

笔者到芜湖时,都说来晚了,华盛街已拆了,没有了,没有看头了,去也白去。但是既然在"钦差府"旧址上建的中学还在,那么就有可能还剩点"渣

芜湖烟雨墩当年是李家的"领地"

渣"。果然,笔者至时,华盛街靠长江边的一头还保留了近百米青石板老街。那些青石板被百年来的车来人往已磨得光滑如洗,后来又荒芜了,所以石头缝里长满了杂草。路边都是关了门等待拆迁的老式二层楼的铺面房子,显然它们也"活"不了几天了,而当年肯定是世尘熙攘的红火旺铺。而挨近那所中学的一条弄堂(与学校一墙之隔),还有一片老屋,房子顶上长满了草,房子的类型类似上海的石库门房子,大门内有一方小天井,虽还有人住,但也在等待拆迁。据华盛街5号的一位老奶奶说,这些房子当年都是李钦差(李经方)的房产,如今均已破旧不堪,政府马上就要拆迁了。从那中学的足球场看,"钦差府"该是座很大的宅院。百米之外,放眼望去,如今已是新楼林立,车水马龙,人声鼎沸,历史就这样把这些残砖断瓦无情地抛弃了。

芜湖的这些李氏大宅院,在抗战时李家人逃出芜湖后大多逐渐荒废了,有的被日本人占据成为兵营,有的被炸掉了,有的是后来被"改造"掉了,改作他用,战后李家返回芜湖的人很少,反正现在这些老宅子全没了。据老四房李蕴章的一个曾孙媳妇吴淑珍女士(淮军名将吴毓兰的后代)告诉笔者,当年芜湖城内的居民有一半的人租住李家的房子,到现在,只剩他们这一家了。

当年芜湖长春花园的小萝卜头(左一李家昰)

李昭庆的曾孙女李家晋与母亲在芜湖长春花园

李府小姐楼回廊

合肥李府(合肥市淮河中路)

时至今日，李家在安徽的大宅院保留最完好的，只剩合肥城里淮河路上那处三进豪宅（据说原有五进，最后一进是花园），就是现在作为李鸿章家族故居陈列馆的那座（据李家后人说，那原是李鹤章的故居，李鸿章回乡时住过），当然属于豪宅之列，何况还是在城内最好的地段，可知李鹤章当年眼光好使。李鹤章从淮军甩袖子回乡后，就在家乡买田置屋，又在合肥城里造豪宅养老，他大概在此居住了十几年后去世。他们兄弟的母亲去世时李鸿章回乡奔丧，据说也居住于此。

改革开放后，合肥市政府开发文物资源，费资一千万，把这儿的五六十家住户迁走了，请来了能工巧匠加以整修，又去各大文物商店、古旧市场、各地的拍卖公司、李氏后人家里，精心"搜刮"，居然找回了不少李家文物、家具和照片，才使得这栋豪宅具备了目前的豪气。现由合肥市文物局直接派人管

合肥李府内景

理。该陈列馆的程红馆长是位极其敬业的文博人员，安徽大学历史系毕业，在她的主持下，该馆每年要接待数百万游客。

要论洋派和漂亮，自然要推上海华山路上的枕流公寓了。那原是李鸿章

的儿子李经迈的住宅和产业。枕流公寓建于1929年,楼高七层,地下一层,由哈沙德洋行营造,他家住七楼上的一套复式居室,其余出租,是上海第一流的公寓。该楼的图纸档案(现存上海城市档案馆)上记载的业主是李季皋(即李经迈)。在后来的七十多年中,这栋楼里不知住过多少名人,诸如吴稚晖、周旋、孙道临、何世桢、沈柔坚等等。

至于丁香花园,那是上海第一流的花园洋房,内有曲桥流水、水边亭榭、百米苍龙和平整的草地,外界一直误传是李鸿章为姨太太造的。其实李鸿章的侧室莫氏夫人住的房子,距离丁香花园还有两条马路,是在现在华山路、长乐路的路口,是一栋淡黄色的西班牙风格的优雅小楼,是李鸿章去世之后,李经迈为他母亲置办的。20世纪40年代,李经迈去世,他的儿子李国超出国,临走时把这栋房子连同枕流公寓都出卖了,再也没有回来。

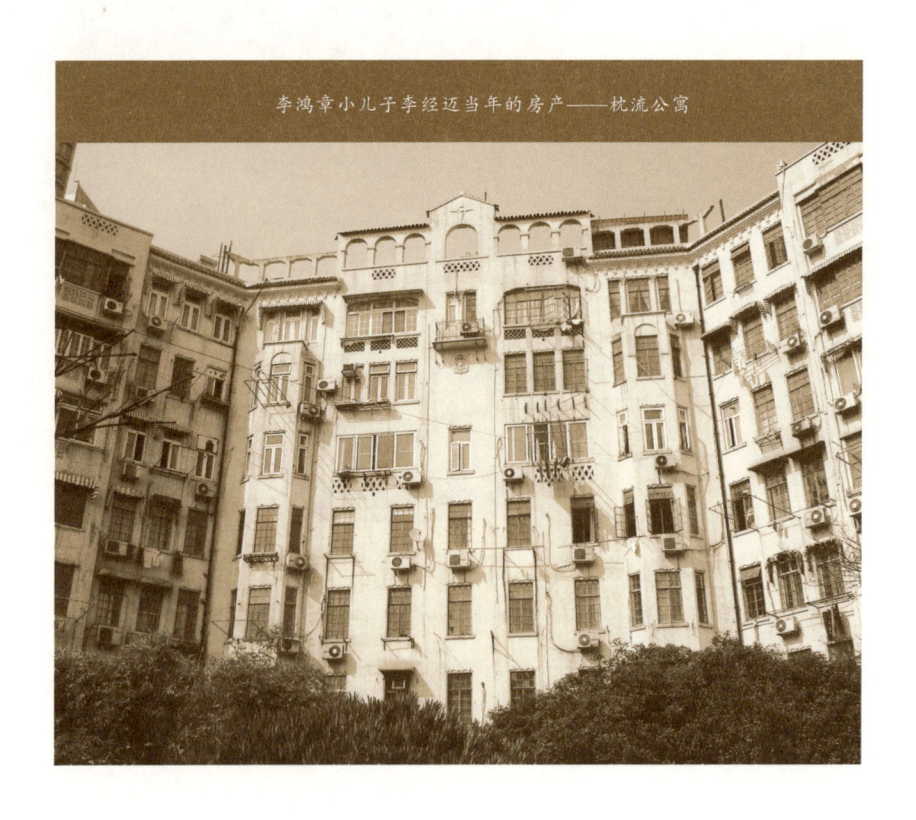

李鸿章小儿子李经迈当年的房产——枕流公寓

李鸿章莫氏夫人的上海旧居

总之,现在所能看到的所谓李氏大宅门,如此而已。但是从面积和规模上来匡算,即便是已成了一所中学的钦差府、小花园、长春花园,或是已成了公园和绿地了的柳春园、烟雨墩,与所谓"大者占地数百亩""小者亦上百亩"的说法,似乎相去还远。

"半个安徽是李家的"

多少年来,虽说李家的银子有多少尚无确定之数,但土地的数量,即"半个安徽是李家的","毛估估"地似乎已有了说法。

丁德照先生的《李鸿章家族》一书记载说:"据曾在李府管过事的唐凌辉说,李府最盛的时期,有田257万亩(是指李氏家族)。这些土地,李家采取万亩建仓的办法,委以亲朋直接管理。在县内查明的,有梁园的万兆仓,许槽坊的万亿仓,长岗的积厚仓、通得仓、慎余仓,店埠的春亭仓、大小公仓,临河集的庆丰仓、中仓房、裕丰仓、梁宇店的伯兆仓。在县外，含山运漕有万兴仓、聚兴仓，芜湖有源德裕仓，巢县有祥丰仓，合肥有义泰仓，肥西三河有积谷仓，无为有义升仓。另外，在六安、霍山、和县、庐江、舒城、全椒油坊集、无为黑沙洲等地也曾设仓收租囤粮。田产较多者，以瀚章和蕴章之子经钰为最。据合肥东乡佃户估计，李氏占田三分之二，约在五十万亩以上。其中鸿章所置田产，以仓房管事人口报，每年可收租五万石。"

按照每年可收租五万石的说法，李鸿章的田产应当在六万亩左右。因为古代一石大约等于一百二十斤，五万石就是六百万斤粮食。北方的土地贫瘠，合肥肥东的地据说过去很多"卫田"，粮食打不多，不能跟南方的鱼米之乡比。如果按每亩地打一百二十斤粮食，佃户得二十斤，李家收租一百斤的话，那么年收六百万斤粮食，就应该有六万亩土地。

这些出自当地管事人之口的说法，自然是有相当的参考价值，但也有几个可以"于不疑之处有疑"的问题。

一是这些管事人回忆之时，当是在新中国成立之后，距李鸿章去世起码已有半个世纪，回忆的准确度可能会有些偏差。事实上，在李鸿章去世的第三年（1904年），他的财产继承人即李经方、李经迈和李国杰（当时李经述已去世）已经分家，起码分成了三个账房。这三个账房在李鸿章去世后的半个世纪里各有盈缺，而这里说的李鸿章名下的每年五万石的租米，不知是按什么年代，如何计算出来的。另外，通过采访李瀚章的孙子李国光先生，我们已知李瀚章留下的田产是四至五万亩，如前所述，分给每个儿子四千亩地，李国光兼祧两房，共得八千亩，他是独养儿子，是实际的继承人，所述数字概不会有错。他那一百多岁的大姐李国秦数年前还活在台湾，是佛教界著名人士，身体和记性尚好，还能聚徒讲学，与其弟李国光常有来往，所记也该不会有错。但既然"田产较多者，以瀚章和蕴章之子经钰为最"，五万亩田应属多的了，那就与李家六兄弟"有田257万亩"的说法相去甚远。

再则，现在笔者还了解到，"李慎余堂"是李蕴章老四房的堂号，在李蕴章1886年去世后,他的四个儿子(老大李经世已去世,大房财产由其子李国模、李国楷继承)在他们母亲的授意下分了家(分家在1892年),其中就包括李经钰一房。也许是因为他们母亲还在世的缘故,家族财产的总账本还是一本,并且有抄件。

笔者看到的这份抄件居然有十七册之多,毛笔手书,黑格抄本,名《慎余堂田产目录》,其中详列了他们的每一份田产所处的地方和数目、价格、购入年月,以及现归哪个堂号。其中所记的最晚购入的田产时间是在宣统三年,即1911年。也就是说,此目录既包括了李蕴章去世时留下的田产,也包括了李蕴章去世后他的几个儿子后来陆续购置的田产,这是一份李家老四房在辛亥革命之前的田产总目录(还包括六张盐票)。笔者将之逐册稍稍加以计算,总数并没有超过十万亩。

一般认为,老四房的田产在李家兄弟中算是多的,因为李蕴章12岁以后就患有眼疾,至中年以后几乎无所见,无法在外当官,所以一心在家料理家业。他可以两只手同时打算盘,精明无比。由此可见,257万亩这个数字,"毛估估"得也远了些。

那么,李鸿章名下到底有多少财产?

四十多年前,美国出版了美国著名学者K·E·福尔索姆撰写的,专门研究晚清幕府制度的英文著作《朋友、客人、同事——晚清的幕府制度》一书(1968年美国加利福尼亚大学出版社出版),2002年中国社会科学院出版社又出版了中文版。该书作者在20世纪60年代初,曾多次访问过定居在美国旧金山的李鸿章的孙子李国超先生(李经迈的儿子),还访问过住在香港的李鸿章的曾侄孙李家煌先生(李鹤章的曾孙,李国松的儿子),并从李国超先生处获见了李鸿章去世后,三个财产继承人的分家《合同》。这份立于1904年4月4日的《合同》,应是目前我们所能见到的李鸿章财产的最权威的文件之一。为了说明问题,不妨抄录如下:

一、庄田十二块、坟田一块、堰堤一道,安徽桐城县城内产业四处,另加省城安庆房地产十四处,均留作李鸿章发妻周氏祠堂开销之用。由经方经管。

二、合肥县撮城庄田一处,留作祭祀葬于该处之李鸿章的两妾及经方发妻开销之用。由经方经管。

三、合肥县庄田两处,为经述之祭田(他葬在其中一处),由经述之子国杰经管。

四、合肥县田产两处、庄田三处、坟地一处,留与经迈为其殁后之祭田及墓地,由经迈本人经管。

五、李鸿章在合肥县、巢县、六安州、霍山县之其余田产及其在庐州府、巢县、柘皋村、六安州及霍山县之房产,均为李鸿章祭田及恒产。上述田产房产永不分割、抵押或出售,其岁入用于祭祀和维修庐州府祠堂之外,其余部分用于扩置房地产。由国杰经管。

六、合同签订之日起十年后,若李鸿章祭田及恒产岁入逾二万担,除上述开销外,所有盈余部分由三位继承人平分,本规定永不变更。

七、合肥县东乡李文安之墓地及祭田继续保留,不得分割、抵押或出售。

八、上海一价值四万五千两白银之中西合璧式房产出售,其中二万两用于上海李氏祠堂之开销,其余二万五千两用于在上海外国租界买地建屋,该房屋应为三位继承人之公有居处,归三人共同拥有、共同管理。

九、江苏扬州府一当铺之收入用于省城江宁李鸿章祠堂之开销。

十、分别位于江宁(南京)、扬州之两处房产出售,卖房所得用于扩建上海之公有居处。

十一、根据李鸿章生前指示,江宁学馆分与国杰作宅邸,扬州一处房产分与经迈作宅邸。

可是看完这份《合同》后,总觉得话还没说透,有些隔靴挠痒,很不过瘾。一来因为其中仅仅讲述了不动产的大致分配和处理情况,而未涉及动产的情况。二来就不动产的情况来说,也没有注明各处庄田、祭田、田产及房产、当铺的规模、具体位置和价值的具体情况。所以仅凭这份材料,人们仍旧无法对李鸿章的财产做出准确的判断。

尽管如此,但是其中有三点还是很明确的。

一是李鸿章在上海有一栋价值四万五千两银的房产,那定是栋规模很大的房子,这大概就是陈从周先生在《上海近代建筑史稿》中,认定是李鸿章的房子的那栋庞然大物,可惜现在已被拆掉了(陈书上附有照片)。

二是从《合同》的第五、第六两条的情况看,李鸿章在合肥、巢县、六安、霍山的田产及在庐州府(笔者怀疑应是庐江)、巢县、六安、霍山等地的田产,每年的收入有二万石左右。如此推算,加上他的元配夫人、两个小妾、儿子李经述的祭田收入,以及预先为李经迈准备好的祭田收入,还有其父李文安的祭田的收入,加起来,"毛估估"也许能有岁入五万石之数了。

能打五万石粮食的土地,能是多少土地呢?这有待于近代经济史专家去做进一步的考证,应当能有结果的。不过,要弄清楚这一问题也有困难,因为合肥肥东的田,过去很多都是"卫田",即古代的军垦农场,天下太平时才种地,打仗时就不种了,所以历来认为不是好地,产量不高(老四房的李家彝生前写的家族史料,就谈及肥东的卫田收成不好,打不出多少粮食),而巢湖、无为的地就好些,因为靠水边,好种田。两地的亩产情况应有很大的差别。

如果将两种情况扯扯平,求个平均数,就还是那句话——如果按每亩地打一百二十斤粮食,佃户得二十斤,李家收租一百斤的话,那么计算下来,李鸿章名下还是得六万亩地之数。

第三是,李鸿章在北京、天津和保定都没有置办房地产,他的财产主要还是安徽老家的田地和在上海的房产,在扬州和南京的房产也都很有限。这应是李鸿章的不动产的基本情况。

另外,还有点"不疑处有疑"的问题。这份《合同》的手稿原件原在美国旧金山李鸿章的孙子李国超手里,现在李国超去世多年,理应在他的后代手里。K·E·福尔索姆先生所获得的复制件,不知是抄件还是复印件。因为据福书的内容看,当初很可能是由一个叫张宗义的人在旁边做口头翻译,即由张宗义用英语读这份中文《合同》,由福尔索姆先生用英文手记下来的,所以只是个大概的情况。否则,在李氏家族的正式文件中,绝不可能出现像"李鸿章""李文安之墓""李鸿章发妻""李鸿章两妾"这样的词汇的。更何况,福尔索姆先生把《合同》翻成了英文,刊载在他的著作里,现在中文版的出版者再把它译回成中文,在两次翻译的过程中,会不会有什么偏差呢?

于是笔者猜想,那《合同》的真正原件,应当是非常具体而详细的中文文件,只是我们目前还无缘看到。因为从李经方去世前留下的《谕单》(遗嘱)和目前收藏在上海档案馆里的一百多封通信来看,他是个非常精细的人,是个长于搞"经济核算"的人。他自己的遗嘱原件是一份宽一米,长达三米的宣纸手写件,任何一笔财产都十分清楚,他在继承其父的遗产时,在"三家分晋"的时候,怎么会如此"毛估估"呢?

"半个安徽是李家的",看来也只是个推测。

……

就在笔者为无缘看到李氏的权威财产材料而叹息的时候,似乎得到了上苍的呼应,这样的材料居然从天地间突然"冒"出来了!这是一本被装订成一百多页的(中国页)、厚厚的《合肥县太傅第田塘房屋基地契券目录》,这真是意外的发现,这份材料向我们提供了非常重要的信息。

首先从这份目录的"凡例"上,我们可以明白以下几个情况:

一、"积善堂"是李鸿章生前的堂号,和去世后的祭产的堂号(这份祭产,就应当是李经方等三人的分家《合同》上所列的第五项:"李鸿章在合肥县、巢县、六安州、霍山县之其余田产,及其在庐州府、巢县、柘皋村、六安州及霍山县之房产,均为李鸿章祭田及恒产")。

二、李经述的堂号叫"慎守堂";李鹤章的堂号为"三桂堂";另外李家人的堂号还有"李春霆堂""李三善堂""李青莲堂""荣桂堂"等等。

三、除此目录之外,原先还有图录两册,次第编号与契簿目录可相对照。可惜现在不知是否还存在天地之间了。

四、人们所说的李家楼就是太傅第,地契的旧名叫牌坊影四十一契。确系当年与李鹤章共同买下,后来才分开的。有合肥县衙门的证明。

五、此册目录中的列有"慎守堂""李青莲堂"和"荣桂堂"堂号的地契,因当时曾互换地皮,或有其他原因,总之在编制目录时,都已属于"积善堂"所有。

六、此目录著录的仅仅是"积善堂"在肥东县的土地和田塘,共有一百五十七号,说明共有一百五十七块土地。

七、这份地契目录中的地契,购入时间最晚的是民国六年,这一年正是张勋复辟失败的那年,也就是说,从张勋复辟失败后,大概李家后人东山再起的希望也破灭了,此后渐渐向大城市里移动,大概不再有兴趣在乡下买地了。

八、既然在分家合同里,李鸿章的祭产是由李国杰保管的,那么这份地产目录原本就应该在李国杰手里。李国杰1939年在上海遭暗杀,此目录该是在他死后从他家中流出来的。

这些,都是这份目录展示出来的权威信息。

然后再来看看目录里面的其他内容。买这一百五十七块地,总共花费一万七千九百五十四两银,以及一万四千四百零四元银元。银两与银元之间有差价,一般认为,一块银元只能抵七钱三分银子。如此折合起来,李鸿章名下的这些在合肥东乡的土地,总共用掉了三万八千九百九十九银元。现在我们以七十四银元一亩地来计算,土地的得数应当是五百二十七亩。

之所以知道那时七十四元钱可以买一亩地,也是这份目录给我们的信息。其中有一份买于光绪二十二年(1896年)的契约,上面写着:

> 立杜卖基地文契人席邦良。今因正用不足,合家嘀议,愿将祖遗基

地一块,坐落合肥东乡北一里,刘合岗席牌坊席油坊西首,长十三丈,宽三丈二尺,约秧七升。东齐席姓庄房为界,西齐席姓庄房为界,南齐席姓田为界,北齐席姓田为界,四至边界,踹看明白,免中说合,出卖与李积善堂名下,子孙永远为业。当日三面言定。时值价洋蚨二十元整。其洋比契下,卖主亲手收讫,分文不欠,自卖之后,听从买主,兴盖阴阳两便,卖主无得异说。倘有亲房人等争论,均归卖主一律承担,不与买主相干。此系两愿,并非勉强成交。恐后无凭,立此杜卖契为据。

凭中人:刘斗斋、靳小川、席邦正、席礼云　光绪二十二年六月二日　立杜卖基地契人席邦良

按现在国家公布的计量标准,一市亩地等于六十平方丈,那么李家买席家的这块地长十三丈,宽三丈二尺,就等于零点二七亩,价为二十元。依此类推,可知1896年的安徽东乡地价为每亩七十四银元。

当然,一乡之内地有好坏,价必不同。况且李家的这份目录,买地最早的记录是在同治五年(1866年),也就是打败太平天国后的第三年。最晚的记录是民国六年(1917年)。半个世纪当中,地价肯定也有涨落,此取1896年为中段时间,或许也是个"扯扯平"的办法。由此推论,李鸿章在肥东的田地为五百多亩,不会差出太远。

如果李鸿章在安徽的土地确是六万亩上下的话,那么他的几个兄弟的田地也就会有个大致的概念了。所谓李府有地"257万亩",这个数字,恐怕靠不住。

芜湖米市——李氏家族的第二故乡

芜湖是个绕湖而建的美丽小城,西临长江,南枕青弋江,物产丰富,水运发达,早在明朝时官府就已在此设关收税。但它在近代的开发和兴起,尤其

李鸿章和他的家人

能成为全国四大米市之一,还是李鸿章当权之后的事。

原先长江下游的米粮贸易都是在镇江的七浩口进行的,安徽产的稻米和皖南山区的土产,都得由船队运至镇江,因镇江在1858年的《中英天津条约》签订之后,已经辟为通商口岸,商贾如云,市面繁荣,已成定局。但1876年《中英烟台条约》签订后,芜湖也成了开放城市,其地理位置适中,水运条件便利,上连武昌,下通镇江,又有青弋江等内河运输的网道,一些有识之士就提出,应当就近大力开展商品贸易。何况芜湖和巢湖地区原本就是安徽著名的稻米产区,把芜湖作为粮食交易的中心可以振兴内地经济,其条件自然比镇江七浩口要好。所以李鸿章在1877年向朝廷打报告,把镇江七浩口的米市迁到芜湖。

当时镇江的米商已成团成帮,主要有广帮、潮帮、山东帮、宁波帮,生意已坐稳了,不愿迁移,暗中抵制,几成僵局。李鸿章就叫驻芜湖的地方官张荫恒做工作。张荫恒是广东人,又是徽、宁、池、太兵备道兼芜湖关监督,洋务派大员,自然不能违抗。他亲自去镇江走访那些经营稻米的亲友,动员他们带头迁移,并许以许多优惠条件,如执照的发放,商业税收,运价的优惠等等。广帮一带头,整个局面就松动了。于是在19世纪80年代初,芜湖米市逐渐形成,进而成为全国四大米市之一。

这么说来,在打完太平军和剿捻之后,天下太平了,李家"发"了,李氏家族后来的"根据地"就不再是合肥东乡那个穷地方,而把日益繁华的芜湖当成第二故乡了。李家六房兄弟多少都往芜湖"插了一脚",而以二房的李经方,四房的李经邦、李经钰、李经达,五房的李凤章、李经翊,六房的李经榘、李经叙为"主力"。所以芜湖美丽的镜湖一周,几乎有半圈都是李家的大宅门,诸如前面所述的长春花园、小花园、柳春园、景春花园、烟雨墩等等,差不多连成了一片。

之所以二房、五房和六房的人比较多,可能都跟李经方有关。因为李经方是李家响应他老爸的号召,积极开发芜湖的带头人,同时他本身是从六房过继到二房的;五房的李经翊也是从老六房过继过去的,他们原本是一个系统的。而李经方又是他们中最有机会接近上层的人,消息灵通,主意也多,所以自有号召作用。

李经方曾在芜湖下了很多本钱。他这个多年的外交官,似乎比别人更具乡土意识,不仅在芜湖建造了自己的大宅门,即"钦差府",还大力投资市政建设和企业。原先的芜湖老城外都是荒滩土岭,花少量的钱就可以从当局那里"领种"很多土地,所谓插草为标,成片划界是也。然后再在上面开路、造房、设肆,逐渐开发成住宅区和商业区。或者把这些地皮出租给别人建房,住满若干年后就收归"李府"所有了。

李经方身为李鸿章之子,自然容易知道国家的方针政策,明白芜湖开埠后的发展前景,所以他在城外的江边一带买了大量土地,华盛街就是他开发出来的,华盛街沿街的房屋和店面都是他投资的,所以说"芜湖一条华盛街都是李家的"倒不是戏说。芜湖热闹的街市如长街、二街、三街等地方也都是他开发的,就这些街名来说,也颇具洋味。直到1930年,他还没有停止开发,又开辟了中山路和北平路。路开到哪里,房子也就造到那里。那时他早已成了寓公,寓居大连,还遥控指挥着芜湖城中的一切。

民国后他还在芜湖办了一家裕中纱厂,具体由上海和芜湖的经理们操办。他先在上海,后到大连,遥控指挥,要求管事每隔一天一封信汇报情况,事无大小,全要过问。他当年主持庐州书院时的一个学生卢望岩,这个时期为他管过不少事。卢望岩是前清秀才,学问很好,在庐州书院读书时因家贫,李经方就免费供其读书,他与李经方多年来一直保持着联系,活到一百多岁,被誉为百岁秀才。临终前卢望岩将李经方写给他的一百多封信捐献给上海档案馆。这些信写于1927到1930年之间,主要是讲办裕中纱厂的情况,一小部分是关于逐步变卖在上海的房地产的情况,可知李经方在1927年后,生活境况是一年不如一年了。那时世面混乱,运输不畅通,棉纱价格被洋人炒得价格倒挂,起伏无定,生意不是很好,这个裕中纱厂到他临去世前就卖掉了。

李家其他各房在芜湖都有企业投资。四房办船运公司,拥有三条船,走上海到汉口一线,还有一家米厂;六房办洋行,搞进出口贸易,做五金交电生意,还有一家保险公司和制冰厂,并且很新潮地开办了溜冰场和弹子房等游乐场所;五房主要是房地产生意和典当生意。

李家人在芜湖基本上住了四代人,"章"字辈、"经"字辈、"国"字辈和

"家"字辈,时间大约从 19 世纪 70 年代末到 1937 年抗战爆发,差不多半个多世纪。他们在芜湖留下了很多家园和产业,当然也留下了很多豪门盛衰的故事。

抗战爆发后,李家人和所有豪门望族一样,开始了历史性的大逃亡。这次逃亡,不仅把李家的动产都转移出去了,各房各户的人口也基本全走光了,是继辛亥革命以后的第二次大转移,大多转到了上海、香港、北京、天津,从此回芜湖的很少。

至于从芜湖撤离的过程,老六房李经叙的孙子李家昱和孙女李家旺女士回忆说,他们原先住在陶塘边的长春花园,那是祖母丁氏花三万两银子造的家园(祖父李经叙死在驻外公使任上),有一栋大洋房和一栋小房子,住着伯父、叔父和他们一家,即李国源、李国济、李国沅三家。抗战爆发时祖父祖母都早已不在世了,那时日本人的飞机天天扔炸弹,他们就由伯父李国源带领,大大小小几十口子人在一个深夜,挤上一辆大卡车,开始逃离。三家人家孩子多,行李也多,光孩子就有二十一个,最小的李家星才刚生下来几个月。

后来局势稍稍稳定了,也有少数人回芜湖的,老六房的李慧龙就回去了,结果被汉奸逮住当什么商统会会长。他们认为李家的人影响大,逼他出任,从而背上了黑锅。胜利后遇上军阀勒索军饷,他无可忍耐,再次逃了出来,转道香港去谋生。

两眼漆黑的"铁算盘"

李家真正发财的是老四李蕴章和老五李凤章。

老四因为有眼疾,除了在他大哥的衙门里短期做过事外,基本上是在安庆全力以赴地置办家业,是个安庆城里的大财主。李凤章则对政治军事没有很大兴趣,除了早年其父办团练时,他也襄办其中,还在曾国藩的手下鲍武襄部干过短时间的后勤外,一生足迹基本上不出安徽和江苏,是个定定心心

李蕴章一房经营的江轮——江安轮

地做买卖,毫不张扬地做生意的大财主,人云"闷声大发财"是也。他们虽然没怎么涉足晚清"党政军"的泥潭,却捞到了不少由"党政军"带来的好处。北洋大臣兼直隶总督李鸿章的亲弟弟嘛,当然要给个方便,哪个地方的地头蛇是傻瓜呢!

李蕴章(1829—1886)虽然眼睛看不见,但人精明得很,能干得很,据说他可以两只手同时打算盘,一只手计算,另一只手核算,无人能比。他要是造房子,只要背着手绕着地基走一圈,就能算出需要多少材料,需要多少工时了。他要是买地,只要到那地边走一走,就能闻出那地里的"地气",知道那地出不出粮食。他记性特别好,四书五经请人授读,念儿遍就会背了。他自己不会写信就请别人代书,由他口授,那句子出口成章,别人记还来不及呢,可见腹稿早就打好了,全背出来了。如此看来,他在他大哥的衙门里干活儿时,还真的能帮上忙呢。

当初曾国藩打太平军收复安庆时，费了九牛二虎之力，双方都死了几万人，才攻入那个"周长九里十三步"的安庆。安庆是省城，又是临时的总督衙门，战后百业萧条，湘军筹饷困难，正是需要大力恢复经济的时候。曾国藩采取各种方式包括给予各种优惠政策，鼓励农商，振兴市场。李蕴章心眼挺活络，跟进到了安庆。他积极响应号召，在安庆安营扎寨，充分利用当时的优惠政策和官方的人事关系，买地造屋，延揽生意，做起盐业、当铺和钱庄的买卖，把安庆当成他的大本营了。他那时30岁上下，正是年轻力壮的时候，果真获利无算，以后逐年发展，遂成巨富。

他先是在安庆西门外开了一家盐号。那时经营盐业不是一件容易的事情，首先得有盐票，即政府颁发的经营许可证，而且并不是无限量的经营，每张盐票可经营的数量和范围都是规定好的，所以又有"盐引"之称。"引"是指引岸，指所许可运达的口岸。至于什么人能获取盐票则是另外一门大学问了，有的人只要付很少的钱即可得到，而有的人却要花很多钱去向人家租用盐票。据李蕴章的曾孙李家彝先生撰文说，盐票的黑市出售价可卖到一万两白银，可见盐业的利润之大。历来无论是卖盐、运盐还是管盐的，没有不发财的。而李蕴章家的盐票，到他去世时已拥有了六张，其中有两张是曾国荃亲自颁发的，那是曾国荃当两江总督的时候。这时就看出政治与经济的关系了，毕竟"近水楼台先得月"。又可知盐票是要由总督签发的，那就更加身价不菲了。

李家拿到的盐票每张规定的数量是一百二十引，每一引有数百斤之多，仅凭这六张盐票，就够李蕴章做大生意了，何况他还有当铺和钱庄，还有房地产呢，岂能不发！

关于李蕴章的田产，现在我们可以从《慎余堂田产目录》上了解全貌。该目录共有十七册，从1892年李蕴章的宁氏夫人主持分家开始说起，那时李蕴章已经去世了，李蕴章的大儿子李经世也去世了，由几个儿孙李经邦、李经钰、李经良(后来改名李经达)、李国模、李国楷继承。那《目录》上首先记载的是分家合同。其曰：

　　立分关字人：李经邦、李经钰、李经良率侄国模、国楷奉母命：余年力就衰，难以兼管家务，尔等俱各成立，亦宜各领房事。准将父遗田产生息分作四份，各自执业经营。所遗公产，亦须遇事料理。自分之后，消长各听天命，子孙不得争多较少。经邦等恪遵母命，所有各房产业均由母分拨领受。遵书分关四纸，各执一纸为据。 凭亲家友庭李纬堂、朱朗夫、蔡建侯同证。 光绪十八年壬辰三月十二日(1892年) 分关字人：李经邦、李经钰、李经良、李国模、李国楷押。

　　◎ 合肥民、屯田租八千担，除民田陆千担归四房分执外，余之田永为先中宪和甫公(李蕴章)支下公产，目下统归和甫公筹置公堂之用，俟墓祠落成、公堂充实后，再行分划，各自照管。店埠撮镇市房共□所，永为公产。合肥城中考棚旁试馆永为和甫公支下子孙考寓，一应公产，子孙不准分析、变卖。

　　◎ 皖省同人盐行房屋一所、桐城金神墩泰清典屋一所，又义津桥光裕分典屋一所，无为州皇姑闸公和典屋一所，皖坪北盐春缸一票、秋缸一票，运本在内，归母亲养膳之用，如不敷用，仍归四方共同供应。皖城(安庆)住屋正宅十七间，永为公宅，留备母亲及三四两房来省居住。

　　◎ 皖省光裕典股本足钱二万串，典屋一所；桐城汤家沟长裕典本足钱五万串正，典屋一所；皖岸南盐秋缸一票、北盐春缸一票、秋缸一票，均运本在内。皖省西门外市房六所；孔城镇市房四所、田租九佰六十七担；金神墩市房三所、田租三百四十四担；合肥城中市房四所、田租另有清单；皖城内住房东宅正屋十七间、厢屋四间、寮屋六间，均归大房国模、国楷侍母执业。

◎ 桐城练潭光裕义典本足钱三万二千串正,当张姓典屋一所;湖北长春公典股本足钱三万串正,典屋一所;皖岸北盐春缸一票、秋缸一票、南盐秋缸一票,均运本在内;皖城内住屋西宅正屋二十四间、厢屋三间、市房十二所;孔镇市房六所、田租九百六十一担;金神墩市房二所、田租四百六十五担;合肥城内市房□所,田租另有清单,均归二房经邦执业。

◎ 桐城孔镇光裕典本足钱五万七千串正,典屋一所;皖岸南盐春缸一票、北盐春缸一票、秋缸一票,均运本在内;皖城西门外市房十所;孔镇市房三所、田租九百六十担;桐城县内左、都、朱三姓出业地基一块;金神墩西街地基租合共一处,当浮房租一处,田租三百四十一担;合肥城内市房□所,田租另有清单,均归三房经钰执业。

◎ 庐江同裕典本足钱五万四千串正,典屋一所;金神墩泰清典股本足钱三千串正;皖岸南盐春缸一票、北盐春缸一票、秋缸一票,均运本在内;皖城西门外市房十所;孔镇市房八所,田租九百十四担;金神墩市房两所,田租三百四十一担;合肥城内市房□所,另有清单,均归四房经良执业。

◎ 合肥山庄住宅挨后配搭匀称归各房分居执业,山庄仓归各房公同屯稻。孔镇仓房亦归各房公同屯稻。同人盐行股本银三千两,同人和盐店正副本银三千两,均作为肆股,年终照股分利。裕源股本银一千两,作为八妹出阁之用。义兴昌股本银一千两、洋一千元,滁州典房一所,均归经邦收执,俟抽本变价以抵王、蔡、魏、陈四姓存款归还之用。无论赢绌,各房均不得异言议。

◎ 凭家庭亲友李纬堂、朱朗夫、蔡建侯同证。

光绪十八年壬辰三月拾二日立
分关字人李经邦、李经钰、李经良、李国模、李国楷押看了这份一百多年前的分家合同，真叫如今的人倒吸一口冷气——李蕴章真是阔气啊！从李鸿章1862年编练淮军到上海算起，到这份合同签立为止，时间相距不过才三十年，居然发了这么大的财。白纸黑字，铁证如山，变天账一本，这要在"文革"当中还能了得吗？

从上述分家合同来看，李蕴章的盐票似乎还不止六张。尽管这十七册田产目录中，只收录了六张盐票的资料。

安徽人所讲的李家三大典当倒是都出来了，就是光裕典、同裕典、裕源典，当然李蕴章还有其他的典当铺，可能规模要小一点，如长春典、泰清典等。这些当铺分布在安庆、庐江、桐城、无为、金神墩、滁州和湖北黄冈等地。至于这些典当铺每年能有多少收益，那只有当事人知道了。不过这些典当的本金，即李蕴章当时投入了多少钞票倒是清楚的，共计二十四万六千串钱，另有一千两银。另外，他投入的同人盐行和盐店的资本，还有六千两银；办义兴昌钱庄的股本一千两银，外加一千元银洋。这些钱加起来也该是笔不小的数目了。

关于李蕴章到底有多少亩地，从中大致也能看出个眉目。除了在合肥的一部分田产未有具体数字外，其余的田产所能收到的租子，已经明确了，共有一万三千二百六十六担，而这些田主要集中在合肥，有八千担租之数，占了他全部田产的一大半。一万三千二百六十六担租，如果按每担一百二十斤计算的话(此为《新华字典》上的说法)，那么每年的租粮就达一百五十九万一千九百二十斤。如果按安徽的田当时每亩地平均能收一百二十斤，每亩要交掉一百斤租子的话(据说一般情况下所打粮食的一半以上要交租)，那么李蕴章就应当拥有一万五千九百十九亩地。这在李家又不算最多的，这比他大哥李瀚章那四五万亩还差一多半呢！但他还有那么多散置各地的房子呢！那些房子据说共有上百栋，加上盐业和典当的实际收入，无论如何，也该是一个了不得的大财主了。

总之，李蕴章大概是中国最有本事的瞎子，也是最富有的瞎子了。他发了财后也做过一些好事,如出资出力撰修《续修庐州府志》。原先是李鸿章叫李鹤章续修的,李鹤章病死后,李蕴章继续进行,直到完成。他曾捐献巨款助饷,因此还获得了道员的头衔。他的大儿子李经世生前也曾捐献五千两银子救济水灾,因此也获得了朝廷的表彰。

他有四个儿子,令他骄傲的是,老大李经世考中了进士,所以他们在安庆的任家坡的老房子门上,悬挂了一方"进士第"的匾额。可是他的后代没能继承他的善于经商的秉性,第二代人经邦、经钰、经达还算能守业,财产略有发展,而到了第三代"国"字辈手里时,时代不同了,盐业被国民党政府专卖了,你朝里没人就不要想染指了。当铺也被合伙人朱家独吞了(见李家彝的"文革"中的交代),剩下来的就只有田产了。但自家人大多住在上海、北京、天津和苏州,养尊处优惯了,少数住在芜湖的也不管事,全靠乡下的账房打理。账房说什么都得信,不信你又怎么办?后来基本上是靠卖田产吃饭了。

老四房"国"字辈的人大多没有正式的职业,有的人似乎也不屑于去经商,他们还放不下李府的架子,宁肯在家卖卖当当,至于明天的日子怎么过那是不管的。芜湖有个"国"字辈的人,在市内最大的酒楼有一个账本,他去吃饭不用花钱,只要记账就行了,可是每天去"陪吃"的人不知有多少。账房先生也常带人去吃,搭不上界的人也冒名去吃,反正到年终结账的时候都算在李府的账本上就是。李家老爷也不管柜上有没有钱,只管签字就是,反正拿不出现钱就拿一张地契去卖,一副永远吃不败的派头……还要抽大烟,年长日久,坐吃山空,焉能不穷?

其中有一个人值得一提,就是李蕴章之孙、李经达的三儿李国柱。他小时候很不幸,6岁就死了父亲,但他自知发奋,刻苦读书,先后就读于北京中华大学和上海圣约翰大学,国学根底很深,后任天津震义银行总司库、安徽省省长秘书。抗战中他家在芜湖和庐江的房产均被日寇侵占或炸毁,他只得携眷逃难,转辗江西、湖北、湖南、浙江等地,历尽艰辛,最后来到上海租界里。一路上他目睹了祖国江山被蹂躏、老百姓流离失所的惨状,写下了一批忧国忧民的诗词,中有"九州浩劫正茫茫,被发何由入大荒"等,亲友间广为传诵。居沪期间没有工作,他以卖文授课为生(李家"家"字辈的人有好几个得到过他的指导),不免经济上困窘,生计维艰。华北伪政府某显要两次函邀他北上出任伪职,李国柱坚不为动。后来该显要到上海,仍为之介绍工作,以解决家庭困难,李国柱又以种种理由回绝了。他同情和帮助过革命党人,与表姐吴弱男一向友善。抗战胜利后,著名民主人士章士钊推荐他到上海财政局任秘书兼档案组长。1954年病逝后,章士钊为之亲题墓碑:"合肥诗人李国柱晓耘之墓"。

"国"字辈中有的人很有名士风度,喜欢念书写诗写字,他们中有好几个人都有诗词集传世,如李国模的《合肥词抄》《吟梅吟草》《瘦蝶词》等;李国楷的《餐霞仙馆诗存》三册;李国棣的《天放楼诗集》《合肥诗话》;李国枢的《问淞诗集》;李国柱的《遂厂诗集》《抱山簃诗话》《抱山簃随笔》;李从衍(国荣)的《借园诗集》等等。但是在家境日下的情况下,作诗写字能当饭吃吗?要紧跟时代的步伐,出来工作才是。不出来工作,金山银山总有吃完的时候。再加上抗战中逃难,损失惨重,就只能是"一代不如一代"了。他们中只有少数人出去做事。到了第四代"家"字辈成年的时候,瞎子老太爷挣下的那么多的土地,那么多财产都不晓得哪里去了。

俗话说"富不过三代"。"家"字辈正是第四代。老四房中李家震、李家彝、李家锦、李家显、李家庞、李家卣、李家咸、李家敏、李家缄、李淑宜、李家敬……他们只得外出打工谋生,已经体会不到"李府"的原始滋味了。时势造英雄。他们成了走出李氏大宅门,走向新生活的一代新人——李家震上海交大毕业,是上海重型机械研究所高级工程师;李家彝早年参加进步活动,曾任陈独秀的秘书;李家咸上海交大毕业,是著名桥梁专家、铁道部大桥工程局副总工程师;李家溶北京地质学院毕业,华北油田高级工程师;李家敬入黄埔军校第十三期,是孙立人先生的部下,曾在印度和缅甸参加对日作战;李家篁复旦大学毕业,高级经济师、西安交大和西安纺织学院兼职教授……

119

其中李家锦是李国柱的儿子,高级经济师,曾担任上海交电批发公司经理、长城科技产业公司副总裁、崇信经济发展公司副总经理、立信实业公司贸易顾问等职务。李家锦从小在其父李国柱的培养下,打下了扎实的国学功底,写得一手好文章,在上海市商业系统中享有"商业一局一支笔"的美称。他继承了四房老太爷善于经商的特性,勇于任事,善于开拓,具有很强的组织能力和沟通协调能力,深得财贸系统的领导和商业部领导的赏识和器重。改革开放以后,他在引进外国商品的谈判中,积极维护国家的利益,确保了进口商品的质量和售后服务,退休后仍积极参加社会工作。

李蕴章的曾孙、青年李家锦

1999年,合肥李鸿章故居开业,李氏家族部分成员应邀出席,这是五十多年来李家人首次公开相聚,李家锦马上抓住这个机会,建立了李氏家族的联络网,经常就家族事宜召集各房代表开会,统一认识,同时提出了续家谱的设想。由于他年青的时候就是家族中的活跃分子,无论组织李氏足球队还是演话剧,他都是主要骨干,有相当的知名度,所以在他的组织下,在各房的通力协作下,《合肥李文安公世系简况》一书终于在2001年得以问世,成为李氏家族后代寻根的最重要的依据。这是他在身患绝症的情况下,为李氏家族做出的重要贡献,赢得了李氏家族后人的一致尊敬。

李家首富李凤章

几乎所有谈到李家财产的资料都说,老五李凤章是李家首富,但是李凤章是如何成为首富的呢?他有哪些财产呢?是他占了什么便宜还是有什么经营诀窍呢?几乎所有的材料都含混其辞,以至于事到如今,李凤章的"庐山面目"还遮在云里雾里。我们只能佩服他和他的后代的保密本领了。尽管如此,天地间还是留下了些许蛛丝马迹,或可窥其一斑。

李凤章(1833—1890),本名章铨,字桂山,号稚荃,是李氏兄弟中较早落户上海的一个,太平军被镇压后,曾在江南制造局做过事。江南制造局是当时清廷最大的军工企业,是李鸿章亲自向朝廷申请建立的,应属当时的"央企"了,应当是个肥缺,但他很快又去了芜湖,估计也跟李鸿章的避嫌有关。芜湖人讲的"五大人公馆"应当就是他的公馆。

他在上海静安寺路买下了很大一块地皮,就是现在南京西路青海路、吴江路、石门路一带。那时吴江路还是一条小河,静安寺路也开发不久,周围还有农田,与

李家首富李凤章

南京东路的地价不好比。但既然外国人都愿向西部发展,他也向西部发展,所以先占好一块地,这是他的远见。后来静安寺路成了黄金地段,他的后代陆续移居上海,占了大便宜。他的长子李经藩在1900庚子事变后就到了上海,民国期间他的后人住在吴江路上的天乐坊。现在的吴江路已是临近南京西路的、尘嚣万丈的小吃一条街了,横跨石门路,东西足有几里路长。如此一大片地皮,如此一块旺铺,他一百年前就看中了,这是何等眼力?

十年浩劫中红卫兵抄家,李凤章的孙子李国森(荫轩,李经藩的次子)怕红卫兵毁坏他收藏的文物,打电话到上海博物馆表示要捐献文物,请博物馆来车子拉。那时他们住在乌鲁木齐南路的一栋花园洋房里,结果博物馆从他家中拉走了六卡车古物,青铜器居多,还有很多古瓷器和古钱币,博物馆的员工光登记写清单就整整忙了两整天。与博物馆的人同时到达李国森家里的,还有一批房屋管理部门的造反派,他们是来"接收"金条的,也不知道是多少金条装一盒,反正共"接收"走了十四盒!要知道那是20

李凤章的孙子李国澄与李国淘

世纪60年代的事情,他们这些资产阶级的孝子贤孙,已经经过了多少战乱和"运动"的"洗礼"了,李家其他各房的"国"字辈兄弟,有不少在抗战时期已在卖房子卖地了,他家到"文革"时期还如此富得流油,若不是首富,哪能如此牛气?

他的另外两个孙子李国洵和李国澄,也都是一辈子用不着外出工作或是亲自管账,只需在书房里看书、写字,在客厅里票票京戏的主。所以这一支中还出了一位著名的京剧人才——言派传人李家载,该着也是时代和家境孕育的结果(详情后叙)。

安徽有资料显示,李凤章在合肥东乡有许槽坊的万亿仓、梁园的万兆仓、含山的万兴仓、芜湖的源德裕仓,每仓都有万亩良田,还有大量的房产。他的享堂就有百余间房间,可是不幸遭了火灾,据说是被一个侍女不慎打翻

李凤章的孙子、李国澄一家

了油瓶,引起一场大火,结果把享堂烧了个精光。1903年他的后代又重建,造了九十九间半房子,抗战后曾作过县政府机关,后又当作中学,现在老房子都拆了,在原址上建了护城乡粮站。

李凤章有钱是有钱,但也有很大的遗憾,他缺少子孙。他娶了五房太太,只生了几个女儿,仅有的一个儿子李经祜9岁就夭折了,媳妇是抱牌位结婚的。怕李家无后,只好过继一个孙子,叫李国澄,实为李经翊之子。其实他的儿子李经藩、李经翊都是从李家其他房过继来的,按当时人的看法,子孙都不是太旺。所以李家老兄弟六个,李凤章最富,主要是他家人少,财产集中。但是子孙少在封建社会又是个大缺点,可见上帝是不情愿把十全十美送给人家的。

第六章：豪门联姻

赵氏夫人的"帮夫运"

李鸿章的元配夫人是他的同乡周氏，比李鸿章大两岁，据说跟她的婆婆一样，也是个大脚，能吃苦，能干活儿，只是"命"跟婆婆不一样，上帝没有把她婆婆的好"命"传给她。

婆婆活了83岁，她只活了40岁，连婆婆寿的一半都不到；婆婆是先苦后甜，后半生享尽荣华富贵，而周氏一生都在艰难困苦之中，没有出头之日。丈夫早年在家的时候，要埋头举业，她必须照顾公婆和家务；丈夫考上进士到北京做官后她也没过上好日子，不仅没能跟到京城享福，反而夫妻二人分居两地，她仍须在家带孩子，服侍婆婆；更倒霉的是丈夫在北京没人照顾，就纳了一个侍妾冬梅，与她"分享"对丈夫的爱；太平军打到安徽后就更苦了，丈夫连年征战，一日数惊，命不保夕，她就始终在家担惊受怕；后来家乡被焚，全家逃难，寄寓江西，她竟没能熬到战争结束，而病逝江西。而且，他们的儿子经毓也夭折了……纵观她的一生，简直就没过过一天好日子，是个地道的苦命女人。

现在流传的李鸿章的一首悼亡诗，是悼念他那侍妾的，诗云："莲房粉坠梦京华，戎马飘零何处家？无那江城传一纸，隔江犹唱落梅花。"就连悼亡诗也没轮到周氏，可见周氏的嫁李，实在是不合算。

近年来，据安徽社会科学院淮军研究中心的研究员翁飞先生考证，周氏夫人的墓地不在合肥，而在桐城和庐江交界的一个山庄边，离古书上描写的《孔雀东南飞》的故事——庐江小吏焦仲卿和刘兰芝"两家求合葬"的墓地不远。只是焦、刘的墓地已成旅游胜地,游人如织,而周氏之墓不仅外界少有人知,而李家人也人迹罕至,只能是永远杂草丛生。现查阅李经方等人的分家《合同》,上面确写明是将李鸿章在安徽桐城内的四处产业,留作李鸿章发妻周氏祠堂的开销之用,证明周氏的确是葬在桐城的,这就很能说明她的处境。

按说,封建社会里元配夫人的地位是非常重要的,死后应当与丈夫合墓的,而周氏既没有显赫的家族背景,又没留下儿子(儿子经毓早夭),她的元配夫人的"待遇"就受到了挑战——最后与丈夫合墓的是李的继室赵氏夫人。由此可见,封建社会所谓的"规矩"是非常虚伪的。

李鸿章的继室赵氏的情况就大不一样了。

赵氏夫人赵小莲出生在安徽太湖一个著名的书香之家,祖父赵文楷是嘉庆年间的状元,嘉庆五年做过清廷册封琉球国王的正使;父亲赵昀是道光年间的进士,还当过咸丰皇帝的陪读;哥哥赵继元是同治年间的进士;侄儿赵曾重是光绪年间的进士,一门全是读书人、做官人,赵氏从小耳濡目染,也是个知书达理之人,其身价自然不同一般。赵家的后代中还出了一个现代名人,即著名的宗教界人士赵朴初先生。

李鸿章的继室赵小莲与女儿李经璹

赵氏夫人的父亲赵昀原先是李鸿章在京城当翰林时的同事，太平军打到安徽后，他们一起随吕贤基回乡办团练，有一段同事加战友的情谊，发展到翁婿关系是后来事。1863年，凭军功已当上江苏巡抚的李鸿章，发妻周氏已去世一年多了，很想再成个家。他战绩显赫，功成名就，志满意得，这等身价自然是已经具备了向老同事求亲的本钱，于是由其大哥出面，代其向赵家求亲。赵昀自然对李鸿章知根知底，何况李某正在上升时期，前途未可限量，于是很快就有了赵氏夫人的"来归"。当时赵氏已24岁，在乡下已算是老姑娘了，她非将才之辈不嫁，也说明了她亦非等闲之辈。

都说赵氏夫人有"帮夫运"，能给丈夫带来好运。从她在李家的"日程安排"来看，似乎也确乎如此。她"来归"的第二年就为老李生了一个儿子李经述，这一年也是湘军、淮军攻克太平军最后的大本营天京的年头。后来老李的官运的确是一路顺风，青云直上，官至直隶总督兼北洋大臣、文华殿大学士，成为洋务派的首领，清廷最为倚重的疆吏。

换句话说，赵氏嫁到李家的这三十年（1863—1892），恰恰是李鸿章在政坛上大红大紫的三十年，办洋务、办海军、办学堂，都是在这期间。1892年后，李鸿章的厄运也来了——先是甲午战败，全国震怒，被"撤销党内外一切职务"，成了京城官场里多余的人，仅是个"入阁办事"，他那直隶总督兼北洋大臣的位子由王文韶接替。接着又南下三千里，外放广东；到广东不久北方就爆发了义和团运动。清廷"西狩"，时局不堪收拾时，又命他火速北上，让他出来收拾残局，直到画押后吐血而死……这倒霉的一切，的确是赵氏去世后发生的。赵氏似乎就像一枚"镇海龙针"一样，她不在，一切都乱了套了。

兵也淮系，婚也淮系

李氏家族虽以举办洋务闻名，但根子里毕竟是个乡土气很浓的家族，换句话说，是个很念旧的家族，跟那些有皇亲国戚背景的豪门，和那些有买办背景的工商豪门有所不同。

李家打仗起家靠淮军哥儿们,儿女婚嫁时,最相信的恐怕还是淮军哥儿们。他们似乎不大有兴趣在宫廷内阁中攀亲家,也不去抱那些皇亲国戚的大腿,而是比较看重地方上较务实的官员。自然,这种婚姻无疑是一种政治行为,客观上加强了李鸿章对淮军的统治,维系了淮系集团内部的亲和力,同时也是淮军哥儿们依附李家的一种方式。即便是在李鸿章去世之后,这种豪门联姻的"惯性"也还存在,你家有我,我家有你,代代相因,互相支撑,竟延绵了好几代人。

李家在淮军哥儿们中有好几门联姻大户,好几代人都是亲家,其一是四川总督刘秉璋家族。

刘秉璋(1826—1905,字仲良,安徽庐江人)当初在北京攻科举的时候,曾师事李文安、李鸿章父子,考中进士后也当上了翰林院编修。打太平军的时候,李鸿章亲自打奏折把他调到淮军,让他统领淮军的一支主力。当初李鸿章给朝廷的奏折中说他:"刘某沈毅决明,器识宏深,与臣为道义交十有余年,深知结实可靠。该员去冬由安庆经过,督臣曾国藩一见,大加器许,谓为皖北人才。臣今统军来苏,曾国藩允为奏调来营,学练军事,昨又函催臣自行奏请……"除了打太平军和剿捻,中法之战中的镇海一役也是他指挥的。那时他正在浙江巡抚的位子上,亲临前线调兵遣将。他与张佩纶的做法不一样,早早地就把江口给封堵了,积极备战,毫不手软,结果打了大胜仗,他也就此升为四川总督。中法之战是中国近代史上唯一的一次大胜仗。刘与李还是淮军将领中仅有的两名进士,关系自是非同一般。

仗打完后,他们都升官发财,两家也成了好亲家。儿女婚配,侄儿侄女,你娶过来,我嫁过去,居然通了七门姻娅——李鸿章的大儿子李经方娶了刘秉璋的大小姐;大小姐病逝后又娶了刘家的二小姐;李经方的女儿李国华又嫁给了刘秉璋的孙子刘济生;刘秉璋的大儿子刘体乾则娶了李昭庆的四小姐;李瀚章的孙子李国炽又娶了刘家的一个孙女;李蕴章的二小姐嫁了刘家的刘诒生;李蕴章的儿子李经达则娶了刘家的另一个小姐;李蕴章的孙子李从衍娶的也是刘家的孙女,是刘体藩的长女。

刘家和李家有这么多的"内线"联系,自然不会吃亏的,所以,刘秉璋的几个儿子都能进入李鸿章在天津的衙门内院,跟李家的儿孙们一起读书,还一起跟洋大人学外语。这对刘家子弟来说是很重要的人生驿站,从此刘家老太爷回乡养老,而刘家子弟则在天津有了根据地,开阔了眼界,结识了很多豪门圈子里的实力派,为他们日后进入官场和商界奠下了基础。

他们中后来就出了一个中国实业银行总经理刘晦之(体智),他既是李经方的内弟,又是孙家鼐的最小的女婿,是刘秉璋的四儿子,也是在李家家塾里读过书的人。他后来到上海首开中国人办的有奖储蓄,学外国人的样子,在储蓄上搞了很多新花样,以至于有一个时期,该行的存款额有数千万,仅次于交通银行,在金融界很是风光了一阵。可是这家银行从创办起到刘晦之当上总经理,李家人都没有当上过副理或者襄理,李家人的投资兴趣似乎都在房地产上。李经方仅与刘晦之合办过芜湖裕中纱厂,生意不是很好,后来被无锡荣家买去了。再后来,到了1935年宋子文要整顿金融的时候,刘晦之这样的前朝遗老也不吃香了。

第二个联姻大户是太湖赵家,即李鸿章的继室赵氏夫人的娘家。自赵氏嫁到李家后,赵李两姓就扯出了一连串的婚姻——李鹤章的儿子、后来当了云贵总督的李经羲,娶了赵氏夫人的亲侄女,即赵氏的哥哥赵继元的长女(所以赵朴初在上海读书时,有很长一段时间就寄住在李经羲那跑马厅边上的大宅门里);李蕴章最小的女儿(八小姐)李果慧嫁给了赵家的赵曾𪩘(是赵氏夫人的亲侄子);下一代中,李经羲的儿子李国筠娶了赵氏夫人的亲侄孙女为继室,即赵曾重的长女;李蕴章的孙女(李经邦的八小姐)李季琼又嫁给赵曾𪩘的儿子赵恩廊(他们的儿子叫赵荣潜,是苏州铁路部门的离休老干部,赵朴初是他的堂兄)。另外,李蕴章的小儿子李经达的继室也是赵家的小姐……数数又是六门姻亲。

李蕴章的小孙女李季琼(左一)嫁给赵小莲的亲侄子赵恩彪(右一)

赵家人老实,似乎比李家人还守旧些,埋头做学问,前清有人做官也没做到很大。民国后晚清豪门子弟多去经商以求自保,赵家人干工商似乎也不甚得心应手,没成什么气候。当然李家人经商也没成什么大气候。李家一败落,赵家也败落了。张爱玲在她的书里曾写道,她曾向一个服侍她祖母的女用人打听奶奶的情况,那用人首先想起的是老太太如何节省手纸……在这种情况下,后代人赵朴初等就走出大宅门,走向革命了。

第三家大户是安徽合肥的张家。这个张家原本是李文安的亲家,即李鸿章的大妹妹的婆家,妹夫叫张绍棠。张家的再上一代人也是李家的亲戚——张绍棠的父亲叫张纯,张纯的母亲就是李鸿章的祖姑母,这么一来,张绍棠即是李鸿章的表弟,又是李鸿章的妹夫,亲上加亲了。当初张家生活好过李家,有人在外当官,妹夫张绍棠是记名提督,估计是个花钱捐来的虚衔。能花钱买官正说明了家中殷实,而那时的李家离发家还远着呢。

李鸿章的大妹妹很顾及娘家,常常拿钱帮助娘家人,遇上红白喜事或是特殊需要,李家更是仰仗张家的时候多(李鸿章《诰封一品夫人亡妹张夫人家传》)。李鸿章非常念及这段情分,尤其在咸丰年间,张绍棠还办过团练,充当过民团的首领,在李鸿章组办淮军时还曾是李的部下,当过李鸿章的亲兵营的军官(想必李鸿章不会让他挡在第一线,所以也不见得有突出的军功),所以李后来对外甥张席珍、张士瑜、张士珩等就格外提携,李家与张家的姻娅也就不会少了。李蕴章的大女儿嫁给了张家的大儿子、李的外甥张席珍;李凤章的一个女儿嫁给了张家的另一个儿子张士璜;李鸿章的孙子李国焘的元配夫人就是张席珍的长女张继芬;李鸿章的另一个孙子李国燕的元配夫人是张士珩的次女;李昭庆的孙子李国栋则娶张士瑜的三女儿张继昭为妻。如此算起来,张李二姓间共有了五代人的婚姻关系,再往下一代人中或许还有,只是现在人们算不大清楚了。张席珍、张士瑜和张士珩都曾在李鸿章手下办过洋务,尤其是办理军械,其中张士珩(1857—1918,字楚宝,晚年自号因觉生)还出过一个不小的案子,给老李带来了麻烦。

张席珍在淮军于苏南对太平军作战时就加入了李鸿章幕府,为淮军办理军械,李鸿章当上北洋大臣后,也把他带到天津,继刘含芳(安徽贵池刘家的人,也是大户,上海道刘瑞芬的兄弟)之后,主持北洋军械所,1890年病逝在任上。张席珍去世后,老李又安排他的小弟弟张士珩进入北洋军械所。张士珩10岁时母亲就病故了(1867年),他只比李经方小两岁,成了舅舅们关心的小可怜。李鸿章在多封家信中提到他,总在关心他的学业和生活,一段时间接不到他的信就要向亲属们问他的情况(《李鸿章家书》)。好在他开始时还算争气,20岁时到了南京,拜著名学者汪士铎为师,考中了举人,但考进士就不行了,只好留在李鸿章的幕府里蹭饭,张席珍去世后,他成了接班人。

张士珩初上任还是很卖力的,"每得一新式军械,必考辨其形制、度数,研求写放,穷幽洞微"(《淮系人物列传》)。1892年,热河"教匪"肃清后,李鸿章认为张士珩运送军械有功,就向朝廷保奏他,说他在北洋当差有年,留心时务,对西洋各国新式枪、炮、子弹、器械,均能认真考究,辨别良楛,文武兼资,经济宏通,才猷远大,军事吏事,历练颇深,此次热河之役,解送军械神速,功劳与前敌作战略同……简直说成了一朵花,结果他由此升官,由军功保为花翎二品衔分省补用道,总办北洋军械局。可是这个人经不起表扬,两年后就出了大纰漏。在李鸿章甲午战败后,人家揭发他盗卖军火,得银数十万两。朝廷立马派人调查,结果下面奏报上来,张士珩主持军械所六七年,所卖军火,多被日本买去了。这下清廷震怒,命张之洞速密查拿,最后以玩视防务罪革职。

李鸿章闻此勃然大怒,想不到这小子吃里扒外,更有劣械一案,不能不算造成军事失利的原因之一。李鸿章再见到他时,照准他脸上就是一巴掌。李的亲家刘秉璋的儿子刘晦之曾有生动的描述:"劣械一案,文忠甥楚宝观察在天津司军实,独知其隐,辄阴伺之而不肯言。暨事外泄,群矢集于观察,报载文忠手批其颊。时先文庄(刘秉璋)以事怒表兄程邦柱,而眷念旧谊,不忍遽绝。一闻此事,笑曰:'吾甥固胜于彼也'。"(刘晦之《异辞录》)

幕僚还是老的好。1901年老李去世以后,第二年他的铁幕周馥出任山东巡抚,大概是看在老首长的面子上,重新起用了张士珩,奏请他主持山东学务处,兼参谋处,又办理武备学堂。两年后,周馥升任两江总督,又把他带去,奏请由张氏主办江南制造局。毕竟在军火界磨得时间久了,渐渐地成为一个军火专家,能自制镪水了。袁世凯上台后也重用他,任命为造币总厂监督,可知他小聪明还是有的。

第四家大户是安徽寿州孙家,即京师大学堂的创办人、咸丰状元、光绪帝师孙家鼐(1827—1909)家族。孙家鼐本人虽没有被派回老家办团练,不属淮军系统,但是他的族兄孙家泰奉旨回乡办团练了,拥有一支强劲的武装,是吕贤基和周天爵的得力帮手。寿县当年是清军与太平军、捻军拉锯战打得最惨烈的地区之一。在孙家鼐高中状元的第二年,寿县不幸被当时捻

李家与寿州孙家(孙家鼐家族)有多门联姻

军的苗沛霖部屠城，孙氏家族有上百号老小被杀害，所以孙氏家族很自然地倾向淮军。

到了孙家鼐这一支，就与李家结成了好几门姻亲。李瀚章的二女儿嫁给了孙家鼐的侄子孙传樾；下一代中，李瀚章的长房长孙即李经畲的儿子李国成，娶了孙家鼐的侄孙女孙多晶；李瀚章的另一孙女即李经湘的二女儿李国筹，嫁给了孙家鼐的侄孙孙多钰；另外，李蕴章的一个孙女即李经世的四女儿李国犠，嫁给了孙家鼐的侄孙即孙传樾的儿子孙多鑫。在再下一代中，即曾孙辈中，李国犠的妹妹的三个女儿也姓李，即李孔昈、李孔智、李孔晔三姐妹，嫁给了孙家三兄弟孙麟方、孙麒方、孙临方。如此加起来也有了七门姻亲。

孙氏家族后来在民国期间，在工商界形成了很大的合力，创办了很多企业。李瀚章的外孙孙多鑫、孙多森兄弟带头，于1898年在上海创办了中国第一个近代面粉厂——阜丰面粉厂，继而又创办了一个家族银行——中孚银

133

行,在河南、山东、江苏、湖北、、河北、黑龙江等地都办起了面粉厂、水泥厂和中孚银行的分支机构,在其他有影响的大型企业中也多有投资,如启新洋灰公司、开滦煤矿、北京自来水公司等,逐渐形成了一个庞大的家族财团,其影响大概仅次于以周馥的儿子周学熙为主的周氏家族集团。孙多森还是中国银行的第一任总理、上海总商会协理,民国初年当过短时间的安徽督军。孙家的阜丰面粉厂和中孚银行经历了半个多世纪的风云变幻,直到1956年公私合营,才算与孙家"拜拜"。而当初孙氏兄弟掘得的第一桶金,正是豪门联姻的结果(李瀚章跟孙家是亲家,与安徽望江何俊家族也是亲家;而何家与孙家又是亲家。孙多鑫和孙多森最初的资金积累是在扬州办盐的结果,而当初在扬州办盐,是向姑夫何汝持即何俊的儿子借的盐票。何俊的墓志铭是李鸿章亲撰,署名时自称姻愚弟)。

　　第五个联姻大户是安徽泾县的朱氏家族。朱氏家族是明洪武朱元璋的后代,他们家庙中自古就供奉着朱元璋的一个头盔和衣物。老太爷朱鸿度当初也是李鸿章的哥儿们,官至户部郎中,战后不去做官,却想办工厂,这在淮军的哥儿们中是不多的,是有眼光的。结果办起了现代棉纱厂和面粉厂。

　　那时私人要办工厂也是新鲜事,是要向皇上报批的,何况朱家要办的不是盛宣怀他们搞的什么官督商办,而是要十足的商办,不要官府来管!而且是中国第一家民营的棉纱厂,这就必须有"内线"来疏通。李鸿章对安徽哥儿们历来是"有事好说"的,何况还是亲家呢(李家和刘家是亲家,刘家与朱家又是亲家)!所以李鸿章为了朱家要办民营纱厂的事,还专门上了一道奏折。1894年,当朱家的裕源纱厂开张时,那厂子大门上横挂的牌子就是"大清钦定裕源纱厂",开了民办纱厂的先河。这个朱家的一个孙女后来就成了李鸿章的曾孙媳妇,即李家瑾(李玉良)的元配夫人。李凤章是埋头做生意的,自然对朱家很有兴趣,他的两个曾孙即李家轼和李家献,娶的都是朱家的小姐。那么作为交换,李国麟的女儿也须嫁到朱家一个。

　　李鸿章不仅帮哥儿们申请办厂,遇到要紧的事情,也愿意出来为之了结,甚至还帮着说谎,这是老李性格中非常灵活的一面。

据朱家后代说,朱鸿度的大儿子朱念陶风流倜傥,曾经闯了一个大祸,在杭州西湖边上与一个皇亲"镖马"的时候(赌气比赛),撞伤了一个人,不久这个人重伤不治而死。皇亲为出一口恶气,把他告上衙门,衙门判下来,朱念陶死罪!朱家人一下子抓了瞎,于是跑到李鸿章面前求饶。老李是个大官,可不是"现管"呀,案子已经闹出来了,要想刀下留人,也总得有个说得过去的理由才行啊!这时候,老李又玩起他那职业文案的功夫来了,他巧妙地把状子上的"驰马伤人"改成"惊马伤人",仅仅一字之改,就改变了事情的性质,朱念陶的命就得以保住了。后来改判为充军新疆,在新疆大概只待了一年就回来了。类似这样的事情还有很多,可见旧时官场要做成一些事,"门坎"很要紧。

朱家的企业曾经做得很大。朱鸿度的二儿子朱幼鸿1894年办裕源纱厂,投资五十万两,机器全都购自英国,有纱锭二万五千枚,从一起步就不同凡响。人家的纱厂跟在他家后面起灶,一开始不过才几千纱锭。1905年朱幼鸿又在常熟创办裕泰纱厂,资本将近七十万两。1925年又在上海办起了裕通面粉公司,资本也是五十万两。可惜厂子刚刚造好,朱幼鸿就病逝了,第二年开张时,董事长就是他的大儿子朱斗文,总经理是他的十儿子朱如山,厂长原先请的外人,后来仍用自家人,是朱斗文和朱如山的堂兄弟朱乐天。

这家人家也是一个多子多孙的大家族。朱幼鸿一代不过四兄弟,而他们的下一代光是兄弟就有三十二个——朱斗文是朱大;朱如山是朱十;朱乐天是朱二十三;还有一个家庭的背叛者,后来走上革命队伍的著名作曲家朱践耳,他在家中大排行是朱三十二。他家的小姐也成团成旅,嫁给南浔刘镛家族的朱绿雯小姐排行第十九。到目前,不知为什么,朱家的后代朱永福、朱永萱等,只跟盛宣怀的后代往来,而跟李家的"线"不知什么时候中断了。

……

李家在淮军系统的亲家还有很多,如蒯德模家。李鸿章兄弟小时候就跟

李鸿章(中)晚年在贤良寺

蒯家兄弟是好朋友,后来练淮军又是好帮手,战后又成了好亲家。蒯德模的墓志铭也是李鸿章亲撰的,可见关系不是一般。蒯家的一个小姐嫁给了李瀚章的三儿子李经滇;蒯家的儿子蒯光典又娶了李昭庆的二女儿为妻。一个嫁出去,一个娶进来,双方算是打平了。

其他亲家还有淮军名将刘铭传家、周盛波家、吴毓兰家、潘鼎新家、吴长庆家,吴赞诚家,还有后来当过安徽督军的王揖唐家,和后起的皖系首领段祺瑞家……如:李昭庆的孙子李国源娶了段祺瑞的长女段式萱为妻(继配夫人是福建陈箓的四妹陈琪玉);李昭庆的另一孙子李国济娶了周盛波的孙女为妻;李昭庆的最小的孙子李国沆娶了王揖唐的妹妹为妻;李经方的一个孙子(从老六房过继过来的)李家骥(李德之,李国熙嗣子)则娶了王揖唐的一个女儿为妻;李经邦的夫人是庐江吴赞诚的长女;李经钰的夫人又是庐江吴长庆次女;李家敏的夫人吴淑珍是吴毓兰之后;李家智的夫人则是刘铭传的曾孙女儿。

……

真的是你中有我,我中有你,彼此浑为一体;一荣俱荣,一损俱损,除非另找靠山。一百多年来,他们共同演绎了一场不是《红楼梦》的红楼梦。太平岁月里他们互相提携,互相支撑,打了胜仗李鸿章一个个地为他们请功;到了倒霉的时候,那就一起倒霉吧。

甲午战败后,李鸿章等于赋闲,他的下属有不少就很识相地自动请退了。连李瀚章都写信给李鸿章,说是《马关条约》一旦签订,咱们哥儿俩一同回老家吧。结果,李瀚章回去了,李鸿章硬着头皮不肯回去,说是他如果在这个时候回家的话,朝廷就更没人了(见李鸿章为李瀚章写的墓志铭)。

尤其是辛亥革命后,不仅是淮系集团,晚清豪门望族从整体上都衰落了。除了政治原因外,从感情上他们怀念旧主,不食周粟,革命军也要革他们的命,他们就只能缩在家里当遗老遗少,能够自食其力,养家糊口的就算不错了。李鸿章家族的亲家很少有在民国后政治上重新得势的。有也有的,主要是段祺瑞,这个当年老李送去德国留学的小段,到了晚年的时候,还真的帮过李家一个大忙,就是在老蒋面前说情,营救了李鸿章的孙子李国杰,此事后叙。

盘根错节的豪门网络

除了与淮系的联姻外,李家的阔亲家还多得很呐,简直蔚为大观。

如李瀚章的大儿子李经畲和二儿子李经楚娶的都是李鸿章的前任、江苏巡抚(后来当了总理衙门大臣)薛焕的女儿;他的第八子李经湖娶的是长

137

江水师提督、湖南人黄翼升的四女儿(黄的另一女儿嫁张佩伦的大儿子张廷众,即张爱玲的母亲);第十子李经粤娶的是安徽巡抚朱家宝的小姐。他的四女儿嫁杭州人孙宝琦的兄弟孙宝瑄;九小姐李经萱嫁上海道台聂辑椝之子聂其煐(其母即曾国藩的小女儿曾纪芬)。孙子孙女当中也是一样,孙女李国锦(李家人称卞大姑奶奶),嫁中国银行的经理卞寿孙;还有几个小姑奶奶,嫁得不是盐商之后就是银行家。

李鸿章的儿子李经述的丈人朱其煊是山东布政使;小儿子李经迈的丈人是闽浙总督卞宝第;孙子李国杰的丈人是张之洞的堂兄、与李鸿章同科的状元张之万。再下一代中的姑爷,有袁克义、朱家济。李家琛的妻子是李鸿藻的孙女李季梅。

老三房中李经馥的丈人是曾国藩的长子曾纪泽;李国芝的丈人是盛宣怀的大儿子盛昌颐。

老四房中李经钰的继配夫人也是薛焕的小姐,是五小姐。

老六房中李经榘的丈人是李鸿章的同年郭嵩焘;李经叙的丈人是翰林院编修许其光。女儿中有的嫁上海道、湖南巡抚邵有濂的儿子邵颐(邵洵美的嗣父),有的嫁淮扬道的儿子吴学谦……

如此豪门联姻,"强强联合",气焰还能得了吗?

但也有一个奇怪的现象,盛宣怀跟老李那么多年,办洋务是一把好手,李家跟他却只有一门姻亲,即李鹤章的孙子李国芝娶了盛宣怀的孙女盛毓菊。"会写字的"周馥,是鞍前马后地跟李鸿章跟了四十年的铁幕,老李家跟周家却没有一门姻亲。

关于老六房中李国源(1896—1974,字仰尼)一房的家事,还有不少"花絮"可说。

他的父亲李经叙在秘鲁公使任上去世后,他由父亲的秘书带到英国读书,那时其大伯父李经方正在中国驻英国公使馆任职,对他可以有所照应。他去时才14岁,19岁时于英国麦伦斯科学院毕业,毕业后就急急回国了。之

李国源、陈琪玉夫妇

所以马上回国，主要是其母丁氏催他回来完婚的。那年正是1916年，袁世凯死了之后段祺瑞当政，以武力控制了北洋政府，一时成了最显赫的人物。适逢段府挑选女婿，要找一门家庭背景要好，同时本人还要比较洋派、眼界比较开阔的有志青年才行，因为段祺瑞本人曾留学德国，已具备了开放的眼光，择婿就比较挑剔。经人推荐，说是李家的孙子李国源已出洋有年，正合标准，而国源的母亲也乐意这门亲事，于是写信催他返回，李段两家从此结为亲家。

李国源与段家大小姐段式萱婚后生下一儿一女，即李家曜和李家明。段祺瑞很喜欢这个女婿，因他外语很好，人很本分，很有英国绅士风度，在国外五年，也熟悉了外国人的办事习惯和风俗，就安排他在外交部工作，这期间还曾出任仰光代理总领事。谁知几年后段家大小姐患了肺病，住了一段医院病情好转就回家休养了。那时李家和段家都是树大招风的门户，大小姐生了病，方方面面的各式人等前来慰问、探病的人不断。段氏出于礼貌不能不出来接待，结果反而劳累过度导致旧病复发，不幸早逝。不久就又有了福建陈氏夫人的"来归"。

段祺瑞的夫人张佩蘅与女儿女婿在上海

陈氏夫人名陈琪玉，是当时外交界知名人士陈篆的四妹。据说当初媒人先是说给陈家大小姐的，可是算命先生说不好，"八字"不合，婚后会膝下无子的。于是再与四小姐陈琪玉"合八字"。一合，十分般配，说是这门婚姻定是"子女发达，光宗耀祖"。后来的情况竟然被算命先生言中，他们家的儿女个个学有所成，李家后来在海外的"三艘航空母舰"中，有两艘就是从他们家开出去的。而陈家大小姐，虽说也嫁了个外交官，却真的是没生儿子，只生了一个女儿，不知为什么竟有如此巧合。

陈琪玉嫁到李府时才19岁，就当了两个孩子的母亲（段氏小姐生的孩子李家曜和李家明，当时一个4岁，一个5岁）。那时人们都说后母难当，陈氏却决心当好这个后母。她对人说："都说后母难当，我偏要当给人家看看。"

果真,她对两个孩子如同己出,关怀备至,而且抓紧教育,把他们都培养成才,对他们甚至比对自己亲生的孩子还更加呵护些。李家曜后来复旦大学法律系毕业,曾任职于中央信托局芜湖分局,解放后在一家侨商的化工厂工作,又执教于上海吴淞化工厂,娶前湖南湘军粮台魏召亭的曾孙女魏诗云为妻。李家明就读复旦大学英文系,嫁留德专家王志涵。王志涵曾任德国西门子公司和上海大隆机器厂工程师,新中国成立后曾从事德文的政治、经济类著作的审议工作,后任解放军南京外语学院德语教授,在德语专业上享有盛誉。

陈琪玉嫁到李家后又为李家生了五男二女,加上前面两个大些的孩子,她就成了九个孩子的母亲。孩子生下来之后她缺乏奶水,就给每个孩子请了一个奶妈。这样一个大家庭,在兵荒马乱的年头,操持起来自有一番辛苦。1924年由于北方政局的变化,他们回到了安徽芜湖,但是他们夫妻无论有多大的难处,孩子们的学业是一刻也不放松的,他们让孩子们全部都接受了高等教育,所以他们家的教授、专家、学者、经理就成了堆。

女儿李家晋就读于复旦大学法律系,走出校门后,曾在上海艺术学院及上海市银行工作。她的姑妈和姑夫(李国珍、刘攻芸夫妇)很喜欢她,后来就由姑夫做媒,嫁给刘攻芸的机要秘书黄仲源。儿子家昶、家景就是李家人现在讲的"航空母舰"式的人物,他们在解放前夕先后到了香港,后来白手起家,办厂经商,闯荡世界,转战了半个地球,终于取得了令人瞩目的成绩。李家昌毕业于天津达仁商学院,担任北京交电公司电子部经理。李家晖毕业于复旦大学经济系,留校任教,后调入复旦大学分校(现上海大学文学院),是该校社会学系首任主任;曾任上海市政府决策咨询专家,上海社会学学会副会长,上海老年学学会副会长,获国务院有突出贡献专家奖励。李家晨清华大学毕业,先后在哈尔滨、兰州等地从事重点工程建设,后在广州中山大学孙文学院任教,现任中山香山专修学院院长。小女儿李家星华东水利学院(现为河海大学)毕业后留校任教,升任教授,嫁港口专家、高级工程师张镜潮。张镜潮参加了大陆沿海的天津新港、连云港、上海港、厦门港、蛇口港、赤湾港等诸多港口的建设,均有特殊的贡献。

他们中有一个人有两个名字(即李家晖又叫袁缉辉),因为他在很小的时候就过继给姨妈,即段祺瑞的三小姐段式巽了,而嗣父是袁世凯的侄孙袁家騮。所以人家豪门联姻,一般是双重的豪门,而李家晖却是三重的豪门子弟。说起他的过继给袁家,还有个有趣的故事。

大约在1935年,段祺瑞的弟媳在合肥过生日,大家族的亲戚们为之祝寿,李国源夫妇也带着儿子李家晖前去。段家三小姐段式巽没有儿子,很喜欢家晖,就说带家晖回南京家玩几天。谁知段三小姐将李家晖带入袁家,关上门就告诉他,他是袁家的孩子,从此改名袁缉辉。等到国源夫妇上门领孩子的时候,段三小姐却怎么也不肯交还了,声言:"你要把他带回去,那先拿手枪把我打死好了!"陈琪玉没有思想准备,哪里舍得把亲生儿子送给别人?

李鸿章、袁世凯、段祺瑞家族的小字辈在上海

僵持中,还是李国源头脑活络,就对妻子讲,他们没有男孩子,喜欢家晖是很自然的,家晖在袁家不会吃亏的,何况,三妹身体这么弱,待她去世了再要回也不迟。于是李家晖就真的成了袁缉辉了。而陈琪玉仍是放心不下,在家晖过10岁生日时,给了他最衷心的祝福,并且让他知道,自己的确是李家的孩子……也不知李家晖小时候长得到底有多灵气,弄得两个妈妈为他的"名分"真是操碎了心。

谁知人算不如天算,后来李国源、陈琪玉夫妇先后于1965年和1974年病逝于香港,而段家三小姐病怏怏地却活到了1993年,享有92高寿,病逝前为上海市文史馆馆员。现在的李氏家谱里,又把李家晖"接"回来了。他后来研究社会学,还当了社会学学会的副会长,自己的身世复杂,想必对社会的复杂性有着深刻的理解。其妻王爱珠,是他在复旦大学时的同窗,毕业后留校任教,升任教授,也是获国务院有突出贡献奖励的专家。她的专著《老年经济学》是我国正式出版的第一本老年经济学专著,填补了我国老年经济学研究领域的空白,获得了多种奖项。

话又说回来,不是所有的亲家都是省油的灯,也有成为冤家对头的,基本上都是由于政治上的原因,这是外人很难想象的。如常熟杨家,与李家有两门姻亲,一门是李经方的大女儿嫁给杨崇伊的儿子杨圻(1875—1938,字云史,号野王,官至邮传部郎中,驻新加坡总领事);第二门是李鸿章的孙子李国杰的继配夫人,是杨崇伊的女儿,张爱玲在她的小说《金锁记》中呼她为"玳珍"。一个嫁过去,一个娶进来,双方打平了。但后来杨家竟跟李家打起了官司。

常熟杨家的老太爷是光绪年间的进士杨崇伊(字莘伯),授编修,曾任广西道,监察御史。在当御史期间,是个比清流还要厉害的"割草机"。被他那支笔所"革"掉的乌纱帽实在是不少。1896年1月,他上疏告强学会的状,说该会结党营私,贩卖西学,以毁誉为要挟,该会遂遭封禁,该会的刊物《中外纪闻》也被停刊。接着他又弹劾文廷式,"广集同类,互相标榜,议论时政",结果文廷式也被革职,永不叙用,而且被驱逐回籍。他还是戊戌党人的死敌,是戊戌政变期间的活跃分子,参与了怀塔布与荣禄的密议,并去颐和园请慈禧太后"即日训政,以遏乱萌",还是告发谭嗣同密计兵围颐和园的人。在戊戌政变之后,他还不罢休,又上密折:"乱党虽平,孙文尚在,宜慎防后患。"可见,他是个"后党"的"钢杆儿老保"。按说,那时杨家是与李家父子是站在一条战线上的,李家基本上也是"后党"的人,可是后来就不行了。

后来主要是杨崇伊的儿子杨圻当了"造反派"。杨圻就是著有《江山万里楼诗抄》和《楼下诗》的著名诗人杨云史,他是光绪二十八年的举人,很有才气,大概就是因为有才气,李经方才选之为婿。可是李经方光看到了"技术水平",而忽视了"政治思想水平",民国后杨圻日益与康有为等康党搞在一起了,又当了吴佩孚的秘书,这就为老丈人大所不齿了,与之断绝了关系,连女儿李国秀和外孙也遭了牵连。1933年李经方写临终遗嘱的时候安排身后遗产,就根本没有杨家母子的份,结果引起了一场财产官司。

李家的另一阔亲家,是曾任上海道、官至湖南巡抚、台湾巡抚的邵有濂,也跟老李弄得老大不开心,也是由于政治上的原因,且容后叙。

第七章：甲午风云

七十大寿与盛极转衰

1892年对李鸿章来说，真是喜忧参半、苦乐胶着的一年。首先正月初五是他的七十大寿，李府从上到下、从里到外的热闹劲就不用提了。

仅朝廷方面赏赐的东西，就得马拉驴驮——慈禧给的礼物是：赐以"调鼎凝厘"的匾额一块；"栋梁华夏资良辅，带砺山河锡大年"对联一副；"福"

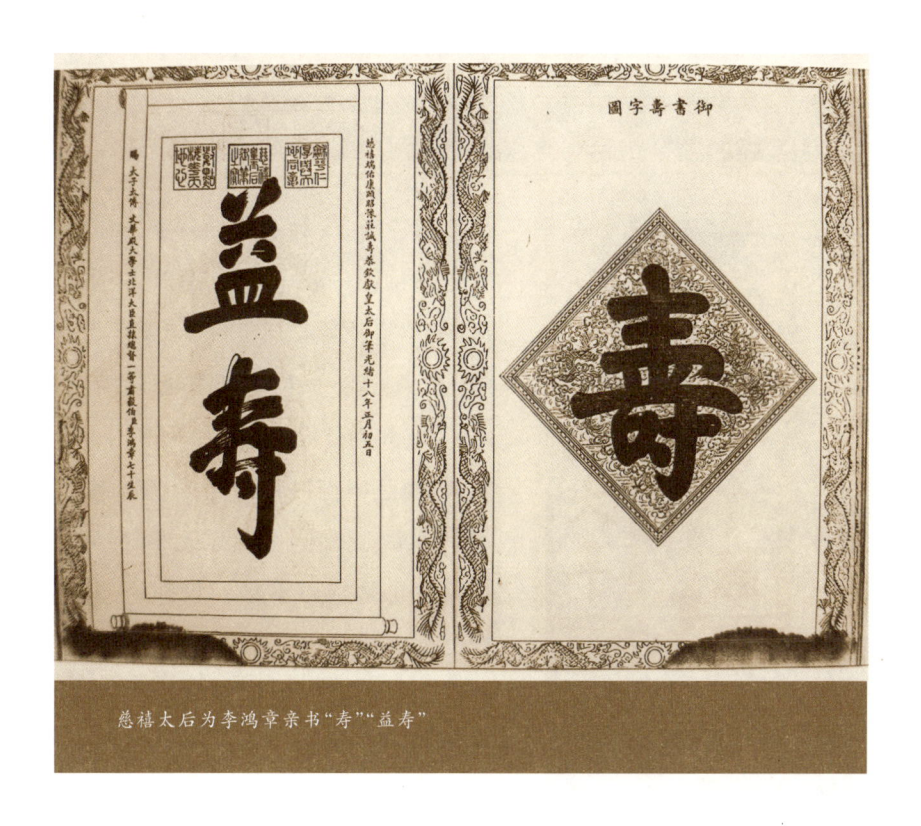

慈禧太后为李鸿章亲书"寿""益寿"

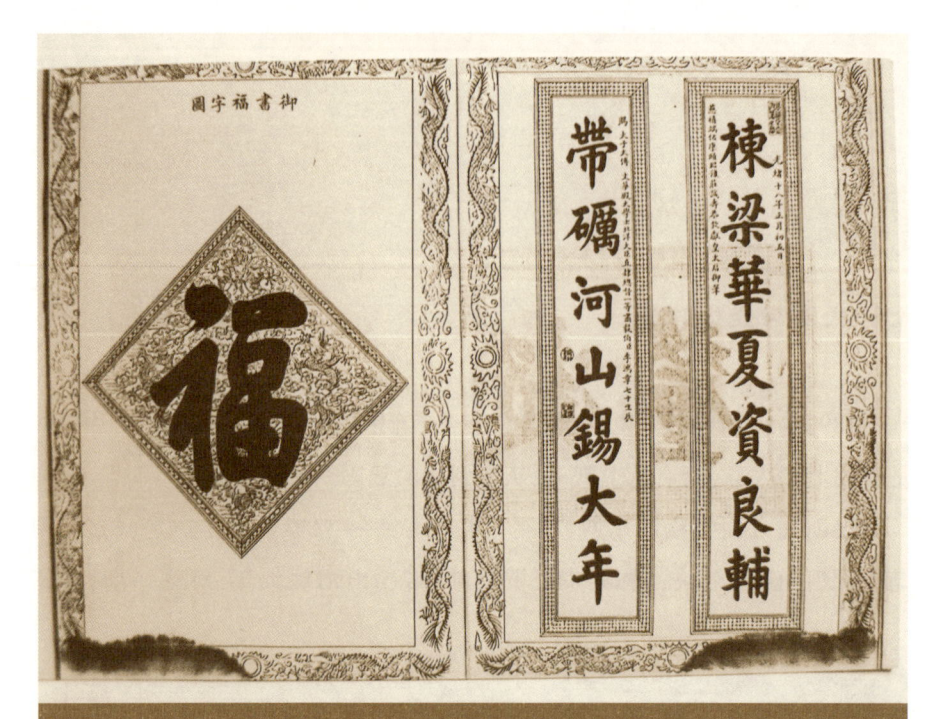

慈禧赐李鸿章"福"字和对联

慈禧太后

"寿"字各一方；御笔"益寿"字一幅；另有御笔蟠桃图一轴，上有"锡以大年"横披和"慈禧皇太后之宝"图章；无量寿佛一尊；带膆貂褂一件；嵌玉如意一柄；蟒袍面一件；大卷江绸十二匹。呵护自是至周至到，而且叫李鸿章的侄子、翰林院庶吉士李经畬，提前一个礼拜就"斋捧到臣"。李鸿章自是感恩不尽，"当即跪迎至署，恭设香案望阙，叩头谢恩……"，一纸谢恩折子奏上去，慈禧照例给了三个字："知道了。"

光绪皇帝赐李鸿章的匾额

光绪皇帝赐的东西也不少，有"钧衡笃祜"匾额一面；"圭卣恩荣方召望，鼎钟勋贯富文年"对联一副；"福""寿"字各一方；无量佛一尊；嵌玉如意一柄；蟒袍面一件；小卷江绸十六件。东西虽不敢超过老佛爷，但都是祝他德高望重、后福万年的好话和外界难得一见的顶级奢侈品。也是有劳李经畲大驾，与慈禧太后的寿礼一起，几百里地，浩浩荡荡，一路送到天津。李鸿章照例"当即跪迎至署，恭设香案望阙，叩头谢恩祗领"。一本谢恩折奏上去，感激

光绪帝

涕零。收到这么多好东西，一堆肉麻的话大概真的发自肺腑："……弱龄久沐四朝之泽，喜守官于畿辅，近依九陛之光……何意衰年之渐晋，犹蒙宸注之殷，垂驿讯遥传龙章……臣唯有益奋衰庸，冀酬高厚……"

他明明是皇太后的"后党"，而给光绪皇帝的谢恩折却比给慈禧的写得更为"毛骨悚然"，可知姜老蒜辣，李鸿章于官道上的路数，早已驾轻就熟。

连皇上、皇太后都如此抬举，他昔日的部下和哥儿们的腿就更跑得快了。亲朋好友们兴奋异常，送礼、送包、送贺诗、送贺联、送贺文的，成团成旅，奋勇争先，早几个月就开始准备了，忙得不亦乐乎。想必那一阵老李的这个生日，拉动了不少全国市场的消费。正好又碰上大过年，正是双喜临门，拿张佩纶的话来说，"来贺者数日来就没停过"。反正他是不愿凑这热闹的，只在一边儿冷眼看着，像是在看西洋镜。他是爱婿嘛，可以耍赖，要是别人都这样

恭迎赐寿的队伍

不是乱了套了吗？所以家中主持这档子庆典,忙得跑进跑出,恨不能两脚也举起来的是李经方,看见张佩伦那个酸样,心里那窝火就别提了,日后准有机会要他好看！

不仅是淮军的哥儿们,京城里的王公大臣,皇亲国戚,甚至平时恨不能你死我活的死对头,这时也得装模作样地意思意思。这么一来,盛宣怀、杨宗濂、罗丰禄他们编的《合肥相国七十赐寿图·附寿言》就有了厚厚四巨册！自然都是拣好听的说,如今看来,那绝对是本"祝寿联语大全",洋洋洒洒,妙语连珠,漂亮极了。

庆亲王的寿联四平八稳,很符合身份,恭维别人,自己也不吃亏:"一德钧衡受兹介福,三朝将相同我太平";"姻愚弟"张之万的寿联也很威严,恭维是恭维,但不落俗:"景武勋名临淮纪律,邺侯相业柱史仙龄";翁同龢的寿联就言不由衷了,而且俗气:"泰运佐中兴天生以为社稷,元勋侪上寿人望之如神仙";"姻年晚生"孙家鼐的寿联文绉绉,颇如其人:"身历中书二四考,经传道德五千年";状元洪钧(赛金花的丈夫)的寿联气势磅礴:"椿寿八千年刚正月春王初吉,地球九万里播中朝上相威名";张之洞的寿联写得字字扎实,也很风趣:"四裔人传相司马,大年吾见老犹龙";"姻愚弟"卞宝第的寿联一般,可能没找到叫好的秘书:"霖雨济时帝有良弼,福星度世天锡大年";亲家加受业刘秉璋的寿联则把李的主要功劳做了高度概括:"南平吴越,北定燕齐,二十年前人羡黑头宰相;西辑欧洲,东绥瀛海,三万里外共推黄发元勋";"受业姻年世愚侄"杨崇伊的寿联有些故弄玄虚,不知出于哪方酸秀才,叫人颇费猜测:"帝得圣相圣相曰度,天赐纯嘏纯嘏尔常。"还是他的忠实追随者吴汝纶说得直白而亲切:"我国有大老,是身得长生"……

还有不少的寿文和贺诗、贺匾,满坑满谷,可圈可点,简直就像是一次不是翰林考试的翰林考试,一个个博学鸿儒,才高八斗,各显神通,都拿出了各自看家的案头本领,耍得挺像回事。大概盛宣怀等人也觉得非常开眼,丢了可惜,就集中整理,刊印了出来,让后人如同目睹了当年相府的寿庆一般。

还有那长达二十八页的《赐寿图》,从图中所绘可知,当时不仅赐寿的队伍高头大马,浩浩荡荡地从京城里出来,天津这边还有一支规模宏大的队伍,"李"帜高扬,为迎接赐寿的队伍而出城郊迎呢!可知封建帝王的各种成文和不成文的规矩和惯例,一年到头真不知要花多少钱!

那些日子,不仅北洋大臣衙门里庄严华丽,红灯高悬,大摆寿筵,大开堂会,数天不止,而且京城里有关衙门也乘机大吃大喝,外国公使们也有了增肥的机会。这些,《赐寿图》里白纸工笔,清清楚楚——吴楚公所开堂会,楼上楼下,文武群臣挤满;大王庙里也开堂会,大堂包厢群僚开颜;戈登堂里各国公使也来祝寿,墙上挂着仙人神鹿,大堂里坐着中外大佬,旁边还有艺人伴唱,西式大餐,长桌待客,一个个吃得脑满肠肥。只是凌空飘扬的万国旗中,有两面旗上写着大大的"炮"字,不知是不是德国克虏伯公司的广告旗,居然飘到寿筵上来了。

……

翻翻当时的历史记载,那时正是"教案"频发的年头,也是清廷"大放血"的年头,因每次"教案"结案,总是以清廷赔钱而告终。先是扬州市民发布揭帖,揭露传教士欺压市民的罪恶,聚众五六千人,包围教堂,烧烧打打,发生了两次"扬州教案"。接着芜湖老百姓反对教会迷拐幼童,焚烧教堂,并包围了英国领事馆,是为"芜湖教案"。接着又有湖北武穴镇老百姓反对教会贩卖婴儿,也是烧教堂、杀洋人,发生了"武穴教案",结果赔款六万五千两银。数月后湖北宜昌地区又发生教案,传教士开枪伤人,老百姓群起而攻之,烧了英、法、美国的好几个教堂,引来九国公使联合抗议,军舰开到了汉口威胁,最后又是赔款,达十七万五千余银两,还抓了人。数月后热河朝阳地区又发生"教案"……

清廷用钱的地方实在太多了,而每年用在王公大臣的"礼尚往来"上,又一点也不肯失面子。以此类推,到了慈禧办寿庆的时候,那真的是要办掉多少军舰了。如此说来,两年之后的兵败,从老李的七十寿庆上,还不看出点端倪吗？

……

现实有时是极其残酷的，繁华的尽头并非仍是繁华，高潮过后往往就是低潮了。

最厉害的打击是，老李寿庆的第二天，也就是1892年正月初六，他的一个15岁的儿子李经进竟一病不起，离世而去了。这无疑是个晴天霹雳，给李府一个响亮的炸雷！翁同龢在日记里记下了这件事："闻合肥相国之幼子（颂阁之婿，今年15，极聪慧）于初六病卒，三日病耳。相国初五日寿，将吏云集，致祝之物，争奇竞异，亦已泰矣。依伏之理可畏哉！相国笃信洋医，此亦为其所误。"

接着没出半年，李鸿章的继室赵氏夫人也去世了，年55岁。老李简直有些蒙了，几年前西医不是治好过赵氏的病吗？现在就怎么治不好了呢？这难道是什么厄运的开始吗？

不管是不是巧合，反正两年后甲午战争爆发，李鸿章从此由巅峰跌落，李府就此结束了三十多年的辉煌，开始进入了一个漫长的衰落期。

北洋舰队与颐和园工程

中国海军的创办，经过了一个难以想象的坎坷历程。李鸿章为这支中国前所未有的海上劲旅，耗尽了他的后半生。不巧的是这支海军的命运很不好，这期间正撞上了千年罕见的"丁戊奇荒"，使本来就不多的海军经费（从1875年起每年四百万两银）也得不到落实；又撞上了慈禧太后的"万寿庆典"，要花费上千万两银子重修颐和园。慈禧个人膨胀的奢欲，使得这支舰队有限的经费多次被挪用，无辜地蒙受了巨大损失和耻辱。李鸿章作为这支舰队的实际首领，当然也有着不可推卸的责任。

李鸿章毕竟是一个封建官僚，这是他的历史局限使然。对朝廷，他要尽忠，尤其对慈禧，面对这个集中了所有男女酷吏的所有品质的关外女人，他明白她那超人的"处世技巧"，凡事不敢得罪；对国家，他要保卫，海军事业乃开天辟地之宏业，属于当时诸项国防事业的重中之重，不能有任何闪失，他必须要全力维护，要保全；作为他自己，北洋大臣兼直隶总督这个官位，他还想坐下去。这么一来，三面不能统一，悲剧就不可避免了。悲剧落在了这支新生的海军舰队头上——本来就很拮据的经费，还要再移出一部分去填补昆明湖之景区。悲剧当然也落在了李鸿章头上。这大概是老李一生中碰到的最大难题。

李鸿章原本是最早关注中国海防的，也是最为关爱中国海军的少数几个人之一。他多少年前就看到了小日本的野心，认为中国的主要危险来自日本。原先清廷比较注重西部新疆一带的战事，钞票和队伍基本放在西部，而对海防之事尚未觉醒，只是到了1874年日本人侵占台湾之后，方才大梦初醒，对来自海上的危机总算开始关注了。

1874年，总理衙门发起在沿海督抚中进行了一次海防大讨论，这是一次历史性的讨论，是一如为了建立中国海军而大造舆论的思想解放运动。李鸿章是最先响应的一个，而且是暗中操纵的积极分子。他不仅自己具体提出了早就在酝酿之中的种种计划，从宏观到微观，从眼前到将来，从经费、购船、造船，到人员的培训、洋员的聘请、港口的选址等等，而且频频跟沿海督抚大员中的哥儿们写信，鼓动他们积极响应，参加讨论。他叫在家中养病的丁日昌拿出他的看家本领，把当初的"六条"再细化一些。丁日昌是头脑最清楚、作风最实干的洋务干将之一，在给朝廷的奏折中，不仅讲了老李认为该讲的话，而且把李鸿章当时还不敢讲的话也都托了出来，叫老李着实高兴了好一阵儿。李瀚章人老实，办地方粮饷和厘卡有经验，对现代海军本无深入了解，李鸿章就写信教他，应当如何如何附议，话讲到什么程度就可以了，可谓苦心到家。所以这场表面看来是总理衙门组织的，在高级干部中统一思想的大讨论，而实际是李鸿章与"鬼子六"恭亲王奕䜣策划的"双簧"。不如此也不行,如果没有高级干部的思想统一,朝廷凭什么要每年拿出四百万两银给你李鸿章去买船呢?户部和西北的疆臣不要大闹怀仁堂了吗?

而当各省督抚的意见基本汇齐,准备着手办理的时候,同治皇帝却病死了,光绪帝继位,慈禧再度垂帘听政,海军之事,就被耽搁了一阵。后来虽任命了李鸿章和沈葆桢为南北洋海防事宜督办,但沈葆桢于1879年冬又去世了,后来的差事,就又落在了李鸿章一个人的肩上。

朝廷中洋务细胞最活跃的恭亲王奕䜣

一支全新的近代国防军的建立,又是在长达数千公里的海岸线上办海军,对于这个拖着长辫子的民族来说,绝对是个超级庞大的综合工程,不仅是落实经费和购买舰船的问题,还有相应的港口建设和炮台设置问题,海军舰队与陆军炮台如何协调的问题,沿海各省横向里如何"连成一气"、遇事又能机动行动的问题,中国的管带和洋员中的军事教官的合作问题,军舰和炮台的常年维修问题,各级人员的培训问题……尽管万事开头难,处处遭掣肘,还走了不小的弯路(例如最初通过赫德买的"蚊子炮船"根本不能用于国防,像是钢片镶起来的),各省份也有各省份的算盘,李鸿章还是参考了不少国外的海军经验,筚路蓝缕,执意开拓,从1875年到1888年北洋海军正式成军的十几年间,费尽牛劲,拼死装备了二十五艘各类舰艇,其中从国外定购十四艘,包括两艘巨型铁甲舰和七艘装甲巡洋舰,拉起了北洋海军的基本队伍。这是一支在当时算是很像样的海上威慑力量了,起码在亚洲太平洋地区处于首屈一指的领先地位,其中"定远""镇远"两艘铁甲战舰,为东方第一巨舰。

朝廷方面直到1885年中法战争之后,才正式成立了海军衙门("总理海军事务衙门",相当于海军司令部),整个海军事务才算是有了中央一级的领导,而不再是李鸿章作为北洋大臣孤军作战。

新成立的海军衙门醇亲王奕譞任总办,李鸿章和庆郡王奕劻被任命为会办,而"现当北洋练军伊始,即责成李鸿章专司其事。"亲王是挂名的,老李是干活儿的。但有了亲王牵头,自然比万事自己挡在前头要好,可以把矛盾缓和一点,矛盾由亲王去协调。任命下来了,而办起事来仍困难不少,他给曾国荃写信发牢骚说:"海军一事,条陈极多,皆以事权归一为主。鸿章事烦力惫,屡辞不获,虽得两邸主持,而不名一钱,不得一将,茫茫大海,望洋悚惧!"

尽管如此,凭李鸿章的才干,他还是很快把该办的事情办妥了。海军衙门刚成立半年(1986年),醇亲王奕譞就要来视察北洋海军,果真让醇亲王大开眼界。醇亲王带了二三百人的巡视团,浩浩荡荡,一路开来,李鸿章又把各国的公使也请了出来。他们乘上排水量二千八百吨的"海晏号",在北洋"定远""镇远""济远""超勇"等八艘军舰的护卫下,彩旗招展,威风凛凛,从天津直驶旅顺。到了旅顺,大员们登上黄金山炮台,看八舰表演打靶,又看鱼雷表演发射……海天之际,轰然一片,颇为壮观。然后又驶向威海巡视。整整十二天,舰队很是风光了一阵,醇亲王也过足了瘾,领略了现代海军的威风,拍拍屁股走了。从此醇亲王成了继恭亲王之后,李鸿章在朝廷里的同党。

李鸿章原本想利用醇亲王这个后台,把海军的事情办好,可是这个狡猾的醇亲王比李鸿章狡猾十倍,却来了个反利用,他要利用李鸿章来讨好慈禧太后!

他本是光绪帝之父,又是慈禧的妹夫,处在一个极其微妙的位子上,生怕慈禧对他起疑心,所以处处恭维,唯恐不周。这么一来,老李就惨了。当醇亲王提出要挪用海军经费修颐和园的时候,老李该怎么办呢?醇亲王可能认为,北洋舰队已经建立起来了,已经很风光了,这是朝廷花了那么多钱养育的结果,那么现在朝廷需要用钱了,你李鸿章还不应该通融一点吗?这一下子,好像北洋海军就是李鸿章的了。封建社会,个人与国家,局部与整体,钞票与权力,就这么乱七八糟地"浆糊八千里"!

他哪里想得到,军舰常年泡在海水里,每年都要维修的;海军常年雇用的洋人技师、大副和顾问,都是要花重金的;沿海的炮台设施与军港都需要配套的……况且,这支表面上非常风光的舰队,在洋人眼里并不怎么样,一旦打起仗来,真的是令人失望了。甲午战败,举国痛哭,人们在痛定思痛的时候,总是把海军经费与慈禧修颐和园的事联在了一起。可是到了那个时候,醇亲王本人已经不在了,他已于1891年去世了,剩下的事就只能由李鸿章兜着。

李鸿章也滑头,醇亲王代表慈禧来要钱时,他有时候同意,有时候能推就推,能拖就拖。

据姜鸣先生在厚厚的《龙旗飘扬的舰队》一书中所做的考证,可知整个颐和园修建工程,总共费钱达一千万两上下,而维修"三海"即南海、北海、中海的费用又是六百万两银。"三海"工程十年间挪借海军经费计四百三十七万两,这笔款子后来都专款归还了;而颐和园工程就不是挪借或挪垫了,而发展成挪用!1888年就挪用了四十五万三千两;次年,奕劻决定每年从海军军费中挪用三十万两,到1894年共挪用一百八十万两,另外还有七七八八的挪用,总共加起来,慈禧的颐和园共挪用海军经费达七百五十万两。也就是说,她过个60岁生日,竟"吞掉"了半支海军舰队!

老李不是最爱海军的吗?虽是个会办,但是个实权人物,他怎么会同意呢?

现在学术界已考证清楚了,老李的上头虽有两个亲王做主,而李鸿章对慈禧也是不愿或者不敢得罪的,时不时地还要奉承。他写给各地督抚的信件,白纸黑字,说明他也为颐和园工程做出过"贡献"。他打着海军的旗号要求下面报效巨款,共得二百六十万存入银行,然后把利息都捐给了颐和园工程处……

他一定记得过去他遭遇弹劾的时候,慈禧总是站在他的一边,宁肯得罪了别人而保护了他。当海军衙门初立的时候,兵部左侍郎黄体芳就上奏表示反对。黄体芳是跟张之洞、张佩纶一起的"清流健将",以敢于直谏出名,敢言人家所不敢言。他指责李鸿章身任封疆,事务繁多,无事必不能巡阅,有事又不遵调度,比如在中法战争中,朝廷叫他调"超勇""扬威"两舰前去支援,他就是不去。他以保卫朝廷为名,实际上拥兵自卫。还说他所用之人,都是些贪诈卑污之辈,若让这些人遍布海军,一旦有警,悔之何及?所以建议撤去李鸿章海军衙门会办的差事,叫熟悉洋务的曾纪泽来当。折中语言甚为激烈:"是水师并非中国沿海之水师,乃直隶天津之水师;非海军衙门之水师,乃李鸿章之水师!""再阅数年,兵权益盛,恐用以御敌则不足,而挟以自重则有余!"这份奏折在京城群僚中引起轩然大波,仇视李鸿章的人奔走相告,称快一时。

孰料慈禧太后勃然大怒。慈禧下令处分黄体芳,罪名是"妄议更张,迹近乱政",令吏部(相当于组织部)拿出处分意见。吏部之人也不喜欢李鸿章,吏部右侍郎李鸿藻还是清流的头子,自然是维护黄体芳的,只给了降行政一级的处分。谁知慈禧余怒未消,把折子掷回:"所议过轻,殊未允当!"黄体芳降一级不行,还要降二级!还要"吏部堂官,着传旨严行申饬!"老佛爷为了李鸿章竟发这么大的火,令吏部的人着实吓了一跳,此后谁还敢说李鸿章的坏话?

在这之前,在轮船招商局的用人上,也有人揭发李鸿章任用私人,结党营私,也被慈禧一口否决了。

梁鼎芬也弹劾过李鸿章,列举他的罪名,说他符合"六可杀"的条件,应当杀头,也被慈禧弹回去了……

对于这一切,李鸿章能心中没数吗?他能知恩不报吗?这个时候,最要紧的就是保住主仆关系,以及最佳的主仆关系所带来的官位!

一个多世纪以后,上海复旦大学历史系毕业的姜鸣,放下股票公司的肥缺不做,一头扎进北京国家第一档案馆里,翻检那些散发着霉味的百年前的晚清旧档。丝丝缕缕,细细耙梳,他在浩繁的未经标点的黄纸卷儿中,终于理出了事情的来龙去脉,记下了得来不易的海军军费,确有一部分被挪用了,有一部分的确是贴到了万寿宫的墙头上去了。现在人们回过头来再看这段公案,事情已经很清楚了。

令人丧气的是,你那皇皇一百卷的《李文忠公全集》,说清了很多问题,而偏偏对这一段公案却只字未提!这是为什么呢?俗话说"纸是包不住火的",就算包住了一百年,也未必能包住一百零一年……这就又印证了中国另一句老话:"欲盖弥彰。"

历史是无情的。面对那些黄纸卷儿,总督大人该如何解释?

春帆楼的屈辱与枪声

众所周知,爆发于1894年的甲午海战最终以中国失败而告终,李鸿章多年潜心经营的北洋海军,在这场战争中全军覆没。关于描述这场战争的起因、过程和失败教训的中外书籍,一百多年来已汗牛充栋,满坑漫谷,直到现在,人们还在不断地探究战争失败的深层原因。原因,固然是多方面的,有决策方面的,指挥方面的,战略战术上的,自身建设上的……

随着这场战争硝烟的消散,李鸿章的威望和权势自然是一落千丈,李氏家族也渐渐失去了往日的光焰。在战事还未结束时,李家父子受命前往日本议和。

据说在赴日之前的一次朝议之后,李鸿章和庆亲王等军机大臣聚在一起分析形势,研究对策。他当场提出,要拉着翁同龢一起赴日议和,翁同龢当然不敢答应,因为他知道,这是李鸿章对他的报复,当众将他一军。翁同龢跟老李是多年的冤家对头，在海军的经费问题上多有掣肘，最厉害的一次是1891年,他作为户部尚书(相当于现在的财政部长),居然向朝廷要求停发海军两年的购船经费！

而1891年对于中国海军是个什么概念呢？这一年6月,北洋海军已是第二次出访日本(第一次是在1886年8月,下船登岸的北洋水兵竟和日本人打了起来,混战三个多小时,双方死伤八十多人,中方死亡五人,重伤六人,轻伤三十八人,失踪五人,史称"长崎事件"),共有六艘军舰,经马关、神户到东京,最后到横滨停留了两个星期。这一次日方一改上次的做法,天皇亲自接见了丁汝昌和各舰管带,日本外务大臣和海军大臣也纷纷出面宴请。可是在杯盏交错之后,北洋海军过早地暴露了自己的实力,当然也刺探到了日本的海军实力。丁汝昌和刘步蟾在访问回来之后向李鸿章汇报说,今天的日本已远不是六年前的日本了,中国海军的战斗力已经远不如日本了,添船换炮已经刻不容缓了。这说明海上的军备竞赛已是剑拔弩张,中国已经落后了,而恰在这时,中国自行自动停止两年购买舰船！老李在战争爆发后怒对你翁同龢,你有什么话说?!

遭枪击后的李鸿章

怒对归怒对，议和还得李家父子去（开始清廷派了张荫桓和李鸿章的亲家邵有濂前去,不料小日本不予理睬,认为级别不够,暗示非要李鸿章不行。等到议和条约签订,两个亲家也就此反目)。李鸿章带了慈禧亲授的议和

"尺度"和一班中外幕僚,来到日本马关的谈判桌前,在战争赔款等问题上与伊藤博文讨价还价。不料李鸿章突遭日本浪人小山丰一郎的行刺,弹中左颊,血流不止,引起国际舆论哗然。日本人怕列强趁机干涉,只得宣布无条件休战。李鸿章因为负伤,接下来由李经方接着与伊藤对垒。

李经方曾任驻日公使,了解日本的情况,决心跟伊藤周旋,但几个回合下来,伊藤不耐烦了,威胁说,日本有六七十艘兵舰,正集结在广岛和神户港,升火待发,如果你们明天再不签字,后果不堪设想,连你们谈判代表的生命安全,我都不能保证。李氏父子哪里知道,他们随身带的密码早已被日本破译,日本人知道,清廷给的谈判底线是"割地以一处为断,赔款以一万万为断",所以就咬住三万万两白银不放,最多折中一下,谈个二万万。在这种情况下,1895年4月17日,李氏父子用那早已被破译了的密电码,向朝廷汇报,在得到允许后,只好在谈判文件上签了字,这

李鸿章的对手伊藤博文

李鸿章的长子李经方

日本马关春帆楼

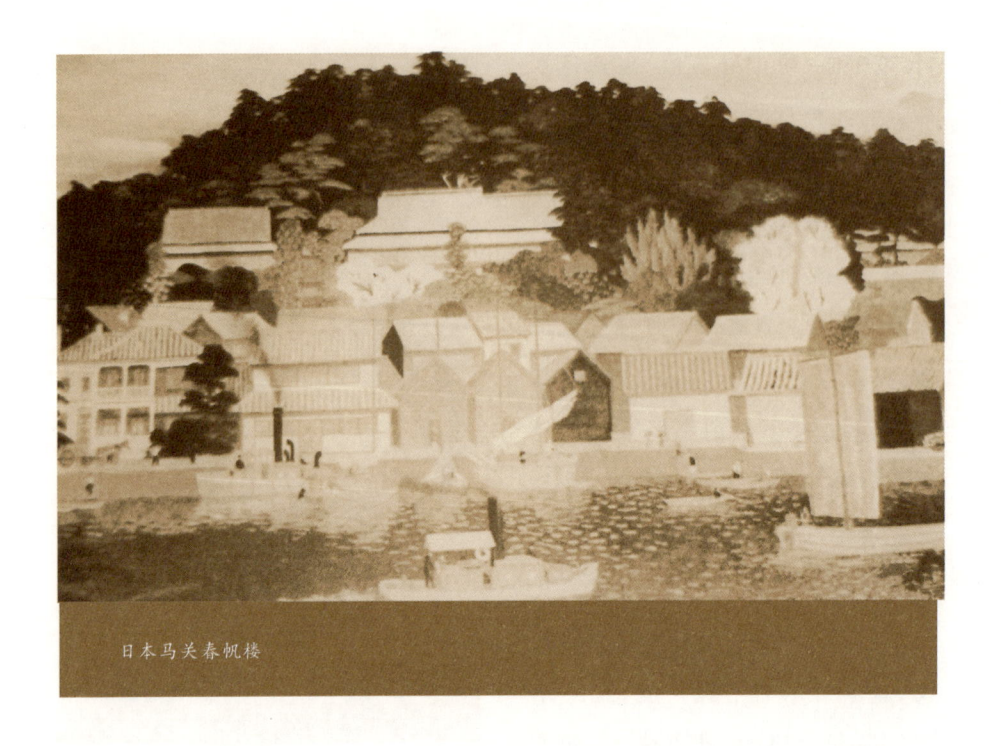

就是丧权辱国的《马关条约》。事后李鸿章对人说,他一生的事业,至此扫地无余。

《马关条约》签订之后,举国哗然,李鸿章父子自然成了卖国贼,千夫所指。尤其是割让台湾,又引起了台湾人民的抵制和反抗,局势变得更加复杂。李鸿章没有立即进京汇报,留在天津养病,一切后续事务均由李经方打理。但他还是在抵津的当天向光绪递了一份折子,沉痛地说:"敌焰方张,得我巨款和沿海富庶之区,如虎傅翼,后患将不可知。臣昏耄,实无能力。深盼皇上振励于上,内外臣工齐心协力,及早变法求才,自强克敌,天下幸甚。"

由于国内的舆论呼声甚高,李氏父子不便再去办理割台手续,李鸿章就向朝廷要求说,由于自己受了伤,李经方也身体欠佳,请另派他人前去。而光绪皇帝不许,指定李经方必须要去,李鸿章也不许为李经方开脱,事情办不成,仍要拿你们李家父子是问。李经方无奈,只得在海上的一条船上,与日方匆匆画押,办理了交割手续。李经方一生从政,除了先后当过几次驻外公使外,基本上是跟在其父身边襄办外交的,可是别的外交事情不出名,却办了这么一件遗臭万年的外交,这是他万万没想到的。

　　李鸿章的马关之行,深深地刺激了他,发誓"终身不履日地"。两年后他出使欧洲回来,在日本换船时,怎么也不肯乘上摆渡的日本小船。最后人们只好在两条大船之间架上一块跳板,扶他过去。

　　两年之后,李鸿章的忠实幕僚吴汝纶来到日本考察教育,当他来到马关春帆楼上时,看到当年李鸿章谈判时坐的椅子要比别人矮一截时,不由得悲从中来。陪同的日本人叫他留下墨宝,他大书四字"伤心之地",表达了深沉的愤慨。

　　李鸿章,连同整个淮军集团,此时都一败涂地了。

第八章：落日辉煌

大清帝国的超级使节

甲午战败后，清廷急于争取国际上的广泛支持，制定了"以夷制夷"和"联俄抵日"的战略。1896年5月，正好俄国要举行尼古拉二世加冕的盛大庆典，各国都将派出高层次的使臣前去庆贺。清政府认为这是一个开展外交攻势的好机会，决定派人前往，在庆典过程中，可以神不知鬼不觉地有所作为，还能与各国首脑人物会晤，互通声息，广交朋友，以利振兴。在选派人选时，清廷又想到了李鸿章。

这年李鸿章已经74岁了，因甲午战败受了处分，受到全国舆论的唾骂，从巅峰跌落，成了个闲官，正奉命在总理衙门内行走，没什么实权了，况且身体真的是日见衰老。他在北京没有大宅门，就住在东城贤良寺，当初门庭若市的场院，现已变得门可罗雀了，这是他一生仕途中最狼狈的一段岁月。初接这个差事时，他一口回绝，当天就上书推辞，说是年纪大

老年李鸿章

李鸿章(中)晚年在贤良寺

了,精力不济,请另找高手。但是朝廷不依,非他不可,那么就只好服从。

李鸿章的本质是个忠臣,听不得三句安慰和鼓励的话,也受不得人家一点恩惠,一旦朝廷说寄厚望于他,他就忘了罪臣之身,精神又抖了起来。其实对他来说,刚打了一场败仗,且折掉了一支舰队,再辉煌的头衔都抹不掉败将的阴影。以败将的身份出皇差,怎么说也有点别扭,但大清王朝拿不出像样的人物来,何况俄国公使还指名道姓地要李鸿章前去,那就更非老李莫属了。

可惜这个差事对于这个 74 岁的老人来说,实在是太沉重了,因为对手太狡猾,太强大,而他的后盾太无能,太薄弱,使得他这个一辈子干洋务,办外交,主张学习西方的人,弄到最后什么都不是滋味。他一生只出过两次国,一次是赴日,去签订了丧权辱国的《马关条约》;第二次就是这次的欧美之

李经方(左二)、李经述(左一)陪李鸿章出使欧美各国

行,表面上红红火火,热闹非凡,威势大振,但其中弄了个《中俄密约》,事情就复杂化了,后来照样闹了个人仰马翻,不可收拾。

　　出发之前,还发生了一个小插曲。这支由四十五人组成的庞大的"头等钦差"队伍,包括了李家父子三人,除了李本人还有他的两个儿子,即李经方和李经述。原先朝廷念及李鸿章年纪已大,此行大约要半年时间,特别安排了李的亲生长子李经述随行,路上好有个照顾。可是老李认为此行相去万里意义非同一般,他要大有作为,何况还有秘密使命在身,得有绝对可靠的人在身边。李经述未曾出过国,在国内官场也不曾出头露面,履历太浅,未必能当好助手,于是在奏请朝廷允带随员时,除了于式枚、罗丰禄、联方等外,还提出把李经方也带上,因李经方干外交已经有年,既是翻译又是助手。此本细节问题,谁知有人还真当成了回事。

　　刘晦之在《异辞录》中记下了李鸿章与清流的老祖宗李鸿藻的一段交锋。说是李鸿藻对李鸿章带两个儿子出国很不以为然,认为他太张扬了,曾当面指责李鸿章:"父子两人同日受命,主恩隆甚,你已经够风光的了,何必还一定要带伯行(李经方)呢?"此话要是由别人来说倒也罢了,出自李鸿藻之口,就惹得老李大发雷霆,翻起他的老账来。原来当初中日议和时,李鸿章本不愿去那万劫不复之地,在朝廷面前表示推辞,但语气之间又不无踌躇,这时李鸿藻劝他:"好为之。所不与公祸福与共者,有如天日!"然而和约一定,李鸿章大受攻击,李鸿藻也是落井下石的货。当初就食言,如今竟还有脸出来指手画脚,李鸿章气不打一处来,"二公因之大哄"。

然而一出国境遇就两样了。这个出使欧洲的"头等钦差"的使命,为老李吹起了一阵国际旋风。欧美各国无不知道他在清廷的分量,都为他的到来而大忙特忙,使他起码过了半年的辉煌日子——所到之处,无不张灯结彩,鼓乐齐鸣,受到了热烈的欢迎和隆重的接待,除了会谈,还有各种参观访问,赠送礼物(清廷也准备了大宗价值昂贵的礼物),参观海军、陆军的检阅和演练,一再令他眼前大亮,顿开茅塞。除了英国人不肯加税,令他毫无办法外,一路上心情基本上是愉快的。

在俄国敖德萨,钦差一行一下船就受到了俄国文武官员的盛大欢迎,一个公爵还专程到港口来迎接。到了彼得堡,主人安排李鸿章住进了一个商人巴劳辅的私人豪宅,安排饮食起居无不如同在中国一样。沙皇在行宫接见了他,"引至便殿,赐座畅谈",一副友好近邻的样子。在莫斯科举行了尼古拉二世加冕典礼后,各国使臣入宫庆贺时,李鸿章又被安排在最前面,还有授予宝星(勋章)"头等第二,大小两枚,皆钻石密嵌"等节目……当然,这些煞费苦心的安排都是有代价的,"老毛子"早有如意算盘。

在德国,李鸿章一行被安排住进了柏林豪华的恺撒大酒店,"凡口之于味,目之于色,耳之于声,莫不投其所好",甚至连李鸿章喜欢抽的烟和喜欢听的画眉鸟叫,都考虑到了。寝室的墙上高悬镜框,左边是李鸿章,后边是俾斯麦,极尽笼络迎奉之能事。接着德皇威廉二世和前"铁血宰相"俾斯麦都出来接见,赠与"红鹰大十字头等宝星"。在德皇的行宫举办的国宴中,李鸿章

李鸿章访德国纪念币：
李鸿章（正面）

李鸿章访德国纪念章：俾斯麦（背面）

李鸿章一行到达俾斯麦庄园

的位子又被安排在各国亲王和太子之前的首座，令人明显感到了"独致殷勤"。李鸿章还应德皇之请，到教场参观了御林军演练。在离开德国之前，他如愿以偿地目睹了向往已久的充满神奇的克虏伯兵工厂。

在荷兰，女王亲自派出了皇宫的马车队前去迎接，入住了海牙海边最豪华的库尔豪斯大酒店，晚上参加了专为他准备的宴会和歌舞晚会。也许老李此行在荷兰没有什么特殊的使命，精神比较放松，一高兴，竟即席赋诗一首，盛赞海滨风景和歌舞之美。王

李鸿章与俾斯麦交谈

李鸿章到荷兰，荷兰皇家马队前来迎接

李鸿章下榻的海牙库尔豪斯大酒店

李家震在酒店观赏李鸿章当年的题辞

太妃还颁"金狮子大十字宝星"一座，其随员也各得宝星之赐，自是皆大欢喜。

现在荷兰库尔豪斯大酒店里，仍旧保存着李鸿章当年下榻时亲笔留下的墨迹，那是一首七律，有云："出入承明五十年，忽来海外地行仙。盛宴高会娱丝竹，千岁灯花喜报传。"很能说明他当时的心情。

一百多年后，李鸿章的曾侄孙李家震先生出国来到海牙，亲眼见到了这首诗。那是题在一本足有半米高的留言簿上的。李家震还与酒店经理在留言簿边合了影。

比利时素以出产优质钢铁和军火著名。该国当时与中国的贸易虽不热火,但对老李一行的接待也毫不怠慢,甚至别出新招。李鸿章进出布鲁塞尔时,总是由国家文武大员夹道迎送,军队在一边升炮鸣欢。仅仅为李鸿章一人准备的馆舍,就达二十一间,其中器具之精良,简直就像是在琼台瑶岛。在王宫举行的国宴上,原本没有准许吸烟的规矩,但是听说李鸿章有饭后吸烟的习惯,就破例在宴会上散了一些烟卷,让大家分享,以这样的办法来照顾老李饭后吸烟的习惯,使他不致尴尬。更有甚者,一家军火商听说李总督特别喜欢大炮,竟要送一台他们新研制出来的大炮给他。钦差还要继续出访,行李已重,自然无法携带,后由该国驻华公使带到上海。

车到法国巴黎时还未及进车站,钦差一行就已看到了高高飘扬的中国龙旗,道旁布满了迎护的步兵和马队。李鸿章会见了法国总统,参与了法国

李鸿章向法总统递交国书

国庆日的阅操典礼,游览了著名的巴黎博物馆,亲眼见到了从中国流失海外的中国古代珍贵文物,自是别是一番滋味在心头。临别时,法国总统还亲自设宴饯别。

在英国,李鸿章分别受到了维多利亚女皇及英相兼外长的沙士伯雷的接见,参加检阅了英国皇家海军会操,访问了标志着西方民主制度的议院,

李鸿章访问英国前首相格兰斯登

大开眼界,与英国前首相格兰斯登也有一番畅谈,还不忘到他的老伙伴戈登的墓上去献花圈。也许是在增加商务税收的问题上谈得不开心,李鸿章缩短了在英逗留的行程,提前一周来到美国。

在美国纽约,李鸿章更是受到了空前隆重的欢迎。他无论走到哪里,都会被热情的市民所包围。纽约的大报小报不惜版面地报道他的行踪和照片,甚至刊出善意的漫画。他会见了美国总统和教会领袖,自然也谈起贸易的税额问题。美国人很会说话,说是只要其他国家都同意加税,那么美国自然也会照此办理,此话也不算过分。李鸿章非常念旧,还去美国第十八任总统格兰特将军的坟上献了花,种了树,因为1879年,格兰特将军曾访问中国,在天津访问过李鸿章,可是当他十七年后来到美国时,就只能回访格兰特的墓地了。直到现在,李鸿章手种的那两棵树仍然活着,被栏杆围着,尽管长得不算粗壮。

去格兰特墓园那天,六辆敞篷式四轮马车从华尔道夫大饭店出发,把李鸿章一行带到了大街上。热情的市民们早就

李鸿章访美漫画

李鸿章在美国格兰特陵园种的树

在路边等候了，就为一睹总督大人的风采。由于围观的市民太多，当地政府在沿路和墓园布署了一千四百名警察，因为早有八万男女已经候在那儿了，其中包括四千名华侨。人们最终听到了这位穿长袍的总督大人深沉的"回访辞"——"别了，我的兄弟！"并且献上了月桂花圈，以表敬意。这一天，纽约的报纸说，总共有约五十万人目睹了中国总督李鸿章的形象，各大媒体更是连篇累牍地加以渲染。

……

9月14日，李鸿章终于完成了出访欧美七国，行程九万里的任务，从加拿大温哥华搭乘美国太平洋轮船公司的轮船，横渡太平洋回国。若是仅仅从周游列国来看，倒是狠狠地过了把瘾。

他此行的目的,一是"联俄抗日",签订密约,一旦中国遇到侵略时好有个外援,指望借俄国之手钳制日本;二是鉴于国力日衰,还要负担对日的巨额战争赔款,指望在与英国的高层谈判中,能达成增加税收即"照镑收税"的谅解,请英国带个头,争取在与所有国家的对外贸易上增加税收,以增强国力。

表面上看,老李此行只收获了一半,即税收没谈成,而《中俄密约》签成了。而实际上,这《中俄密约》也是个骗局。

调了包的《中俄密约》

关于李鸿章代表清廷跟沙皇俄国签订《中俄密约》之事,当初当然是极为秘密的事情。因为各国都视中国为一块可以任意宰割的肥肉,各国都想从中国榨取更多的利益。中国就像一位手里还剩有不多的肉骨头的乡间病夫,面对成群的恶狼,稍有分配不均就会引起一阵狂吠,成为它们咬主人一口的口实,甚至引起战争。后来爆发的日俄战争,就是恶狼们在主人的家园里肆虐的战争。尽管那时老李已经看不见了。

其实清廷的目的,无非是想与俄国建立防御同盟,在中国一旦面临外国侵略时,请沙俄来出兵干涉,帮助一把。而沙俄就提出条件,你得让我在东北修建铁路。因为他们的西伯利亚大铁路已经差不多修到了中国边境,从中国东北转折南下,直达海参崴,可以省去巨额的资金。而此铁路一但修到了海参崴,无疑就大大增强了俄国在远东的实力。问题是作为乡间病夫的中国,你让俄国狼得了好处,其他的恶狼怎么办?它们能容忍吗?那不又要来一番鸡飞狗跳了吗?所以在当时就必须严格保密,任何提问都只能说没有此事。

《中俄密约》几十年间被炒得沸沸扬扬,外界说什么的都有,上海的英文报纸《字林西报》甚至还刊出伪造的《中俄密约》,推波助澜,事情就弄得更加扑朔迷离,清廷就面临了更大的压力。其真实的情况直到几十年后,清王朝和沙皇俄国都被推翻之后,两国政府从前朝政府的档案卷宗里,才发现了真正的《中俄密约》原件,并将之公布于众(由中国代表团在华盛顿国际会议上宣读。1966年,台湾影印了密约的中文本),事情才算大白于天下。

且说这份《密约》的当事人之一李鸿章,当初欧美之行后回到天津,还以为自己还是做成了一件好事。他对来访的黄遵宪不无得意地说:"(此约可保)二十年无事,总可得也。"而事实上不要说二十年,就连两年无事也没有保住。在瓜分中国的利益面前,东西方恶狼们完全撕下了"民主""文明"和"友好"的假面具,在中国沿海你夺我抢……

1979年,中国商务印书馆翻译出版了俄国财政大臣维特伯爵的回忆录(节译),这个维特,就是当年李鸿章的谈判对手,也是签订《中俄密约》的主要当事人之一。他的回忆录在他去世后才发表,其中自是有些他在世时不便说出的内容。他在回忆录中写道:"那时登位不久的尼古拉皇帝,正急欲在远东扩张俄国的势力……被一种夺取远东土地的贪欲迷住了心窍。"他在书中承认"李鸿章是十分率直而且认真的","以李鸿章的智力和常识来判断,他要算这些人(指维特一生所接触到的政治家)中很卓越的一个。"当维特在谈判中提出由俄国通过满洲造铁路时,"李鸿章立即表示了反对",但维特始终抓住了李鸿章想要"联俄抗日"的心理,他知道李鸿章此行有这个使命,就转弯抹角地在修路的问题上做文章,并以此来要挟。接着俄皇尼古拉亲自出来秘密接见,当面允以联手抗日的许诺。在这种情况下,老李经与国内总理衙门密码电报反复联络,方才达成了签约的框架。但在正式签约的那一天,俄皇的狐狸尾巴又露出来了。

由俄国外交大臣起草的《中俄密约》条文的第一款,原文规定中俄军事同盟要对付"日本或与日本同盟之国",也就是说,一旦日本或是与日本同盟之国侵犯中国时,俄国有责任出兵干涉。这个文本双方都同意了,只待签字时,维特又看出了问题。他认为这样写会使俄国承担不必要的风险,于是建议删去"或与日本同盟之国"这几个字。沙皇当然完全同意。

到条约签字那一天,双方代表已经坐到签字桌旁时,维特突然发现正式文本上这几个字仍然没有被删掉。他大吃一惊,立刻将主持仪式的外交大臣洛巴诺夫叫到一旁,小声地告诉他这件事。维特写道:

……他却一点也不惊惶。他看了看表,那时是十二点一刻。他轻敲了几下,招呼侍役,然后转向会场道:"时候已经过正午了,我们去吃午餐吧,然后我们再在协定上签字。"

我们于是都去进午餐。只有两个秘书在我们进午餐的时候,又将文件誊录了一遍,并作了必要的改正。午餐前已经传阅过的两份文件,被悄悄地用两份新的抄本换掉了。在这两份新的抄本上,正式由一方李鸿章、另一方洛巴诺夫和我签了字。(录自湖南人民出版社1982年版《李鸿章历聘欧美记》钟叔河的序言)

这是当事人的自白书,明白地说明了密约之"包"是如何被掉换的。这群当时就玩弄欺骗手段的恶狼,事后能指望他们什么呢?

结果,俄国人的中东铁路在东北修筑起来了,铁路两旁由俄国军事占领的"特别区"也划出来了,而俄国对中国的保护却始终未见动静。很快,德国人一反会见李鸿章时的热情,转过头来向中国强索胶州湾(青岛),不给就要武力强占。李鸿章在北京两次去找俄国公使求救,要求俄国履行《中俄密约》中的大连协定,然而,俄国人不仅不去阻止德国人占领胶州湾,反而以"保护中国"为名先占领了旅顺。光绪皇帝当然要拿李鸿章是问:"你说俄国人可靠,许以大利,与之订约,今天怎么样?今天不独不能阻止德国,乃自逾盟索地,这叫什么亲善?!"李鸿章到了这个时候只有支吾以对的份儿了,别有啥法?

后来,维特在总结俄国在远东的失败时,也不得不承认:"是我们自己违反了协定(指密约),才造成今日远东的局面。这是一件背信和昏聩奇怪地混合在一起的事。"这真是活该倒霉,天地报应!

更有甚者,到了1901年八国联军进入北京时,李鸿章奉命远来议和,俄国人仍是盯住他签约,要他承认俄国人在东北的势力范围。老李此时早已明白是怎么回事了,不再上他们的鬼当。当然也付出了巨大的代价——他被气得连连吐血,不久于人世了。

1901年李鸿章去世了,黄遵宪为他写了四首挽诗,其三云:

毕相伊侯早比肩,外交内政各操权。
抚心国有兴亡感,量力天能左右旋。
赤县神州纷割地,黑风罗刹任飘船。
老来失计亲虎豹,却道支持二十年。

先是讲他的历史功绩,后是指出他的重大的错误在于"老来失计亲虎豹",认敌为友了。

以一当十一的超级谈判

李鸿章欧美之行回国之后,很多人以为他会东山再起,受到重用,然而朝廷也是有事有人,无事无人。也许他在国外风头出得狠了点,得到的礼物多了点,朝廷里的一些人又不舒服了,立马给他个下马威,一方面宣布他的职位,仍旧是个总理衙门里的"行走"(该衙门里的末等官员),同时又借故他擅入圆明园游览,罚他停发俸禄(工资)一年!

其实那个圆明园,早在英法联军入京烧掠时就成了一个废园,李鸿章只不过顺路前去凭吊了一番,又无人阻止和其他说明,何罪之有?明明是妒忌他的海外盛誉而已。有些更狠毒的人,还就此屁大的事儿,提出将李革职。俗话说"墙倒众人推","落井下石",可知老李的处境,实在是非常危险了。

又过了不久爆发了公车上书、戊戌变法等事件。李鸿章从国家的前途考虑,越发赞成康梁等人的主张,主张变法。慈禧太后召见他时,手里拿着一厚沓的告他与维新派有过往的小报告,叫他解释,他竟然当面回击:"如果赞成变法图强就是康党的话,那么臣,实属康党。"慈禧太后是最讨厌康梁的了,想不到老李竟斗胆当面自称康党,自然对他不会再视为亲信。等到她一巴掌把光绪打下去,自己重新垂帘听政的时候,康梁纷纷逃出国避难,李鸿章则跑不了了。他先是被赶出总理衙门,又莫名其妙地叫他在寒冬腊月里去勘察黄河。70多岁的老人了,如何能行?好在有个忠心耿耿的老臣周馥跟在他身边,代他去跑跑腿,才算勉强交了账。这时,同

李鸿章78岁时在广东

是他的心腹幕僚的吴汝纶看不下去了,写信给李经迈,告诉他老太爷正秉节行河,不知会有什么意外,赶快前来照看。

1899年年底,慈禧神经大发,又把他赶到万里之外的广州去了。你不是

康党吗？那你就去康党的老家去吧。一道命令下来，李鸿章就得万里跑马，于1900年1月出京，到广东去当两广总督去了。梁启超在他的《李鸿章传》里写到这一时刻时，曾有一有趣的假设："使其时李鸿章而在直隶也，则此祸或可以不作，或祸作而鸿章先与袁、许辈受其难，皆未可知。而天偏不使难之早平，偏不令李之早死。一诺特为李设一位置，使其一生历史更成一大结果者。"似乎是天意让他离开一段时间，然后再让他来一番作为似的。

谁知到广州后不到半年，北方就爆发了义和团运动，烧洋楼，杀洋人，围攻东交民巷使馆区。洋人们就联合起来，用兵舰和大炮出来对话……慈禧太后慌了手脚，局面逐步失控。

李鸿章在广州的太师椅还没焐热，仅仅坐了半年时间，朝廷的紧急命令又来了——火速回京，收拾残局(1900年6月15日)！李鸿章当然也不是傻瓜，北方的一切都被他静观在目。京城里现时正烧烧杀杀，刀光血影，老佛爷对义和团是剿是抚，左右摇摆，久无定义，一切都是随心所欲，一切都是乱哄哄的，小丑在逞能，民众在流血，又发了宣战上谕……他知道，此时前去，不仅于事无补，说不定老命还要送掉。所以没有即刻动身。尽管没有动身，但心中一切有数，坐在太师椅上的老李，表面闭目养神，心中四海翻腾，脚底下大搞"水鸟外交"(水上不动，水下快划)。

这个"水鸟外交"谈何了得，一般督抚哪怕是亲王也未必能玩得起来。那时的驻外公使如杨儒、罗丰禄、伍廷芳等，都是他的老班底，关键时刻没有当风派。老李虽然已外放，却仍是他们的老首长，能一呼百应的。在国内群龙无首，朝廷"西狩"之时，李鸿章远在天边，却在暗中斗胆行使了外交部长的职权，通过伍廷芳，打起了他的国际品牌的"痞子腔"。

据美国著名华裔学者、老历史学家唐德刚先生在他的《晚清七十年》一书中透露，他曾在美国政府公布的1900年《对外关系》原档中发现，1900年7月20日，中国驻美公使伍廷芳曾向美国麦金莱总统，亲递过一份由光绪皇帝具名的《国书》一件。文中情辞恳切，大意是说大清时局失控，举世交责，至属不幸,他恳请望重的麦金莱总统能助一臂之援,号召各国恢复旧好等等。据唐先生考证,这是李鸿章的一份伪作,因为那时北京不可能颁此国书,而国书的日期为7月19日缮发,第二天就抵华府更无可能,况且清廷旧档中也无此文件。关键时刻就看出老姜之辣了。恰好这时也是美国国务卿"海约翰"在高唱要中国"门户开放"的时候,老李正是利用了这个机会,要美国介入。对于列强来说,他们要"利益均沾",力量要相互钳制;对于中国,只要矛盾利用得好,或许可以免除被瓜分的厄运。

他到了上海(7月21日),各方的情况就更明确了。他既已使命在身,就在上海拉开了架势,公开与各国使臣以及相关人员展开了紧张的联络工作,电请各国外交部派全权或驻京使臣议和。江南督抚大员无不与之互通声息,盛宣怀、刘坤一、张之洞等,都是他的后援,处于关键地区的山东省,也在他的亲信袁世凯的手里。当时北京对外的电讯已断,但北京与济南之间的传统的驿马最快的"八百里加急"仍旧可跑,往返一趟需时六天,这样通过济南的袁世凯,京城里的情况随时可知。他在上海,与各省会商埠的电讯仍可畅通。所以等到10月11日,他由外国人护送进京的时候,整个局面已经在掌握之中了。

这时,慈禧带着光绪和一班廷臣早就逃之夭夭,紫禁城都被八国联军占领了,眼看就有灭国的危险。清廷为了让李鸿章跟鬼子们谈判,再次任命他为直隶总督,并且准其全权大臣,便宜行事。也就是说,只要是谈判需要,只要鬼子们答应退兵,有些事你就看着办吧,不必样样请示汇报了。而且一再好话说尽,有如:"此行安危存亡所系,旋转乾坤,非异人任,勉为其难,所厚望焉……""全权大臣李鸿章,著准其便宜行事,将应办事宜迅速办理,朕不为遥控。"此时的朝廷,简直就差没跪下来求他了。

具体的谈判过程,历时数月,艰苦卓绝,呕心沥血,要面对十一个国家的公使"弹钢琴",李鸿章真的累得吐血了。表面上也有个庆亲王奕劻与他同在谈判桌边"烤",可是此亲王此时全没了主张,一切全看老李怎么跟洋人"过招"了。这期间,他派他的儿子李经述坐镇济南,观察京津并监管电讯;又派大儿子李经方坐镇上海,随时收集海内外的各种情报和反映,同时联络江南诸将。谈判的关键时刻,正是六七月的酷暑天气,每天各方来的电文堆积如山,充当李鸿章的翻译的马建忠一天要翻八千字的电文,以至于中暑累死。可知此间繁难种种,不是当事人断难体味一二。

既然各国都在抢各国的利益,这就给了李鸿章利用矛盾的机会。他成功地利用了列强之间的矛盾,当了一次"挑拨离间"的能手,使得"赔钱而不割地"成为现实。他当时的想法是,好歹能保住大清的领土完整,能让两宫和朝廷原班回銮,八国联军赶快退兵就行,赔款的事是无可奈何的,其他什么事都好说。朝廷的意思也正是如此。于是,他就再次充当了不平等条约的画押者。空前屈辱的《辛丑条约》一签订,他就再次成了万炮齐轰的大卖国贼。

自然,这个条约对于中华民族的危害是无穷的,除了要负担赔偿四亿五

《辛丑条约》谈判会场,前排右二是李鸿章

千万银两(当时清廷一年的税收只有八千万两),主权也进一步丧失,清廷完全成了东西列强的奴仆和工具。而李鸿章还没等到两宫回銮,就已经心血耗尽了。

魂归肥东

和约签订了但"老毛子"的纠缠尚没有完。当初义和团烧洋楼的时候,俄国人趁乱出动二十万大军占领了东北三省,浑水摸鱼。在《辛丑条约》签订后,八国联军从北京撤兵,而俄拒不从东北撤兵,威逼老李于《辛丑条约》之外,再跟他们单独签一《中俄密约》,要把整个东北送给他们当"保护地"。这回老李说什么也不肯上他们的当了,至死不签。

这时李鸿章已经79岁高龄了,长期操劳国事,内外交煎,和约签订之后,他已走到了生命的尽头,累月发烧吐血,卧床不起。在此油灯即将燃尽之际,"老毛子"还是不肯放过他,甚至在他临咽气之前数小时,俄国公使还来床边纠缠,迫其画押,老李不从,继而引起大吐血……俄使走后,他知道自己快不行了,即刻向儿子李经述口述遗折,呼吁自强,又命于式枚起草遗折推荐袁世凯代己为直隶总督兼北洋大臣,临终嘴里还在痛骂"毓贤误国"。

据说李鸿章在临终之际,感念一生中的万事种种,曾口述七律一首,诗云:

> 劳劳车马未离鞍,临事方知一死难。
> 三百年来伤国步,八千里外吊民残。
> 秋风宝剑孤臣泪,落日旌旗大将坛。
> 海外尘氛犹未息,请君莫作等闲看。

跟随了四十年的老臣周馥这时也在床边,眼看老李已经咽气但双目炯炯不闭,遂哭出声来:"未了之事我辈可了,请公放心去吧!""目乃瞑,犹流涕,口动欲语,可伤也。"(周馥《李文忠公》七律诗注)

这一天是1901年11月7日。

当时慈禧等还正在回銮的路上。据随驾的吴永记述说,慈禧在得到李鸿章病危的奏报后,甚为顾念,为之流涕,说是:"大局未定,倘有不测,这如此重荷,更有何人分担!"第二天,李鸿章逝世的消息传来,慈禧"震悼失次",随护人员,"无不拥顾错愕,如梁倾栋折,骤失依恃者。"吴永感慨万分:"此等关键,乃始知大臣元老,为国家安危之分量。"

李鸿章之死,在中外引起的震动是可想而知的。接着就是"盖棺定论"了。清廷特旨予谥号文忠,追赠太傅,晋封一等侯爵,入祀贤良寺,原籍及立功省建立专祠,并将生平战功政绩,宣付国史馆立传,赏银五千两治丧,儿子李经述承袭一等侯爵,准在京师建立专祠,列入祀典,由地方官春秋致祭,儿

李鸿章墓在合肥东郊大兴集

孙们也各有封赐……李鸿章活着的时候,"誉满天下,谤满天下",命运跌宕,死了以后,倒是享受到了有清一代汉族官员从未享有过的殊荣。

无数的人对李鸿章的死怀有复杂的感情。

梁启超的挽联是:

> 太息斯人去,萧条徐泗空,莽莽长淮,起陆龙蛇安在也?
> 回首山河非,只有夕阳好,哀哀浩劫,归辽神鹤竟何之?

严复的挽联是:

> 使当时尽用其谋,知成效必不止此;
> 设晚节无以自现,则士论又当何如?

袁世凯的挽联是:

> 受知蚤岁,代将中年,一生低首拜汾阳,敢翊临淮壁垒;
> 事变方殷,斯人不作,万古大名配诸葛,长留丞相祠堂。

曾国荃的孙子曾广铨的挽联是:

> 先太傅以后事累公,万国输诚,宏济远谋今绝响;
> 予小生游欧洲就学,片长自效,追随多难为酬恩。

陈夔龙的挽联是:

> 帝命谥文忠,千秋论定;

天生为社稷,旷世才难。

庆亲王奕劻的挽联是:

手挽乾坤,即今生荣死哀,公应瞑目;
身骑箕尾,际此遗艰投钜,我更伤心。

……

无论人们说些什么,老李一概听不见了。

1903年2月18日,李经方、李经迈等李家后代,葬李鸿章于合肥肥东(东乡)距城十五里的大兴集夏小郢。

叶落归根,老李总算到家了。

第九章　三子鼎立

李经方一生皆悲剧

李鸿章不像他的哥哥李瀚章那么多子多孙，他只有三个儿子：经方、经述、经迈（经毓、经远、经进均夭折）。其中长子李经方还是从六房李昭庆家过继来的。不过这个过继对老李来说很重要，因为经方过继过来几年之后，这位42岁的老爸，终于有了亲生儿子李经述。

李经述生下来时，李经方已经念书了，仍是以长子的身份留在老二房，先在家塾读书应科举，中举后在其父的安排下跟洋人学外语，了解世界各国情况，后来成为李氏家族中，帮老太爷办外交的最重要的帮手，因此也沾了不少"卖国贼"的"光"，如前所述，被世人号为"割台大臣"。

他一生既没有赶上他的父亲一辈打仗立军功的年代，也没有在日益兴起的洋务运动中，捞个纱厂、电厂、电报局之类的肥缺干干，而是跟在老爸身边，干那些最不讨好的"弱国无外交"的行当，所以他一生政治上始终不得尽放光彩，只能是郁郁寡欢。尽管他极其聪明能干，精通五国语

李鸿章与小儿子李经迈

身穿官服的李经方

中年李经方

老年李经方

言文字，又写得一手极帅的隶书和行草，人也长得人高马大，一表人才，但"大方向"总是被老爸圈住了。如此说来，他的过继给老二房，对他本人来说，似乎并不是件很划算的事情。

李经方生于1855年，字伯行，号端甫，早年在家乡读书习字，按照传统的学而优则仕的进身法则，读书做官。他书读得不错，很快进身为府学廪生（秀才中的优等生），因此被列为候选郎中，1882年在江南乡试中中举（名列第三十八名），成为地方官员的候选人才（先后被命为分省补用知府、分省补用道、江苏补用道、军机处记名）。李鸿章奉命办理天津教案移家天津后，衙门在海河与南运河交界的金钢桥一带（即现在的李公祠大街一带）。李经方从南京（李鸿章原先在两江总督的衙门在南京）北上，亲履津门这一北方华洋杂处的商务巨埠，亲见其父身边的土、洋幕僚，及其从事内政外交诸项大事要端的大体过程，眼界和胸襟自是非同一般。这为他后来从事外交活动，奠下了别人无可企及的先天的基础。到了1894年甲午之役之前，他已是有了三年驻美公使参赞和三年驻日公使资历的外交官了。

那时一般官场上的聪明人，都是视洋务官为肥缺，而视外交官为危途。郭嵩焘作为中国首任驻英公使，主张学习西方先进技术，"以立富强之基"，遭到保守派的猛烈攻击，首先尝到了当外交公使的滋味。他回乡探亲的时候，乘了一艘小火轮，乡人见了也骂他洋奴、洋鬼子。那时当外交官，乡关万里，语言不通，生活不习惯，处处受洋人的气……倒还都在其次，难缠的是"正人君子"们动辄以"卖国"相讥，使人腹背受箭而危机四伏。

清廷任命李经方为出使英国大臣的敕谕

然而老李与众不同,偏偏要他的子孙们捡这个酸果子吃。他的三个儿子都没正经干过"党政军",而主要是从事外交。李经方是职业外交官。李经述长期韬光养晦,准备接老李的班,主要露面的机会,是陪同老李1896年出使欧美列国,那是次著名的系列外交活动。可是还没等他手脚放开,老李去了,他也跟去了。李经迈的正经职业也是外交,曾任钦差出使奥国大臣,还作为随员陪同贝勒载涛出国考察陆军,大清帝国完蛋了才去打理自己的买卖,搞房地产开发的。世人只知道骂老李卖国,难道他刻意要儿孙也去背卖国的黑锅吗?有谁能体味老李彼时彼刻真正的用心呢?

纵观李氏家族四五代人,读书做官的人是不少,但在洋务上占大便宜的倒不见得,大多是些会办、襄办之类的中层干部,而驻外公使、钦差倒出了一大堆,如驻日、驻英、驻美、驻奥、驻比、驻秘鲁、驻墨西哥、驻缅甸的都有,不知是老李的迂腐呢,抑或是胸襟呢?

老李把长子拖上办外交的"贼船",并没有给他多少施展个人才华的机会,而是用自己的思想牢牢地把他给捆住。马关议和时面对伊藤博文的咄咄之势,李经方几次想据理力争,都被老李给制止了。他心里着急,于是变着法地干扰其父的思路,叫其他随员把各自的见解简略地写成字条,递到老李面前,供他决策参考,但也未见被采用(刘体智《异辞录》)。李经方在甲午之前曾干过三年(1890—1892)驻日公使,对日方上下的情况了如指掌,应当如何与日方周旋,他有自己的想法,但胳膊拧不过大腿,都被其老爸"消灭"了,最后,他就只有乖乖地去画押"割台"的份儿了。

李经方又一次的精神亢奋点是庚子议和前夕。那时李鸿章作为两广总督还远在数千里之外,朝廷十二道"金牌"要他火速北上议和,不得稍事延误,李经方始终侍候其侧。

他们北上到达上海时,因北方打打杀杀已混乱得不可收拾,无法前去,北京城里更进不去,八国联军正在烧杀抢掠,故在上海盘桓了一个多月方继续北行。上海一月,前来进言的不知有多少人,有中国人、外国人、官方的、在野的,主战的、主和的,什么人都有,甚至有人力主李鸿章甩掉慈禧拥兵自立为王,眼下中外人士皆寄厚望于他,何不趁满清皇室"西狩"之机,夺回汉人之天下呢?当时每天各方来的电报不知有多少,李经方等根本来不及翻译,就调老李旧日幕僚马建忠前来帮忙。马建忠的二哥是著名人士马相伯。大哥是马建勋,也曾是老李的幕僚。马建忠就曾看到一封来自英国官方某大员的来电,主张李鸿章不要失去此千载良机,拥兵自立。李鸿章置之不理,还关照马建忠赶快把那电文烧掉。(见马建忠的外甥朱怡声的回忆录。)

当时李经方也正持此种想法,屡次与其父密议,故时有"李公子胆子比天大"之说法。李家后人中至今有人认为,李经方当时的确是想"单干"的。然而老爸的胆小如鼠太令他失望了。

其父去北京之后,把他作为一个重要的棋子留在上海,专门会晤俄国专使,因李鸿章还没有放弃对俄国人的希望,希望"老毛子"能像帮助中国收回辽宁一样,在此万事不堪之秋,再帮兄弟一把。李经方就是其父的代表。北方太乱,人多眼杂,留在上海,多一个谈判的分会场。李经方曾建议俄国专使,重贿李莲英,促使慈禧早日返京,但遭到俄方的拒绝。此后的李经方,没有像在马关议和时那样起劲、用心了,任老爸以一当十一地与敌周旋。庚子之后,他参加了盛宣怀与英国人马凯关于通商条约的谈判,参加了一段安徽及沪宁铁路的筹建事宜。1907年再回到他的老行当,当了一任驻英公使。辛亥革命爆发后,他的政治生命就与大清王朝一起寿终正寝了。

综观李家这位长公子,因其父而得官,又因其父而不得施展抱负,只充当了老爸的办事工具而已,始终是个气不顺的悲剧人物。

其老爸为大清王朝忠心耿耿,直到《辛丑条约》签订后累得吐血而死,终于迎来了两宫皇太后的胜利"回銮",而他李经方不肯这么做。他后来似乎更清醒地看到了天下大势,明白清王朝气数已尽,所以辛亥后张勋复辟时,许多清廷旧僚都去附和,而他不屑于去凑热闹。九一八事变之后,末代皇帝溥仪在日本人挟持下当上伪满洲国的皇帝,他也不去朝拜。民国初年他在上海当寓公,不食周粟;革命军北伐胜利后,他就被他那捣蛋儿子李国烋给逼到大连去了。虽住在大连日本租界内,仍保持了晚节。

死的那年是1935年,刚过了80大寿。寿庆时从全国各地前去祝寿的亲友有上百人,热热闹闹地大摆筵席,还拍了纪录片电影。可是大家刚刚返回家里不久,就又接到了他的讣告,于是再赶过去参加他的葬礼……

用心读书与主张"放脚"

除了其父的影响外,李经方的成长与李家的一位洋大人大有关系。此洋大人名叫毕德格,在李家地位仅次于德璀琳。

毕德格原先在美国当兵,于美国内战结束前在纽约的一个骑兵团任职。此后不久,不知何故他对中国政治发生了浓厚的兴趣。为了更多地了解中国,他不远万里来到了东方,并"修炼"成了一个有造诣的汉学家,不仅能讲一口流利的中国话,还能熟练地用中文阅读、写作。1872年,他被任命为美国驻天津领事馆的副领事和翻译(除了1880—1884年外,他一直担任此职)。后来由于工作上的交往,他与李鸿章熟了,并由于佩服李鸿章的人格和精神,自愿充当了李家孩子们的家庭英文教师,由此获得了李家的信任和友谊,进而又充当了老李的私人英文秘书和翻译。为此,他失去了领事馆副领事的金饭碗。李经方就是在这个人的培训下,精通了英语,阅读了大量外国报刊、书籍,一天天走向外交之路的。他的到来,使李家父子加快了"睁开眼睛看世界"的步伐。

李经方读书向来很用功,淮军名将刘铭传曾讲过一个他亲见的情景。说是那年李经方在南京应秋试(考举人),刘铭传去看他,见门里无人,就直接穿堂进了内室。时李经方正在读书,专心致志,竟没有发现有人进来。刘走近一看,见其嘴角一团漆黑。再一看,原来书旁放着一盘菱角和一匙糖,他正一边看书一边用手抓了菱角蘸糖吃。可是书旁还放着一方砚台,砚台内墨汁未干。他拿菱角蘸糖时眼睛并不离开书本,所以蘸糖有时就蘸到砚台里去了,竟也浑然不觉,致使满嘴乌黑,令刘氏捧腹不止。

另外曾纪泽在日记里也有李经方好学的记录。他当时被任命为驻英法公使,在出京赴任途经天津的时候,前往李鸿章府上拜访,顺便与李经方长谈了一次。他在日记中写道:"伯行(经方字)聪慧绝人,从朱静山暨白狄克(即毕德格)学英文英语,甫期年,已能通会,再加精进,必可涉览西书新报之属矣……伯行志意专笃,口诵活规,孜孜不倦。初时甚自隐秘,惟余与吴挚甫(汝纶)知之,近日李相始有所闻,余劝相国因延师而教之,以成其志。"

然而尽管李经方聪明又用功,但对八股文还是不甚得法,考进士始终未考取。除了有几年担任公使驻外,他一直跟在父亲身边襄办外交,担任秘书兼翻译。甲午之败后1896年李鸿章出使西方列国那次,经方也随同前往,还是李鸿章特意向皇上申请来的。为此老李与李鸿藻之间还有一场舌战。此事被刘秉璋(淮军名将,四川总督)的儿子刘体智记录下来。有云:"及俄都,使节将行,朝旨命仲子(李经述)随往,文忠为伯氏固请以行。文正(李鸿藻,'文正'为其谥号)曰:'父子同日受命,主恩隆甚,于公足矣,何必伯氏?'文忠盛怒,历举日约之任怨,且讥文正之食言,二公因之大哄。未几文忠面圣,竟得所请而去,文正亦无以难之也。"说明李氏对经方的重视要超过李经述,尽管有李鸿藻反对,他还是坚持要李经方也陪同他一道去。刘晦之是李经方的妻弟,曾长期住在天津老李家,学英语时同拜毕德格为师。居上海时在安而近路(现安庆路)时又曾为邻居,仅一墙之隔。他们还是亲家,刘家一公子刘济生还娶李经方女儿李国华为妻。所以刘氏于李家旧事知之甚详,所言应属不差。

李经方一生读书用心,办事也用心,思想比他老爸还要开通。有时老爸认为是小事,他却认为并非小事。著名的英国在华船商之妻阿德波德·立德(世称立德夫人)在她的《李鸿章的生平和时代》里,曾写到一段与李氏父子见面的故事,很能说明他们父子俩在某些观念上的不同。

时为甲午战败之后,李鸿章在一片声讨声中被赶出北京,外放广州当两广总督。立德夫人不是个平庸的商人之妻,而是个极其热情而执着的社会活动家,她曾多次参加救济灾民的募捐,非常同情晚清妇女的"三寸金莲"之苦,发起成立了"天足会",并以云游四方、组织集会和散发宣传品的方式到处宣传,力图劝说中国女人抛弃裹小脚的千年陋习。她从武汉到上海,再辗转香港、广州(她的丈夫是位船商,她的出行该不会太费事,但花费了大量的精力和钱财),想不到那些裹脚的妇女苦头吃足,但自己并做不了自己的主,一些地方基层官员也反映冷淡。为此,她想"从领导抓起",想拜见一次极有名望的两广总督大人李鸿章,想利用他的支持和影响广为宣传。

谁知即便是外国人,要见总督大人也并不是件容易的事情,最后还是李经方从中帮了忙,才如愿以偿的。她先是找英国驻华总领事,请其代为引见,或者为引见帮帮忙。不料总领事说:"不行,中国总督不可能接见一个女人,这是一件有关礼节的事情。不用说我帮不了忙,连提起都没有必要。"立德夫人没有罢休,转而又请在香港的意大利总领事帮忙。意大利领事给她出了个好主意,介绍她走迂回路线——先给总督大人的儿子李经方写封信,再由李经方安排去见老李。结果此招果真灵验,让我们看到了一段极富戏剧性的总督接见外宾的细节。

李经方的确很有本领,善于在关键时候和稀泥,让他父亲微笑地接见了一个他很不情愿见的外国女人。

立德夫人写道:

> 我给李大人(李经方)写了信,说李鸿章对于废除裹脚的赞同,定会大大地推进废除裹足运动的进程。如果星期天李总督有空,请他安排此事。届时,一位德高望重的美国女医生将与我一同前往,再晚我就要去外地了。李大人很快就作了答复,定出了日子和钟点。

讲到进广州两广总督府时,立德夫人写道:

穿过长廊,在接待室门口我们见到了李鸿章。

他身材魁梧,有六英尺高,镶着貂皮的长袍一直拖到脚上,黑貂皮帽子镶着钻石,手上套着钻戒。钻戒和貂皮是富尔顿大夫——我的传教士朋友后来告诉我的,以美国人对钻石和貂皮的敏感,她一眼就注意到了。我只注意到了他欧洲人一般的高大身材和犀利的目光。他很和蔼地招呼我们在屋中央一张圆桌旁坐下。这位老人自己有一张铺了垫子的扶手椅,一个随从在旁边扶着他起坐。李大人(李经方)坐在李鸿章对面,我和富尔顿大夫坐在李鸿章左边。马可大夫在李鸿章右手靠后的地方放了张椅子。墙边立着一排男仆,这些男仆是中国街谈巷议的消息来源,最重要的国家机密常通过他们泄露出去,街上的闲人得到这些消息比外交官还快。

我力图排除任何偏见(可能做不到),但我不得不承认,李鸿章此前可能从没接见过一位对他的过去持坏印象的人。几分钟后,他的谈笑风生就消除了我的戒备。他总是极力避开裹足——我此行要与他讨论的话题。还没提到裹脚,他就问起我丈夫,说见过我丈夫,还谈起他们见面时说过什么话,并略带微笑地问我那次会谈的结果。他说长江水流很急,船在三峡一定会遇到不少麻烦。我壮着胆子告诉他,我丈夫已经把汽船开到了重庆,当时我是船上唯一的欧洲人。"你真有勇气!"李鸿章说。我答道:"见总督大人需要更大的勇气。"这样,我让他收回了话锋,并说明了此行的目的。

"不,我不喜欢小孩子因为裹脚而哇哇地哭。"这位和善的总督嘴里嘟哝着,"可我从没听过她们哭。"我告诉他,他兄弟的家人,也是他的亲戚中,有许多人已经不裹脚了。他不信,所以我又斗胆提出他母亲。"噢,她年龄大了,不裹脚了。"李鸿章说道。"我想李家的女人都裹过脚。"我

193

有些泄气,年轻一代是不裹脚的,我不想与这位大人物在家庭琐事上过多地纠缠。

这时候李大人(李经方)很有礼貌地插话道:"我告诉你,有个人过去没有,将来也不会裹脚,是我的小女儿。"李鸿章显然认为假装没听见这话更合适,他接着说:"你想让我叫全国的女人都不裹脚?不,现在我没那么大的权力。全中国的女人能穿同一双鞋吗?不能。你想让我像张之洞那样给你写点东西?好,你知道,那我得写篇文章了。"他笑了笑,嘟哝着说,"我不善写文章,现在老了,更写不动了。"

我灵机一动,能让他在我的扇子上写些东西,也算是对废除裹足运动的认可呀!他同意了。没有人帮助的话,这位善良的老人已经不能自己起立了。他年事已高,身材高大,两个仆人扶他到书桌前为我题词。此后每次集会上,他的题词都被展示过,确实极有分量。李大人(李经方)很不情愿地指出我的企图,说他父亲年纪大了,很忙,如果能写的话,是会为我多写几句的。听了这话,我们知道该告辞了,但总督让我们等一下,他要送富尔顿大夫的医院100块大洋,并坚持要她收下。仔细询问了医院后,趁仆人拿钱的工夫,他又详细地审阅了富尔顿大夫的捐助名单。然后转向我,说:"你知道,如果你让妇女都

李经方女儿李国华

不裹脚,她们会变得很强壮,男人已经很强壮了,他们会推翻朝廷的。"后来,在琢磨他为什么能消除我对他的戒备甚至厌恶时,我经常会想起他的这句预言。

读了这些可知,李经方起码在废除妇女裹脚的问题上,比其父要开明得多。据李经方的外孙刘绳曾(陆军部队的离休干部)说,她的母亲李国华(即李经方的小女儿)的确没有裹脚,是个开放型的现代女性。然而,总督老李,他既然内心并不赞成女人放脚,却仍然为立德夫人书写了扇面,可见其"外交"上的灵活性是充分的。

无意之中发洋财

辛亥革命前夕,李经方已看出大清王朝的气数已尽,曾多次对他的同乡,亦称他的学生(他创办的庐州中学的学生)鲁望岩说:"大清朝一定要亡了,光复之日可待矣!"这个"光复"即指汉人掌权的时代。同时又劝他:"不要做官,要教育救国、实业救国。"但是辛亥革命一旦真的到来,身为清廷旧僚的李大公子,又念及起皇家的世代恩典来,似乎放不下架子去食"周粟"。而革命党对他也有看法:这个当年的"割台大臣"存心是卖国的,怎么会真正革命?于是他只能跑到上海,躲进租界当寓公。

事实上李鸿章一死,他已是李氏家族的掌门人。辛亥革命后他一定居上海,李家的各房各户、老老少少就都到了上海。

那时李家大房李瀚章的后代住在虹口和闸北一带;三房李经羲、李国松他们住在跑马厅以西的威海卫路;老四房最初也住在虹口,住余杭路,后来搬到小沙度路;老五房厉害,他们一开始就打入静安寺路,占据了静安寺路同孚路路口以及现在吴江路的一大片房地产。老六房的人住得比较分散,大致是现在长宁区的范围。老二房有三兄弟,李经述的后代在威海卫路升平街;李经迈在华山路,向西发展;他李经方就安家在北站附近的安而近路(今安庆路)。后来他的妻弟刘晦之一家也到了上海,就借他家的房子住。辛亥革命后正是上海房价大涨的时候,政局一动荡,江南数省的地主豪绅都想方设法往上海租界里钻,出租房屋正是有利可图的生意。李经方乐得关起门来当他的寓公。

但他当寓公也是不得消停的,常有老朋友有事相求。以他的身份和影响,他总是帮忙的,如为盛宣怀身后主持清理遗产,为亲戚周紫珊等写悼词,为清廷旧僚的破落子弟借钱做担保等等。他心眼挺好,总是乐意帮人家的忙。

然而"周粟"可以不食,人间烟火还是不能断的,他毕竟养了一大家子人——除了原配刘氏姐妹外(刘秉章的两个女儿,大女儿过世了二女儿又娶进来),他还有五房侧室及两房洋太太,一个英国人,一个法国人,是真正的妻妾成群。两位洋太太原是他当驻外公使时的两个秘书,一个英文秘书,一个法文秘书,结果都成了公使夫人。还有儿子、女儿、孙子、管家、车夫、用人⋯⋯毕竟天天要花费,坐吃山空的局面总是可怕的。他就必须另想法子弄钱。好在天时地利人和,让他于山穷水尽之时,发了两笔洋财。

第一次是第一次世界大战期间,欧洲在打仗,一些英国商人便到东方来发展。李经方看到外国人喜欢在黄浦江边造厂、建码头和货栈,以求交通的便利,就抢先以很低的价钱,买下了几百亩位于现在老杨树浦一带的江边荒地,然后再以几十倍的价格卖给了英国人。后来英国人在那儿建起了英联船厂,还发行过股票。这让李经方大大地开心了一阵。

第二次发洋财是卖古董。李经方对藏书和古器物均有雅好,他的藏书直到现在,还被古籍版本目录学家提起。他的内弟刘晦之,出任中国实业银行总经理,亦是海内外知名的大收藏家,藏品以三代青铜器、甲骨龟片和藏书、藏印、藏墨为主。民国后,适逢瑞典王国的太子访问中国,并为瑞典国家博物馆收集中国文物,因瑞典王室三代人均对中国青铜器有浓厚的兴趣,于是来到中国就遍访公私藏家。此事被消息灵通的李经方知道了,便与内弟刘晦之合伙做了这笔生意。

他们各自拿出自己一部分藏品,据说还向李经羲借了三件。瑞典太子面对一大堆绿锈斑驳的青铜器直看得眼花缭乱,赞不绝口,最后付给他们二十八万英镑,两人平分,各得一半,自是皆大欢喜。至于究竟卖掉些什么藏品,数量多少,中间还有谁经手,现在谁也讲不清了。

除了上海的房地产外,李经方在安徽老家还有不少产业,主要在芜湖,一部分是继承了李鸿章留下来的遗产,一部分是他自己投资置办的。他在芜湖的堂号叫"李漱兰堂"。据芜湖市房管处孔立群先生调查后撰文称:"'李漱兰堂'曾是芜湖市房地产最大的业主,在老城外有大片土地,开路建房,客观上对芜湖的城市建设和房地产的发展做出过贡献。谈及芜湖的城市变迁和房地产业,必然要涉及'李漱兰堂'。"

李经方姨太太多,但儿女并不太多,只有三儿三女。长子李国焘是法国太太所生,小儿子李国烋为英国太太所生,中间还有个儿子李国熙,年纪轻轻就病逝了,有嗣子名李家骥(德之,是从老六房过继来的)。女儿是李国秀、李国华和李国芸。

大儿子李国焘留学英国剑桥大学,学成回来在邮电部门工作,而小儿子李国烋就不争气了。他小名叫"乔治",因其不务正业,整天寻花问柳,狂嫖滥赌,还抽鸦片烟,乡人就呼之为"小叫鬼"。1927年北伐军到上海后,国民政府声称要对清末遗老的财产实行"共产"。不知小乔治出于何故,竟然里应外合,逼迫其父交出财产。吓得李经方赶紧卖掉上海的房子逃往大连。从上海出走时,还是英国太太去找了工部局巡捕房,由英国巡捕保驾才上了船的。到了大连以后的生活,主要靠芜湖合肥等地的房租收入了。他过完80岁生日,于1935年去世时,仍留下了不少遗产,并于1933年就立下了遗嘱,规定了这些财产的大致分配方案。

五百万英镑的遗嘱谜案

此钦差大人大概不会想到,时隔半个世纪之后,他的遗嘱竟惹出件不大不小的案子来。

那时已是20世纪80年代末了,李家老二房不仅李经方、李经述、李经迈均已去世,就连第三代的李国焘、李国熙、李国烋、李国华、李国芸也都去世了。李经方的遗嘱原件已传至李国焘的小儿子李家骁手里,而抄件当事人都有一份。该遗嘱原件是用宣纸写成,宽二尺余、长约三米,末尾有李经方和几个子女及管家周孟文及律师的亲笔签名。此件本来"文革"中被造反派抄家抄走了,而"文革"后竟又发还回来,已皱皱巴巴的,满纸都是水渍留下的"烟雾"。

20世纪80年代的一天,几位公安人员推开了李经方最小的孙子李家骁先生的家门。但他们不是上海市公安局的,而是哈尔滨市公安局的,来者共四人,他们手持中共中央统战部和公安有关部门的介绍信,声称是找了他大半年,已花费了几万元出差费才找到他的。仅在上海就访问了统战部、政协、文史馆等部门,都没有线索。这也难怪,因他们根本就不知道李家骁的名字,大上海茫如大海,谁知道李经方这个半个世纪以前的人的孙子是谁?说来也是老天长眼,在他们心灰意冷准备打道回府的时候,抱着试试看碰碰运气的想法,来到了华山路派出所,因为他们听说,"华山路半条街都是李家的"。谁知年轻的派出所所长听后哈哈一笑,说是:"你们这回算是找对了!李鸿章的曾孙正是我的老师,他叫李家骁!"

关于李经方的遗嘱,李家骁手里倒真的有两份,一件是原件,一件是抄件。那原件是其祖父李经方亲笔书写的。本来由其父李国焘收藏,其父去世时交给了他。哈尔滨公安局的同志执意要看原件,还带了有关证明材料,说是这里牵涉一件大约有五百万英镑的谜案!

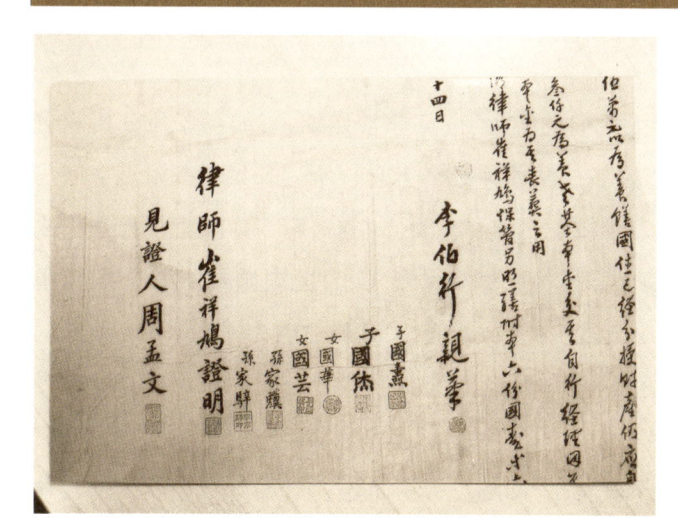

李经方遗嘱局部

李经方遗嘱最后的签名

　　李经方的这份五十年前的遗嘱被舒展开来，大家凑过头来逐一研究。上面列数了他在上海、南京、芜湖、合肥和大连的所有的房地产和股票、存款，并将其详细地做了分析，继承人是两个儿子：国焘、国烋；两个女儿：国华、国芸和两个孙子：家骥、家骅，几房姨太太也各有养老费，还有律师、管家的签名（估计国熙已去世）。

从中可知,这位李钦差的心眼儿还真不错,要养活的人还真不少,除了自己的儿孙、五房姨太太陈氏、王氏、何氏、吴氏等,还有"刘四姑太太""新吾八太爷""丁老太太""周三姑太太"等,估计都是些穷愁潦倒了的晚清旧僚的遗属和无依无靠的穷亲戚。李经方生怕自己"走"在他们的前面,故在遗嘱中为他们都做了安排。

他在遗嘱中吩咐:"刘四姑太太例给终身月费每月洋三百元,兹以太平银行股票七万元交家骥保管,以每年所得之利洋,全数付给四姑太太私用,至其终天之日为止。终天年后,此股票七万元应归重孙即家骥所出之男女美生、沪生、浦生等,为学费,他人不得干涉。"又有:"所存太平银行规元银七万两,系新吾八太爷、丁老太太、周三姑太太等养老金的基本金,非至三位寿终天年时,不得收回。将来三位寿终日,此七万两收回时,以三万两归国燾,二万两归国然,二万两归家骥,各自收管。此七万两存券,即检交国燾、家骥,先公同保管之。"

至于儿女孙子、姨太太们的所得,全都非常详细,有如:"予所分授积善堂合肥东乡公租六千石左右,又临河集裕丰仓一所,及集内并附近乡间房屋,分授与孙家骥执业。惟岐王庄田租五百石左右,应当为岐王坟地祭扫之用,不归家骥私有。所有契据即检交家骥保管之。""芜湖城内外之基地、市房每年所得基金,以全数三成之二,为吾养缮;又三成之一为国燾家用。予身后此全数三成之二养缮费,归国燾承受,又全数三成之一,归孙家骥、家骅各得其半,他人不得干涉。"……诸如此类,洋洋洒洒,计有十余项。

看到最后,人们终于发现了"问题",那一条说:"吾在少至老陆续秘密存入一大银行之款,不计其数,皆无存券,数十年来本利未尝计算,亦不知若干万。但此银行永远存在,不致倒闭停歇,亦无人可以冒领资取,凡吾名下之款,吾子孙将来有德者,该银行当然付给;无德者,亦无从妄取分文。吾后人其各好自为之!此时吾固不能亦无从预为之支配耳。"

关于这份遗嘱,李经方的孙子李家骁从未认真看过,因为上面没有他的名字,当时他还未出生呢,不关他的事。对于这一段话,他也从未听父亲解释过。那么,这回就由公安局的同志来解释给他听。

原来,哈尔滨酿酒厂有个调酒师叫李国安,声称当年手里有一张若干万英镑的存折,是他父亲留给他的,但上面写的是李经方的名字。在三年自然灾害时期,他吃不了内地的苦,约了三个好友,想从广东偷渡香港,至香港后就靠此存款生活,结果后来因事东窗事发,四个人锒铛入狱,李国安被判了十年刑,那存折也在混乱中弄丢了。出狱后李国安重提旧事,并说那存折被造反派抄家抄去了。他写信到各级政府部门,并写信到中央统战部,要求政府帮忙寻找那存折,若能把钱取出来的话就捐献国家,因为那是李鸿章的儿子李经方的存款,一直由其父保管,其父去世时把存折交给了他。并说,此事李经方的遗嘱上有记载的……于是,人们找不到存折,就来上海找遗嘱。

原来如此!而遗嘱上果真有记载!据分析,这档子事估计是真有的,因为李经方的遗嘱上其他事项,无一项是落空的。那么这个李国安的父亲又是谁呢?他与李家是个什么关系呢?既然是李经方的存折,为什么又要放在别人手里而不交给长子李国焘呢?何况这个李国安,不可能是李家之后,因为李家老祖宗即李鸿章之父叫李文安,后代的名字不可以与之有重复,更何况,这个遗嘱中并没有李国安父亲的名字。这真是李经方留给后人的一个谜案啊!

李家骁推想,祖父晚年在大连大概生活了九年,由大管家周孟文为其管家,但是要管的范围很广,除了上海的房地产收租,还有安徽芜湖、合肥、含山一带的房地产管理,也许周一个人管不过来,另有他人协助管理也说不定。或许李国安的父亲就是那另外的管家也说不定。问题是眼下那"秘密存折"在哪里呢?光靠此遗嘱银行那头不能算数的。看来哈尔滨公安局仍有很艰苦的工作要做。如果真有这么一笔存款的话,半个世纪的复息下来,那可真不得了了。

不过李家骁态度很坦然:既然当年老爸在砸铜卖铁的时候也没想动用

过这笔钱,那我们现在何必又去动用呢?如果真有五百万英镑,那也是大家族所共有的事,何况此事又历经"文革"已找不到那存折,眼下连存款的银行也讲不太清楚,如何能查清呢?于是,人们就只能望着那确有记载的遗嘱发呆。

到如今又是二十年过去了,哈尔滨市公安局活儿干得怎么样了,他没问。而据李国华的儿子刘绳曾先生讲,他的母亲李国华倒是真的分到了一辆汽车和在上海成都路上的两处里弄房产。她晚年的生活,主要就是靠这些里弄房产的租金。李家骁的父亲李国焘继承了芜湖的大量房地产,临到解放时还有二百七十六栋房子,这在芜湖市的房产档案上都是有据可查的。由此推想,这份遗嘱的主要内容还是得到了落实的。只是这份存款,让大家大为迷惑!

为了说明问题,征得李家后人的同意后,现将李经方的遗嘱刊登如下。如果将其与前面所述的、李经方等人继承李鸿章的遗产的《合同》对照来看的话,或许还能看出,其中哪些是继承来的,哪些是他自己赚来的。

李经方的外孙刘绳曾夫妇

《李经方遗嘱(谕单·给子国焘收执)》

谕子:国焘、国然、五女国华、六女国芸、孙家骥、家骈等,我一生勤

俭成家,所自置各处田地、房产及各项股票并各处存款,今以年老不便管理,因预为尔等分配之,所有分法条列于后:

△芜湖城内外之基地市房,每年所得租金以全数叁成之贰,为吾养缮,又叁成之壹为国焘家用。予身后此全数叁成之贰养缮费,归国焘承受,又全数叁成之壹,归孙家骥、家骅各得其半,他人不得干涉。

△予所分授积善堂合肥东乡公租陆千石左右,临河集裕丰仓壹所,及集内并附近乡间房屋,分授与孙家骥执业,惟岐王庄田租伍百石左右,应当为岐王坟地祭扫之用,不归家骥私有。所有契据即检交家骥保管之。

△上海英界孟德兰路基地市房,又闸北中兴路基地市房,均分授与五女国华执业,此两处道契均已过户交其收执。

△大连市越后町三十九番地住宅壹所,又沙河口牛家屯永安街市房,均分授与六女国芸,当将各契据检出交其生母陈氏代为保存,俟其出嫁时一并由陈氏交其执管,为其私产,他人不得干涉。

△南京城内外基地市房,每年所得租利暂全数归吾养缮。将来身后归五女国华及孙家骥贰人各半执业,惟花园壹所,专归五女国华私有,家骥不得干涉。所有南京契据,先检出交国华、孙家骥公同保管之。

△刘四姑太太例给终身月费每月洋叁百元。兹以太平银行股票柒万元交家骥保管,以每年所得之利洋,全数付给四姑太太私用,至其终天年之日为止。终天年后,此股票柒万元应归重孙即家骥所出之男女美生、沪生、浦生等,为学费,他人不得干涉。

△妾王氏给以华安水火保险公司股票贰张,每张规元银壹万两,又太平银行股票叁张,每张洋壹万元,又叁张,每张洋壹仟元,为其终身养缮。至其终天年之日,所给与以上之股票捌张,应归五女国华所得之外孙寿曾、绍曾、福曾、宪曾、绳曾等伍人收受,为学费,以作纪念。

△妾陈氏,给以华安水火保险公司股票贰张,每张规元银壹万两,

太仓利泰纺织公司股票陆纸,每纸洋伍仟元,为其终身养缮。其至其终天年之日,所给与以上之股票应归其所生六女国芸承受。

△六女国芸,除分授以大连市越后町住宅壹所,又伏见台惠比须町、大黑町市房壹处,又沙河口牛家屯永安街市房壹处,又传家庄合股所购山地,以上各项契据均先交其生母陈氏,代为保管,俟其出嫁时由其生母交与之,以便执业外,又六女将来出嫁时置备妆奁之款,特预为筹拨,用春晖堂名义分存于上海盐业银行、天津泰丰恒银号两处,分立存折,贰扣交其生母陈氏代为保管。未出嫁以前,可按月动用两存折之利息,以为其母女二人过活用费。俟将来出嫁时,由其生母陈氏将存折贰扣交与国芸自行保管之。交出后,陈氏吾本已另给有养缮,国芸不必再给与养缮以为生活。陈氏亦不得向国芸有所索取。

△所存太平银行规元柒万两,系新吾八太爷、丁老太太、周三姑太太等养老金之基本金,非至三位寿终天年时,不得收回。将来三位寿终日,此柒万两收回时,以叁万两归国燾,贰万两归国㷸,贰万两归家骥,各自收管。此柒万两存券,即检交国燾、家骥先公同保管之。

△所有含山、和州、芜湖县境内之田租,约壹万伍仟石,应以该田岁入之半,为予养缮,余壹半暂为国㷸家用,予身后,国㷸应承受该田产岁入全数拾成之陆,其余肆成,国燾、家骥各得其半。但国㷸素有心疾,不准将该田产变卖抵押,所有……芜湖江口华盛街住宅壹所,应由国燾一人承受,他人不得干涉。

△合肥城内四古巷住宅壹所,归国燾、国㷸、家骥叁人各得伍开间,楼房壹进。家骅应得东宅叁开间,楼房前后贰进。至花厅、桥厅、门房、厨房、厕所及余屋,均由国燾等肆人公用之。但此住宅无论何人,不准变卖抵押。

△芜湖马政滩沿江滩地,应归国燾及家骅承受。

△芜湖四合山砖瓦厂基地、机器、房屋及其余山地,应归家骥承受。

△利济轮船局资本洋叁拾万元,分作叁拾股,赠与周孟文拾股,计洋拾万元。自留贰拾股,洋贰拾万元,为生前养缮费,身后授与国焘伍股,计洋伍万元。授与国烋伍股,计洋伍万元。授与家骥家骈各伍股,各计洋伍万元。国烋素有心疾,所分授各产或现款,今由予委托周孟文为监察人,督察其各产财政出入,国烋一切须听受周孟文支配,不得违抗。如不遵从孟文,可代表予随时以法律裁制之。至利济轮船局统作资本叁拾万元,既已按股分配,每年所得余利结至年终,按股照分。平时皆不得支借,所有局中用人,行政一切事宜由孟文、国焘、家骥公同管理之。国烋素有心疾,一概不准干预。

△高懿丞所押之上海荆州路道契之基地房屋,洋柒万元,期限伍年,期满无利取赎,将来期满取赎时,此柒万元应给大女所出之外孙男杨寅即大森宝杨澂即二森宝每人各贰万元,外孙女二宝、四宝、六宝各壹万元,以为纪念。押据检交国焘、家骥公管之。

△合肥城内所有市房基地,系予陆续购买置,为岐旺坟地之祭产,应归国焘、家骥、家骈等公同管理之。每年以城内所收房租及岐旺本庄麦稻租款,专为祭扫之费。如有所余,公同存钱庄储积,不得擅行私用。至祭产田房之契据,应归国焘、家骥、家骈等公同保存,国烋素有心疾,不准干涉。

△周太夫人祭产之桐城县境内稻租,约贰仟石,又安庆省城内市房拾余所,皆系积善堂公产内分授与我者。以我为长房故也。以上田房之祭产,应归国焘、家骈承受管理,以后永归子孙之长房者继续管理,他房不得干涉、争论。所有以上之契据,即检交国焘保管之。

△南京浦口滩地归家骥承受,契据即检交其保管。

△上海西润圩滩地,应归国焘、家骥、家骈公同承受。契据由以上叁人公同保管,如将来出售所得价洋,叁人公分之。

△运漕镇所有市房基地,全数给五女国华,契据各件即检交其

收执。

△芜湖广业公司房产之股票,系妾何氏私产。又予名下之华安水火保险公司股票壹张,计规元壹万两。系妾陈氏私款所购,不过票面由予出名。孙家骥系何氏之承继孙,又为陈氏之兼祧孙,广业公司及华安公司股票,应归家骥承受,所有以上股票当检交家骥收执,他人不得干涉。

△予自留正钞现款分布于天津泰丰恒银号,及福康银号,及借与鲍廷九等,专为吾养缮,身后应在此现款内提出伍万元,由国焘、家骥、家骅叁人经理吾丧葬,一切用费其余现款,收回时无论多少,应由国焘、国烋、家骥、家骅肆人公同按股摊分之,不得争执。

△芜湖裕中纱厂所欠济远公司之款,系吾经手所代借,并为负责保还人。裕中所欠之本利久不归还,济远公司责成负责保还人代为归还。该公司将来裕中还款时,应由我收受。将来无论收到多少,应由国焘、国烋、家骥、家骅肆人共分之。

△安徽水东官矿局所欠宏远公司之款,亦吾经手所代借,并为负责保还人。该矿局所欠之本利久不归还,宏远公司责成负责保还人负责代为归还。该公司将来官矿局还款时,应由我收受。将来无论收到多少,应由国焘、国烋、家骥、家骅肆人共分之。

△宝兴铁矿公司押款及新旧借款归还时,无论多少,吾在日自用之,身后由国焘、国烋、家骥、家骅肆人共分之。

△周建吾所押宣城田捌百余亩、洋叁万元,此款系国烋之生母私款,由吾出名。押借与周建吾者,不意本利久不归还。吾已将叁万元私行垫还与国烋之生母。将来周建吾来归款时,此叁万元可给与国烋。周建吾押据及宣城田契,即检交周孟文与国烋之生母公同保管之。

△吾在少至老陆续秘密存入一大(行名)银行之款,不计其数,皆无存券。数十年来本利未尝计算,亦不知有若干万。但此银行永远存在,不致倒闭停歇,亦无人可以冒领、盗取。凡吾名下之款,吾子孙将来有德

者,该银行当然付给;无德者亦无从妄取分文。吾后人其各好自为之,此时吾固不能亦无从预为之支配耳。

△国烋之生母给与洋伍万元,以为养膳。国烋已经分授财产,仍应自尽其孝养之职。

△妾吴氏给与洋贰万叁仟元,为养老基本金,交其自行经理。因其子女无出,身后即以此款基本金为其丧葬之用。

△此谕单正本应由芜湖律师崔祥鸠保管,另照缮附本六份,国焘等六人各执一份,以资遵守。

民国二十二年十二月二十四日

李伯行

子:国焘、国烋

女:国华、国芸

孙:家骥、家骍

律师:崔祥鸠证明

见证人:周孟文

天下第一等孝子

李经述(1864—1902,字仲彭,号澹园)是李鸿章的二儿子,实为亲生的大儿子,为赵氏夫人所出。他生下来就长有两颗牙齿,眼睛很有神,亲友们都感到很惊奇,认为大概是龙子下凡。曾国藩见了对李鸿章说,"此公辅器也",预言将来必成大器。李鸿章的母亲李氏更是高兴得合不拢嘴,逢人便说:"其父固亦如此,此子必肖其父。"李家上下的喜气洋洋可想而知。

可是人们的话有时并不灵验。李经述后来既无其父之寿,更没有其父的功名,甚至还不如他的长子李国杰名气响,只是作为一个著名的孝子留名后

李鸿章之子李经述(左二)

世（清史列传中把他列入孝友传）。其实世人不知，他还是个很有才气的诗人，其父李鸿章在世时对他的诗就很赞赏，而他性格内向，深自韬晦，并不轻易拿出示人，人们也就无从看清他的庐山真面目。直到他去世后，他的长子李国杰整理他的遗物时，才惊讶地发现，其父竟有如此华章存世，于是编入《合肥李氏三世遗集》，人们这才看清了这位"袭侯"大人的文人胸襟的，可知他是个才华横溢、很有天赋、历史责任感极强的诗人。世人多说李国杰的坏话，看来他还做过一件好事。

李经述5岁开蒙，聪颖异常，加上赵氏夫人督课甚严，从小养成读书习字的好习惯，日必尽数卷，读书常能过目不忘，12岁的时候已能写得一手好字。稍长开始学习写诗，渐能工古今体诗，人称笔下有晚唐笔风。他尤其对历代史实感兴趣，对各个王朝的兴衰治乱之原因，爱作究底式的研究，对清朝的朝野掌故也非常留心，写下了数万字研究心得，如《历代户口盛衰论》《五胡乱晋论》《元代海运论》等篇。

他的书读得不错，跟他父亲一样，22岁时就考中了举人。在此前后，他的诗文写得漂亮极了。如他的《昆虫十咏》，从眼前的小小凤蝶虫蚁，竟联想得出神入化，横扫万里——

《蜂》：大义君臣重，辛勤日两衙。积香成世界，工酿度韶华。
假子春分粟，真王晓课花。专房竟腰细，岂独楚宫夸。

《蚁》：百万骁腾众，丸泥托奥区。资生劳负戴，立国遘征诛。
应雨阴阳协，旋天日月趋。胡为慕膻味，也效世人愚。

《萤》：微火初秋见，辉辉喜夜晴。疏帘能出入，小草亦光明。
暗度流虚白，高飞点太清。自从隋苑散，长趁读书声。

《蠹鱼》：谁复知鱼乐，游行此大观。以书为性命，于古得波澜。
粗涉千篇易，遥传尺素难。丛残殊厌饫，枵腹笑儒冠。

《蚯蚓》：薄暮空阶寂，孤行喜就阴。屈身虽有迹，出处本无心。
侯应金风肃，生资土德深。当前求易足，乐性且长吟。

……

显然，他是观察过蚂蚁打仗、蜜蜂酿蜜、秋虫清唱的，但他笔锋一转，就到了人间现时了，什么君臣大义，百万兵马，楚宫细腰，都在小小的昆虫世界里活灵活现，令人眼界大开。最是亲切温馨者，莫如《蠹鱼》一首，他在下半段里跟蠹鱼悄悄谈心，告诉它自己的读书经验："粗涉千篇易，遥传尺素难"，又在和蠹鱼相顾而笑，蠹鱼是吃饱了大笑，作者是苦读后的苦笑……诗人高雅善良的心性，就这样自然流露出来。自然，他的读书生活是优裕而寂寥的，他的《夏日即事》诗道出了他的日常生活和情怀。有云：

翛然不觉久离群，寂处心情淡似云。
竹院焚香风易度，蕉窗倚枕雨先闻。
病多本草谱都熟，暑渴清茶饮亦醺。
自笑日长消底事，诗魔却与睡魔分。

他的纪事诗则写得大气磅礴，可惜留下得太少。不知李国杰在选诗的时候怎么搞得,仅仅保留了几首。他在《光绪十五年正月举行归政典礼,懿旨赏家大人用紫缰,异数也,献诗恭贺,即用簣斋先生原韵》中写道:

> 据鞍矍铄气犹雄,曾见垂鞭紫禁中。
> 令典敢希宗胄制,中兴还念老臣功。
> 诏承丹凤恩荣被,辔勒青骢德望崇。
> 惟祝圣朝长偃武,衮衣坐镇拨皇风。

除了感念朝廷的恩典,天下中兴不忘老臣之功之外,主要还是希望"归政"后的朝廷能够"长偃武",不要打仗,而要真正的天下承平。

最令人感慨的还是他的咏史、怀古诗。大概是他参加江南乡试那一年,从试场出来后,他顺便游览了南京和合肥一带的名胜古迹。面对六朝故都和淝水之滨的残石断垣、长街短亭,历代兴亡,俱在眼前,他感慨万分,一口气竟写了五十多首怀古诗,朝野掌故,豪门盛衰,信手拈来,如行云流水。有如:

《教弩台》:隔河待架千钧弩,演阵先登百尺台。
　　　　　不羡穿池教水战,直思捍海射潮回。
　　　　　将军老去雕弓踑,铁佛迎归宝刹开。
　　　　　日暮秋风吹败草,萧萧尚带箭声来。

《别虞桥》:汉军歌罢骊歌起,茫茫千秋桥尚存。
　　　　　银烛双行将进酒,红妆一剑解酬恩。
　　　　　离筵难忍虞兮泪,芳草如招楚些魂。
　　　　　幽恨惟余一溪水,至今呜咽向黄昏。

《秦淮渔唱》:新歌艳煞杜韦娘,红板桥低泊画航。

渔笛数声杨柳碧,繁华世界已清凉。

《牛首烟气》:废宫芳草自年年,望断晴岚欲暮天。
　　　　　　唯有青山双角在,依稀尚带六朝烟。

《长干故里》:大长干连小长干,殿宇相望亦壮观。
　　　　　　绿野人家千万户,子孙谁是晋衣冠。

《来燕名堂》:堂上已无王谢客,堂前燕子尚来归。
　　　　　　情深故主难抛却,羞向他人门户飞。
……

这些诗不仅展示了他的才情,而且融入了他的史学观点,可知他的确是费了不少案头功夫的。

但他中举之后,试场的运气就不行了。1886,他年以荫生资格赴京参加廷试,没有通过。虽未被录为进士,但成绩亦佳,被朝廷选为内用员外郎,又蒙赏戴花翎,有了名义上的头衔。这种头衔只是说明一个人的资格,不等于实授,常常属于"候补"地位。因此李经述实际上只是获得了一个四品官的资格,仍住在他父亲在天津的北洋大臣衙门里用功读书,准备来年再考。

1895年李鸿章奉命东渡议和,李经述要求陪父一起去,李鸿章不同意,要他在家安心复习功课,"令赴试礼部"。可是那时老李已因甲午战败、北洋海军全军覆没而成全国众矢之的,势利的考官讨厌他,李经述也跟着倒了霉。据说他的试卷已经进入被录取的一档,在拆封登记名字的时候,考官一看是老李的儿子,就把他的卷子扔了出来。李经述没想到在考试时竟然沾了老爸的"光"——文章本已入围,而且"拟高魁",但考试主持人与老李有宿怨,不惜趁老李倒霉的时候再扔你一块石头。于是暗地里把李经述的卷子换了下来,易以他卷,于是李经述再次榜上无名。其心情自然更加郁闷不畅。不久又闻其父在马关遇刺,惊厄之余,想去探望又不允成行,只能独自垂泪。

李经述生活的前三十年,是其父功成名就、整个李氏家族蒸蒸日上的时期,按说他席丰履厚,大可意气风发,无所顾忌,而他却夏不葛,冬不裘,自奉极俭。他的笔下也毫无狂放之言,反而好发哀婉沉郁之声,于时局艰危时时在心,与当时一些玩蛐蛐蝈蝈的纨绔子弟绝然不是一码事。他的后人在他的《行状》中讲他:"历代史事,兴衰治乱之源,无不悉心研究,尤所讲究本朝掌故,即使稗官野史,亦参考无遗。"可知并非虚言。

经述的母亲赵氏常年患有肝病,经年不愈,发起病来剧痛不止。每逢这时,李经述总是衣不解带地服侍在旁,亲尝汤药,无微不至,想方设法为母亲减轻病痛。他到处打听治病良方,有一次听说这种病要用亲生儿子的肉和药以进,病才能治愈。李经述信以为真,真的从自己的手上剪下一块肉来,和进母亲的中药里煎熬,呈送老母。可惜母亲的病并未好转,终于1892年撒手西去了。李经述悲痛欲绝,每念母恩便要伤心哭泣,每哭必喘,以至于常常昏厥过去,身体遂大亏。

李经述真正帮朝廷做的事大概只有一件,即1896年其父奉命出使英、法、德、俄诸国时,清廷念及李鸿章年高远役,特降旨令李经述和李经方随侍在侧。李经方同时兼翻译,李经述则加三品衔,以参赞官的名义随行。李氏父子此一行行程达数万里,历时半年多,无论行至哪里,李经述总是老爸身边的高级侍卫,饮食起居调理周至。回国后后仍是在家闭门读书,深自韬晦,澹泊寡营,超然于时评之外,亲朋故旧见其远离官场,书生一个,也就不敢轻售其私。

庚子年间(1900年)北方兴起义和团,烧洋楼,杀洋人。八国联军杀进北京时,慈禧太后一边急急带了光绪皇帝向西逃跑,一边连发"十二道金牌"到广州,要李鸿章立马北上收拾残局。当时李经述正带着家眷避乱南归,到达南京时未及上岸,就听说老爸已到达上海,于是急忙调转船头再奔上海。

1901年秋,老李与十一国的公使的谈判结束了,人也倒下了,住在贤良寺里,咳嗽常带血。李经述听说后急忙带着长子李国杰前去探望,老李已卧床不起了。李经述不愧是个大孝子,每天在父亲跟前服侍,昼不甘食,夜不交睫,连续五十多天寸步不离,每天还要烧香吁天,宁肯以自身相代。

这年11月7日,其父经不住长期的劳累和疾病的折磨,还是咽气了。李经述痛不欲生,自觉未能保住父亲的生命,实为儿子的无能,遂欲以身殉父,后经家人环跪相劝,方才作罢。但他的身体从此拖垮了,每念必哭,每哭必喘,每喘必汗,焦肝灼肺,渐渐形在神亡。他自觉不久于人世,于1902年2月11日写下遗书,历言心境忧危,家声恐难仰绍等等。一周之后,他也随其父仙去了。此时距其父逝世只有一百天。

其乡亲有感于他的孝行,由直隶布政使周浩和按察使杨士骧等上呈事实,请求李鸿章的接班人、新任直隶总督袁世凯给奖。朝廷闻知亦为之震动,尽管两宫皇太后刚刚"回銮",万事未定,亦特为降恩褒扬其嘉行,准其列入国史孝友传。他承袭其父的侯爵的爵位,由他的长子李国杰再次承袭。最后其后人葬其在李家的故乡合肥东乡,距离合肥仅二十里的茅冈。

李经述文笔优雅,感情充沛,手书《澹园日记》十一册,是他一生最后的日记,记录了他在京城贤良寺随侍老父身边所见的,最后的生活起居诸事,世人从不曾获见,家族内部也多读不懂。从民国到解放,清代遗物虽不合时宜了,但毕竟是祖先遗泽,他的后人还是把它深藏秘锁起来。

说起这十一册《澹园日记》,李经述本人无论如何也不会想到,在他去世半个多世纪后,又出现了大麻烦,让他的子孙后代们很是紧张了一阵子。

那是十年浩劫初期,上海的造反派整天在街上烧烧打打地"扫四旧"。这部日记当时在他的孙媳妇卞慧卿(李玉良的夫人)手里,他家那时住在威海路旁边的升平街。老太太为了全家的"安全",亲手处理了很多李家故物,而这部《澹园》日记,为祖先亲书,实在不忍心烧掉,就设法秘密送往南京,因为大儿子李道秉和大孙子李永炜都在南京,想必南京的"形势"比上海要好一些。谁知南京也不安全。李道秉大学毕业后,在南京市电力部门任高级工程师,眼下早有"反动学术权威"的帽子戴在头上。他一生办事惟谨慎,父亲去世后,他与二弟李道𪼢、三弟李道稀成了家里的台柱子,每月各自把工资分出一部分寄给母亲,因为母亲要生活,下面还有三个弟妹要读书。他对母亲的话从不说个"不"字,作为长子,"传家"有责。

可是这次面对这包如此烫手的"祖先遗泽",他真的犯了大愁。他明白,他迟早也有被抄家的份,这包东西留在家里可是个准"定时炸弹",说不定什么时候就要大祸临头。最后还是他的妻子姜进想出了一个好主意——送到她的娘家常州去。她娘家有一个亲戚,是造反派的小头头,在外面表现很积极。造反派是专门抄别人家的,而绝不会有人来抄他的家,把这包《澹园日记》送到他家去,不就万无一失了吗?这真是个千真万确的好办法,《澹园日记》的确从此没人来打扰,直到现在,仍保存在李经述的后人手里。

现在李家后人真的很感谢这位造反派亲戚,他在那个翻天覆地的年代,居然充当了正宗的"四旧"的守护神,如今想来真是哭笑不得!

备受欺负却最有"心劲"

纵观李鸿章的这三个儿子,性格和经历有很大不同。李经方从政,李经述治学,李经迈经商(也办过外交)。性格上一个豪放,一个谨慎,一个孤僻。而且三兄弟之间,除了老大、老二有共同陪老爸出访欧洲的经历之外,看不出有什么合作和亲密友好的迹象。尤其是最小的李经迈,好像远离了两个哥哥,独立游离于外,很少看到他参加大家族生活的记录。恐怕他老爸未必能注意到这一点。

这也难怪,这与他的出身有关,受了旧时大家族的传统规则的束缚。

李经迈的母亲莫氏,原是李鸿章的赵氏夫人的贴身丫鬟。赵氏多年生病,莫氏总是尽心尽意地服侍在侧,时间长了就像自家人一样。她聪明勤快,而且长相俊俏,一双大眼睛水汪汪的很讨人喜欢。太平军被打垮之后,李鸿章身兼直隶总督和北洋大臣两项要职,两个衙门一个在天津,一个在保定,他就得常年两头跑,一般情况下差不多半年在天津,半年在保定,而居天津的时间多些。赵氏多病,不能总是随侍丈夫,李鸿章不在天津时,就由莫氏随行服侍。日子久了便收房为妾。李经迈就是莫氏生的孩子,一双眼睛又大又亮,酷似其母,大概是李氏后人中最"酷"的一个。尽管如此,由于是庶出,他在家中没有什么地位,在其父去世后,甚至还要受欺负。

李经迈(1876—1940,字季高,号又苏,别号澄园)从小大概不善于用功,也许因是最小的孩子,有些娇惯,他们家谱资料上没有关于他的功名记载。他的一些头衔都是朝廷看在老李的面子上特赏的,如特赏主事,特赏员外郎,在工部都水司行走,赏戴花翎,以四五品京堂用,特旨以三四品京堂候补,特赏头品顶戴等等。这些头衔大都是些名誉性的空衔,并没有什么实权。实际上他年轻的时候,也是和他的哥哥们一样,在洋老师的辅导下,在学习英语上下过不少功夫,所以他后来能担任驻奥地利大臣,还曾随同贝勒载涛出国考察陆军。

李鸿章的小儿子李经迈

辛亥革命后他和母亲莫氏避居上海，住在华山路(具体地点是华山路长乐路路口的那栋西班牙式的花园洋房，并不是丁香花园。这个地方距丁香花园还有两条马路。所谓丁香花园是李鸿章的藏娇之地，现经查实，属于误传)，并在那儿大做房地产生意。上海人讲的"半条华山路是李家的"，实际上指的就是他的房地产。

据他的一个内侄(李经方的内侄)刘因生老先生说，李经迈英语讲得很好，喜欢跟外国人打交道，外国人做地皮生意喜欢向西部发展，李经迈也跟着向西部发展，所以生意越做越大。华山路上的枕流公寓原先就是李经迈的，那是当时上海最高档的公寓大楼，完全是西式装潢，地下室里还开放市内游泳池。他在那一带买了很多地皮，随着上海西部地皮的升值，他成了巨富，生意上从未失败过。民国初年，他们的一家亲戚孙多森(光绪帝师孙家鼐

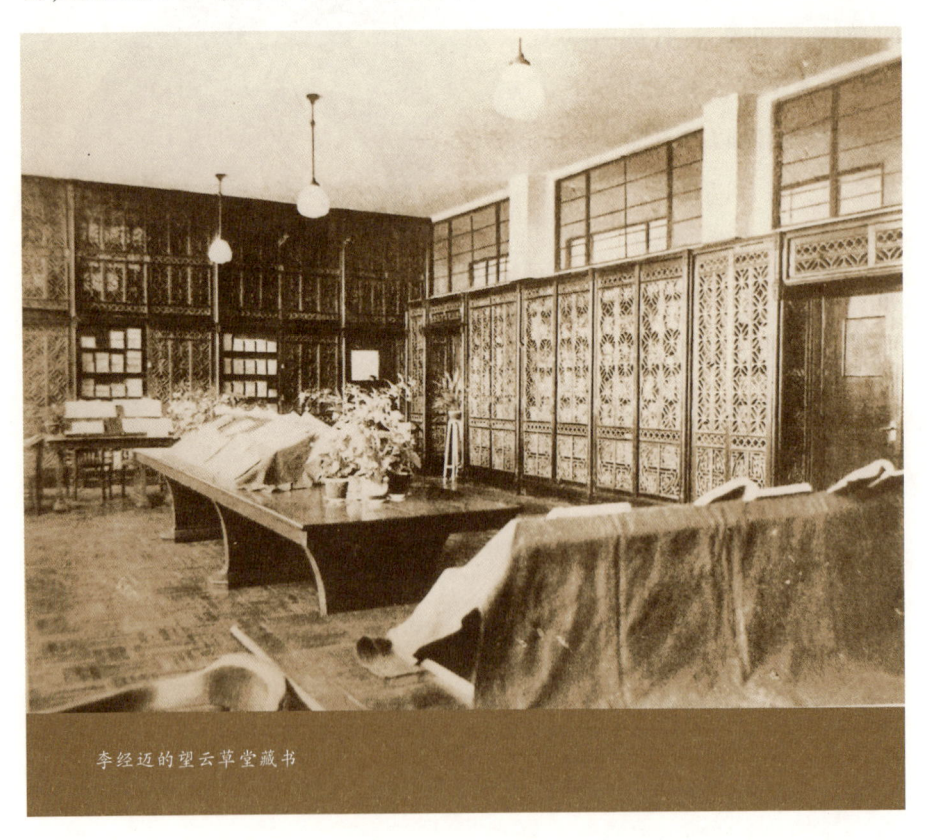

李经迈的望云草堂藏书

的侄孙，也是李瀚章的外孙，中国第一家机器面粉厂上海阜丰面粉厂的创办人）在上海造豪宅，就是从李经迈手里买的地皮，那豪宅就是现在华山路武康路路口的那一片淡黄色的漂亮小楼。

生意做大了难免不遇到麻烦。有一天他刚到家门口就遇到了一伙绑匪，好在他在北方时练过几手拳术，对付了几招后就一个跟斗翻进墙去了，绑匪没能得逞。从此他雇了几个白俄当保镖，日夜随身护卫。

据说他人非常聪明，除了考科举外，什么事都能略胜一筹。

李经迈与儿子李国超

由于他庶出的身份，在继承遗产时分到的财产并不多，连李国杰都要欺负他（李国杰只比他小五岁），把最不值钱的股票分给他。可是股票到了他手里，被他七捣鼓八捣鼓，都变成值钱的股票了。李国杰分到的财产倒是不少，但没有多少年就捉襟见肘了。

去过李经迈家的老人（孙家鼐的曾侄孙孙曜东）说，他家里的陈设完全是中西合璧式的，有很多皇家赏赐的中外礼品，墙上既有祖宗画像，也有西洋画。给人印象最深的是，一进门的地毯，竟是一张巨大的白老虎皮，还有好几大间书房，用以藏书。他的藏书处叫"望云草堂"。

李经迈去世后不多年，他的儿子李国超准备出国。临行前将宋元版本装箱带走，将普通版本捐给了震旦大学图书馆，计有一万八千册。分为政书、兵书、地方志、科技图书和名人年谱,唯于文艺类书一无所有。该馆非常重视这批藏书,为之专门定制了很多雕花的精美书橱,还辟出专室陈列,名之为"李氏文库"。该图书馆的馆长还在该校学报上撰文专门介绍了这批藏书。新中国成立后五十年代院系调整,这批书归入复旦大学图书馆收藏,但是书已按分类分别上架,"李氏文库"就不存在了。

其实,藏书仅仅是李经迈收藏的一部分,他还是个很有品位的收藏家。从他的收藏目录来看,这些藏品包括书画、碑帖、印章、古籍、古扇,而且数量都很大。现存他的收藏目录是1928年的藏品目录(李经迈1940年去世,全部藏品当不止于此),仅田黄石章就有一百一十五方,其中最大的一方重八两二钱(方形太师少师纽,),其次一方重六两六钱(长方天然形,翁方纲书多心经)。这些珍贵的田黄章按"天地玄黄宇宙洪荒……"的字号,分别嵌在三十二个锦盒里。他的名人书画和碑帖,仅目录就有四册,实物按编号装箱,共装了十二箱。其中有宋代赵文敏的写经、钱坤一花卉、松雪老人萧翼赚兰亭、先贤朱子墨迹;元代的梅道人墨竹图、黄雀山樵松窗读易图等;碑帖有淳化阁帖、石经、三希堂法帖等,均为外界不易获见者。

他的藏书分藏东楼和西楼,共计四十二橱又四十三箱。现在市场上视为凤毛麟角的珍贵版本宋版书,在他的书橱中比比皆是,如《毛诗要义》《春秋或问》《春秋经传集解》《玉梅溪全集》《白孔六帖》《六家注文选》等等,随看随翻。元明版本和旧抄本就更不稀奇了,真的是满坑满谷,成筐成篓,可以跟民国时期任何一个藏书家比美。值得注意的是,有一本藏书目录的封面上注明,是从合肥老家带回的。李经迈基本没有在合肥老家生活过,读书是在天津读的,这么看来,这部分藏书说不定就应当是李鸿章的藏书,甚至是李文安的藏书!

也许是由于在李家受欺负的原因,李经迈性格孤僻而倔强。1937年他61岁时,曾自撰墓志铭说:"文忠年五十四而生余,余年二十六而文忠薨……综计一生,所作者不甚爱惜之官;所办者无足轻重之事;所遇者全无心肝之人;所闻者不知羞耻之言！"将多年来的积愤都宣泄在纸上,不知他哪来这么多怨气。这份墓志铭是被按手迹摹刻上石的,笔者看到的是一份墨拓本。

抗战胜利后不久,李国超卖掉了家产到香港去了,后来又到了英国和美国。临走前,把带不走的一些旧报合订本及家族史料,如祖先画像、照相簿、书信、账本等分装在五个箱子里,寄存在上海合众图书馆的负责人顾廷龙先生那儿。解放后顾廷龙先生将之带入上海图书馆。

李国超似乎不大高兴与李家人往来,走后没有跟李家在大陆的人联系。现在的李家人只是从美国福尔索姆先生的书上知道,他曾在旧金山生活,后代曾在联合国工作,如此而已。最近几年李家续家谱,他这一房仍未联系上。

第十章：云贵总督

讲武堂惜才留朱德

上海威海路重庆北路路口的储能中学所在地，在清末民初是上海滩很有名的一处花园豪宅。这片豪宅占地数十亩，由左、中、右三幢主楼及众多的裙房连缀而成。园内有高大的玉兰树，清清的池水，各式花圃和亭台楼阁，小径通幽之处还有藏书楼、课子班、健身房等。大门外有工部局的巡捕巡逻，大

李经羲在上海威海路上的旧居

门口有自家的亲兵把门。那些亲兵都很有来头,还是前清的老兵"戈什哈",是老太爷从云南带来的。他们服侍了老太爷不少年,大清王朝完蛋的时候他们无处可去,就跟着主人千里迢迢来到了上海,直到老太爷去世。大门口左右两边各有一条三尺宽的长凳,像门板一样平滑,是专供前来求见的人坐着等候的。里面回话说是"叫他进来吧",当差的叫进去才能进去,有时候还要破费点"门包"。前院后院里奔忙着几十名男女用人……

李鸿章的侄子、李鹤章的第三个儿子、李家的第三位总督、清末云贵总督李经羲最后的十五年,就是在这里度过的。

现在大院里的老房子都拆掉造教学大楼了,只剩两棵高大的白玉兰,亭亭如盖。而临马路的一栋连体的三层楼房还没拆,现在是威海幼儿园和淮海实业公司所在地,其中还有一家铁皮匠,走道里跟所有的七十二家房客一样,充满了各种混杂的怪味……李经羲的孙子,也就是李国松的儿子李家煐先生告诉笔者,这恰恰是他祖父李经羲民国后在上海住的老房子,住在中间一套房的楼上,楼上还有个阳台。那阳台上常年挂着许多人家送来的整条的火腿,老太爷常在阳台上晒太阳。那些火腿,大概别人不可以轻易动用的,而老太爷又吃不了许多,时间长了就生虫了,虫子多了就扑扑簌簌地直往下掉渣。到了实在不可收拾的时候,用人就只好拿下来去扔掉。若再有人送火腿来,用人仍是照此办理,用绳子一绑,用竹竿一挑,挂到阳台顶上去……豪门之事,到了末了,总有些不可思议。

民国后的李经羲

李经羲(1859—1925),字虚生,号仲仙,别号悔庵,晚号蜕叟,大概是李家最会"搞笑"的一个老太爷。他一生似乎经常生活在一对相互矛盾的事务中。他是大清王朝的忠臣,但在大势所趋的时候也搞点小动作,如暗中支持蔡锷,容忍革命党在云南的活动;他感念朝廷的累世皇恩,辛亥革命时不肯投降,但一旦气候允许,他又经不起官场的诱惑,跑到北京食民国的"周粟"去了,尽管事情不顺利,没过多久又回来了,不像李经方和李经迈,绝不当民国的官。他学历不高,只是个优贡,以知县用,而且一生并不像他的伯父李鸿章、李瀚章那样有显著的军功,但官位也做得很高,李鸿章在世时就官至布政使(副省长),李鸿章去世后官运反而更好,节节高升。他原先只是个知县,因报效海军巨额军费,被奖励为道员,先后当过南洋通商大臣随员、湖南盐法道、署湖南按察使(代理)、总办湖南厘金盐茶局务、福建布政使、云南布政使、加兵部侍郎兼都察院右副都御史。李鸿章去世那年被提拔为广西巡抚,一个月后调任云南巡抚,后来又调来调去,一会儿因事被免职,一会儿又因病被免职,但总在西南一带盘桓。到了大清王朝快完蛋的时候(1909),居然升到云贵总督。

李经羲督云贵时,曾兼任云南陆军讲武堂的总办(校长)。他曾对学员们宣布,他云贵总督可以不做,但讲武堂不可以不办,可知他明白武装力量的实质。这个讲武堂由从日本回来的同盟会会员李根源任监督(后来升任总办),是一个由清廷出钱举办的军校,但由于李根源的关系,会聚了一大批革命党人,培养了一批推翻清廷的军事将领。就是他们,在辛亥革命爆发的时候,把李经羲这个老校长从总督的位子上拉下来的。李经羲真所谓"搬起石头砸自己的脚",这大概是总督大人始料不及的。何况,他的讲武堂里还出了一个革命阵营的大人物——朱德,而且是他本人亲自拍板收进来的。

朱德早年家贫,来报考讲武堂时,因无川资,就迈动双脚走了一个月,从四川一直走到了昆明。到讲武堂的时候报考时间已过了,门卫不让进去。朱德年轻气盛,与门卫大声吵了起来。适逢李经羲那天正在讲武堂巡视,闻其声便派人前去查看,当知道此人是从四川步行到昆明来报考讲武堂时,非常惊讶,料定此人将来必定大有作为,遂当即决定,破例录取。朱德后来多次跟人提起此事。

还有一次他到讲武堂观摩学员操练,再次对朱德产生了深刻的印象。学员们正在认真地操练,忽然一群乌鸦飞过来,在空中叽叽喳喳地叫个不停。别人都没有在意,而朱德被乌鸦叫得不耐烦了,举起枪来砰地一枪打下来一只。教官不高兴了,认为他违反了纪律,随便开枪。而李经羲不这么认为,他说:"这个人活的鸟儿随手都能打中,打死的靶子难道还在话下吗?"不仅不予处分,反而给予表扬,令教官们大为不解。

蔡锷念旧释总督

辛亥革命爆发时,李经羲的旧部、云南昆明第十九镇协统蔡锷和前讲武堂李根源等率军起义响应,他们攻占了军械局和总督衙门,杀死了布政使世增,占领了昆明城,遂由蔡锷当云南都督,李根源任军政部总长兼参议院议长,把老上司李经羲的位子给夺了。

当时李经羲正在云贵总督府,革命军抓到他,要其"反正"。他不从,说:"身为朝廷命官,岂能以下犯上?"嘴上虽这么说,其实他对大清王朝的末路早已看得很清楚了。早在辛亥革命之前一年,他率幕僚登上昆明名胜大观楼时,吟诗赋词,劈头第一句就是:"西山惨淡滇池碧,万象埋忧入酒杯。"革命党人蔡锷、李根源等在他眼皮子底下进行革命活动,他认为是势在必然,遂睁一只眼闭一只,权当没看见,因为他知道大清王朝的气数已到头了。

当初有人提醒他:"讲武堂多革命党,虎大伤人。"他置若罔闻。蔡锷身处困境时,李还资助过他五百块银元,收过蔡的门生帖子,并将人家揭发蔡锷反朝廷的密信拿给蔡看,劝其小心谨慎。按说他还是同情革命的,然而一旦革命浪潮真的革到他的头上,要他选择何去何从时,他却又念及朝廷对李家的世代恩典,宁死决不犯上。他起初逃到一个姓萧的巡捕家中,后又避入咨议局,革命军抓不到他,就把他的儿子李国筠给抓去了。他随即给蔡锷和李根源写信,提出三条:一、志士可杀不可辱;二、要保护其家眷回乡;三、愿意为之尽力办事。蔡锷和李根源认为这老爷子还算识时务,看在旧情的面子上决定放他一马。

当时云南蒙自总兵与革命军对垒,负隅顽抗,革命党人久攻不下,就命李经羲写一封亲笔信对其劝降,李不得已只得照办。蔡锷便以此说服部下,说李氏对革命尚有功劳,于是由参议会做出决定,礼送李氏全家出境。李经羲自是感激不尽,拖家带口,还不忘带着他的云贵总督的"关防",以及皇帝颁发的尚方宝剑,乘滇越线火车离开云南,从云南到越南,再从越南转道香港到上海。当时革命正如火如荼,李经羲一行目标很大,尽管蔡锷派出卫队护卫,李根源亲自去送,并送了他一些旅费,到达火车站时,还是被杀气腾腾的新军强行剪去了辫子。

当时的上海租界内被认为是最安全的地方,因为除了工部局的巡捕房,任何势力不可以随意抓人的,况且生活方便。既然大清王朝已经倒台,李氏家族失去了朝廷的庇护,就只好另谋安全之地。李氏家族的"经"字辈和"国"字辈的人就在这个时候,大批来上海滩安家落户的,这是李氏家族"批量型"移入上海的第一批。李经方、李经迈、李经楚、李经羲、李经馥、李经藩、李经叙、李经翊等人,都在这一时期先后来上海买地造屋。李经楚和李经藩来得更早些,在庚子之后不久就来了,他们的政治嗅觉似乎比其他人更灵敏些。他们大多住在市中心和西区,只有李经楚在东部虹口,他的后代后来经营房地产,也在虹口和闸北。而李经羲,则选择了最好的地方——市中心的中心、紧挨在跑马厅边上的威海路,坐在阳台上就可以看跑马,岂不乐哉!

跑马厅边油灯尽

民国初立,万事纷纭,南北之争,久议未绝。袁世凯当上大总统后,起初为了糊弄革命党,还玩儿了一阵民主共和的游戏,这期间他拉李经羲为帮手。

李经羲到上海当寓公,起初还十分关注北方的局势,总是跃跃欲试地往北方送秋波。他曾去北京,与王芝祥、孙毓筠、于右任、章士钊等人组成"国事维持会",从事调解立法与行政、中央与地方、政党与政党之间的关系。袁世凯曾任命他为政治会议会议长、"约法会议议员资格审定会"会长、参政院参政、审计院院长。在袁世凯阴谋当皇帝的时候,他被授为中卿,并与徐世昌、赵尔巽、张謇四人为"嵩山四友",可以免称臣跪拜,因为他们是故旧,以尊国耆。以此来看,李经羲的政治倾向还是明显的,是老袁的座上宾,尽管与革命党瓜葛未断。

但是袁世凯的皇帝梦才八十三天就完蛋了,黎元洪上台当了大总统。黎元洪待李经羲也不错,任命他为财政总长(1917),可是日子很不好过,这大概是中国政局最乱的一段时间,"府院之争"闹得不可开交。后来黎元洪发火了,免去了段祺瑞的国务总理职务,叫李经羲当国务总理。李经羲面对如此乱哄哄的局面,没敢就任,匆匆离开了北京,直到张勋复辟的前夕、五月四日才通电全国,就任国务总理。表面上看,李家又出了一个宰相级的大人物,可是基础很不牢固,而且处于左右为难之中。

黎元洪为了抵制段祺瑞,下令张勋拥兵入京调停,还下令解散了国会。而张勋一不做,二不休,看看你们今天这样、明天那样,公说公有理,婆说婆有理,搞民主共和总也搞不定,还不如让皇帝回来呢! 所以不久就出现了张勋复辟,拥立末代皇帝溥仪重新上台。全国各种势力当然不干,一片哗然,段祺瑞遂马厂誓师,宣布出兵讨伐张勋,一场大战势不可免。李经羲一看情况不好,马上出来打圆场,屁股一下子又坐到中间去了。他随即发出通电,历数张勋入京调停及发动复辟等事情,造成目前不可收拾的局面,无论对何方,都百害而无一利,但又要求社会舆论对其网开一面,同时也承认自己参与了其事,该受重诛……总之是苦口婆心地劝说大家不要开仗,宁肯自己下台。

其实事情至此，你不下台也要叫你下台了。段祺瑞随即通电就任国务总理，冯国璋在南京就任代理大总统，令准免去李经羲国务总理本职，不久又免去他的财政总长的职务，以梁启超为财政总长。段祺瑞的讨逆军收复京师。这么一来，李经羲就成了两面之的，段祺瑞要抓他，张勋也憎恨他。他在京城中待不住了，风声鹤唳，草木皆兵，危急之中，不得不从东交民巷六国饭店附近的"水门"逃出，跳上火车仓皇逃命。身边只带了两个亲兵，进入上海的租界才松了一口气。这回可真正尝到了"五日京兆"的滋味。

其实他原本与北方并无深交，自己并没有培养出自己的嫡系，尤其手中并无兵权，在那个"枪杆子里面出政权"的时代，就只能成为人家的工具。何况李家的势力在甲午战争之后就已大为削弱了，老袁死后更不谈了，面对山头林立、党派互相倾轧的乱哄哄局面，李经羲的确玩不转了。

李经羲的弟弟李经馥

李经馥的妻子是曾纪泽的女儿

再次来沪的李经羲心灰意懒,从此再无出山之意,整天不是写信就是下棋。据曾在他身边生活的孙子李家煃说,他写信总是很长,有时竟达几十张纸。下棋倒有一个老先生陪他,赢了就哈哈大笑,输了就指着棋盘叫人家"翻船!翻船!",他要进出哪个门,总不希望门是关着的,如果门是关着的,他就要用拐杖一边敲门,一边叫:"用炸弹把它炸开!用炸弹把它炸开!"

更多的时候,他是半卧在竹子躺椅上,腿上坐着小孙子,墙上挂着他当年的辉煌:尚方宝剑。他老人家把腿一下一下地往上跷,让孙子乘他的"翘翘板",嘴里还念念有词:"爷爷给你做牛做马噢,爷爷给你做牛做马噢……"看来腿力还不错。那时他何曾能想到,当年乘"翘翘板"的李家煃,如今也到了给小孙子"做牛做马"的年纪,更不会料想到他的后代里,还出了一个大共产党——中国前任驻美国大使李道豫。

李经馥之子李国芝

李国芝的妻子盛毓菊是盛宣怀的孙女

李经羲的大儿子李国松(居中)与家人

李国松的家眷

在离李经羲住处不远的地方,住着他的兄弟李经馥。他们弟兄四个,大哥李经楞是同治年间的拔贡,江苏试用道,1892年就去世了,有三个儿子:国苏、国蕭、国芬,基本都在芜湖经商。老二李经奎早夭。李经羲是老三。李经馥是老四,与他走的完全是两茬道,长期在沪经商,曾办过上海中央印刷公司,在安徽办过安徽森林公司,钞票赚了不知多少。

但他的名气不如他的夫人和儿子大,夫人是曾国藩的孙女,即曾纪泽的长女;儿子李国芝(即李瑞九 1897—1940)是上海滩有名的小开,在齐燮元当农商总长的时候,他开过矿山,当过华义银行的买办,抗战时还办过上海实业银行、阿根廷俱乐部,经营房地产。他是李氏家族中最会玩儿的公子哥儿之一。反正有的是钞票,因李经馥只有他一个独养儿子,财产都归了他,实业办得怎么样都无伤大局,所以钞票来得快,去得也快,到了他去世前,钞票已大半花掉了。

李国芝之子李家庞与李道豫(左)

他家还有一个出名的人,即李瑞九的夫人盛毓菊,是盛宣怀的孙女、盛宣怀的长子盛昌颐的女儿,还是上海诗人邵洵美的夫人盛佩玉的亲妹妹,在上海的豪门小姐当中,也是挺出挑的一个。李鸿章和盛宣怀这几十年的老搭档,到了孙子辈,才有了这一门"联姻",可见他们也是有所避讳的。

第十一章　富贵公子

甘石桥"赶三一去无京丑"

北京西单商场斜对面有个地方叫甘石桥，那儿有个过去很有名的大宅院，虽说只有三进，但面积很大，跨院多，有百十间房间。

十几年前，笔者好不容易找到那里的时候，只见原先的大门因为临街而被改造掉了，原来的门房成了商店，大门内一道宽阔的通道，走进去二三十米才是二道门。只见二道门和三道门居然都还在，还依稀看得出垂花门的样式，以及当年雕花和漆饰的痕迹。

入得院来，院内原先的格局大体依旧——堂屋高大宽敞，有五开间，东西厢房依次展开，开间略小，却显得很紧凑，不知有多少间。厢房与堂屋交界的地方有条小夹道，夹道通向墙后的跨院，跨院的旁边还有耳院……前院、后院和跨院里各有好多棵老石榴树，曲枝遒劲，傲指苍天，显然是百年旧物，枝头上还挂着累累果实，令人遥想当年主人的某种期待……

其实院内原先住的人并不多，主人两夫妻和两个孩子，加上孙子孙女也不过十来口人，却要住这三进的上百间房

老年李经畲

子。原因是老太爷的来头不同凡响,是李瀚章的大儿子、李鸿章的侄子、晚清老翰林李经畬。他家里人虽不多,但气势却不能拉下。

李经畬(1858—1935),字伯雄,号新吾,是1890年(庚寅恩科)的进士,一辈子在北京当文官,忠厚谨慎,不贪不色,被朝廷赏加头品顶戴,赐紫禁城骑马,历任翰林院撰文、侍讲、实录馆提调……

在北京当个官,发不了大财但也败不了家。李经畬一生为官虽没有太大的政声,但在文化界却名气很大,尤其是在北京的京剧界,几乎无人不晓。他家里钞票不见得很多,名人字画倒成筐成篓,除了古字画,京剧界的名角如陈德霖、王瑶卿、龚云甫、梅兰芳等等送的字画、手卷、扇面,成堆成桌,俯仰皆是。原因是他在振兴京剧上舍得花钱,的确做过重要的贡献,是个终身票友。民国后他不食"周粟",已没什么钱了,生活还要靠女儿女婿帮忙,但他在京剧圈中仍旧忙活着。他担任了北京当时最大的京剧票友组织"春阳友社"的董事长,组织南北各派戏曲名流相互交流,隔三岔五地唱堂会不算,还常有京剧界人士来商量事,有时索性开会也在他家。凡是于公众有好处的事,他是来者不拒的,所以人们常听到他家的大宅院里吹拉弹唱不断,声音传出去老远。30年代余叔岩与梅兰芳两位京剧巨擘的组班合作,就是他老人家在"春阳友社"撮合的结果。

他在政治上也是明白的,末代皇帝溥仪在东北成立满洲国时,拉一些清廷旧僚的后人出来撑世面,想到他是李家的后代,就来拉他,结果,张之洞的儿子张燕卿去了而他没去。王揖唐、殷汝耕等汉奸搞什么华北自治的时候,也来拉他出山,他也坚不为动,保持了自己的名节。

说起他早年的名气,还跟京城里的一副名联有点关系。那对联是:"赶三一去无京丑,李二先生是汉奸",说的事就跟他有关。

赶三即刘赶三(1817—1894),名宝山,字韵卿,号芝轩,天津人,京剧票友出身,初习老生,后改丑角,是京剧丑角行当里的头一块牌子,被誉为京丑。他的戏以婆子戏为主(饰老太婆),戏唱红了,别人也不来抢他的戏,他一枝独秀很久，所以北方的丑角没有不拜他师父的，无形中胆子越来越大，戏演得越来越泼辣，在戏台上常有即兴发挥。

清末甲午战败后，李鸿章父子去日本签订了《马关条约》后回到北京，全国舆论哗然，认为离亡国不远了。有关部门为给他们洗尘，宴罢请客看戏，正赶上看刘赶三的戏。那时全国的舆论都是一致谴责李鸿章卖国，群情激昂，甚至提出杀李鸿章以谢天下，戏剧界当然也受到震动。

那一天刘赶三正在台上表演着，忽然瞥见李鸿章坐在台底下，就想讥讽他一下，出出气，于是把台词添油加醋，来了个即兴发挥。他那天演妓院里的老鸨子，就扯开嗓门，对着一群姑娘喊道："老大、老二、老三出来接客喽……"接着又加了一句，"这会儿啊，我们这里呀，就数老二最红了！""老二"即指李鸿章在家排行老二，结果台下的观众一下子全听懂了，立马给喝了个满堂彩，把李鸿章羞得无地自容。这下刘赶三的名气更响了。

李经畲是好好先生，平素从不发脾气，这回听说了这件事，却大发雷霆，拍案而起："岂有此理！"他周围的跟班和李家子弟也愤愤不平，扬言要给刘赶三点颜色看看。刘赶三风闻后害怕了，想到李家的权势，生怕遭暗算，台上再也没有平时的潇洒了，时间长了变得疑神疑鬼，据说有些神经不正常了，最后终于给"吓死了"。这么一来，李鸿章的名字在文人笔下就跟刘赶三联系起来了，所以出了这么一副对联，全国传诵一时。后来著名戏剧理论家任二北先生在写《唐戏弄》的时候，还把这个故事写了进去。

李经畲的夫人薛氏是晚清重臣薛焕的女儿

李经畚夫妇与孩子们

　　李经畚性格像其父而福气不如其父。他父亲生了十一个儿子，他只生了一个儿子，叫李国成。李经畚的夫人是四川望族、总理各国事务大臣薛焕的女儿。他夫人的三妹妹嫁了他的弟弟李经楚，五妹嫁了李家老四房的李经钰，李家三兄弟娶了薛家三姐妹，当时也被传为佳话。

　　他的儿子李国成当过外交官，曾在驻美国公使馆任职，回国后任外务部郎中和邮传部郎中，在清末大办洋务的时候，在官私合办的企业中也有任职，参与创办开滦煤矿，主持北京电话局等。夫人是光绪帝师、安徽寿州人孙家鼐的侄孙女孙多晶。孙家鼐是安徽籍的京官中，除了李鸿章之外的第二号大官。

　　李国成倒生了很多孩子，有两个儿子六个女儿。儿子生在美国，所以叫李家美，排行老五，另一个儿子是老七，早殇。

　　李家美上海复旦大学经济系毕业后，长期从事经济工作，后来到贵州从事银行工作,名声不是太显扬。但李国成的一群小姐一个个都嫁得很风光——大女儿李家珉嫁英国留学生董葆桢,是天津自来水公司总工程师;次女李仲明,嫁扬州世家子弟、大盐商的后代沈京似,是上海人公认的终身顶级美食家;三女李家英,嫁银行界人士陈为林;四女李家蓉,嫁淮安人顾翊群(季高),曾任国民党政府财政部次长,爱玩古董,收藏古钱币极多,其母是孙多晶的妹妹;五女李家传(排行老六),嫁大陆银行行长谈公远;最小的女儿是李国成的继配夫人黄氏所生,名李家仪,嫁斯里兰卡使馆官员……小姐们当年一个个如花似玉,来去呼啦成群,在甘石桥住时非常惹眼,街坊邻居说她们这些李家的小姑奶奶能遮大半边天……可是很快,她们长大后都像小鸟儿一样,呼啦一下全飞走了。李国成本人寿也不长,1919年就去世了,年仅45岁,比其父李经畬要早走十几年。

李经畬的儿子虽死得早,但他有个很能干的女儿、女婿。女儿李国锦(绣轩)嫁给了中国银行天津分行的经理、江苏仪征人卞寿荪(字白眉,署理湖广总督卞宝第的孙子),他晚年的生活主要就由李国锦,人称卞大姑奶奶安排。卞大姑奶奶婚后家住天津,但常回娘家。每当卞大姑奶奶从天津来京,甘石桥的大宅院里就要热闹一番,先是忙着大扫除,后是忙着接待客人,整天人来人往,车马不断。

别人是看热闹的,看表面,自家人才知内中门道。儿女归儿女们风光,而李经畬到了民国后,手里除了这个大宅子已经没钱了。他在民国后生活了二十多年,不工作就没有进账,为京戏还要贴钱,宁肯自己省,人情往来的排场还要顾及的,渐渐地,家底儿就空了。到后来对付穷亲戚,没钱送了,就卷几幅字画,送他们几幅名人字画打发打发。其实那都是当时官场上或是梨园界的名人墨宝,他过生日或是有什么特殊的喜庆时人家送他的,当时并不太拿着当回事,但知道拿到琉璃厂能卖钱。他是那种能帮人家多少就帮人家多少的好心人。

1935年,李经方八十大寿,李经畬赶到大连去参加了寿庆,回来没多久,就又接到了他的讣告。再过一些日子,李经畬自己的生命也走到头了,终年79岁,跟他的父亲一样高寿。

又过了几年,抗战爆发,北京沦陷,汉奸想占用这所大宅院,借口搜查武器来搜查了一番,李家后人感到不安全,索性把宅子卖了,迁到内地去了。

粉子胡同里的皇亲与李家人

从西单甘石桥往南大约走一站路,有一条很宽的胡同,叫粉子胡同。李瀚章的二儿子李经楚(1867—1913,字仲衡,号佑三)曾在这儿住过近十年,他的最后岁月也是在这儿度过的。

李经楚是李瀚章的儿子中最精明能干的一个,早年曾作为清廷皇宫大臣的随员,出使过海外,因此眼界开阔、头脑灵活。他继承了其父善于搞财政的特性,一生在经济领域里干过不少大事,出任过金陵矿务局的会办、当过京师大学堂提调兼办大学堂工程处,1902年,创办了号称有"十八个官银号"的义善源钱庄(实际上有二十七个官银号),在全国较早地开展了汇兑业务。交通银行也是在他任职邮传部时创办的,并出任了第一任总理(即总经理),还参与了北方许多"大中型国有企业"的创办和管理。他住到北京粉子胡同大约在1904年,是他到邮传部任职时的时候。

粉子胡同在过去很有些名气,因为内中有好几个晚清皇亲居住的大宅院,又是西单与西四一带最宽的一条胡同,南边的英子胡同和北边丰盛胡同

李瀚章的二儿子李经楚

都不如它宽。这条四五百米长的胡同里,竟有四处在当时很有名望的豪门大宅,即1号、5号、6号、20号,住的都是皇亲国戚。这些院子都很大,很有气派,其中两座还附带有"马号"。所谓"马号"就是大宅院停放马车,以及养马、住马夫的地方。好比现在的停车场、加油站及管理人员宿舍的综合体。

1号原先是个王府,王府败落了,民国后成了农商部机关。5号、6号和20号同属一个大家族,在改革开放以前基本保留了原样,那是光绪皇帝的妃子珍妃、瑾妃姐妹的伯父长善的家园。珍妃、瑾妃的父亲叫长叙,住在"老胡同"(俗称老虎洞),即北大红楼一带。他们都属于晚清"八大皇亲家族"之一的他他拉氏,祖上有军功,世代受到朝廷的优待,所以能够住在那一带,平民百姓是不能靠近皇宫住的。长善、长叙的后代在民国后改姓唐,如嫁给溥仪的弟弟溥杰的唐石霞,就是这个家族后代中的小姐。粉子胡同里的皇亲,民国后也改姓唐,前几年还活在台湾的知名作家、美食家唐鲁孙,当年就是粉子胡同5号里的房主。

长善常年在外当官,去世得早,这儿就成了儿子志钧(字仲鲁)和志锐(字伯愚)的家。5号、6号住的是志钧。20号是志锐的。

这些皇亲也不知是怎么搞的,到了清王朝快要完蛋的时候,人也都不长寿了。不仅长善去世得早,志钧也去世得早,志钧的儿子也不长寿,民国初年就去世了。所以5号和6号里常年的主人,就是志钧的夫人(大家都管她叫老祖儿)带着女儿、媳妇、孙子、孙女住在那儿,经济上自然是坐吃山空,盼望有合适的大户人家来租住她们的房子,以此过日子。6号也是他们家的,略小一点,原先发达的时候大概是准备来客人住的,与5号一墙之隔,除了走胡同里的大门,两院中间开个门就可相通。

20号的主人名义上是志锐,实际上常年住着两个寡妇,因为志锐在辛亥革命时已死在新疆了,是他的家人从新疆回来时才买的。《中国近代史词典》里对志锐有一番介绍:"志锐(1852—1912),满洲镶红旗人。他他拉氏。字伯愚,号公颖,一字郭轩,晚号迁安。光绪进士,散馆授编修。1892年由詹士擢礼部侍郎。中日甲午战争时,上疏主战,指责李鸿章因循玩误,叶志超瞻循畏缩,痛言'我愈退彼愈进,我益让彼益骄,养痈贻患,以至今日'。其妹瑾、珍两妃因得罪慈禧太后,贬贵人。他调乌里雅苏台参赞大臣,曾五次上疏,筹划西北防务,揭发强邻狡谋。1910年迁杭州将军,1911年,调伊犁将军。武昌起义后为新疆起义新军所杀。"

三个大院中数5号名气最大,院子也最大,陈设也最豪华讲究,想必当年就是长善的居所。那时这几个大宅门门口平时总是停着几辆黄包车,专等大门里出来的客人的生意。若是在城里其他地方叫黄包车,如果说是到粉子胡同,那车夫往往会问:"是5号吧?"

从晚清到民国末年,这些大院里诞生了很多意味深长的故事。男人逐渐都死光了,只剩下女人、老太太和孩子,靠卖卖当当过日子,东西卖完了就"吃瓦片儿"(出租或出卖房产)……是一部晚清皇亲贵族的没落史。

李家李经楚一房前后有三代人在这儿居住。李家人之所以会住进这所皇亲家的豪宅深院,还得从老太爷李瀚章讲起。

李瀚章曾多年在广东做官,官至两广总督,当时珍妃和瑾妃的伯父长善也在广东当官,官至广州将军,互相当然熟识。李经楚原先住在上海虹口(可能早在李瀚章当浙江巡抚的时候,就已在上海建立"基地"了,因为李经楚夫妇及其儿女李国奎、李国式在去北京之前,都住在上海虹口),等他到北京出任邮传部左丞、右丞的时候(约在1904年),在北京没有住处,就凭父辈的关系,租住了粉子胡同6号,那也是一处三进的宅院,隔墙就是5号。

那些大宅真是大得出奇,尤其是5号,大院和后院各连接着好几个跨院,院落之间的墙不是一道,而是两道,中间形成一条窄窄的"夹道"。那些"夹道"和一些弯弯旮旯的地方,常常是梁上君子隐身的地方,所以大宅院里必须要有家丁,当时叫"护院儿"。志钧家就有两个护院儿,都是身怀绝技的旗人,据说可以飞檐走壁,夜间在墙头上追赶小偷像走平地一样。著名的西单二条的一个王族大院(会家花园)里就出过一件怪事,一个护院儿夜里起来抓小偷,沿着院墙追了一阵没抓着,说是跑了,其实那小偷是从墙头上摔下来了,那院墙很高,小偷掉在夹道的角落里摔死了,没人知道,以至于过了好些时候才被人发现。

5号大院正中有一座很高敞的大殿称作大厅,有前廊、后廊、三面回廊。廊柱和大梁上尽是描金彩绘,显得非常庄严肃穆,这是主人会见重要宾客和处理大事的所在,平时是锁着的。大厅所在的院子没有厢房,左右都是宽宽的带栏杆的廊子。那廊子的考究,简直可与颐和园的长廊比美,上上下下都有好看的彩色雕饰和图案。廊子的栏杆上有宽宽的、同样上了彩漆木板,像条凳,当年是小孩子最喜欢玩儿的地方之一。大厅左边经过一条"穿堂"道,可以走到后院和许多个跨院。后院和东面的一个大跨院,才是主人家居住的地方,旁边还有花园和小跨院。

可是这样漂亮、气派的豪宅,并没有给主人家带来好运气,李经楚住在这儿的时候,就碰上了一生中最背运的事。

他原先在上海时,自己的那个"三产"——河南路恒生里的义善源钱庄办得很红火,在每一个省份都有分号,据史料记载,最兴旺时在全国有二十七家分号,与之业务上有密切联系的有三十六家钱庄(《上海钱庄史料》),尤其他在全国开办外地和外国的汇兑业务(即汇划业务),影响巨大,可能影响了盛宣怀的中国通商银行的经营,故对之早就有意见。

20世纪初年,正是以英国投机商人麦边为首的外国冒险家,在上海大肆捣鼓"橡皮股票"的时候。他们先是在媒体上大肆宣传橡胶的广泛用途,认定四十年内橡胶价格将持续上升,吊起市民投资橡胶种植业的胃口,然后于1903年再推出一个"兰格致公司",广泛发行橡皮股票(实际上是个皮包公司,根本不存在那个橡胶园)。1908年世界橡胶价格大涨,该公司趁机大做文章,同时暗中掀抬股票价格,造成一种供不应求的局面,结果引得上海几乎所有的官员、商人、买办、市民、投机家都蜂拥而去抢买橡皮股票,继而钱庄、银号,甚至银行也都围着橡皮股票转。尤其是他们宣布这种股票在中外银行可以做抵押贷款,那就更加起了煽风点火的作用。大家买了股票就拿到银行去抵押,贷了款再去买橡皮股票,循环往复,像滚雪球一样,越抄越热,全城几乎无人不在谈论橡皮股票。其他外商见有利可图,也一样仿效,结果又生出许多种橡皮股票来,最后造成几千万的资金流进了外国冒险家的腰包。

李经楚的义善源钱庄(挂两块牌子,既是钱庄也是票号)不幸也被卷入了这场灾难。按说李经楚还算是谨慎的,他并不直接投资橡皮股票,不像世人那样起哄,但他与源丰润银号的关系太密切了,源丰润大量投资橡皮股票,又拿了这种股票来向义善源办抵押,李经楚碍于多年的合作伙伴的情面,不好拒绝,于是也被拖进了足以灭顶的旋涡。

李经楚之所以这么相信源丰润,是因为其来头太大了,该银号的老板是严信厚(字筱舫,浙江人,江南巨富),是中国第一家银行中国通商银行的第一任总董、上海第一任总商会会长、盛宣怀的亲信。那时源丰润银号已有五十多年历史了,当年李鸿章都跟该银号打交道,家中一旦有什么事急需现款了,也是去源丰润通融。严还办有通久源纱厂、通久源面粉厂、通久源轧花厂和同德盐号、上海中英药房、华兴水火保险公司……实力和后台都是第一流的"硬"。更何况,严信厚早年还是李鸿章的帮手,在上海打太平军的时候(同治初年)就由胡光墉介绍进入了李鸿章的幕府,随军攻入湖州;李鸿章打捻军的时候,委其在沪襄办饷械,又立有大功,所以战后李鸿章给他一个长芦盐务帮办的肥缺,让他发了财,所以他在上海的世面才越做越大。他与上海道、华洋官私各方都有交情……对于这样一位同盟军,你能推托吗?你能相信他会倒闭吗?

然而事实是残酷的。李经楚到北京邮传部做官之后,哪里知道上海的局面竟然如此"火热",仅仅六七年时间,又竟然如此不堪收拾——堂堂源丰润真的被洋人们的"橡胶股票"打倒了。洋大人们看看钞票赚得差不多了,股票已涨到无可涨的地步了,就席卷了中国人的银子逃之夭夭了。上海首先有正元、谦余、兆康三家钱庄倒闭,接着源丰润也在劫难逃了,亏欠上海公私款项

交通银行1907年发行的钞票

达两千多万两。整个风潮的影响不仅是上海,而且波及外地,共有三十几家银号和钱庄被压垮,倒闭的企业和商人就无法统计了。这就是20世纪初的灾难性的"橡皮股票风潮",最后弄到要两江总督张人骏出场,向外商银行借款数百万来缓解上海金融局面的地步!

而源丰润又拖欠李经楚的义善源钱庄的巨款,最后造成义善源钱庄资金周转不灵,终于也被拖垮了。1907年时,李经楚已当上交通银行的第一任总理,因为他在该行的股份最多。1910年义善源危机时,他开始借用交通银行的款子,后来借款越来越大,把自己所有的财产都抵押进去了。

1911年初,李鸿章当年的亲信盛宣怀当上了邮传部尚书(即交通部长),那时交通银行是归邮传部管的。盛宣怀为了抓到交通银行,全不念及李家的恩情,下令交通银行整顿,叫李经楚即刻偿还全部欠款,迫使李经楚下台。这样一来,义善源得不到喘息,资金周转不灵,只好宣布倒闭了。他忧急成疾,终于在粉子胡同病倒了,经调治无效,于 1913 年去世。

1960 年上海人民出版社出版的《上海钱庄史料》中讲到李经楚时说:"义善源票号者,合肥李氏一族所开也,李经楚为总司理,有支店 27 家遍布全国。其往来钱庄密切者 36 家,受源丰润破产之影响,资金运转不能如意。李经楚为交通银行总办,常向该行通融款项借以支持,及盛宣怀入邮尚,欲揽交通银行之权,迫义善源交还借款,无以应,遂以 1400 万两之负债而破产。"

《交通银行史料》中又说:"1911 年义善源倒闭,悬欠交行款项颇巨。李经楚将苏浙各地典当、田契低偿,并嘱各处经理赶速清理,尽快归还交行欠款,不足之数,再将家中首饰拿出来抵补,交行特设旧账清理处,专责清理义善源债权。李因义善源事件去职,周克昌继之。"

李经楚病重垂危时,他在上海的儿子女儿去北京探望过。他们租住在前门一家旅馆里。那天白天去粉子胡同看看老人似还可以,傍晚时分就回旅馆了,可是到了半夜有人来报,说是老人不行了,结果当夜就去世了,那是 1913 年 11 月,李经楚享年才 48 岁。李经楚夫妻感情非常好,老头儿一去世,老太太精神上受刺激太大,第二年也去世了。这场灾难,对李家大房的打击,可想而知。

6 号里的情况如此,5 号和 20 号的局面也很不妙。

20 号虽说是志锐的房子,可他从来未住过。他曾官至兵部侍郎(即国防部次长),是翁同龢的学生,大概因为政治立场站在"帝党"一派,又因在戊戌变法时同情康梁等六君子,被慈禧太后发现了,自家人不便杀头,就外放至新疆任伊犁将军。他的元配夫人也是满人,文笔很好,在宫里为慈禧办理文案,相当于秘书,不大回家的。志锐外放伊犁时,原配夫人没跟去,在前往新疆的路上走到热河时,娶了一个姨太太,后来成了 20 号的主人。

这位姨太太,胡同里的孩子们都管她叫老姨太,活到快解放时才去世。她曾对孩子们说,辛亥革命爆发时,那天晚上志锐匆匆忙忙跑回将军府,说是:"不行了!我们完了!你们赶快走!"说完拿出一些钱,叫他的一个叫"刺儿头"的堂侄,赶紧带着家眷连夜逃了出来。一路上马拉驴驮,躲躲藏藏,还穿越了沙漠,不知走了多久才回到北京。到了北京,人已经跟叫花子差不多了。

由于走得突然,急于逃命,他们什么首饰细软都没带出来,志锐唯一的一个女儿手里只抱着一只猫逃出来。回到北京一切都物是人非,而留在伊犁的志锐又被革命军杀死了。志锐的大姨太听说后,一下子急疯了,后来疯得很厉害,大冬天打着赤膊在院子里走,到夏天还穿着棉袄。她女儿整天愁容不展,到北京不久也悒郁而死了。他们一房就剩下一个二老姨太和那个疯了的大姨太,守着偌大的院子。志锐那在宫里服侍慈禧太后的原配夫人就一直没有消息,也可能早就死在宫里了。二老姨太在解放前夕死于子宫癌,疯子更死在她前面。

5号和6号是长善的二儿子志钧的大宅院。志钧在北京当官,死得早,但他的太太寿命很长,满洲人,人很慈祥,说起话来慢慢的,做过80大寿,唐家上下都管她叫"老祖儿"。她有两个儿子,娶的媳妇都是汉人,但也去世得早。老大娶的是泰州王姓盐商的女儿,老二娶的是清廷大官李鹤年的女儿。大媳妇早寡,生有一女,没生儿子;二媳妇生了唐鲁孙,但生下孩子后没几年也去世了。临终前就把唐鲁孙过继给了寡嫂,所以唐鲁孙实由他的嗣母养大。他的生父又娶了填房,生了一个男孩,但有些傻乎乎的。其父和伯父都死得早,所以5号大院里只有女人、老太太和孩子。

她们民国后一直就靠卖卖当当过日子,东西卖完了就卖房子。唐家一直卖到东西"见底儿"了,唐鲁孙也长大了,只好出来找工作了。

为生活所迫,唐鲁孙一生跑了许多地方,四处闯荡,到过南方,还去过新疆,初办税务,最后到了台湾,在一家香烟厂当厂长,前些年也去世了。他工作的时候并不很出名,有意思的是他退休后反倒爆得了大名。之所以能爆得大名,关键是他嘴馋,爱吃,是个美食家,走到哪里吃到哪里,还喜欢研究各地的饮食风俗,吃的方法和规矩。他退休后写了十几本书,十分之七是有关美食的,十分之三是人文掌故。书中回忆了不少在北京时的美食趣事,文笔不仅如行云流水,非常酣畅,而且用字造句高雅,韵味十足,他能十分准确地把美食的滋味写出来,这实在是很不容易,故能唤起老北京们对古都往事的美好回忆。他的书在台湾非常畅销,如今大陆也出版简体字版了,被誉为"侠有金庸,史有高阳,吃有鲁孙!"可见影响之大。

李经楚夫妇都去世后,他们在上海的大女儿李国奎觉得应当到北京去,因她婆家在北京。原先住在上海娘家侍奉母亲,现在母亲去世了,再不去婆家就不像话了。想不到当她带着孩子北上时,竟和唐家的一个媳妇在船上偶然相遇了。她听说李国奎要到北京安家,就邀请去她家住。因唐家的人靠"吃瓦片儿"过日子,希望有熟悉可靠的人家来住,而一般人家也租不起那么大的院子。就这样,李国奎继其父亲之后又住进了粉子胡同,而且在粉子胡同一住竟达十五年,若加上其父李经楚住的时间,前后差不多要二十年了。因此,李经楚的外孙范绪箕和范绪筼,与唐家的孙子唐鲁孙一起长大,从小在他家一起读私塾,下了课一起玩儿,唐家的故事,以及民国后清朝皇族一天天走向没落的故事,也就听得多了。

李国奎的公公去世很早,丢下两个儿子,一个范启源,一个范启光。婆婆就把小儿子——范启光(后改名为范其光),送到同文馆学俄文。那个时代一般青年的正当进身途径,主要是考科举,殷实一点的人家都不愿把孩子送同文馆学习,多少有些认为不够正宗。所以清政府采取了一些优惠措施,鼓励大家去学洋务,除了对同文馆的学生的生活实行全包外,每年还给学生的家庭发一定的津贴,以示鼓励,于是就把小儿子送进同文馆,把得来的津贴,用来培养大儿子考科举。可惜不久科举制度被废除了,这一举两得的如意算盘没能实现。

然而范其光在同文馆倒学成了,学习一段时间后就被送至俄国,在俄国从头读起,最后进入圣彼得堡铁道学院,学习铁道建设工程。他在俄国一共待了十八年,1907年毕业,实习是在中东铁路搞测量。当时俄国人已与清政府签订了协议,正在我国东北建造中东铁路,等到他毕业回国,已经30岁了。不过他的母亲和哥哥还是有收获的,因为范其光在俄国十八年,每年的津贴国家是照发的。

旧社会的婚姻很重要的一条是要门当户对,而李经楚对儿女的婚姻却与此完全不符。这主要是李经楚从事洋务,思想观念与当时一般的思想观念不同之故。他的选婿标准是要有一技之长,必须要有新的西学知识和技能,品行端正,身体健康。他不喜欢官宦豪门、富甲巨绅人家的纨绔子弟。因此他择婿颇费了一些时日,使得他的长女李国奎年28岁尚待字闺中。时恰逢俄国留学生范其光回国后在外交部做事,正年富力强,初露头角,而李经楚也在邮传部任职,于是一举相中。这在那个封建意识极强、大家都讲究门当户对的时代,是很难得的。

有了这样一个开放型的父亲,安排女儿的教育也与当时别人家有所不

原上海交大校长范绪箕先生

同。李国奎除了跟一位中国老先生学古文之外,还有一个英国女教师长期住在家里,教她学英文和西洋历史文化,不时也教她一点怎么用工具做一些小的工匠活之类的东西,另一方面也有意无意地传授给她一些妇女自由的反抗精神,例如对于缠足这种事,在英国女教师的怂恿下,她就极力抵制过,所以她的缠足是很不合乎"标准"的。李经楚和李瀚章在广东的时候,李国奎曾乘船前去看过他们,英文教师也随行。也许是受了这位英国教师的影响,李国奎博览群书,对几个孩子的学业极为重视,业余时间也安排得紧紧的,所以她的两个儿子,后来一个成为著名的物理学家(范绪筠),另一个成为著名的航空动力学家(范绪箕)。

尽管李经楚举办洋务,思想颇新潮,但嫁女儿时的传统规矩还是一点儿也不含糊的。若干年后,李国奎的小儿子范绪箕还看到他母亲的嫁妆,那是几十个箱子,其中有十副"银台面"(全套的银餐具,包括酒壶酒杯等),一套装一箱,共十个箱子。还有成箱的丝绸缎子,可是在后来的几十年中从来也没有打开用过。大概生活过得可以了,似乎用不着动用。他们家从上海搬北京时就原封不动地运到北京,从北京搬往哈尔滨时就寄存在20号的两间门房里。直到解放初李国奎去世时,她的小儿子去处理她的遗物时,才第一次打开。不过那不是拿出来用的,而是做处理的,因为20世纪50年代初国家有一个规定,个人不可以收藏金银,应当作价卖给国家的,所以他就把那十个箱子的"银台面"送去中国人民银行了。人民银行的工作同志抓过一个银勺子,看也不看就用手一弯,扔到旁边一个筐子里,一个一个地照此办理,酒杯酒壶之类就砸砸扁,统统堆到一起,当原料去化银块了。其他箱子打开来,多数是些丝绸和毛料,解放初时兴节约俭朴,这些大红大绿的绫罗绸缎不时兴了,也就随便处理掉了。这几十箱子嫁妆跟着李国奎从南到北,转了四十多年,想不到最后竟是如此结果,若老太爷在世,还不知作何感想。

李国奎还在北京买过一处房产,是个不小的四合院,在南池子,背后就是故宫了,地段极好,租给外国人住,后来卖掉了,据说最后成了王揖唐的房子。可知她的那份嫁妆还是笔不小的财产。

粉子胡同里还有几次做大事的场面，有的与李家有关。

一次是唐家小姐出嫁。新娘是唐鲁孙的姐姐，叫唐葆桢，也是李国奎的干女儿，婆家是李瀚章的三弟李鹤章的孙子李国松（木公）家，新郎官叫李家炜，是李国奎做的媒，属于满汉通婚。李家炜是个很活跃的人物，人精神得很，号称会算命，据说算得还挺准。他是李国松的三儿子，晚清云贵总督李经羲的孙子。民国后许多李家人不屑于跟国民党的新贵来往，而他思想很开通，跟吴国桢是同学，还拜了把兄弟。他家原本住在上海和天津，

李国松的儿子李家炜、唐葆桢夫妇

就为了迎这门他他拉氏的皇亲，老爷子带队一行几十号人来到北京，在协和医院附近租了房子，一处四合院给一对新人住，另有一处花园洋房是李家老太爷和众亲戚住。那时候，李家的许多人家都已是卖卖当当过日子了，而李国松家还有这么大的排场迎亲，说明家底子不薄。

这么一来，原先空荡荡的胡同里、大院里一下子来了那么多人，大家都很兴奋，而且到处扎灯结彩，尤其迎亲的马队进大院时很好玩，新郎官骑着高头大马，前面还有人给鸣锣开道。婚礼是按旗人的规矩办的，都像是排演节目的似的，有人高声吆喝着，一道一道的礼仪。新娘子出门时，须由新郎官向门帘子上射一箭，新娘子才能被搀扶出来。新娘子的嫁妆中有个马桶，还得叫院里

李家炜(右)与张大千是朋友

的小男孩往里撒泡尿……李家大队人马在北京一直住到新娘子回过门儿了,才回上海。抗战时期李家炜去重庆,夫人唐葆桢身体不好,回到北京,1941年患肺病去世。李家炜在1949年前后到了香港,70年代在香港去世。

这对满汉通婚的夫妇生了四个孩子,两个儿子:道均、道堪;两个女儿:道厚、道佳。可惜他们在大学毕业走上工作岗位之后不久,正赶上唯成分论泛滥成灾的时候,他们被视为阶级异己分子,不同程度上都受到了不公正的待遇。李道均上海交大毕业后参军,李道堪在南开大学,还没毕业就参军了,他们都怀揣一颗报效国家的忠心,投入了20世纪50年代火热的生活。但是家庭出身问题是他们终身的枷锁,他们始终被视为"另类",在那种特殊的政治气氛中,他们不幸都英年早逝。

李道厚从小在教会学校读书,英语很好,18岁就报名参军了,在部队从事无线电通讯工作,她没日没夜地学习和工作,多次受到领导表彰,但是一讲成分就不行了。1954年,她和丈夫被迫离开部队,到山西运城县的一个乡村教书,她教英语,丈夫教物理,那时她还不满22岁,结果就在山西运城工作了一辈子,其间每次政治运动他们都无法摆脱骚扰,可谓吃尽苦中苦。粉碎"四人帮"之后他们迎来了真正的春天,开创了运城地区实际意义上的英语教育,成了当地教育界的明星。在李道厚72岁生日的时候,人们送来了一块横匾,上面写着"河东英语第一人"。她的妹妹李道佳也是个女强人,北京师范大学毕业,现在是全国知名的幼教专家,经常出席专业的国际会议。

唐家的另外一件大事,是唐家"老祖儿"去世。"老祖儿"是志钧的夫人,即唐鲁孙的祖母。院子里摆满了纸扎的驴马和房子,大厅里到处系着白绸、白帐。"老祖儿"的灵柩停放在大厅中央,灵柩旁跪着唐鲁孙,两边各跪着一排披麻戴孝的女人,她们的任务就是哭。来吊丧的人络绎不绝,都是些清朝皇亲中的遗老,也都知道按照规矩行事。走进垂花门,先得小跑几步,然后

李道厚、潘思章夫妇都是优秀教师

请安或是作揖,并在院子中央的跪垫上大磕其头。这时大厅里的两排女人就要"呜——呜——"地大哭。等来人走了,她们的哭声也就停了。等再有人来时,先有人来通报的,一经通报她们立即"呜——呜——"声再起。其实根本没有眼泪,"干打雷"而已。这些都被当时的小孩子范绪箕看在眼里,觉得很稀奇。

最后才是大出丧,长长的送葬队伍,长长的仪仗和车马,一字长蛇,一直送到现在的京西六里屯下葬。那儿是个山清水秀的地方,是唐家的祖坟地,有很大一片,周边和各个坟头边都种了很多松树,坟头有一人多高,常年雇佣着坟亲看坟。

李家外孙还看见过唐家的一个阔亲戚来访。此阔亲戚就是末代皇帝溥仪的弟弟和弟媳,即溥杰和其前妻唐石霞(后来离婚了),唐鲁孙叫她"十姑爸"。唐石霞长得非常漂亮,相比之下,皇弟的有点差档次了。那天美人骑马走在前面,溥杰骑着马跟在后面,最前面有书童开路。进了院门儿自然是一片骚动。

唐石霞是珍妃、瑾妃姐妹的亲侄女,是志钧、志锐兄弟的堂房侄女,是长叙的亲孙女,娘家住在城东的北大红楼一带,俗称"老胡同",叫得顺嘴了就成了"老虎洞",那一带是皇亲国戚的世袭领地。后来据说唐石霞拿婆家的东西(摄政王府的贵重东西),被人告了,为了解脱,她捐献给国民党不少,成了国大代表。再后来就离婚,到南方去了。

一转眼,这些场面都七零八落、烟消云散了。

30年代中期,李国奎一家搬到东北哈尔滨去了,因为李国奎的丈夫范启光在中东铁路局当理事,在哈尔滨有不错的房子,而且环境十分清净。他们一家走后,粉子胡同里就更冷清了。

唐家最后从粉子胡同迁出的一幕,李家人没见着。

魂系天涯的外交官

李经叙(1867—1909)字叔伦,是老六房李昭庆的三儿子。他从小聪敏过人,读书勤奋,十几岁考取了秀才,弱冠又考取了光绪戊子科的优贡(清廷每三年一次的、由各省考选的全国秀才选拔考试,正途出身),因而分发为县官,1890至1892年,先后在四川和直隶两地任知州和知府。直隶一地,正是他的伯父李鸿章的管辖之地,想必能得风气之先,亦能亲聆长辈的教诲,遂于洋务诸业颇多接触。他博学多能,不负众望,悉心研究洋务,后来到上海担任了上海制造局会办,进而金陵制造局总办。

1897年,已是甲午战败之后,李鸿章也已出使欧美回来,他亲眼看到了

李昭庆的儿子李经叙和李经楘(右)

李国栋骑马照

中国与欧美间差距的巨大,更加主张中国人要"走出去、请进来",学习西方先进的科学技术。同时,像当年在上海办广方言馆的时候一样,他处处写信,主张李家子弟能到上海来学习外语,将来从事洋务实业,或可于国于家有利,而不过分强调他们去考科举。此时他更加主张子弟兵应当"走出去"。

这时适逢李鸿章的幕僚伍廷芳出任驻美国、西班牙、秘鲁公使,一个人忙不过来,要分设代办级的外事机构,李经叙就在这时被伍廷芳挑中,以二等参赞的身份赴秘鲁,代办公使事务。那时秘鲁国家新建,国富民稀,在外招工开垦荒地,华人居多,公使代办与该国的各种交涉就始终不断。又时逢秘鲁内乱,华侨的利益得不到保护,有的甚至倾家荡产。乱平后,其他国家的侨民都获得了赔偿,而华人大多未能得到赔偿,李经叙依法为据,以诚相待,反复交涉,华人终于也得获赔偿。由于他为公办事勤勉,不辱使命,"邦交益亲,侨民益附",三年期满后,又留任三年,并保升道员,加布政使衔,赏给一品封典,于1903才年回国。

回国后他的侄子李国栋(李经叙大哥李经榘的儿子)曾向他讨教办外交的门道,他说:"昔孔子有言:'言忠信,行笃敬,行于蛮貊之邦,道在己矣。'"所谓有什么"门道",都是儿戏之谈,关键是要以诚相待。后来李国栋也从事外交工作,随使臣出使奥地利,终生奉叔叔之言为法则,受益无穷。李经叙回国后在两江总督周馥手下做事,周馥是李鸿章四十年的幕僚,对李家忠心耿耿,仍注意发挥李经叙的外交特长,于1905年冬,派他送武备学堂的学生赴奥地利留学,第二年二月回国。适

清廷驻奥地利外交官李国栋一家三口

逢李国栋随使臣出使奥地利,往返两船在红海上相遇,但是仅仅可望而不可即,李国栋甚以为憾。

伍廷芳是广东商行首领、买办世家伍浩官的后代,曾自费留学英国,在林肯法律学院学法律,期满后回香港担任律师,后又受聘为香港法官兼立法局议员。1882年,李鸿章招他入幕,要他为朝廷服务,他欣然从命,开始了襄办外交的生涯,1896年赴美履新,1902年回国。到了1907年,朝廷再次任命他出使美国,一人四任,任驻美国、墨西哥、秘鲁、古巴公使。这时他又想起了李经叙,因李经叙已经非常熟悉海外事务及美洲各国政治,办事又勤敏干练,于是推荐他为驻墨西哥使馆二等参赞兼总领事,代办公使事务。

于是李经叙再次带上家眷乘船赴美,仍是从上海走。这时恰好也是李国栋在奥国任职期满,要返回国的时候,将在上海下船。他们互致电报往来,计算船期,希望能在上海见上一面。因为他们在老家时有十几年生活在一起,感情很好。可惜李国栋乘的船到香港时遇上大雾,船停开一天,因而错过了见面的机会,而且是最后一面的机会。

墨西哥接近赤道,气候闷热,李经叙到后很不习惯,时生小病。当时墨西哥华侨也很多,事务烦杂,每遇棘手之事,他总是极力排除纷扰,秉公办事,虽身体不适,亦能竭力支撑,口不言劳。谁知一年之后,病情加重,调治无效,1909年竟以伤寒病逝墨西哥使署,年仅43岁。清廷为表彰他的以身殉职,特予诰授资政大夫,后又赠内阁学士衔,诰授荣禄大夫,以激励后人。

李经叙病逝墨西哥后,朝廷给了三万两银抚恤,由其夫人丁氏带着几个孩子奉柩回国,葬合肥东乡。他的灵柩运抵家乡时,他的侧室夏氏哀恸欲绝,后绝食而殉夫。那时他的孩子们都很小,是子国澄、国源、国济、国沆,女儿国珍(国光、国连早夭)都很小,最小的国珍才八个月。丁氏因孩子们的大伯李经楚已定居芜湖陶塘边,所以也来到芜湖定居,在小花园的旁边买地十亩,建起了长春花园。

当初他们从墨西哥返回时,李经方非常同情他们的处境,就提出把年龄大一些的李国源带到英国读书,那时李国源才 14 岁。还有一位英国籍的公使馆女秘书,非常同情李家孤儿寡母,提出她将辞去在墨西哥公使馆的职务回英国,可以带两个孩子去英国读书,由她来供养,以分担丁氏的家累。丁氏觉得孩子还小,谢绝了她的好意。后来那位热心的英国女秘书还来过中国,还来探望过李家母子。李家后人也至今还念及这位异国女性的友情。

第十二章:"怪味"姑爷

败将女婿张佩纶

李鸿章身为中枢显宦,朝廷重臣,在世人论及清流、浊流时,总是把他归入浊流。他在儿孙们的婚事上,一般都在浊流系统中物色亲家,主要是淮军旧部和当朝大吏,如四川总督刘秉璋、闽浙总督卞宝第、陕西巡抚张集馨、山东布政使朱其煊等等。但在选择女婿的时候则不然,却是偏重了清流,这是很多人所无法理解的。

李鸿章的大女婿张佩纶

李鸿章的大女儿李经璹

李鸿章有两个千金小姐,大的叫李经璹(菊耦),小的叫李经溥。李菊耦嫁了清流健将张佩纶(即张爱玲的祖父),李经溥嫁了宜兴"小开"任德和。李鸿章还把一个侄女嫁给清流的"牛毛"崩光典(礼卿)。这几位姑爷,都是才高八斗、"头上长角"、与众不同的"怪物",在当时很当了一阵"笑话篓子"。

张佩纶(1848—1903),字幼樵,又字篑斋,是同治年间的进士,极富文采,出生在河北丰润七家坨村,又是晚清有名的大炮筒子,素以直谏著名,与宝廷、吴大澂、陈宝琛等人被号为"清流"健将,官至都察院左副都御史。

他一生不晓得向朝廷上了多少奏折,专门揭发那些贪官污吏,以清朝政。慈禧在心境顺畅的时候,当然愿意听汉族大臣们互相揭发了,一方面可以显出她的广开言路,政治清明,另一方面可使汉臣们相互钳制,有所忌惮,无形中她不是可以更超脱、更省心了吗?所以张佩纶一再得到鼓励,奏折越发写得起劲。尤其从光绪元年到光绪十年间,他非常得势,一个报告上去,总有个把封疆大吏被打下来。

他最风光的时候是在1882年,一下子弹劾了一大群大官,如吏部尚书万青黎、户部尚书董恂、都御史童华,都被他抓住了把柄,一个个惨遭开缺或申饬。他不晓得怎么又发现了云南省报销中的"黑洞",多报浮支,多留余款,户部竟然予以核准,想必这里定有勾结,于是穷追猛打,连上三个奏折,终于把名重当时的内阁大臣王文韶拉下了马,赶回老家杭州去了(后来又复出)。被他参奏的官员还有内务府大臣茂林、出使英国大臣郭嵩焘、贵州巡抚林肇元、船政大臣黎兆棠、浙江提督罗大春、吉林将军玉亮、户部侍郎邵亨豫、道员姚文枏父子,以及马建忠和给事中师长灼父子等等。锋芒所向,锐不可当……

晚清暴露文学大师曾朴在小说《孽海花》中记录了他的身影:

"谁知仑樵(影射张佩纶)那日上折,得了个彩,自然愈加高兴,横竖没事,今日参督抚,明日参藩台,这回劾六部,那会劾九卿,笔下又来得,说的话锋利无比,动人听闻。枢廷里有敬王(影射恭亲王)和高扬藻(影射李鸿藻)、龚平(影射翁同龢)暗中提倡,上头竟说一句听一句起来,半年间那一枝笔尖上,不知被他拔掉了多少红顶儿,满朝人人侧目,个个惊心,他到处屁也不敢放一个……人家愈怕,仑樵却愈得意,米也不愁没了,钱也不愁少了,车马衣服也华丽了,房屋也换了高大的了。正是堂上一呼,堂下百诺,气焰熏天,公卿倒屣,门前车马,早晚填塞……"其名声之大,阵势之猛,"以直声震天下",可见一斑。

然而老李头上他没动一根毛发,不知是老李真的无事可参,还是顾及与他老爸的患难之交的面子。

张佩纶的老爸张印塘是嘉庆年间举人,曾在浙江当县官,后来调到安徽任宁池太广兵备道。太平军打到安徽的时候,他正在任上,因率兵扼守战略要隘集贤关有功,官升一级,当上了安徽按察使,这时正是李鸿章奉命回乡办团练的时候,可知他老爸打长毛的资格比李鸿章还老呢。仅仅一年时间,他们在共同的军旅生涯中建立了友谊。可是天不假年,1854年张印塘死于任所,比李鸿章之父李文安还早死一年,那时张佩纶才7岁,只能随母亲和叔父及姐弟辗转江浙。李鸿章率淮军打下苏州的时候,他家已定居苏州。想必那时如果老李能找到他们的话,是会给予一些帮助的,因为从后来的情况看,老李对他非常关照,曾送过他车马,他的第二任妻子边翠玉去世时,还送过一千银元的"白包"。也许因为其父的关系,其本人又有非凡的才华,在主张变法和大办洋务方面与老李的观点又趋向一致,所以李鸿章对他一直非常关注。

不过张佩纶有时"闲事"也管得多了点。比如在左宗棠收复新疆期间,他看到了一个事实,即新疆幅员辽阔,交通不便,打下来后如何维持得住是个大问题,因为历史上汉民族曾多次统治过那里,也多次大权旁落,因为实在鞭长莫及。于是他主张移民,在新疆大力发展经济,屯垦戍边,种粮种棉,保证当地饷源,以保证对当地的统治。他指出依赖内地长途转运粮草,不是长久之计,必须要移民就地取材,自力更生才行。这些意见固然不错,那么移民哪里来呢?移哪些人去好呢?那个又远又冷的地方谁肯去呢?张佩纶的设计是,叫京城里那些游手好闲的旗人去!一来可以逼着他们自食其力,思想可以得到改造;二来可以减少内地的压力;三来可以巩固国防;四来……

不知这道奏折到了慈禧手里有没有把大牙笑掉——叫那些提着鸟笼子、怀揣着蛐蛐罐儿的八旗子弟去开荒种地?怕不是要拿他们去喂秃鹫吧?这样一来,张佩纶得罪的就不仅是封疆大吏了,而且把在京城里舒服了多少代了的旗人也得罪光了。他就必然和者盖寡,越发孤立。

1883年中法之战开战,张佩纶热血沸腾,连上十数份奏折,全力主战,强调如今中国对外关系,绝不能存苟安之心,"深筹熟计,终非出于一战"。他还为朝廷出谋划策,具体部署:叫左宗棠部开到边境"镇三边";调水师前去加强海防;要资助刘永福的黑旗军,令其作为官军的羽翼;联络德国作为外交上的牵制……

俗话说:"嘴上说得巴巴的,尿床尿得哗哗的。"纸上的本事逗能逗得过了点,朝廷也不免反感了。从长远的观点看,姜还是老的辣,一切都在老李的眼里看得清楚,清流们只不过是慈禧一时的工具,一旦用完了就算全完了。叽叽喳喳得狠了,老佛爷也烦。慈禧是喜怒无常的,翻脸不认人,她这会儿心里想的,哪是这班清流所能料到的!

果然,是驴子是马,朝廷叫你们拉出来遛遛!一张圣旨下来,将三员清流大将统统赶出了京城——命吴大澂会办北洋事宜;命陈宝琛会办南洋事宜;你张佩纶呢,到前线去吧,会办福建海疆事务!你不是主战吗?那儿正是前线,你就去打吧!打胜了,是朝廷的英明;打败了,是你笨蛋,得拿你是问!

表面上看他们都升官了,实际上都下放了,表明了他们在上层的失势,也表明了朝廷决心议和的立场。张佩纶这回尝到了八年谏官的味道,心情沉重地离开了北京,前往福建海边。

后来的结果,如今稍通近代史的读者都明白的。张佩纶刚到位十天,法国军舰已出现在闽江口。开战那天,他还未接到开战的消息呢,还未及出兵呢,还在以君子的姿态等待宣战呢,他仅有的几条军舰已经遭到了猛烈的炮击,短短两个小时,福建水师全军覆没,马尾船厂也遭到轰炸……左宗棠创办的,历任官员经营了近二十年的福建"新政"毁于一旦。

中国人向来是墙倒众人推,何况你老张当年老是抓住别人不放,这回你也不要想开脱了!

1885年1月,他被从重发落,前往军台效力赎罪,遣戍察哈尔,当了整整三年罪臣。这期间生活上不仅没有收入,全靠老朋友接济,而且第二任妻子边翠玉也去世了,前妻留下的两个儿子失去了依靠,只好到戍所来找他,他穷得连儿子的老师也请不起,还得亲自课子……这一年他37岁,真是屋漏偏逢连夜雨,原先的牛气全到九霄云外了。

张佩纶这个"嘴上巴巴"的大清流一倒台,京城里的士大夫们可就有笑话看了。原先吃过他的苦头的人,这时都使出招数来羞辱他,讽刺挖苦自不在话下。有人拿他跟何如璋(当时任福建船政大臣)的姓编成对联"堂堂乎张也,是亦走也;伥伥其何也,我将去之",取笑他们在马尾战场的临阵逃脱。还有的人把他的"战绩"编成唱词和小曲,说他如何如何在大雨中赤脚狂奔,头顶铜盆,狼狈逃命……

就在人人都往张佩纶头上扔"狗屎"的时候,李鸿章居然别具一眼,要招他为婿了。这在外人眼里,无论是张佩纶还是李鸿章,都像是脑子出了毛病。对老李来说,你家相府千金什么人不能嫁,非要嫁这个讨过两次老婆,还有两个孩子的罪臣?何况还是个清流大将,招惹是非、尽得罪人不说,说不定有一天还会引来祸害呢。满朝文武的豪门子弟都在等着您挑呐,您老是挑花了眼了还是怎么的?

对张佩纶来说,当了李家的女婿就等于入了李幕,而他的政治观点与老丈人并非完全一致,尤其是在对外交往上,今后日子岂不难过?况且,这势必引起清流派的哗然,被视为清流们的叛徒……但眼下的张佩纶,不是叛徒已先是败将了,连生活都没有着落。朝廷是从来不念旧的,还是老李念及父辈的旧情。于是,在名声、傲骨和实惠面前,他还是选择了后者。这一来更热闹了,对联又出了一大堆,而且是把翁婿一道骂了进去——

有云:"养老女,嫁幼樵,李鸿章未分老幼;辞西席,就东席,张佩纶不是东西。"又有云:"后先判若两人,南海何骄,北洋何谄;督抚平分半子,朱家无婿,张氏无儿。"把前任的老丈人也牵扯进去了。还有更直截了当的:"中堂爱婿张丰润,外国忠臣李合肥""篑斋学书未学战,战败逍遥走洞房"……(刘晦之《异辞录》)

这是外部的舆论,而内部也不轻松。李鸿章的夫人赵氏当然不会赞同,相府的千金小姐怎么可以去当人家的第三任填房?何况还是个败将!岁数竟大小姐二十多岁,这不是给人家看笑话吗?李府的脸面往哪里放?……然而,据说李菊耦小姐自己表示愿意,她相信老爸的眼光,当娘的也就无话好说了。

从种种资料来看,李菊耦并非一般意义的豪门小姐,遇事是有自己主见的。她和张佩纶婚后感情很融洽,夫妻俩常常一起吟诗赋词,煮酒饮茶,赏菊赏月,还写过小说,编过一本菜谱。膝下有了一对小儿女后,就更增添了生活的无限乐趣。

但对一个男人来说,这不是生活的全部,他还需有政治上施展的地方,需要社会的承认。甲午之战尚未正式打响,清军已云集平壤之时,军中有人提出调李经方为帅。这时不知怎么惹得张佩纶老大不高兴,在李鸿章面前阻止以李经方为帅,说什么:"你的弟弟尚且不能说是以能战出名,何况您的儿子呢!"李鸿章听了他的话,乃向朝廷复电云:"方儿向未亲行阵,吾更难内举不避亲云。"而到了战争迫在眉睫时,李经方略施小计,就把他赶到南京去了,叫他当一个彻底的寓公。

他在李鸿章幕中,因有败将的名声在,不便在军事上公开发表意见,自谓"废人",但他骨子里还是主战的,幕后竟常与老李谋。而李经方等人看不惯他,据说花了五百元买通了御史端良参了他一本,说是战争已经打响,他是败将,在李鸿章身边会坏事,不能叫他再干涉朝政。朝廷那边也早就不喜欢他了,于是突发诏旨,将张佩纶逐出天津,勒令回籍。而张佩纶在河北已无亲人了,他原本生在南方,于是,他们夫妇带了孩子,决定去南京。这时中日交战的形势越发紧张,辽东战场的清军正节节败退,李鸿章担心家眷的安全,叫儿子李经述一家也离开天津,于是兄妹两家人一起去了南京。

在南京,他们买了一座大宅院(据张爱玲在《对照记》中说,后来国民政府的立法院就是那房子),真的过起了寓公的生活。他们夫妻这段生活,如今从张爱玲的笔下可看到些影子,看来老张是不抱复出的希望了,死心塌地地过过小日子算了。

可是风声雨声炮火声,还是声声入耳。甲午战败,《马关条约》,老丈人被刺,李经方割台,后来又有《中俄密约》,拓展九龙租借地,强租胶州湾,强租旅顺口,强租广州湾……世人皆曰李某可杀;到了庚子年间,又爆发了一场更大的天下大乱……

天下大乱中,皇上和慈禧慌忙"西狩",临出城时,老佛爷还不忘把可怜的珍妃推到井里……在时局实在不可收拾的时候,朝廷又想起李鸿章了,十二道金牌叫他北上议和。而李鸿章这时也想起了张佩纶,一再写信叫他前来相助,说明李鸿章对这个女婿还是非常信任的,总想派他的用场。

可是张佩纶早就心灰意冷,无意出山了。开始说是要避嫌,李说时局至此,还有什么嫌可避?定要他北上。而他又推托身体有病,磨磨蹭蹭,大不情愿,直到1901年的2月才到京,而这时《辛丑条约》的大致款项已经议定,要你来也派不上大用场。

直到这时,朝廷似乎发现他是个忠臣了,说是要派他的用场,叫他襄办"新政"。可是对不起,张某没胃口了,把一切都看透了,身体的确也吃不消了。等到八国联军一退兵,他就走人了。

他走后三个月,李鸿章在北京贤良寺吐血而死。

老丈人死后一百天,他的舅子李经述也死了。

李经述死后一年整,他本人焦虑成疾,也跟去了。

可怜李菊耦,一个人带着两个孩子,始终靠娘家的嫁妆过日子。辛亥革命后,南京成了革命的中心,两江总督衙门成了大总统府。张佩纶的堂侄张人骏身为两江总督,是坐在一只箩筐里,从城墙上顺着绳子溜下来,才得以逃命的。整个大清王朝转眼间,说垮就垮了……这一切不知李菊耦看懂看不懂,反正她也得带着孩子急急逃命,先到青岛,后到上海。1916年,在儿子张廷众20岁那年,她安排好了儿子的婚事,也故去了,只活了47岁。

买条"火龙"自称雄

张爱玲在她的最后一本著作《对照记》中讲到她的六姑奶奶,就是李鸿章的小女儿李经溥。书中说道:

> 我姑姑又道:"这老爷爷也真是——!两个女儿,一个嫁给比她大二十来岁的做填房,一个嫁给比她小六岁,一辈子嫌她老。"
>
> 我见过六姑奶奶,我祖母惟一的妹妹,大排行第六。所以我看祖父的全集就光记得信札中的这一句:"任令有子年十六",因为是关于他小姨的婚事,大致是说恩师十分器重这位任姓知县,有意结为儿女亲家。六姑奶奶比这十六岁的少年大六岁(按照数字学,六这数目一定与她的命运有关),应是二十二岁。我祖母也是二十三岁才定亲,照当时的标准都是迟婚,因为父亲宠爱,留在身边代看公文等等,去了一个还剩一个。李鸿章本人似乎没有什么私生活……

这里讲的六姑奶奶是指在李家的大排行,而在任家是排在老九,随男人排的。她的丈夫叫任德和,大排行行九,任家后代管他叫九公公,所以管李经溥叫九婆婆。他们原先住在苏州铁瓶巷,那是任氏家族在苏州的居住地,抗战时避入上海租界内,住在静安寺以西的愚谷村(那是一条很著名的新式里弄,现在仍在,属于文物保护建筑)。至于李鸿章为什么这么"器重这位任姓知县,有意结为儿女亲家",张佩纶信札中可能没有必要讲得很清楚,张爱玲自然更讲不清楚了。

其实任家老太爷跟老李是当年打仗时的哥儿们。老太爷叫任道镕,字筱沅,江苏宜兴人,拔贡出身,太平军打到江南时,他也是回乡办团练的人物。同治年间剿捻的时候他也是一个人物,《清史列传》中讲他:"(同治)二年,擢直隶顺德府知府,时捻氛北窜,顺德适当其冲。道镕勇督驻守沙河,挥众突击,破悍贼,获其酉朱学孟,贼遁去。以防剿功,升道员,加盐运使衔,赏戴花翎。方军兴时,客兵过境络绎,道镕择适中地,备粮转运,使无缺乏,而民亦不扰……"他还是个治河能手,疏浚洛河后,得良田万亩,因此后来还当过河道总督。同治十年时他出任直隶保定府知府,光绪七年时当上山东巡抚,二十七年任浙江巡抚,任内能兴办学堂,整治武备,振恤灾区,政声挺好。

可是不知老李有没有想到过,你的哥儿们任道镕是好样的,不一定他的儿子个个都一定是好样的。现在任家凡是上了年纪的人,都记得这位李家的姑爷和李家的小姐。他们对李家小姐印象模糊了,因为老太太不太多说话,而对这位九公公则印象深刻。如在冬天的时候,他的皮袍子里永远养着小动物,不是蛐蛐就是蝈蝈。蛐蛐放在一只精致的丫丫葫芦里,总也不离身,是在用自己的体温为蛐蛐取暖。这种"精神",张爱玲的弟弟张子静在他的书中写见到李国熊的时候,曾有一段细致的描写:

> 《金锁记》发表后,有一次李国熊由北京来上海,就住在我家。一天晚上,他叫我到烟榻旁陪他说话解闷。我听到他身上发出"喷、喷、喷"的虫声,觉得很奇怪,就问他那是什么虫?他从裤腰带上解下两个淡黄色的小葫芦,上面雕着各种行状的小洞,很是精致。从洞口往里望,一只葫芦里养着金铃子,另一只里面养的,他说叫蝈蝈。北京人无聊,时兴养着

些小宠物解闷。他告诉我这些小宠物怎么弄来,怎么饲养,喂它们吃些什么食物……滔滔不绝,如数家珍,俨然是个行家……

这大概也是这位李家小姑爷的形象写照。

任家后人任文若先生(盛宣怀的孙媳妇任芷芳的弟弟)还讲过一个他们在苏州的故事。由于任家老太爷对朝廷有功,当过盐运使,所以后代做过盐的生意,一度生意做得很大,故家中有钱,后代就不做事了。但任德和性格很孤傲,有名士派头,平时穿着不算讲究,但说话从不肯绕人,始终端着贵族的架子,世人常取笑他。

有一天他一个人在苏州观前街溜达,看见一家店里刚进货了一套消防水龙头,当地人称之"火龙",因带着长长的管道,在店堂里摆了一地。他从旁边路过觉得好奇,就凑上去看。店伙计势利,看他穿得随随便便的,还以为是个穷人,就拿话逗他:"看什么看?有本事花钱买回家去!"任德和大少爷一个,哪里听得这种话?"你当老子没钱买吗?老子买给你看看!"回家就叫账房开了支票去把"火龙"买了回来,放在客厅里堆了一地。其实就算是家用消防吧,光有水龙头有什么用呢,那时他家还没有自来水呢?花了那么多钱,其实就是为了一句话而已。

久之人们视之为笑话,"任德和买火龙"成了苏州人的一句口头禅。

从不买账的蒯光典

蒯光典是李昭庆的二女婿。李昭庆去世得早,儿女们的婚事多由李鸿章、李瀚章给操心了。

李鸿章挑女婿,人品和才华是最重要的。可是他这爱才的念头,一不小心又招来了一个清流,这回虽不是清流的"头",但也能称得上是清流的"牛尾巴"——蒯光典。

蒯家与李家的关系说起来又是李鸿章的老哥儿们。蒯光典的父亲蒯德模（1816—1877，字子范、子藩，晚号蔗园老人，合肥人，贡生）当年在考秀才时的考场上，就与李鸿章、李瀚章认识了，并与之订交，从此成为终生的好朋友。李鸿章离开家乡去北京时，作了一些诗留别朋友，其中就有一首是给蒯德模的。蒯德模也回了一首，送其远行。十年后，李鸿章已是进士出身的京官了，奉命回乡办团练抗击太平军；而蒯德模是拔贡，虽在乡下，也在团练的队伍中，是合肥知县马新贻的副手，在与太平军争夺庐州的数度拉锯战中，曾与陈玉成的大部队周旋数十日之久。

李鸿章的侄女婿蒯光典

后来李鸿章编练淮军到上海，还不忘带上老哥们儿，招蒯德模前来襄助淮军营务处，办理江苏牙厘局。他跟着老李南征北战，克常州，打苏州，立下汗马功劳，深得老李的信任。战后老李向朝廷递交《保荐人才片》，其中有他一份，说他无论从事通商、惠农、缉匪、减漕等大政，皆能艰苦经营，一洗官场浮华习气，总之是个大好人。

蒯德模62岁去世时，李鸿章深感人事凋零，亲自为其撰写了神道碑文。

天下太平之后，有了老李的举荐，蒯光典自然官路一路畅通，从知县到知州，还代理过苏州知府、镇江知府、江宁知府，官至四川夔州知府兼夔、渝

蒯光典的儿媳邵婉香是上海道邵有濂的女儿

关监督。这期间他的确很争气,不给老李脸上抹黑。在苏州府任上,上任才五个月,就决狱两百余起,把江苏巡抚丁日昌乐得赶紧保举他加随带二级,给予封典。看来这个老太爷办案是有一套,他的判词居然还出了一本书,就像现在世界著名的大律师出书一样,那辩护词全是机智的"狡辩",又极合乎逻辑,令人不得不服。

他的诗文写得不错,有《带耕堂遗诗》《吴中判牍》《合肥蒯氏四种》。

他仗着文采好,常常讥讽朝中大员。如文廷式与宫中瑾妃、珍妃的哥哥志锐要好,还是两位贵妃的老师,甲午年大考翰詹,文廷式获一等第一,蒯光典看不舒服了,放出风声:"玉皇大帝召试十二生肖,兔子当首选,月里嫦娥为通关节。"官场上一时传为笑柄。可见也不是个省油的灯。

但是人要是聪明得过了头就不讨人喜欢了。老李原先很喜欢他,可是不晓得怎么搞的,他不喜欢老李。虽然娶了老李的侄女,但新媳妇过了门他就把老李给忘了,甚至还要摆摆金女婿的架子,把老李气得气不打一处来。1896年,有一次他跟李鸿章在沪相遇,李鸿章因要使俄在上海等船。李鸿章见了他对他批评了两句,叫他处世不要那么锋芒毕露,招惹非议,他就不高兴了,突然站起来说:"我有三字奉中堂:不佩服!"遂扬长而去。气得李鸿章话都有些结巴了:"你……小子!小子!要是你父亲在,你敢这样对我吗?你

爸不打你屁股才怪！"(刘晦之《异辞录》)

末世难为守财神

李家老六房中,在民国期间对全国发生重要影响的人物,是李昭庆的一个孙女婿刘攻芸,是李氏家族民国后期的最高官。

刘攻芸(1900——1973)是李国珍女士的丈夫,即李昭庆的三儿子李经叙的女婿。他是福建侯官(今福州)人,原名驷业,是末代皇帝溥仪的老师陈宝琛的外甥,早年在上海圣约翰大学附中读书,后留学美英,先后就读于车雪文尼大学、芝加哥大学、伦敦经济学院,1927年获伦敦经济学院博士学位,是位科班出身的经济学家。1928年回国后,先在清华大学教授经济学,后在中央大学教授银行学及银行实践,这期间在上海与李国珍结婚。1929年8月,被中国银行总经理、号称"江浙财阀"的张公权(嘉璈)相中,聘为中国银行的总账室主任,并司会计组和联行组的业务。从此他这一介书生,一脚踏进了民国金融这个烂泥潭,先后当过国民政府交通部邮政总局副局长、四行联合总办事处秘书长、中央信托局局长、邮政汇业局局长,抗战胜利后担任苏浙皖敌伪产业管理局局长,后期出任中央银行总裁、财政部部长。

他跟张公权一样,留学生派头,自己不贪不捞,但挡不住周围的人的穷奢极欲,更挡不住老蒋的金融政策的制定和贯彻。他曾尽心尽力地力挽危局,想维持好老蒋的金融盘子,然而国民党在大陆的气数已尽,岂是个把书生所能挽回的!

1947年底,张公权出任中央银行总裁,邀请刘攻芸作为助手,出任副总裁,共同挽救已在风雨飘摇中的国民党财政。张公权对刘攻芸有知遇之恩,不能不从。1948年1月,美国特使马歇尔发表离华声明,表示对国民党已失去了信心。接着国共和谈濒于破裂,各地战局大势逆转,人民解放军逐步转入了战略反攻,明眼人都"轧出苗头",宋子文辞去了行政院院长的职务,张

中央银行在大陆的最后一任总裁刘攻芸

公权也辞去了中央银行总裁的职务……连国民党的核心人物都在积极准备"滑脚"了,而书生气十足的刘攻芸,却在这个时候接受了任命,出任中央银行的总裁,无形之中成了众矢之的。

　　当时的上海街头,一日之间物价数扬,苏北难民大批过江南下,投机活动极其猖獗,金融秩序已大乱。这时,国民党上层在议论改发金圆券,以收兑法币及金银外币。蒋介石为此召集高级政要商讨具体办法,想不到作为中央银行总裁的刘攻芸,第一个表示反对。他说:"此时改革币制,对安定民心,未必能收宏效。因改革币制要有充分的准备,我们目前的准备金,已越用越少了!"当时俞鸿钧、王云五、徐堪等均在场。王云五说:"我们还有'关余',可充新币制的准备金。"刘攻芸反驳道:"我们现在只剩一个上海关了,试问还能收到多少'关余'?"其实金圆券的事老蒋早就定了音了,开开会,只不过走走过场是个形式而已。自然,他是寡不敌众的,金圆券还是如期面世了,其结果,当然是加速了蒋家王朝的垮台。

尽管如此,刘攻芸还是在完成了蒋介石命令的"运金工作"(将中央银行用金圆券在民间收缴的黄金秘密运往台湾)之后,最后一批离开上海的。运金期间怕走漏风声,中途遭遇不测,每船所运的黄金不便过多,是分批赶运的。刘攻芸总是到场亲自压阵、安排。按说,他是为国民党收拾金融残局立下汗马功劳的人,可是国民党内部派系林立,互相倾轧,他原本书生一个,在上层没有靠山,在他从上海到了广州后,竟成了派别斗争的牺牲品。

据说他的罪名是没有按照"最高指示"办事。当初蒋介石从上海复兴岛逃离大陆的时候,曾召他去谈话,布置了两条任务。一是要把所有的黄金全部运走;二是要把中央银行的高级业务主管带走。而他的确没有按质按量地完成任务,黄金并没有全部运走,因为他认为那样的话,上海的经济就会垮掉,倒霉的还是老百姓;银行的高级人员他一个也没带走,包括国库局局长夏晋熊和业务局局长林崇庸(福建林家人,是刘家的亲戚),都没走。他这个光杆儿司令到广州,能把整个银行撑起来吗?于是就丢官了。更有甚者,有人落井下石,说他贪污,其实那时他身上只有二十美金,比他手下的一般行员好不了多少。当初他为了准备"应变",曾自作主张给中央银行每个职员发一条"小黄鱼"(一两黄金,约三十克),被人告发后又都被收回,是汤恩伯派兵压阵,硬是一家家收缴回去的。到了倒霉的时候,这也成了罪状。

晚年他在台湾待不下去了,承老朋友相邀,去了新加坡,出任华侨银行顾问、华侨保险公司董事经理。退休后他本想在南洋一带开发矿业,因为听人家讲马来西亚有丰富的矿藏,期待开发,可以发大财。但他并没有这方面的经验,人又忠厚老实,太容易相信人家,以至于上了人家的当,居然一败再败,最后潦倒而终。

有的李家人开他玩笑,说他当官的时候能发财而不想发财,没有官当了不能发财了倒想发财了。活脱脱道出了一个善良的知识分子的悲剧。

现在李家老六房的人都非常怀念他,不仅因为在抗战时期和抗战胜利之后,家族大事全靠他来掌握,如前所述,抗战逃难时老小几十口人,一路上所有的中转站都是他给安排的,连逃出芜湖时的卡车也是他给安排的。后来到上海、到香港,子侄们的工作大多也是他给安排的,如李国源、李家旺进入花纱布联营处;李国济、李家曜、李家皓进入中央信托局;李家智进敌伪产业处理委员会代售会,都是他托人给安排的。他离开上海时,还不忘把李经叙支下的三户人家,每家带上一个儿子,安排上中央信托局的最后一班飞机,驶往香港。整箱整箱的金条,就在他们的身边。

后来,20世纪60年代大陆发生三年自然灾害时,又是他们夫妇俩从新加坡,一面袋一面袋地往上海寄食品和衣服……

刘攻芸、李国珍夫妇的后代都很强干,儿子刘广恒、刘广斌、刘广炘、女

刘攻芸(中)在矿山

刘攻芸一家与朋友

儿刘广琴、刘广文,都是美国各大公司的骨干。小儿子是一家电脑设计公司的总经理。媳妇们也都很贤惠,刘广斌的妻子是首任香港特首董建华的妹妹。他们继承了父母聪颖善良的秉性,在美国各自开创了自己的天地。尤其有一个外孙女钟彬娴极为优秀,毕业于美国普林斯顿大学,现任雅芳(Avon)国际公司的总裁。

第十三章：短命侯爷

招商局李党遍天下

上海外滩福州路路口、与汇丰银行一路之隔的那栋三层砖楼，是大名鼎鼎的百年老企业——轮船招商局总局旧址。与之相隔不远，还有一栋"长着"五个尖尖角的四层楼房，那是中国的第一家银行——创办于1897年的中国通商银行旧址。这两栋楼，在外滩沿江一溜排开的二十四栋大楼中，是最矮的两栋，像是两个丑小鸭，也是外滩仅有的两栋属于中国企业的建筑。这很能说明，当年洋务运动的艰难起步。

轮船招商局是李鸿章于1872年奏请创办的轮船航运企业，跟江南制造局一样，是晚清大中型企业中的大哥大（还有一个纺织新局，后来不幸毁

位于上海外滩的轮船招商局

于大火，重建后改组），都以历史悠久、后台强硬著称，在晚清洋务事业中有着举足轻重的地位。轮船招商局的办公楼虽小，但雄心不小，是当时国内唯一一家，可以跟英国的太古轮船公司，和美国旗昌轮船公司叫板的轮船公司，在国内航运界形成了三足鼎立的局面。

这个企业初为官商合办，后为官督商办，但最高权力都捏在李鸿章手里，重要的人事任免都是李鸿章说了算，直到他从北洋大臣的位子上退下来多年后，才归邮传部管辖。这个企业曾聚合了一批最优秀的洋务干才，业务一度发展得很快，太平岁月的年头，每年净利润可得三十万两白银。当时有个日本官员参观了上海的码头和轮船后，曾不无醋意地对盛宣怀说："有了这个轮船招商局，你们大清的风雨茅庐中，总算有了两张新桌子。"而李鸿章则不无得意地说："招商轮船实为开办洋务四十年来，最得手文字。"（李鸿章《复刘仲良方伯》）

为了办好这个企业，李鸿章屡次调集精兵强将加强管理，以期一来可以从洋人手里夺回一些利权，增加国家财政收入；二来积累了经验，以示其他，好走出振兴民族工业的路子，这正是洋务运动的初衷。所以从一开始，组织上就是一个李党的根据地，从总办、会办到各分局的经理，以至于轮船上的船长，不是亲信就是幕僚，以及亲信幕僚的亲朋好友。这种体制造成了层层都是裙带关系，而排斥异己。这种状况自然给老李带来了方便，人人听话，好办事，要抽调局里的"份子"筹饷也没说的（在老李的授意下，曾有几次大笔款项报效中央），但也带来了麻烦，弹劾他结党营私，重用私人的折子就不会少了。攻击李鸿章的人就说，招商局从上到下，李党遮天……

话又说回来，在轮船招商局最初的三四十年中，局内李党的庞大队伍中并没有李家人。这是个应当引起而外人不容易引起注意的事情——在这些年中，局务并没有李家人染指。

李家人是在李鸿章去世以后，才逐步进入招商局的。如李瀚章的儿子李经滇出任轮船局的董事，是在民国元年（1912），距李鸿章去世已有十年。同

李鸿章的孙子李国杰

时担任董事的还有张志潜，是张佩纶的前妻生的儿子。李鸿章的孙子李国杰当上董事，是在1916年盛宣怀去世后，为了顶董事的缺额而填空填进去的。至于他后来当上招商局的董事长，更是后来的事情，那是在段祺瑞当权之后的1924年，是由轮船招商局股东大会选出来的（《招商局总管理处汇报》），那时老李已经死了二十多年了。

暗算赵铁桥

李国杰（1881—1939），字伟侯，号元直，是李经述的长子、李鸿章的长孙，承袭了李鸿章一等侯爵的爵位，清末曾任散轶大臣，1906年任广州副都统，次年调镶黄旗蒙古副都统，1908年任农工商部左丞，当时住在北京府学胡同5号。1910年他出使比利时，把房子卖给了盛宣怀（盛档《辛亥革命前后》），归来时已是民国。袁世凯原本对他另眼看待，民国后让他继续留任比利时，1914年回国后还让他当了参政院参政。可是袁大总统要当皇帝，他又看着不顺眼，在"晋见"逊清隆裕太后时，说了几句袁世凯的坏话，不想密探把话传到了袁世凯的耳朵里，于是风声鹤唳，吓得他赶快逃到上海。

他进入轮船招商局董事会是在1916年，经董事会选举当了董事，1924

年又选为董事会会长。可是他的命不好,在他任董事长之前一年,招商局由于种种原因开始亏损,年亏损达一百六十余万,为开展业务已向各庄户挪借三百余万,加上上海光复时沪军都督陈其美向轮局借款达一千万,轮局以一部分栈房和市房做抵押,向汇丰银行抵押借款一百五十万两,至此时仍未见归还。在这种情况下,董事会又作出决定,以一部分不动产作为抵押,再向外国银行抵押借款五百万元,以渡难关。

谁知此事后来竟招来了麻烦。

其实这个晚清遗留下来的庞大企业,一直是国民党人的心事,因为油水太大了。该局的董事长和总经理的月薪,是当时中国企业的最高月薪,每月五百大洋,与当时的中国银行和交通银行董事长、总经理的月薪相等(一般银行的董事长和总经理的月薪是三百元)。利润丰厚,养肥了那些清末的遗老遗少。国民党初坐天下,财经紧张,银根紧缺,长远计议,总想把招商局弄到手。其实那时的招商局都已是商股了,是纯商人的企业,已在商部注册了,公开抢夺总不是回事,只好打出"整顿"的旗号。

1927年国民党到上海后,逐步对晚清遗老的财产实行没收和监管政策。

1927年5月,国民党刚到上海,就派张静江清查整顿招商局,后来因为隶属关系,招商局隶属于交通部管,所以又由交通部长王伯群担任监督。李国杰这个董事长就成了王伯群的下属,成了由王伯群任命的监督办公处总办,1928年成立了总管理处。1929年又宣布招商局从此直属国府,由国府派专员负责整顿。

国民政府的主要目标对准了李国杰。因为李家的作风不如盛家洋派,主要财产还是安徽老家的土地,房产主要集中在合肥和芜湖。安徽方面已经向李家索要了六十万元军饷。南京和上海的政府大员,自然看不上那些安徽的地皮,对李家在上海的其他人员他们不熟,李国杰目标大,那就抓李国杰好了。

经王伯群从中周旋,李国杰表示同意由政府监督。谁知他一松口,南京政府就派了个赵铁桥出任总办,到招商局内部真的来"监督"他了,把他晾在一边了。赵任总办之后,有政府做后台,大权独揽,李国杰不得不处处防范、退让,日久便生怨尤,摩擦不断,最后查出了李国杰在向汇丰银行借款的过程中,"声明并无中佣,但开支酬劳计二十余万两之巨,内中一部分为其本人所得"的问题。还有在1927年年终,自支酬劳银五千两私用的事情,把他告上法院(《招商局总管理处控告招商局董事长兼任积余公司经理李国杰刑事诉状》),这下把李国杰惹恼了,下决心报复。

这个报复不是一般的报复了,竟想动手除掉赵铁桥。时值神秘杀手王亚樵正在上海活动。王亚樵曾多次密谋干掉蒋介石,对暗杀蒋介石的部下亦十分爽快。李国杰通过李次山、关芸农与王亚樵联系上了,给了王一千大洋和一张赵铁桥的照片,于是,赵铁桥于1930年7月24日,在招商局的楼侧(外

段祺瑞(前中)到上海众人欢迎

滩福州路路口)遭了枪击。

赵铁桥被暗杀后,蒋介石震怒,责令宋子文火速查办。他们知道是李国杰干的,但抓不住把柄,但经济上已抓住了把柄,就以经济案件把他暂行拘留。

然而李国杰倒也不慌不忙,他运动了父亲一代甚至祖父一代的故友旧僚,又拿出了"有钱能使鬼推磨"的办法,用银子去贿赂交通部次长与监督陈孚木,使案子一拖再拖。最后,连陈孚木自己也保不住了,事情才如水银泻地,无可收拾了。

两年多后的1932年12月27日,上海地方法院的判决书终于判下来了,判处李国杰有期徒刑三年,剥夺公民权利四年。罪名是:以国家财产做抵押向美商公司借款,出卖国家利益;向大来公司租界商轮,妨碍航权;贿赂交通部次长与监督陈孚木七十万两银……(《现代上海大事记》)。

可是那个时候法律还是比不上权力大,只要有权人一讲话,格局就又变了。这个有权人首先就是段祺瑞,那时他虽然早已不是国务总理了,但"百足之虫,死而不僵",威势和影响还在的,尤其老蒋还买他的账,因为他曾是蒋介石的校长嘛。

段祺瑞一语释侯爷

段家也是安徽合肥人,他们与李家的友谊起源于上两代人。咸丰年间打太平军的时候,段祺瑞的祖父段韫山就跟刘铭传、张树声、周盛波、周盛传等人一起拉队伍,办团练。到李鸿章办淮军的时候,他又与刘铭传等隶属于李鸿章麾下,"以军功累得提督衔,记名总兵,励勇巴图鲁(满语,勇猛志士的意思)称号,授荣禄大夫,振威将军,于光绪五年(1879年)卒于宿迁"军次。(《合肥段公年谱稿》)

段祺瑞的一个叔叔也在军中,后来当上了山东威海军营的营务官。段祺瑞 17 岁前往投靠叔叔,初为"补营哨书",从站岗放哨做起。在他 20 岁的时候,李鸿章创办的天津武备学堂(陆军学校)开张了,他去投考,一举考中,而且名列前茅,遂进入炮科学习。那时该校学生一共才百余人,都是从各营考拔出来的优秀者,学制一年,毕业后,又回各营。段祺瑞没有分回威海,而是被分配到旅顺监修炮台。

在他 24 岁的时候,李鸿章为培养高级军事人才,决定选派优秀军校学生出洋留学,此时段祺瑞抓住了这一千载良机,考了个第一名,遂来到德国柏林,进入军校仍旧学炮科,见习时进入克虏伯兵工厂实习炮工。从德国回来以后,受到重用,派为北洋军械局委、威海随营武备学堂教习、新建陆军炮队统带,在庚子年间袁世凯当山东巡抚的时候,开赴济南……(《合肥段公年谱稿》)

可知老段的发迹与赴德国留洋有着直接的关系。他一直念记着与李家的友谊。所以在他当政后大女儿段式萱要出嫁的时候,就选择了李家的孙子李国源。虽说标准较高,既要有好的家族背景,还要有洋派的经历和眼光,但那时符合此标准的高干子弟并不少见,因民国初年出洋留学已成风气,孙家鼐家族的孙子辈中就有十二人出国留学。之所以选中李家的孙子,总与两家之间的渊源不无关系,尽管那时李家已经开始衰落,段家开始兴起。

了解了这样的背景就不难理解,段祺瑞为什么愿意管李国杰的"闲事"了。

1934 年日本在华北策动五省自治的阴谋时,段家也已退去了昔日的繁华,老段成了城市森林中的寓公,在天津的租界里安度晚年。可是"树欲静而风不止",日本人想拉他出山主持局面,但他不愿跟日本人纠缠。正苦于无计脱身时,南京的老蒋那边有信了。蒋介石恐怕老段万一上了日本人的当,糊里糊涂地下水,对整个局势不利,就精心安排了段祺瑞南下,到上海租界里去当寓公。

车到浦口火车站时,蒋介石亲自去迎接(那时长江上没有桥,北来火车需在浦口换轮渡渡江）。寒暄几句之后，想不到段祺瑞却提起了李国杰的事。他对蒋介石说："国杰的事，就看在中堂大人的面子上，算了吧！"蒋介石先是一愣，心下虽气恼，嘴上亦不好反驳，因蒋与段有一段师生之谊，蒋介石在保定讲武堂就读时，段是校长。蒋只好点头诺诺，不几天，神通广大的侯爷李国杰就被放出来了。

据李家人说，段祺瑞到达南京时，李国源也前去迎接的。那时虽然段家大小姐已经去世，李国源的继室、福建人陈篆的妹妹陈琪玉已经"来归"，但在段家，仍把李国源看作是大女婿。段祺瑞拜谒中山陵的时候，李国源始终服侍在侧。李国源的到来，想必在"和平解决"李国杰的问题上，更增加了砝码。

侯爷之死

可是李国杰"躲得过初一躲不过十五"，最后还是倒了军统的枪口下。

抗战爆发后，轮船招商局总局迁往香港，后又迁往重庆。李国杰没有去重庆，仍在上海逗留。那时上海已逐步被日本人控制，晚清遗老中有些后代开始在日本人中间走动，成立了维持会，后又在日本人的操纵下准备成立维新政府。这时国民党军统机关得到情报，说日本人将拉李国杰出来出任维新政府的头目，也有人说李国杰已接受了日方的任命，将在维新政府中出任交通部长。国民党早就对李国杰恨之入骨，只差找个借口干掉他，这次总算找到了理由。

1939年2月21日正是大年初三，那天上午，他刚步出他住的新闸路沁园邨的弄堂口，没走几步枪就响了。等到人们抬他到医院时，院方已被打过招呼，说是汉奸，所以无人前来抢救，致使流血过多死在医院里。他似乎至死也没明白过来是怎么回事，据说醒过来时第一句话就问："他们打我干什么？"至于李国杰是否真的当了汉奸，军统是否真的拿到确凿证据，这半个多世纪下来,一直众说纷纭,莫衷一是,就像唐绍仪被刺案一样,至今还是个谜。只是唐绍仪是民国元老,有的是人帮他讲话,而李国杰是大卖国贼的后代,死了就死了,人们议论归议论,谁都懒得去弄个水落石出。

李国杰被暗杀的沁园邨弄堂口

事后李家人回想起这件事,有一点百思不得其解。在头一天阖家吃年夜饭的时候,李国杰的妻子在用筷子夹粉丝的时候,突然筷子断了,那是一双象牙筷子呀,怎么会无缘无故地断掉呢?有人提醒他们,要当心一点,会不会是什么预兆?李国杰一笑了之,结果第二天就遭了枪击。

却说他的后代李玉良和太太卞慧卿原本是要前去给他拜年的,还没走出家门,就有人来报:"大爷被人打了!"他们闻讯赶到医院时,李国杰已经咽气。后来他们被告知,李国杰此时躺的那张病床,就是当年赵铁桥死时躺的那张床!他们差一点晕过去,不知是军统故意安排的恶作剧呢,还是老天爷真的有意报应?

第十四章:"遥控"安徽

李氏家族大逃亡

抗战八年,李氏家族跟所有安徽籍的豪门望族一样,经历了继辛亥革命之后的又一次家族大迁徙,从整体上基本逃离了安徽。

在此之前,李家大房(李瀚章)、二房(李鸿章)、三房(李鹤章)、五房(李凤章)在庚子事变前后和辛亥革命前后,甚至更早一些,已经陆续向沿海和大城市集中了,其中大房主要在北京和天津;二房主要在上海和天津;三房和五房主要在上海。四房和六房的大部队,以及老三房中的大房,战前还在芜湖和安庆,即前所述的生活在芜湖长春花园、柳春花园、景春花园和安庆"进士第"里,"游击队"也已到了北京、上海、天津。所谓抗战中大逃亡主要是"大部队"的战略转移,他们随着逃难的洪流,马拉车载,先武汉,后广州,再香港,绕道半个中国,历时数月,最后到达上海的租界内,有的则转到了重庆大后方。

离乡背井,苦熬八年,金山银山,消耗了大半。在这期间,"经"字辈的人差不多都先后退出历史舞台,"国"字辈的人正当壮年,"家"字辈的人还在读书,有的也已参加了工作。从那以后,李家的情况发生了很大的变化。原先无形中的不食民国"周粟"的传统,转为与国民党的党政军界人物实行"有限合作";原先在儿女婚嫁上偏重安徽老乡、淮军哥儿们的乡土观念,变成了更为现实的"人无地域"的方针;原先席丰履厚的公子哥儿,有不少已失去了往日的天堂;他们在上海或天津"遥控"安徽,十有八九不尽如人意,因为农民逃难,田地荒芜,音讯阻隔,鞭长莫及……也有少数人与中共地下党取得了联系。总的趋势是，今非昔比，日落西山，如今的老李家，已远不是当年的老李家了！

老六房的"大部队"从芜湖撤离时兵分几路，最大的一路是李经叙一房，即原住在长春花园的一房。当时李经叙夫妇早已去世，下面四个儿子只剩两个，老大国澄和老四国沆也已经去世，剩下国源和国济哥儿俩。而国济在这之前已去上海工作，芜湖只剩下国源一个"国"字辈的人。他当时在江南铁路上工作，铁路是国家战略部门，一时还不允许走开，而要带着大家族老老小小近三十口人逃难，实非易事。那时日本人的飞机天天扔炸弹，芜湖很不安全，只好托人找关系，借到一辆国民党航空委员会所属单位的卡车，几十口老小带着行李死活全挤上去。

而身在上海的李国济心念家人，知道哥哥一个人无法安顿这一大家族人，三户人家光孩子就有二十一个，六个女孩，十五个男孩，他拼命也要回芜湖，死也要和家人死在一起。

那时已是"八一三"以后，沪宁线火车已经不通，只有上海到苏州的一条迂回线路的慢车。那时全社会都在逃难，火车票根本买不到，等李国济挤到火车站时，火车站里早已挤得水泄不通，而且是最后一班车了。他看见火车顶上站立了许多人，就和他一个侄子从人群中拼命挤过去，也爬到火车顶上。火车开动时两手紧紧抓住火车顶棚，行李都扔掉了。有的人一直站在火车顶上，谁知火车还要过桥洞，过桥洞时整个人头竟被削掉……到了苏州再

李经叙的三子李国济

想办法找汽车,东转西转,总算到了芜湖,跟"大部队"会合。

当时之所以要租用国民党航空委员会的卡车,是因为战争年代,民用车辆都被国家征用了,即便是在芜湖能借到民用卡车,说不定走到半路也会被征用了去。所以宁肯花极高的价钱,托人租航空委员会的车,因为李国源的妹夫即李国珍的丈夫刘攻芸,正在邮政储金汇业局任局长,该局是国民党政府的嫡系,他熟人多,托人租到的。果然,一路上看到的民用车辆,十有八九都成了军用车辆,而他们的车牌本身就是军车牌照,所以无人敢拦。

然而逃难往哪里逃还是个大问题。起先还以为只要往乡下躲几天就躲过去了,行李并未多带,出来后才知情况不然。李国济一房先到了合肥,住在李家祠堂里,过了几天合肥遭空袭,就赶紧往乡下逃,逃到肥西周家新圩。李国济的夫人是淮军名将周盛波的孙女,老宅是周家老圩(现在是肥西中学),新圩是周盛波的儿子家的。住了一段时间还不行,日本人已逼近合肥,就只好再往西逃,经六安、商城、麻城,到湖北黄陂,再到汉口。一路上车子开开停停,逃难的老百姓扶老携幼,马拉驴驮,李家有辆卡车算是福气了,但白天要躲开日本人的飞机,只要听见有类似飞机的声音就得赶快躲。晚上住在到处都是虱子的小旅馆。在路经潜山的时候还遭遇了土匪。那帮土匪拼命朝车子打枪,专打车子轮胎,一旦那个轮胎漏了气,全家都完了。好在司机很机灵,调转车头,绕道而逃……到了汉口,李国珍的丈夫刘攻芸前来接应,才算喘了口气。

可是不久汉口又告急,于是大家再逃。有不少家族如寿州孙家鼐家族的一部分人和望江何汝持家族的后代,是继续往西逃,有的到了重庆、昆明,有的到了越南,从越南再乘船到香港。而刘攻芸想办法买到了去广州的火车票,几十口老小就上了火车。谁知车到乐平,突然警报大作,说是日本飞机前来袭击火车,要大家赶快下车,躲到铁路两边的田野里去,结果人们又蜂拥而出,朝野地里狂奔,孩子小的奔跑不慎就跌到田埂下的沟里……也不知过了多久,火车才又缓缓开出……到了广州又是遭空袭,天天拉警报。

到了香港人生地不熟，只能住旅馆。又是在靠"朝"里当官的刘攻芸帮忙，好歹安顿下来。那么多的家口长住旅馆不可能，何况李国济在上海租界里还有工作，租界那时还未被日本人占领，就得想办法回上海去。还好那时还有船走上海，于是李国济一家大小挤进"智理加拉号"（小孩子们戏称"矶里瓜拉号"）船的统舱，飘飘悠悠地来到上海，投靠那些早些年来上海的亲友，从此再也没回芜湖。李国源、李国沆和李国珍三家仍在香港，在日本人发动太平洋战争之前也来到上海，躲过了香港最困难的岁月。

李家其他几房逃难的情况大同小异，都是拖儿带女，历尽艰难，惊恐万分，财产损失无算，已找不到豪门的感觉了。那次逃难给他们留下终生难忘的记忆。

李国松居沪大不易

李经羲有两个儿子：李国松与李国筠。大儿子李国松似乎是继承了老太爷的"忠君"传统，一生不做民国的官，只在家闭门读书、课子、研究古物，把家产全交由管家去料理。他在辛亥革命之前当过合肥商会的会长、襄办安徽学务、庐州中学监督，而辛亥革命后什么也不干了，专心干自己的事了，对其父赴京任职民国也大不以为然：你是清朝的封疆大吏，怎么可以站到对立面去？结果，他本人书是读成功了，与叶蒲荪、陈祖壬都成了桐城学派的传人马通伯先生的得意弟子，不仅著述极丰，子孙亦好学有为；可惜家业未能管好，当铺、银行和房地产均被管家们管理得七零八落。当李家宣布经济破产、不得不卖掉花园豪宅之时，正是管家的新房子落成之日。

李经羲的二儿子李国筠（即前任中国驻美国大使李道豫的祖父），似乎继承了老太爷的"革命的细胞"，民国后曾南下广州，出任广东巡按使（相当于省长）和广西巡按使，以及参政院参政、大总统府顾问、大总统府秘书等职，在位清廉勤政。别人都视省长为肥缺，当官没几天即可私囊肥厚，而李国筠任职期满返沪时,却两袖清风,拿得出手的只有当地士绅送他的三百盆兰花,上下车时搬运不慎,中途又损失不少,回到上海,还得从大家族的账房上领钱花。李国筠的太太赵氏是赵朴初的亲姑妈,赵朴初小时候亦得以在李家私塾里念书。随从李国筠返沪的还有几十名亲兵,荷枪实弹,威风凛凛。因巡按使平素待他们不错,所以都跟来上海不愿离去,有些老兵直到李国筠1929年去世后才散去。带来的那些武器弹药,后来由李氏后人在抗战中捐给了抗日队伍。

李国松在抗战时曾去天津租界避居,1948后平津战役快要打响时再次率家小来到上海。此时老房子已卖掉,家道中落,全靠出售文物藏品以解窘境。那时从北方南下上海的豪门富户如过江之鲫,大家都在租界里找房子,住房一时成了大问题。好在"瘦死的骆驼比马大",李家在沪尚有朋友相助,就"顶"下了现在武康路的一处花园洋房的二层。谁知刚安顿下没几天,突然闯进了一队士兵,指着住户们大声喝令,限三天内全都搬走,说这是上将陈继承的房子!

李氏一家丈二和尚摸不着头脑,不知发生了什么事,但是当兵的要赶他们出门却是听明白了。李国松的二儿子李家炜突然想起他的老同学吴国桢现正当市长,遂拉着小弟李家煌闯进市政府。吴国桢正忙得焦头烂额,为大学里不断的学潮而头痛。他办公桌上摆着一溜电话,红黄蓝白各色都有,听了李家炜讲到情况就抓

李国松老人

起一只红色电话要常熟路分局,说:"武康路某院有军人扰民,赶快派人去维护治安!"十分钟后警察就把那幢房子围了起来。

吴国桢放下电话对李家炜说:"派兵是权宜之计。既然是陈继承的房子,何不去登门造访一下,把事情弄清楚?"于是李氏兄弟又来到陈府,呈上名片,说明原委。陈继承身穿长衫从楼上步下,知是部下骚扰了李国松,对此深表歉意;但他同时又提醒李家,该房确属陈氏,抗战前由一白俄租住,战后官司已打了三年半,房子就是拿不到手。原来陈已看出国民党的颓势,准备赶快把房子卖了好逃命。李家无奈,只好再次搬家,迁入静安寺路(今南京西路)的安乐坊。此时的居住面积,恐怕连当年老房子中用人的居处也比不上了。至于威海路上的老房子,新中国成立后因六十二中学扩建,拆得只剩下临街的一排了。那临街的一排,倒真是老太爷李经羲住过的老房子。据说"文革"中,红卫兵曾从顶楼上抄出一大堆老照片,其结果十有八九是被红卫兵烧掉了。

李国光成立船运公司

李国式是李鸿章的哥哥李瀚章的孙子、李经楚的长子。早年在安徽老家当过人家的幕僚,后来去德国柏林大学读法政专业,回国后任职外交部当主事、代理外交部金事,还曾被派往黑龙江处理边境事务。抗战期间他和弟弟李国武,以及大房的亲戚李国光母子俩都住在上海愚园路,闲着没事的时候,常拉小兄弟李国光出去散步,一边散步就一边聊过去的陈年往事。

他说他早年在一个县衙门里当幕僚时,其实并没有什么事做,也不拿工钱,那时家里不缺钱花,主要是想叫他开开眼界,了解社会。有一次县官要处决犯人了,叫他前去当监斩,任务是要确保刽子手把犯人的头砍下来,不能让犯人跑了,也不能中途换人,执行完毕后,还要把人头给拎回到衙门里来报案。

李国式心想这还不容易,又不是叫我杀人,在旁边看看而已。可是谁知道那天的刀斧手是个新手,在这之前光杀过猪而从未杀过人,看那犯人瞪着眼,自己先自手抖起来了,一刀下去没砍死,犯人大叫;第二刀还没砍下来,鲜血溅了一地,后来还是找来一把锯子,硬是把头给锯下来的。李国式眼前刀光血影,差点晕过去。回县衙门的路上,他一只手拎着死人头上的辫子,越拎越重,越拎越重,突然脚下绊了一跤,吓得他扔下人头就跑……

李国式1956年在沪病逝,去世前竟不知不觉地留下了一个隐患。

新中国成立初,国家规定私人不可以收藏武器。鉴于国家收缴民间散存武器的规定,李国式将其夫人何氏在德国留学时玩的一支小手枪和唯一的一粒子弹,上缴了政府。这种袖珍手枪射程并不远,威力也不大,是德国贵妇人用来防身的,何氏亦是朋友送她玩的。谁知当时上缴武器是件非常严肃的事情,这件事被记录在册,装入了李国式的档案,到了"文化大革命",他本人早就去世了,后人可就大祸临头了。

造反派从早已去世的李国式的档案里发现了这一重大的"敌特线索",于是李国式的妻子何氏及儿子家闻(国式无子,由国武家过继过来)一家可就倒了大霉。造反派隔三岔五地前来掘地板撬墙,把李家康平路住宅真的来了个挖地三尺,地板、楼梯全都撬开。理由很简单:"你们家连女人都有枪,男人还能没有枪?""不缴出来跟你们没完!"何氏因而于1967年被迫害至死。

李瀚章一房的后代中出了不少能人,在上海的李家闻一房中,李道林、李道椿、李道棠、李道楷、李道模兄弟都从事科技工作,李道林尤其突出,是国家成套发电设备研究所的总工程师,电站辅机研究室主任,国家"净洁煤技术"专家组成员。他们中还出了一个艺术界红人,即上海人民艺术剧院的编剧李道极,目前在美国发展。李国武的次子李家耿曾留学海外,回国后先后在北京协和医院和上海宏仁医院等医院任职,曾任上海麻风病院院长,是我国著名的麻风病专家,主编了《麻风病学》《麻风》等专著。还有一位姑爷,即李瀚章的曾外孙子范绪箕先生,是著名航空动力专家,曾任南京航空学院院长、上海交通大学校长,现已96岁,仍耳目清朗,精神劲健,每日到校,带博士研究生。范绪箕的哥哥范续筠也是不得了的科技人才,是美国普渡大学的教授,著名原子能物理学家。

……

新中国成立后讲成分,李家子弟大多在表格"家庭出身"一栏只得填"封建官僚"。大房的李经沣之子李国光原在字林西报社当编辑,圣约翰大学毕业,英文挺棒,办西文报纸得心应手。但新中国成立以后国家不需要西文报纸了,派出队伍把报社一一接管,对就业人员也逐个审查,能用的编入解放日报社,不能用的即遣散。李国光就顺理成章地被遣散了。

当时军代表找他谈话,叫他到革命大学去读书,他说我刚从圣约翰大学毕业,为什么还要去读书?军代表说,你过去读的是资产阶级的文化,现在要你去读革命的文化。那时李国光根本弄不懂什么是革命的文化,反正他没去,不去那就对不起了,请你走道吧。他原先在圣约翰有最要好的两个同学,他们都服从安排去"革大"了,后来参加报社工作,又参加抗美援朝。独李国光思想落后,到香港找他大姐去了。

李国光的大姐叫李国秦,人长得端庄秀丽,楚楚动人,比他弟弟大二十岁,抗战之前是天津有名的美人和阔太太,丈夫张福运是宋子文在美国留学时的同学、财经专家,曾出任国民政府财政部关务署署长,是宋子文的副手。

李国光后来到了香港,在姐姐和亲戚们的帮助下,开始是打工,后来有了积累后就自己办船运,成立了国光船运公司,专门将印尼等地的木材运到香港来加工,或做成高档家具。他还连续出任了好几届香港木材航运工会主席,在当地有相当声望。

1997年香港回归之前,在一次活动中,港督不知为什么,非要找一个李鸿章家族的后代参加一个庆典不可。于是港督府从电脑储存的信息中一下子捕捉到了他,李国光就成了李家正式被邀步入港督府的第二人。第一人是李鸿章,是那年他赴广州接任两广总督时,路过香港时的事。

现在李国光手头仍保留着五十多年前在上海的那张遣散证明书,下面清楚地钤着一方红印,印文是军管会代表的名字:张春桥。

李国森与他的青铜器

李氏家族的人百余年来做官又经商,积累了大量的财富。虽说在文化教育上没成什么大的气候,但在收藏界,他们却是一支不可小视的队伍,堪与安徽东至两江总督周馥家族、江苏苏州工部尚书潘祖荫家族、山东黄县丁氏家族媲美。

据说李鸿章原在肥东的故居中(李家楼),有一个全部用红木雕成的藏书楼,楼中储书万卷,后来历经战乱,连李家楼都不存在了,书何以堪?

李鸿章的侄孙、李经羲的儿子李国松,也是南北知名的大学问家和大收藏家。他的书房的钥匙,就串在随身携带的钥匙串上,谁也拿不走。朋友来借书,样样都要登记。若是借去一套十册的,归还时只剩八册,那么他连那八册也不要了,干脆送你了,他再去找旧书店老板另觅全份儿。他的收藏遍及青铜、甲骨、瓷器、古钱、字画各类,印行过收藏目录。可惜在抗战中南北播迁,损失不少。他一生又深居简出,不仅不做汪伪的官,连民国的官也不屑一顾,但要维持一个大家庭的开支,最后只得殃及藏品,逐渐将之出以易米。

现在尚能见到他们的大宗的藏品原物的,只有李鸿章的小儿子李经迈的藏书,和李鸿章的一个侄孙、他的五弟李凤章的孙子李荫轩(国森)收藏的青铜器。

李家值得大书特书的收藏家是李荫轩先生。李荫轩1911年生于上海,受家族的传统文化气息的影响,从十几岁就开始玩儿历代钱币,自从收得邓秋枚的藏品后更加一发而不可收,立志把它当作一项事业来做。几十年下来,他不仅大量网罗中国古币,连欧洲、美洲的古币、金银币也兼收并蓄,继而又发展到收集历代中外徽章,总共达到三万枚之多。其中有中国古币珍品

如"大宋通宝当拾""临安府行贰佰文、叁佰文、伍佰文"等。为了收藏李鸿章出使德国时,德国为之铸造的纪念银币,他不知往马定祥的"祥和泉币社"跑了多少次。他的那些古希腊、古罗马的钱币,其价值现在几乎无法计算。他的钱币收藏,室名为"选青草堂"。

李荫轩从1920年开始玩青铜器,数十年间总共收得二百余件,不少是从苏州潘氏攀古楼中散落出来的藏品,有的还是从未有过著录的"生坑"。其中颇具重要历史价值的有数十件,如小臣单觯、纪侯簋、鲁侯尊、厚越方鼎等。从器内的铭文考证来看,有的是印证了一场战争,有的是弥补了一段史实,有的是在宋代皇家文献就已著录了的流传有绪之物,均为青铜器的珍品。李荫轩写下的数十篇考证文章,上海博物馆的马承源馆长都看过,认为"那确实是下大功夫的"。这些藏品在抗战中,他曾花了大价钱存入银行的保险库,直到"文革"之前均保存完好。而到文革"抄家风"刮起时,他所居住的那条街道和小院成了重灾区,他的藏品也保不住了。

冲进门来的红卫兵看到他家满屋都是古董,纷纷嚷道:"四旧!四旧!砸掉!砸掉!"把那些珍贵的西洋瓷器一件件从阳台上扔下去,摔个粉碎;年代

李凤章的孙子、大收藏家李国森(荫轩)

李国森(荫轩)捐献给上海博物馆的青铜器

李国森(荫轩)、邱辉夫妇

久远的古钱币,在他们手里一掰就是两瓣!幸好头一批抄家者还没有发现他的青铜器,但是李荫轩不敢丝毫放心,谁能保证下一批抄家者也不会发现呢?

李荫轩终于拿起了电话,向上海博物馆的马承源宣布了自己的决定:将所有藏品全部捐给国家。博物馆的同志急急来到李家,数藏品、造清单、装箱运走。按照当时的政策,博物馆只能代为保管,而不能接受捐献。整整两天一夜,上博十几个同志在李家忙得满头大汗,六轮大卡车来回跑了六趟!到最后一车装完时,李先生突然想起,还有一间房里有十四箱明版书,连忙对上博的汪庆正讲:"小汪,还有十四箱明版书,你们也一起拉走吧。"上博的同志当时已疲惫不堪,而且已跟司机讲好这是最后一趟了。那时的行情绝不是现在21世纪,那时汽车还相当宝贵,汽车司机差不多也是"半个皇上",有事都要央求他们的。汪庆正有些无奈地说:"博物馆只管文物,书籍嘛,请你叫图书馆来接收吧。"后来这十四箱明版书到底何去何从,也不知去向了。

后来上海博物馆的马承源馆长对人谈起此事时说,最后一车文物从李荫轩家中拉走时,他看见,李荫轩是跪在家门口,目送他的宝贝文物出门的,那两只眼睛,简直就像是死鱼的眼睛……

1979年,国家开始落实文物政策。有一天,李荫轩的夫人邱辉女士(南浔丝商巨富邱家的后代)来到博物馆,对马馆长说:李荫轩先生已于1972年去世了。临终前关照,如果文物有发还的一天,除了保留几件藏品作为家中纪念外,其余全部捐献国家,不要报酬。邱辉女士说得非常诚恳,很坚决,感动得博物馆的同志一时竟说不出话来。

1979年6月30日,上海市人民政府举行了隆重的捐献仪式,向邱辉女士颁发了奖状。

现在人们走进上海博物馆青铜器馆,可以看到许多藏品的介绍牌子上,都注明了"李荫轩邱辉捐献"的字样。可能大多数的参观者不会想到,他们居然是李鸿章家族的成员。

第十五章：旷世才女

张爱玲之书激怒李家人

跟老李家的中年人聊天，必须是慢节奏的，而且必须保持相当的耐心。因为李家这个话题对于他们来说，实在是太沉重，沉重得近乎残酷。他们往往锁眉咬唇，一脸无奈，反而要问你："怎么说呢……"或是仰头看天，一脸茫然，似乎无法一下子从眼前回到过去。他们常常要费好大的劲，还是找不出最恰当的语言，来形容和概括他们的思绪和生活……中国近代史对于他们来说，宁肯是件多余的事。

这也难怪，因为若要讲李鸿章，教科书上的结论多年前早就下定了，用不着、也轮不着他们李家的后代来操心；若是讲半个世纪以前的岁月，那时他们还小，有的还未出生，只是从父辈那儿承继了些片断；若是讲20世纪五六十年代的经历，他们往往又不堪回首，不愿回首，甚至不敢再去触摸那些，早已"止血""结盖"了的伤疤……

有的李家人则很聪明，他会眼睛一亮，把这档子事一下子推给张爱玲——"你看过张爱玲的小说嘛？她是我们李家的人，文忠公(李鸿章)的曾外孙女。她写过不少书，写那些破落贵族，里面很多人物的原型都是李家的影子……我们这一代人没见过她，上一代见过，可是都不喜欢她……"

"张爱玲胆子大，讲了不少实话。有些内容别人不清楚，而李家的人一看就知道写的是谁。可是她光写那些不好的，而没有写好的，可能她接触的大都是些不好的，于是把李家的人得罪光了，连她的父亲和舅舅都大光其火。很多人从此不再理睬她，当然她也懒得再理李家人。事实上她连张家人也懒

李鸿章的曾外孙女张爱玲

得理睬,后来越来越孤独……"李家锦先生的这番话,还算说得客气的。

而李家有的上了年纪的人不这样看,告诫我:"张爱玲写的不完全是事实!有些是乱讲!别听她的!""俗话说家丑不可外扬,她可好,什么丑她写什么,还生怕人家不知道,哼!揭自己祖宗的家底,这算什么本事?!"有的更是一脸不屑:"她家没落得早,后人没能东山再起。她很巴结世家子弟,可是人家一看她那身奇装异服,胃口都倒了。"

近年来,有位从香港回沪探亲的李家老人李家皓对笔者说:"张爱玲写小说是为了出风头,她没东西写了,就专写自家人,什么丑写什么,而李家人出来工作的也不少,他们的挣扎和奋斗她却不写,这算什么?所以我们当年就不高兴睬她……她写别人是病态,她自己本身就是病态……我看她最后也没有什么好结果……"

……

在此之前,只听说围绕是不是汉奸文学的问题,人们在张爱玲成名的政治环境和政治立场上费过一些笔墨,喜欢张爱玲小说的人总想回避这档事儿,甚至也喜欢连张爱玲后来也懒得提起的胡兰成。冷静的作家如傅雷、柯灵等人有过认真的分析。想不到李氏大宅门里围绕她笔下的小说内容,还有这么多发言人,还有这么多话要说,而且至今不绝!可见心高气傲的张爱玲,当初低估了这种反对意见的"历史性"和延续性，小看了她的家族文化的顽强的"根"，从某种意义上说，她把李家事过于当成"自家事"了，反正汪伪时期进步的文化人几乎都退出了上海这块阵地，好像这块阵地是上苍专门为她留着的，她写什么都没关系。既然现实的内容不好写，那就弄些陈芝麻烂谷子的故事说给大家听听——当初她全然不听李家人的反对，现在当然她永远听不见了。

张爱玲是李鸿章的大女儿李经寿（菊耦）的孙女，祖父佩纶，父亲廷众，生母是当年的江南水师提督、湖南籍的名将黄翼升的孙女黄素莹。黄翼升是当初李鸿章打太平军时代的哥儿们，在淮军初建开赴上海时，黄翼升所统带的五千水师也归李鸿章节制，是老李的副手，后来在打捻军的时候黄翼升又是老李手下的重要配角，驻守运河一线，成功地拦截了东捻的向西突围，为老李的剿捻立下不小的战功，因此获得了男爵的爵位。所以张家与黄家的这门亲事，完全符合封建大家族门当户对的标准，而且外祖父一辈人还是战场上的哥儿们，据说这门亲事

胡兰成

张爱玲的后母孙用蕃

是李菊耦生前就安排好了的。张爱玲的后母也是大家闺秀,是光绪帝师孙诒经的孙女孙用蕃,杭州人,其父孙宝琦,曾两度出任北洋军阀时期的国务总理,在北洋政府时期很有名气。

到了张爱玲懂事的时候,家族的巅峰期早已过去,她常年生活在父亲的大烟和后母的阴影里,笔下自是少有欢笑。

翻开张爱玲的小说,自然,那里面呈现的的确是一片苍凉的暗黄色——暗黄的景物,暗黄的人物,整个生活和人的心灵都是暗黄色的,那是她所生活的20世纪40年代,早已日薄西山的昔日王谢的颓废生活的写照。按说,张爱玲写写小说,换下人名,记下那段生活的片断和感受,为后世历史学家和社会学家留下一组在特殊车道上行驶的"老爷车"的生活轨迹,也无可厚非,仁者见仁,智者见智嘛,反正没有指名道姓。

殊不知张家的"血脉"大概天生就有叛逆细胞,他们的祖父张佩纶就总爱跟人家对着干,一生不知弹劾了多少封疆大臣,除了李鸿章,什么人都敢骂。张爱玲揭露得已经不轻了,尽管改名换姓,而世人仍旧把她的《金锁记》等小说当成真人真事来看的。谁知张爱玲的弟弟张子静表面上温文尔雅,弱不禁风,可怜兮兮,像个受气包,虽有一对大眼睛,流露出些许文气,然而更多的是忧伤,那还是在他姐姐看来,原本不该长在他那脸上,而应长在女孩子脸上的大眼睛。但是在暴露李家大宅门的笔墨上,弟弟的勇气竟超过姐姐一百倍——

他把他姐姐书中的某些故事中的人物,细心地做了"注释",指出哪些故事影射李家什么事,某某人就是李家的谁谁谁,把他姐姐笔下的人物,与现实中的李家人,来了个一比一的"英汉对照",而且这些话当时是对一位台湾记者说的,后来都形成了文字,即上海学林出版社出版的《我的姐姐张爱玲》一书……这下就把李家生活中的活人,拉出了纸面,活像"文革"中被拖出来批斗一样,暴露在光天化日之下……这样一来,不仅张爱玲成了"这算什么呢?",张子静也成了"这算什么呢!"。

这样一来怎么会不惹麻烦呢？李家人在背地里已将他们姐弟骂得一塌糊涂了，他自己居然还不知道，还以为李家人不看书，不知道他们姐弟写书的事情呢！

张子静在《我的姐姐张爱玲》一书中说：

> 我姐姐的小说人物，不是心理有病就是身体有病。有的甚至心理、身体都病了。在现实生活中，这些人大多是清朝遗老的后代，民国之后仍然坐享显赫家世，高不成低不就，在家吃遗产、吸大烟、养姨太太，过着奢靡颓废的生活……我们从小就生活在遗老、遗少的家庭阴影中，见到、听到的，都是那些病态的人和病态的事。在我的感觉里，这种阴影是我姐姐和我，以及我的表哥、表姐、表弟这一代人最沉重的压力。因为我们生活的上空一直笼罩着黑色的云雾，让人觉得苦闷，有时几乎要窒息。

张爱玲的弟弟张子静

在讲到书中人物的"现实意义"时则写道：

> 1971年我姐姐在旧金山接受水晶先生的访问时，也毫不避讳地表示，《传奇》一书里的各篇人物和故事，大多"各有其本"。当时她仅简略提及《红玫瑰和白玫瑰》为证。在这一章里，我要印证"各有其本"的例子则是《金锁记》和《花凋》。前者以我的太外祖父李鸿章次子一家的生活为背景，后者写的则是我舅舅黄定柱的第三个女儿黄家漪的爱情悲剧。

两篇小说的三条重要主线,都缠绕着肺痨、鸦片、蓄妾……

……

夏志清教授在《中国现代小说史》中,赞誉《金锁记》是"中国从古以来最伟大的中篇小说"。1941年11月,我姐姐在《杂志》月刊发表这篇近四万字的小说。当时她二十四岁,我二十三岁。我一看就知道,《金锁记》的故事、人物,脱胎于李鸿章次子李经述的家中,因为在那之前很多年,我姐姐和我就已经走进了《金锁记》的生活中,和小说里的"曹七巧""三爷""长安""长白"打过照面……

姜公馆指的就是李鸿章的次子李经述的家,"换朝代"指的是1911年民国建立。那时,小说的女主角七巧嫁给姜家残废的二少爷已有五年,生了一儿长白,一女长安。小说的男主角姜三爷季泽才新婚一个月,妻子兰仙是个贤惠、贞静的女人。十年后,残废的二爷骨痨病故,曹家老太太也辞世,兄弟分家。七巧带了儿女搬出姜府,和姜家各房很少往来。"但是隔了几个月,姜季泽忽然上门来了,"演出了那幕叔嫂调情,想向二嫂诈财竟被识破的好戏,两人从此撕破了脸,老死不相往来。七巧唯一的爱情幻梦,也就此魂飞湮灭。

……

文章写到这里如果就此打住倒也无大碍,因为现实中的李经述离得太远,在1902年2月,也就是在李鸿章去世的一百天后,也撒手西归了。张爱玲小说中的故事实际上跟他不搭界,而主要影射的是他的三儿子李国煦夫妇的故事。搭到一点关系的是四儿子李国熊,还有孙子李家瑾即李玉良(小说中叫长白)、孙女李家瑜(小说中叫长安)。但是张子静没有打住,继续"英汉对照"——

《金锁记》里的"大爷"真名叫李国杰,做过招商局董事长兼总经理,

1939年遭国民党军统特务暗杀。他的妻子(大奶奶玳珍)出身清末御史杨崇伊的家中,杨崇伊之子杨圻则娶李鸿章长子李经方之女……

至于"长白"琳表哥,他的号叫李玉良,长得马脸猴腮,说话油腔滑调。有一个时期,他常到我家来和我父亲一起吸大烟,两个人在烟榻上海阔天空胡聊一气。我姐姐在《金锁记》里描写他:"他是个瘦小白皙的年轻人,背有点驼,戴着金丝边眼镜,有点工细的五官,时常茫然地微笑着,张着嘴,嘴里闪闪发光,不知道是太多的唾沫水还是他的金牙。"

他受了"七巧"的挑唆吸上了鸦片,把新婚的妻子"芝寿"活活地丢在一边,让她心情悒郁,最后得了肺痨而死。她死后,"绢姑娘扶了正,做了芝寿的替身。扶正不到一年就吞了生鸦片自杀了。长白不敢再娶了,只在妓院里走走"。

李玉良在家受"七巧"的控制,在外面倒生龙活虎,结识了一批三教九流的朋友,包括王亚樵的"斧头党"。据他向我父亲说,他还伙同斧头党的人,帮了他伯父李国杰(小说里的"大爷")的一个大忙。

……

……招商局肥水多,李玉良在协助李国杰清除后患、暗杀赵铁桥之事上有功,当然捞到一笔钱供他挥霍。他常来找我父亲聊天、吸大烟,就是在那件事之后。但坐吃山空,李国杰后来自身难保,李玉良断了油水,后来大概也没什么事可吹嘘,渐渐就不常来我家了。

由于"七巧"碎嘴,在家族中人缘差,两个孩子也都没教育好,李玉良销声匿迹,我也没有再提起他。他的下场如何,似乎也没人关心。"七巧"的孩子不会有什么好下场,这也许是大家早就预料到的。

……

《金锁记》的男主角"三爷姜季泽"本名叫李国熊,和我父亲的交情不错,并且认我为干儿子,戏称为这是他的"干殿下"。按照李家的起名排行,他叫我"李家常"。他来我家时,只要我在家,父亲就会把我叫到他们跟前,对他们执以父辈之礼。

李国熊是一位十足的纨绔子弟,吃、喝、嫖、赌,无所不来,花钱如流水。我姐姐在《金锁记》里写他第一次出场:"那姜三爷姜季泽打着呵欠进来了。季泽是个结实的小伙子,偏于胖的一方面,脑后拖一根三股油松大辫,生得天圆地方,鲜红的腮颊,往下坠着一点,青湿眉毛,水汪汪的黑眼睛里永远透着三分不耐烦……"季泽第一次向七巧调情,是七巧向他说:"总算你这一个月没出去胡闹过。真亏了新娘子留住了你。旁人跪下来求你也留不住。"季泽当着妻子兰仙的面,却笑着回答:"是吗?嫂子并没有留过,怎么见得留不住?"……分家后没几个月,季泽手头拮据,去找七巧诈财,第二次对她调情……但是他的调情没有达到诈财的目的,因为七巧太精明了。在现实生活里,李国熊平时花钱太随便,子女又多,家用越来越拮据,后来上海住不下去,就搬到北京去住。"

……

如此如此,白纸黑字,指名道姓,昭然若揭,真的是"生怕人家不知道"。但要命的是事情并不完全属实,有的地方简直相差太远了!

现在我们知道了,现实生活中的"绢姑娘"不仅没有吞生鸦片自杀,而且与丈夫李玉良相处得很好,她为李家生了六男一女共七个孩子,一直活到1981年5月才去世,李玉良也活到1957年。而且他家的孩子个个都争气,都是大学毕业生,走上工作岗位后,大儿李道秉是电力高级工程师,江苏水电局电力试验研究所的所长;二儿李道𫐓是福州铁路局的总工程师,福州铁路设计勘测设计研究院的党委书记,福建省铁路事业的开创者;老三李道稑是海军部队东海舰队"兴国"舰上的作训参谋,中共党员;老四李道积是上海玻璃厂的高级工程师;老五李道稜是国家城乡建设部北京建筑机械研究所的高级工程师;老六李道稔是上海第八人民医院的外科主任,徐汇区政协委员;女儿李道穗是上海染料化工厂的技术人员。全家人都过得好好的,怎么

张爱玲笔下的"绢姑娘"卞慧卿和她的儿女们

就变成"吞生鸦片自杀"了呢？怎么说是"'七巧'的孩子不会有什么好下场呢？"

这怎能不叫李家老人暴跳如雷呢？怎能不叫李家后代认为张家姐弟俩脑子有毛病呢？张爱玲姐弟怎能躲得过唾沫星子之灾呢？他们就该着成了李家不受欢迎的人。

然而欢迎也好，不欢迎也好，他们全然都顾不上了，时间是最有力量的，现在他们姐弟俩都飘然回道山了，他们都只留下了文字，没有留下子女，也不需要负任何责任。

现在我们已弄清楚了，张家姐弟所见、所写的，仅仅是李家故事的一个极小的部分，仅仅是李家兄弟六房中的老二房中的"国"字辈中的、某些人的、多少已走了些形的人物故事，具体来说，在《金锁记》中主要影射的是李鸿章的孙子李国煦家的事情。那恰恰是李家老一辈的"家底儿"已经吃得差

张爱玲的父母亲和姑妈(右一)

张爱玲(中)与表姐表弟

不多了,新一代的新秀尚未崛起的、青黄不接的年头。

但是不知她是有意还是无意地省略了一个过程,那是李家后人生活中的一个非常重要的内容——李家"家"字辈的不少人在家族败落后的奋斗和崛起。其实就是张爱玲本人,不也就是奋斗和崛起的一例吗?即便是李玉良(李家瑾),也就是张爱玲笔下的"长白",这个人的真实面目完全不是张爱玲所说的那样,他实际上早已背叛了家庭,走上了革命道路,他在上海升平街的家在抗战中已成为中共地下联络站……所以新中国成立以后他能当上厂长,并在政协部门任职。张爱玲与李玉良是同一辈人,用张子静的话来说,他们早就与之打过照面,这些情况,作为究心打探李家故事的张爱玲不会不知道,但在她的小说中全都隐去了。或许是她不屑于写,因为她是很讨厌革命的。但是这是事实,因此就更能说明,如果把张爱玲的小说当成信史来看的话,那就可悲了。

张家姐弟既没有赶上李家前几代的创业期、辉煌期,也没有看到李氏家族整体地衰落以后的再次崛起,更没有看到上海以外和中国大陆以外的李家人的艰苦奋斗的沧桑历程,或者看见了,并不情愿把它写出来,而仅仅写了某些片断。所以说,当小说写,当小说读,不会挨骂;而要当真实的家族史来写、来读,就要惹麻烦了。

事到如今,又能怪谁呢?

低气压时代的奇葩

张子静在1944年10月创刊的杂志《飙》上发表了一篇文章,题目也是《我的姐姐张爱玲》,据他说,这是他在过去五十年间发表的唯一一篇文章。文中写了她对姐姐的看法:

她的脾气就是喜欢特别:随便什么事总爱跟别人两样一点。就拿衣裳来说吧,她顶喜欢穿古怪样子的。记得三年前她从香港回来,我去看她,她穿着矮领子的布旗袍,大红颜色的底子,上面印着一朵一朵蓝的、白的大花,两边都没有纽扣,是跟外国衣裳一样钻进去穿的。领子真矮,可以说没有;在领子下面打着一个结子,袖子短到肩膀,长度直到膝盖。我从没有看过这样的旗袍,少不得要问问她这是不是最新式的样子,她淡漠地笑道:"你真是少见多怪,在香港这种衣裳太普通了,我正嫌这样不够特别呢!"吓得我也不敢再往下问了。我还听别人说,有一次她的一个朋友的哥哥结婚,她穿了一套前清老样子的绣花袄裤去道喜,满座的宾客为之惊奇不止。上海人真不行,全跟我一样少见多怪。

她曾经跟我说:"一个人假使没有什么特长,最好是做得特别,可以引人注意。我认为与其做一个平庸的人过一辈子轻闲生活,终其生,默默无闻,不如做一个特别的人,做点特别的事,大家都晓得有这么一个人;不管他人是好是坏,但名气总归有了"。这也许就是她做人的哲学……

张子静在五十年后把这段话又写入他的一篇文章,题目是《五十年前,我写姐姐张爱玲》,文中写了当初为什么要写那篇文章的故事,很能说明张爱玲的性格以及她的为人。当时是汪伪统治时期,青年们精神上都很苦闷,张子静的同学邵光定拉他一起办杂志,并且请他向他那已经很走红了的姐姐约份短稿。张子静写道:

(张信锦)说:"你姐姐是现在上海最红的作家,随便她写一篇,哪怕只是几百字的短文,也可为刊物增色不少。"我想想也有道理,就约了邵光定一起去找我姐姐约稿。

还没走到我姐姐的住处,我就想到这样贸然前去似乎不太稳当。一来我姐姐的性格一向不爱见陌生人;二来她当时可说是红得发紫的巅峰期,向她约稿的著名报纸杂志很多,她成天躲在家里做一个"写作机器"也应付不完那许多约稿,也许不会为我们这个无名刊物写稿。如果她当面叫破,我是她弟弟,听他几句排揎倒也无所谓,而让我的朋友邵光定当面难堪,这就很下不了台。

我把这层顾虑说给邵光定听,他也觉得不无道理。到了我姐姐住的公寓门外,就请邵光定在外面等,我一个人上楼去找她。她正在赶稿子。

果不其然,听完我的来意,她当面开销,一口回绝:"你们办的这种不出名的刊物,我不能给你们写稿,败坏自己的名誉。"

我从小在我姐姐面前吃她排揎也习惯了,知道再说无益,就匆匆告辞,下楼把结果告诉邵光定。他听了倒也不惊讶,因为刚才我已做过沙盘推演,把可能的结果告诉他了。

不过我们两人都难掩失望之情,懊丧地回去找张信锦商量。张还是希望把特稿的焦点对准张爱玲。最后就说:"那么这样吧,请子静先生写一篇关于他姐姐特点的短文,这也很能吸引读者的。"我不放心地说:"她看了会不会不高兴而在报上或杂志上写出声明或否定的稿子吗?对我们新刊物可是一个打击。"

张信锦说:"大概不会吧?一来是你出面写的,你是她的亲弟弟,她怎么能否认?二来稿子的内容一定无损于她的声名形象,只有增加她的光彩,凸显她不同于凡人的性格,我保证不会出什么问题。"张信锦的分析,鼓舞了我的勇气,我于是凭着平日对她的观察,写了《我的姐姐张爱玲》这篇一千四百字的短文。"

……

如此一件小事,可怜的张子静要费多少心思!张子静是张爱玲唯一的亲弟弟,姐弟俩之间尚且如此紧张,遑论其他。张爱玲性格中的冷漠、精明、算计、高傲,拟或还有点自私,就是十分清楚的了,是属于性格有些怪癖的没落家族出来的千金小姐。有的地方还有些像她笔下的曹七巧,生活有负于她,她就本能地逮着任何一个机会,宣泄她的怨气,对谁也不和气。

但是精明的张爱玲还是被比她更精明的人暗算了。此人就是老狐狸胡兰成。胡兰成占有了张爱玲纯真的第一次爱情,把才女耍了个惨。

傅雷曾说张爱玲小说的出现,是"在一个低气压的时代,水土特别不相宜的地方"开出的奇葩。尽管"不相宜",但毕竟是花,而且开放了,并且一夜成名。但更加"不相宜"的应是她与汉奸胡兰成的那桩倒霉的婚姻。

胡兰成是什么东西?是个穿长袍的长着一对三角眼的、有着水蛇一般"滑溜"的心机的文痞,是连当时的汉奸都骂他是汉奸的汉奸。他人虽在汪精卫的营垒里当个宣传部副部长,但极其关心军事情报,一心要与日本军界上层人物挂钩,在日本主子跟前摇尾乞怜,极力邀宠,以至于被汪精卫关过一个月。一向不屑接近政治的张爱玲,在走向"爱河"的时候,竟情不自禁地抛弃了她的"非政治标准",很快成了"三角眼"的俘虏。当然,胡兰成的政治并不足以使得他们的婚姻失败,关键的是这次婚姻的性质,是一桩癞蛤蟆居然短时间地吃到了"天鹅肉"式的婚姻,气质和根基都根本不对。

胡兰成根本就是个无根基的人,既没有家教又没有家产,是个专靠小聪明巴结权贵的市侩,又是个专靠嘴巴片子骗取女性的低级动物。尽管他的花言巧语一时迷惑了张爱玲,但他还是不得不承认,他在见到张爱玲这个高傲的超级才女时的眼花缭乱和手足无措。他写第一次走进张爱玲的房间时:

> 第二天我去看张爱玲,她房里竟是华贵到使我不安,那陈设与家具原简单,亦不见得很值钱,但竟是无价的,一种现代的新鲜明亮几乎是带刺激性……张爱玲今天穿宝蓝绸裤袄,戴了嫩黄边框眼镜,越显得脸儿像月亮。三国时东京最繁华,刘备到孙夫人房里竟然胆怯,张爱玲房里亦像这样的有兵气。
>
> ……

在爱玲面前,我想说什么都像生手抱胡琴,辛苦吃力,仍道不着正字眼,丝竹之音变为金石之声。

……

这原本不是爱的胆怯,不是爱的迷乱,而是面对张爱玲所代表的她的阶层的文化的陌生、胆怯和迷乱,他们原本就不是一股道岔上的车!所以狡猾的胡兰成忙不迭地调整心态和步伐,以求稳住阵脚,使出浑身的解数,一会儿理论,一会儿生平;一会儿古典中国,一会儿西洋现代,洋洋洒洒,真真假假,把张爱玲唬得一愣一愣的。

几个回合下来,胡兰成放心了,张爱玲嘛,不过一个连女学生也不如的小姑娘,纸上谈兵来事,真刀实枪地处事简直一个小娃娃!接着他就像入无人之境似的,天天去张的房间里表演,猖狂地掠夺。张爱玲傻傻地痴迷于他的表演。而他当然是愉快的,但是对于他来说,与其说是一种"男也废了耕,女也废了织"的男欢女快,还不如说是一种初尝禁果式的,一时征服和占有了张爱玲所代表的文化的"欲仙欲死"!一个路边乞丐一旦被天上掉下来的大金娃娃所砸中的愉快!惯于纸上谈兵的张爱玲哪里明白这些?她在客观上太需要父爱,太需要成熟男性的抚慰。

终于,小姑娘投降了,有一天送他一张照片,背面写着:"见了他,她变得很低很低,低到尘埃里,但她心里是欢喜的,从尘埃里开出花来。"

接下来他们就结婚了。

再接下来胡兰成就厌倦了。

因为张爱玲所有的光环他都阅读过了,凭他那无根基的水平,认为豪门小姐,不过如此。张爱玲毕竟不是适合于他的那种无脊椎动物,张爱玲的气质又必然令他吃力。尽管张爱玲还没有厌倦,并长久地欣赏着他。而他毕竟在她不喜欢他之前,早就不喜欢她了。于是,在有机会离开张爱玲的时候,他就忙不迭地投入了年仅 17 岁的小周护士的怀抱。小周护士的怀抱还没焐热,就又爬到了一个浙江同乡的小妾范某的床边……这期间,张爱玲曾长途奔波前往温州看他,把辛苦挣来的稿费全拿出来为他治病,一路上还天真地想着,这里是他走过的地方,他住在温州城,那温州城简直就因为有了他,而像珠宝似的在放光……胡兰成的心不是肉长的,而是一堆狗屎。他只有在伸手接过张爱玲的钱的一刹那,是高兴的,而一见到走进来的范某,就熬不住地发起哆来,"我肚子疼……"

直到这个时候,在小说里万事都清清楚楚的张爱玲,才真的醒了。

终于,在全国解放时,胡兰成丢下在国内的所有的女人,逃往日本,竟钻到当年臭不可闻的、76号杀人魔王吴四宝的老婆佘爱珍的被窝里去了。日本人见他的利用价值已完了,也不帮他,最后潦倒而终。

在这之前,他还曾妄想跟张爱玲和好,故伎重演,写去一封封肉麻的信,他还以为张爱玲永远是小姑娘。谢天谢地,当年的小姑娘总算长大了,没理他那个茬。

无可奈何花落去

张爱玲在50年代初离开了上海,先到香港后去美国。她原以为她可以用英文写作,可以用稿费来生活,但事实是她的基本读者在中国,华人文学那时在欧美并不像现在这样已形成了气候。张爱玲向往西方式的生活,但西方起码在那时还不喜欢她。张爱玲后来的生活只有短暂的愉快,大多数时间活得很无奈。

她到美国的时候,其实李家已有不少人早于她先到了美国,处境比较好的是李鸿章的孙子李国超(李经迈的独养儿子)。李经迈在上海经商非常成功,据李家老人讲他从未失败过,华山路上高耸的枕流公寓就是他的杰作,李家的亲戚孙氏家族在华山路造房子,也是向他买的地皮。所以李国超去美国时手里有的是钱。估计是张爱玲跟他没联系,抑或她没有找人帮忙的习惯,这样她就很艰难了。

她在纽约最初住在救世军女子宿舍,那是收留各种无家可归的女子的地方,其中有年老昏花的老太太,还有酒鬼,各式人等,鱼龙混杂,她那时的身份是难民。这样的生活和地位与在国内红作家的地位简直如同霄壤,她的失望是可想而知的。她不得不前去麦克道威尔文艺营,那是个由热心文艺事业的实业家或成名了的艺术家们创办的组织,目的是为一些食宿无着的作家、艺术家提供创作的环境,营内食宿全部免费,但有一定时间限制,可能只是几个月到半年的时间。

不知是幸运还是不幸,她在文艺营中碰到了她选为做她第二任丈夫的美国左翼作家赖雅先生。这一年是1956年,张爱玲36岁,而赖雅65岁,几乎大她三十岁。赖雅写过不少电影剧本,有出色的编剧才华,在好莱坞受20世纪30年代左翼思潮的影响,成为马克思主义的信奉者,对苏联和中国都抱有好感。可是张爱玲是讨厌红色中国的,她的小说《秧歌》和《赤地之恋》倾向是反共的。他们政治倾向是如此地不同,年龄又是如此地悬殊,但是他们很快就情投意合了,认识不到半年时间,他们就结婚了。

起初,赖雅对于困境中的张爱玲无疑是天降福星,他在美国文艺界朋友极多,可以加速美国文化圈对张爱玲的认同,他又为人热情,知识渊博,给予张爱玲的帮助是极大的,使她在美国安了一个家。但是赖雅很快就病倒了,在他们结婚的当年就连续两次中风,此后就无法完成他的写作任务,只有一些社会福利金和版税收入,挣钱养家的任务就只能落在张爱玲的肩膀上。但她用英文写的小说在出版商那里总是碰壁,数年得不到认同,只好再回过头来朝东方走,为香港的公司写电影剧本《红楼梦》,又为香港美新处做翻译……而赖雅的病始终没见大好,她就必须为生活而到处奔波,带着病中的赖雅去俄亥俄州,去康桥……最后赖雅瘫痪了,大小便也失禁,他们请不起保姆,日夜都需张爱玲照顾。张爱玲在离开她父亲的家之前一直是由保姆照顾她的,想不到到了晚年,她自己也充当了一部分保姆的角色。

1967年10月,赖雅走完了人生之路,张爱玲总算得到解脱。这一次十一年的婚姻生活,使她切身体味到了生活究竟是怎么一回事。

她后来的生活越来越索群寡居,生活在自己的世界里。

到了晚年,她出版的最后一本书是《对照记》,薄薄一册,全是家里人的老照片。这时候,面对家人的照片,想必是源自万里之外的亲情,唤起了她那沉睡了多年的乡情,这时似乎什么怨恨都不存在了,她深情地呼唤——我爱他们! 现在他们正静静地躺在我的血液里,到我死的时候,再死一次。

1995年9月,张爱玲真的去了。

宁为玉碎不为瓦全的李国秦

李鸿章的哥哥李瀚章有十个女儿,还有十个孙女。十个女儿大多跟上海没什么关系,只有最小的女儿嫁到上海,是曾国藩的外孙媳妇,即晚清上海道聂缉椝、曾纪芬夫妇的儿媳妇李敬萱(丈夫聂其煐)。而十个孙女大多都生活在上海,而且,每个人都有一番不同凡响的经历。李国秦是李瀚章第七个儿子李经沣的大女儿,是十姐妹中最后一个离世的传奇人物,活到106岁。

李国秦的父亲李经沣(1881—1941)是晚清时的国学生,曾在陕西当县太爷,所以给两个女儿取的名字都与陕西有关,大的叫国秦,小的叫国邠。民国后他没有像李鸿章的儿子李经方和李经迈一样不食"周粟",而是采取了务实的态度,办过税务,还当过扬州扬子盐栈的栈长。

李瀚章的孙女李国秦

李国秦(右)与妹妹李国邠

他们一家在辛亥革命之前就到了上海,虽说身处十里洋场,但封建观念还很重,嫁女儿要看"八字"的,"八字"不合绝对不行。除了"八字",李经沣还另有标准——他并不要求女婿有多高的学历,但要求有文采,要前来"应试"的女婿须当面用毛笔字草就一篇命题作文。那时李家的门风还是有不小影响的,被他开涮的女婿人选不知几何。终于,一个合适的人被挑中了,他就是李家的安徽同乡、家境原先贫寒的桐城人马兆昌。

马兆昌的父亲是个精明能干的工匠,后来成了两江总督周馥的儿子周学熙手下的红人。马兆昌承继了其父的数学细胞,聪明过人,在银行里工作,而且一手蝇头小楷写得简直就像是刻印出来的。李经沣看了很高兴,决定敲定这门婚事。

可是事不凑巧,人好了"八字"却不行了,算下来马氏跟李国秦的"八字"相克!可是李经沣又舍不得放弃这样一个人才,于是大女儿不行就"出台"二女儿,结果李国邠就先姐姐嫁人,1923年,成了马家的媳妇。

李家的女儿是不愁嫁的,大女婿很快又有了最佳人选,他就是从美国留学回来的,后来当了宋子文的助手、出任国民政府财政部关务署署长的张福运。李经沣与之见了一面,印象不错,竟一次性通过。1924年,已经35岁了的张福运,娶了22岁的李国秦为妻,两人相差13岁。

1927年国民党北伐成功,定都南京,宋子文当上了财政部长,组织班底时,张福运喜得高升。他们婚后在上海和天津两地都买了地,造房子。天津的

李国秦(后右一)等在复兴西路旧居

房子是在常德道2号,占地六亩(解放后成为天津市委第二招待所);在上海的房子建在复兴西路140号,一栋小楼,三亩多地,有网球场和游泳池(解放后由政府代管,成为上海警备区部队首长宿舍),李国秦就成了这两栋豪宅里的女主人。

李国秦性格豪爽,快人快语,遇事很有主见,除了婚姻必须由父亲做主外,其他事情均是自己说了算。她没有像一般的阔太太那样整天打麻将,摆弄首饰,泡咖啡馆。她很好学,上进心很强,深以没能获得中学学历为憾,于是利用上海的有利条件,多读书,勤补课,还跟人学写字、学画国画,每周有好几次请老师来家授课。日子久了,她的一手毛笔字已经很漂亮了,惹得不少朋友都来向她求字。

俗话说"人怕出名猪怕壮"。张福运官做得大了,风头出得足了,前来巴结的人家自然也多起来了,跟海关业务有关系的、没关系的,瞅准机会都喜欢往张家跑,靠不上张福运的,能把夫人"黏住"也是好的。有一家人家住在离张家不远的范园(现为解放军八五医院),主人是一家外国银行的买办,这家的女儿正在大学读书,长得聪明伶俐,也喜欢画画,很能讨李国秦的欢心。两家相距不过两条马路,走动十分方便,小姑娘有时在张家玩得晚了,李国秦就留她住在家里。时间长了,李国秦就认她做干女儿,反正李国秦自己没有孩子,有个干女儿比没有女儿要强,出门总爱带着她。为她买吃的、穿的、用的,更是不在话下。

想不到危险的事情渐渐发生了,认了干女儿并不见得比没有女儿强。问题出在张福运身上。张福运虽说是美国留学生,但传统的"不孝有三,无后为大"的观念还很重,总觉得自己没有孩子,在人前脸上无光。日子久了,竟和妻子的干女儿黏糊上了。当干女儿怀上孩子后,他就安排她到老家山东福山去生养,他大概想,等孩子生下来既成事实,妻子也会承认这个事实的。

可是他想错了,他的妻子不是小家碧玉,不是他可以随意摆弄的,平时日子过得很体面,夫妻相敬如宾,但是事情一旦超过了心理警戒线,那就成了怒目金刚。李国秦非但不承认这个事实,而且反目成仇,宣布离婚!

那些日子不知有多少亲戚朋友前来劝说,劝李国秦要思前想后,主要理由:"你若离开了张福运,吃饭靠谁去?你又从来没有工作过!"

而李国秦认为人活着不是光为着吃饭的,还有别的,还有精神生活。夫妻关系也是如此,精神死了,这桩婚姻也就走到头了,于是坚持离婚,谁说也不听。

张福运不想离婚,他不过是想孩子想得发疯而已。他没有想到事情会到了如此不可收拾的地步。他对国秦说:"我离了婚生活没有问题,而你怎么办?你今后靠什么生活?"他知道按国秦的性格脾气,不会再嫁人。而李国秦说:"我离开了你,照样能活下去。"

有趣的是,事实正如她所说。张福运后来活到95岁,无疾而终,已算高寿;而她李国秦,居然活到106岁。

1950年年初,张福运出国要办手续填表格,在填"配偶"一栏的时候,张福运又为难了,毕竟二十多年的夫妻旧情难舍。犹豫来犹豫去,他再次找到李国秦,对她说:"只要你认下这个孩子,我的配偶仍旧是你。"但是李国秦冷冷地说:"现在你有配偶,而我没有配偶了!"

李国秦大约在1950年到了香港,不知从什么时候起,她开始每周一次到沙田的一座山上去听佛家讲经,风雨无阻,后来还带一些经卷回家抄写,她抄写得非常认真,使她那手漂亮的毛笔字,得到了充分的挥洒。

后来人们才知道,她在师从著名的佛学界密宗大师屈映光(文六)先生(浙江台州人)学习、研究佛教,渐渐步入了境界,并且改名李逸尘(意为远离尘世)。屈映光先生早在辛亥革命之前是光复会的革命党人,辛亥革命后任浙江省民政长和巡安使,北洋政府时期先后被任命为国务院顾问、山东省省长和内务总长。他于1926年赴欧美考察,回来后就退出了政坛,潜入佛门。抗战时期他辗转各地做赈灾救灾工作,抗战胜利之后回到上海,又到了香港,仍旧埋头佛学,聚徒讲经。

李国秦拜在屈映光法师门下的时候,屈映光已经70多岁了,老师见她读经专心刻苦,已经抛弃了人间一切杂念,就给她取了一个法名"意空",并收其为大弟子。李国秦对老师非常敬佩,除了帮助老师抄写经书,整理佛学经典,在老师身体不舒服的时候还把老师接到自己家中来,亲自照顾起居。她自己从小一直都是靠别人照顾的,她从未照顾过别人,而对于年迈体弱的屈老师,她竟无微不至地亲自精心照应,周围的人都感到有些不可思议,大概是佛法的感召吧。

一九五三.一〇.二五.
于台指南宫留影

李国秦与她的师傅屈映光先生

后来据说蒋介石怕屈映光返回大陆,派人把他弄到了台湾,李国秦也随老师之后,到了桃源县的斋明寺。这期间,屈老师立下宏愿,重新修订一套完整的《中华大藏经》,李国秦是其主要助手之一,从收集版本,研究目录,参核校订,无论寒暑,无所不用心,最终编入这部"正藏"的竟有两千种佛经。

1973年,屈映光先生以91岁高龄圆寂之后,李国秦就成了众佛徒拥戴

315

的金刚上司。屈老师手里的一部最为珍贵的佛经,就传给了她。

李国秦继师傅之后,不仅聚徒授经,还非常重视佛学经典的整理和出版,主编并出资出版了《法贤丛书》,其中有《显密修学法要》《金刚经 无量寿经 心经 观无量寿经 诠释》《时轮金刚大灌顶开示暨修持仪轨》等等,其中还包括了她为师傅屈映光先生整理的佛学著作。

从20世纪50年代初至今,又是半个多世纪过去了,李国秦真的义无反顾地远离了尘世。

2003年的一天,她身边的几个弟子慌作一团,因为他们常年服侍的师傅、101岁的意空法师突然不见了。屋前屋后、院里院外都找遍了,不仅找不见意空法师,连同法师平时最接近、最信任的两个小徒弟也不见了,于是他们明白了,一定是这两个小徒弟把师傅"劫持"了,但是到哪里去了呢?

他们找出师傅的通讯录,用电话一家家询问,当问到师傅的弟弟、香港国光船务公司的老板李国光先生时,电话那头李国光气急败坏,大光其火:"叫你们好好看好她,看好她,怎么叫她走了呢?她这么大年纪,要是出了危险怎么办?"

原来她是去还一个心愿去了——经过一段秘密的策划,由两个小徒弟抬着,瞒过了台湾当局和周围人的注意,他们乘上了飞机,从台北到香港,又从香港到上海,再从上海飞往山西太原,从太原再乘汽车,直奔五台山!

这是一个空前绝后的秘密行动,一个百岁老人的还愿计划,一个感天动地的佛界故事!只有她和两个小徒弟心里明白,她不走这一趟将会死不瞑目的。中国人都讲究叶落归根,她的师傅屈映光没能叶落归根,是个永久的遗憾,或许师傅生前就对她有过寄托。而大陆上除了西藏,只有五台山上还有密宗的寺庙。她要在那里为她的师傅屈映光先生建一座塔,还要为一个大殿主持开光,她要使师傅的灵魂得到安息,她发誓在有生之年一定要落实这个计划!

临行前,她曾向弟弟李国光透露过这个计划,弟弟拼命反对,并关照她周围的人一天24个小时看住她。结果还是佛的法力大,她由两个小徒弟抬着,在一个深夜秘密启程了。

她还不曾有过连续这么长时间的行程,尽管一路上非常辛苦,可是她终于如愿以偿。在五台山,她受到了佛门子弟的隆重欢迎,还为修庙捐献了二十万元钱。回到台湾后,尽管因长途劳累病了三个月,心情还是非常愉快的。

李国秦晚年,已经号称徒弟三千了,有的是台湾大学的教授,有的是部队中的高官,也有很多是东南亚一带的华侨。她居住的地方是一处佛界名胜,跟她一起住进去的时候共有三十人,后来只剩她一个人了。

她与尘世不是绝对没有交往,但是平时只是一个电话的交往。每天上午十点钟,她会准时地收到弟弟李国光的一个电话,问问起居各项,是否安好。她难得多说话,好像心愿已了,一切都在不言之中了。

2008年9月27日,她吐出了最后一口气,心平气和地返回道山了。

第十六章：岁月寒暑

暴风雨中的旧王孙

李家"国"字辈的一代还是有点祖上的老本吃吃的,而到了"家"辈成年的时候,世事沧桑,对不起喽。

李家骁先生是李鸿章最小的一个曾孙,也是目前还建在的唯一一个曾孙。他如今六十来岁,刚从小学教师的岗位上退下来,人长得很敦实,讲话也很讲究艺术性,若不是多次深入探讨,很难想象他所经历的一切。他是一个特定环境里的特定人物。

李家骁身上有四分之一的法国血统,因他的祖母(即李经方的一个侧室)是法国人。李经方在担任驻外公使期间,曾聘用一位英文女秘书和一位法文女秘书,结果两位秘书后来都成了公使夫人。法国夫人生下了大儿子李国焘,英国夫人生了小儿子李国然。生大儿子李国焘的时候,法国夫人难产,而且是个龙凤双胞胎,医生无奈地告知公使大人:三个人中只能保住一个。不知是公使大人盼儿心切,还是医生技术上出了什么问题,结果是"龙胎"李国焘生下来了,而"凤胎"夭折了,法国夫人也含恨去世了。

李国焘生就一双蓝眼睛,笔直的鼻梁,一看就是混血儿。他长大成家后,又有了二子一女:李家骅、李家骊和李家骁。现在这些人中,只剩下李家骁遗世独立了。

李家骁小时候长得虎头虎脑,整天调皮捣蛋,不到天黑不回家。回家也几乎很少走正门,总是翻墙头进来(他家住在富民路上的裕华新村,那时新村的围墙很低,现在的围墙是后来加高的),每天放学后打球也打架,玩得大汗淋漓,衣服脱下来总能拧出一把水。家道是如何一天天地由盛转衰的,他既在意又不在意,反正家中他最小,亏待了谁也不能亏待他,他总是有饭吃的。

解放初,乡下大规模地开展土地改革时,像他家这样在乡下有大批田地和房产的人,十有八九是要被揪回去批斗的。他的父亲李国焘是个聪明人,在公私合营之前,赶紧捐献了很多房地产,尤其是在芜湖的大批房地产,包括把长江边上华盛街上的"钦差府",捐献出来办学校,有一部分后来参加了公私合营,只剩下六十一间房子有待于"社会主义改造"。做了这样的安排,他才被定为开明绅士,日子大体上算是太平。上海方面的像样的房地产,只留几处自己和家人住的房子,还有一小部分参加公私合营,这样就被聘为上海市文史馆馆员。但是那时的房子估价估得很低,芜湖的价格就更低,两处的定息加起来每月总共三百多元钱,但要养活一家十几口人吃饭和供养儿孙们读书,还有亲戚朋友间的人来人往,这些钱还是不经花的,何况家中还有好几个从安徽带出来的男佣女佣,老了也一直住在家里养老,于是不得不卖卖当当地过日子。

老李的后代沦到了卖卖当当地过日子,恐怕很多人难以置信,这时就用得着中国一句老话——"富不过三代"!

俗话说"穷归穷,三担铜"。从李家拿出去的开始是字画、瓷器等文物,后来是首饰,最后还有一大批徽章。李家骁常看见阿姨(其母亲的妹妹,亦是他的养母兼管家,11岁就来到李家)掀开一只箱子盖,伸手从一个洋面袋子抓几只各式勋章或纪念章,拿到陕西北路的一家首饰铺去换钱。那首饰铺老板也认不得勋章上的外国字,不知道它们的文物价值和档案价值,只认得那是金质的,顺手抓起一只小锤子,"当"的一声砸砸扁,称了分量付钱。这位阿姨活到1995年1月去世,活到81岁。据她说,被她卖掉的那些勋章、纪念章等金质小玩艺儿,是李家三代人从外国带回来的,足足有一洋面粉袋。后来听说这玩意儿很值钱,还有文物价值,曾后悔地说:"蛮好留一只下来给你们玩玩的。"

李家骁尽管调皮捣蛋,在街坊邻居中出了名,但还算遵纪守法,又是里弄里的文艺骨干,擅长京剧和评弹。新中国成立之初他才十几岁,里弄里排练节目搞宣传,拉胡琴总有他的份儿。小伙伴中谁受了欺侮,他就教人家几招防身的本领,他那是跟一个老拳师学来的。

可是不知为什么,有一天公安局还是把他找了去。

后来才知道,是他的同学出了事。这个同学叫袁延权,其父是水果店的老板。他们在东湖路上华光中学(旧址是现在的青年报社)读书时,是最最要好的同学。后来,李家骁升入高中,袁延权未读高中而投奔了在香港的姐姐。20世纪60年代初,袁延权的母亲在上海逝世,他回上海奔丧,一下火车就给李家骁打电话。电话挂上不久,公安局就来敲门了。

公安局的同志给他看一张照片,照片上有一个人正是袁延权,另一个他不认识。公安局的同志说,他不认识的那个人是国民党在香港的特务头子。此照片说明,袁已加入了特务组织,请李家骁帮助政府做些工作,主要是打探袁此行的真实目的和在上海的联络人,在必要的时候将他逮捕。

李家骁抬起头来看了看来人,顿时也吓了一跳,眼前这些人肯定都是些出生入死的老特工,有的缺了一只耳朵,有的脸上还有刀疤……既然是公安局来找你帮忙,看来的确是问题严重,在那个"一切行动听指挥"的年代,你能说你不干吗?

于是他成了公安局的临时"眼线",跟老同学见面时尽可能做得自然些,按照要求去见机行事,回来后要如实汇报。汇报的地方每一次都换一个地方。事到如今,他究竟汇报了些什么他自己也忘了,只是记得当他把老同学送上火车不久,老同学就在火车上被捕了。可是到了"文革",李家骁可就倒霉了,造反派八个人打他一个,罪名就是与香港特务有联系!他怎么也弄不明白,那些造反派都很年轻,20世纪50年代他们刚刚生出来,他们怎么知道得那么清楚?

宋路霞与李家骁、张凤云夫妇

  可他李家骁也不是好惹的,他父亲从小为他请过一位拳师,教他练功,关键时刻可以防身,因为那时家里还有点底子嘛,又是最小的一个儿子,老爸自然更费心些。谁知时过境迁,家里早就卖得见底儿了,功夫才用上了。李家骁看看来势凶猛,连忙靠定一个墙根站好,这样可以避免来人从背后袭击他。结果打手们上来一个他扳倒一个,上来一个他扳倒一个,八个人你看我,我看你,全傻了。

  李家骁38岁时才结婚。他于1962年从上海纺织专科学校毕业后,正遇到三年自然灾害,纺织行业不景气,不需要毕业生,他只好去愚园路民办小学代课,后来转到茂名北路小学和上海爱国中学,除了政治课他因出身不好不能教,历史课他又不屑于教,他不愿骂老祖宗是"卖国贼",其他几乎所有的课都上过,尤其当体育老师很出色。他带的茂名北路小学篮球队,在全国小学男篮比赛中夺得了冠军,又辅导小学生打棒球。可是他的球队要去外省市参赛时,领导学校的工宣队却因他出身问题不许他带队前往。为此,支部书记唐国弄同志找他谈了两个小时,劝他想开点,看问题不能看一时,"酒香不怕巷子深"嘛,以后还有发展的机会,一个人要经得起各种考验。同时关切地要求他,赶快找个女朋友,赶快成家!除了有课时要来校上课,没课时就不要来了,去谈朋友!"38岁了还不成家,成何体统!"

其实,李家骁何尝不想成家?但他确实又被人间的婚姻弄怕了。他们李家,就有一大堆不幸的婚姻。况且,他也没钱结婚。

他的父亲李国焘早年在英国剑桥大学读书时风头很健,人长得身材魁梧,风流倜傥不说,他的身份也无人不知。因为他的祖父李鸿章1896年曾访问过英国,受到最高级别的接待;父亲李经方又出任过几年大清驻英公使,所以周围的人无不对他另眼相看。李国焘曾与一位英国姑娘恋爱,临毕业时,两人已到了谈婚论嫁的程度,然而却遭到老太爷李经方的坚决反对。在李国焘剑桥经济科毕业,拿到学士学位后,就"十二道金牌"般地下令,要他立马回国,与一安徽同乡的女儿(实际上是亲戚,是李鸿章姐姐的孙女、张家的后代。这位姐姐就是李鸿章在家信中一再感激的,曾给了他们兄弟很多帮助的张夫人)结婚。李家完全是个封建大家庭,父命如山倒,说一不二的。何况李国焘刚刚毕业,尚未独立,经济上全仰仗家里拨款,不敢得罪老爸,于是他决定暂时离开女友,回家去说服父亲。临别时,女友送他一枚极细巧的18K金戒指,当然还有一张微笑着的照片。

李国焘哪里想得到,到了上海就不是他说了算了。他被命令必须与张家小姐成婚。其父说,这是早在多少年前两家大人就定好了的,没有商量的余地!李家早年仰仗人家的帮助,现在李家好了,岂能单方面撕毁"条约"?如果单方面毁约,那家族的面子往哪里放?李家树大根深,丢不起这个人!

那么李国焘就能丢得起这个人吗?伦敦的同学和朋友们哪个不知道李国焘已有了女朋友?而当父亲的不管你那些。

李国焘在后来的几十年生涯中,始终未能将他初恋的女友忘怀,他一生都戴着那只 18K 金的细戒指,还把那照片烧制在一只瓷盘上,配上红木框架,放在写字台上,每天与她对视,又把那条三寸长的小黄毛辫子珍藏在抽屉里。有一次,调皮的李家骁翻老爸的抽屉,发现了小黄毛辫子,翻出来拿在手里玩。老爸只好把女孩的故事告诉他,说自己不会忘记她。

李家骁懂事后很为老爸抱不平——凭什么爷爷可以同时娶法国老婆、英国老婆,而父亲只能娶中国老婆?为什么爷爷的婚姻可以自己做主,而老爸的婚姻就不能自己做主?但是要说完全不能自己做主,那也不是。李国焘后来共娶了四位太太,但是阴差阳错,没有一个是他真正喜欢的,神情沮丧时还用抽大烟来自我麻醉,情绪变得越来越沉闷。

李国焘 1962 年去世,他的元配夫人张继芬先他一年而去。只有家骁明白老爸的心事,把那条小黄毛辫悄悄地塞在他的颈下,让他带着这条定情物,与旧时情人于阴间相会吧。

可是想想大妈妈(张继芬)也很可怜。她是安徽名宦之后,虽裹着一双小脚,但诗词书画样样在行,大家闺秀的功课一样不差。她平时不出门,甚至不下楼,只有过年过节有许多客人来时,才走下楼来,非常有礼貌地招呼客人们。她和丈夫分室而居,平时总是在自己房中读书看报、弹钢琴,而丈夫从来不去她的房间。后来,连她从娘家带来的丫鬟都被老爷收房做了姨太太,而老爷还是不理她。到了晚年两个人都白发苍苍了,他们倒也开始讲话了,那是因为李国焘要写诗词寄托情思,诗词格律方面的本事,大太太要比他强得多,但话也不多。1961 年,张继芬早丈夫一年去世,临终时对贴身的女佣说,她一生都是处女……

如此"爱情生活",叫李家骁如何不胆寒?所以李家骁从来不敢想娶媳妇的事。

好在老天爷长眼,还是给了他一个贤惠的妻子。

李家骁的妻子名叫张凤云,上海浦东人,父母都是虔诚的天主教徒,主

李家骁、张凤云夫妇

张对人行仁爱,并不嫌李家骁钱少家贫,反而非常同情他,要女儿好好待他。那时正是"文革"时期,是李家最为落魄的时候。李家骁38岁,每月工资三十八元钱。原先李家"顶"下的一幢房子,后来只剩下两间,哥哥嫂嫂住一间,他和阿姨住一间。他要结婚了,阿姨就得到乡下"回避"一个月,一个月后三个人居一室;等女儿生下来之后,就是四个人三代人居一室。

张凤云是精新仪器厂的工人,她和丈夫一样,生活上是个乐天派,只要生活上能大体过得过去,就知足常乐了。她嫁到李家后看到许多稀奇的东西,比方说,民国时期别人借李家的钱,借据就有一纸箱。她只是不明白,怎么会有那么多的人借李家的钱不还?那些借据,有的是借祖父李经方的,有的是借公公李国焘的,上面写着"借银圆壹仟元""借银圆捌佰元"不等,也有的是借了银圆而归还一些花花绿绿的股票的。有的借条上明明写着"半年即还",可是半个多世纪过去了,还没有人还。更有意思的是,借款人和被借款的人都早已去世了,最晚去世的也已死了四十多年了,而借条却代代相传。"文革"中被造反派抄走了,落实政策时又发还回来了。别的东西发还回来的不多,而借条发回来却不少,好像与李家有缘。同时发还的还有30年代的、大概是他祖父买下的英国某公司的股票,每张都是一百英镑。有人劝李家骁,可以去查一查,这些公司还在不在,若是在的话,这些股票可值钱了。他轻轻一笑:啥人晓得,大概早就不存在了。

另一方面李家又欠着人家钱,主要是欠房管所的房租一千多元。那时候一千多元是他们两夫妻一年半的工资啊。李家骁没办法,他只有三十八元工资,在民办小学时只有二十六元工资,阿姨后来在里弄里当清洁工,每月只有十八元。当然,那些年月,连房租也付不起的人家不止李家骁一家,有的处境连李家骁还不如。他的堂哥李家骥全家被扫地出门,抄走的东西有好几卡车。他那在天津工作的另一房堂哥,是李国杰的后代,"文革"中被迫害得实在受不了了,两夫妻双双上吊自尽。

李家彝坚决反封建

上海北京西路南汇路路口,十年前有一大片石库门老房子,现在已被夷为平地,盖起了高楼。笔者每次从那儿走过,总要想起一位从未谋过面的老人。

他是李家老四房的人多次谈起的,在20世纪20年代曾给陈独秀当过外文秘书的李家彝先生。他是李鸿章的四弟李蕴章的曾孙,李经邦的孙子,字卓吾,号亚伯,1899至1976年间在世,是个典型的末代王孙。由于种种讲不清楚的原因,他晚年住在这个地方,不仅没有工作,还被打成了反革命分子,说是被管制两年,实际上长期在里弄里扫街,监督劳动,没有经济来源。他妻子经不起长期的政治和经济上的双重重压,带着女儿离他而去。他一个人,"文革"中就蜷缩在人家楼梯下面的杂物间里(严格来说,那根本不能算

作"间",只是一个旮旯),"日仅一餐,衣惟一袭,不足御寒,蜷伏被中,似若病夫……"(李家彝去世前三年给其弟弟李家卣的信),最后饥寒而终。

他去世在1976年11月,真是与福分缘分太远,那时"四人帮"已被粉碎一个月了,举国都在欢庆,平反的曙光已可以预期了,他却等不及了!

他的处境是不难想象的。因为在极"左"路线占上风的时代,陈独秀被打倒在地,成了革命的叛徒,右倾机会主义者,还要被踏上一万只脚,既然你是陈的什么秘书,那么你们不是一丘之貉吗?更何况你还是李鸿章家族的后代呢,那就更应该"抛入历史的垃圾堆"了!

其实李家彝跟陈独秀做事的时间并不长,李家与陈独秀家的关系也纯属巧合。

他少年时曾在安庆读书。他的祖父李经邦就另盖新房子。这新房子的邻居,竟是陈独秀家。

陈独秀也是安庆人,据说最初两家发生联系还是为了盖房子的地皮闹纠纷,大家都要盖房子,邻居之间有时地界画得不甚清楚。结果不打不成交,反而成了好朋友,后来在陈家发生困难的时候,李家还接济过陈家。

辛亥革命时李家再次举家"跑反",一部分人跑到了上海,李家彝就在上海读的中学,中学毕业到北京读大学时,那时陈独秀已是北京大学的教授,五四运动中新文化的旗手,大名扬天下了。李家彝的父亲李国棣思想开通,是留日学生,有名士风度,他自己并不亲自料理家业,也不想让大儿子经商挣钱,而想让儿子跟上时代的步伐,到北京去闯闯世面,就写信托陈独秀在北京照顾自己的儿子,估计那时家底还没吃完。而李家彝从此开始,算是踏上了陈独秀的"贼船"。

李家彝自从跟上陈独秀后,不仅跟他学学问,思想上的确受了很大影响,尤其是反封建的斗争,态度非常坚定。他寒假回家过年,全家祭拜祖宗时,他拒不向老祖宗的牌位磕头,这在李家这个封建大家庭中引起巨大反响,老少都视其为"怪物",长者则认为其父不该把他送到陈独秀那儿去,这个书读得连老祖宗也不认得了。

后来陈独秀南下上海进行革命活动,李家彝也跟来上海,当了陈的秘书,一来为他跑跑腿,二来当翻译。这期间陈独秀曾创办了一份杂志,介绍世界各地的革命形势和世界地理,李家彝为其做了不少翻译工作。

1925年五卅运动爆发后,当局到处搜查共产党,陈独秀离开了上海,李家彝不得不脱下洋装换上长袍,东躲西藏,还到日本和朝鲜去转悠了一大圈,畅游了名山大川,过足了名士瘾才回到上海。这时其家已迁往苏州南园,他又赶往南园,从此与陈独秀失去了联系。再次回到上海后,他在英国人办的《字林西报》和《时事新报》当记者。抗战中他基本上处于失业状态,只是短时间去北方的一个亲戚那儿谋过职,尽管只是一个小小的文官,但的确是在伪政权中任职。全家生活上没有什么新的"经济增长点",全靠卖卖当当过日子。

按说他的历史还是说得清楚的,这些情况,李家彝解放后不知交代过多少遍,但是始终得不到理解。综其在陈独秀身边的岁月,只有五六年的时间,却为之写了半辈子"交代",最后死于饥寒交迫之中。如今陈独秀的墓地在安庆已经修复,而且打理得非常庄严漂亮,而李家彝这个陈独秀的秘书,为陈独秀吃了这么多的苦,人们还不知是怎么回事呢。大概人一死,就被忘记了。

新四军的割头朋友

侯爷李国杰的元配夫人是张之万的孙女，生了两个女儿，一个嫁河南项城袁克义，一个嫁浙江萧山朱家济。继室夫人杨氏（杨崇伊的女儿）起初没有生育，在过继了李国杰的侄子李玉良（即李国煦之子李家瑾）几年之后，才生了儿子叫李家琛，然而仍以李玉良为长子，带着他走南闯北，这令李玉良颇开了眼界，从小关心天下大事，喜欢广交朋友，喜欢练武术，敢干冒险的事，敢做大事情。他在上海读的是中华工业专门学校，但他关心的却是政治，跟他的嗣父李国杰一样，总想在政治上有所作为，一生干过许多冒险的事。

李玉良年轻的时候曾南下广州，参加了孙中山领导的粤军，在粤军第四十营当书记官。国民党北伐胜利后在南京建设局做过短时间的工作。1932年"一·二八"日寇进攻上海时，他参加了第十九路军抗战，任第一补充团的参谋。现在在他的后代家里，还保存了十九路军蔡廷锴将军颁发的抗战纪念章。他在政治上始终是个反蒋分子，与王亚樵的斧头党亦时有过往，不仅在李国杰暗杀赵铁桥时，他参与了其事，据说后来枪击汪精卫的子弹也是他给准备的。他与粤军中的蔡忠杰、郑葆真等人始终保持了联系，后来又通过他们与中共地下党组织取得了联系，并在其中做了许多秘密工作。

李玉良与广东反蒋势力的往来，使他常常处于一种危险境地，家中常

李鸿章的曾孙李玉良（家瑾）先生

常收到恐吓信和恐吓电话,上街也曾遭人跟踪。为安全起见,他曾率全家于1936年避往苏州,抗战爆发后眼看苏州要沦陷了,才又回上海,住在原先住的威海路附近的升平街。日本人快打到苏州时,全城的人都在逃难,最初只知往苏州乡下逃,因为不知战争要打多久,家中只留一个老用人看房子。谁知后来老用人也跟着逃难的人流逃到乡下,等到再回到城里时,发现家中已遭了强盗抢,家徒四壁了。从上海去苏州的时候带了几十只箱子的细软,回上海时东西基本上全光了,只剩下一大把箱子钥匙……1939年李国杰遭暗杀后,其家境更是一落千丈。沪上土匪知其为豪门之后,几次设圈套绑架,家中剩余钱财又大半变成了赎金。

1943年,李玉良与早年在广州参加粤军时的老战友接上了联系,这些当年的粤军小兵此时已成为新四军的中坚人物。从此李玉良的家(升平街)就成了中共地下党(新四军二师)的秘密交通站,他的任务是为根据地购置物品、药品,掩护地下工作人员,还要收集情报。抗战胜利后,李玉良又通过亲朋故旧的关系,与汤恩伯的副司令李铣结成了"哥儿们";通过李铣,新四军需要的通讯器材、布匹纸张甚至武器弹药等军需物资,源源不断地运到皖南,而皖南地区出产的煤炭亦被陆续运到了上海。临解放时,他又积极参加策反工作,原国民党军界人士唐兴福等均被他策反成功。因此在解放初,他还是上海市公安局社会处情报组的特工人员。

李玉良虽然没有加入共产党,但为共产党做了很多工作,家中的东西也不断地送到当铺,变成了地下工作的经费(到最后,只剩下几口大红木衣柜,里面的东西全掏空了),但他反蒋抗日的信念非常明确,而且还把一个孩子送往解放军部队。大概总是有些人在怀疑他参加革命的目的,他们不相信李鸿章的后代也会真心参加革命的,解放几年后,公安部门就不需要他了。所以新中国成立后他的感觉并不很好,不仅是经济上一直非常紧张,他的政治抱负也始终是个遥远的奢想。

20世纪50年代初,李玉良还被安排去接办一家濒临破产的纸烟厂,生产一种叫"跳浜"牌的纸烟,结果弄得自己差不多也快"跳浜"了,他把自家仅剩的一点积蓄全搭了进去了,还卖了不少家具,来维持厂子的生存,但无济于事,由于种种原因,厂子还是倒闭了。1952年,安徽省长曾希圣亲发任命书,调他为安徽省文史馆的秘书,可惜没过几年,他因肺病于1957年去世。

令人欣慰的是,李玉良的六个儿子和一个女儿个个生龙活虎,非常出色。大儿子李道秉大同大学毕业,是江苏电力局的总工程师,20世纪50年代苏联专家撤走后,是他组织起国内专家,收拾了苏联专家们扔下的摊子。二儿子李道稣,出任福州铁路局总工程师,主持设计了郑州火车站、鹰潭火车站和著名的福厦铁路,"文革"中虽被抄得倾家荡产,"文革"后挺身出来,仍是四化建设的一条硬汉。三儿子李道稺参军转业回来从事党务工作,是李家为数不多的党务专职干部。四儿子李道稹是上海玻璃厂的高级工程师。老五李道稜是国家建筑机构研究所的高级工程师。老六李道稔是上海第八人民医院外科主任。女儿李道穗是上海染料化工五厂的科技人员。孙子辈中大多数也是科技人员,最优秀者为他的大孙子李永炜,现在是美国一家计算机公司的研究人员。

李玉良一生在政坛上呼风唤雨,可是不晓得为什么,李国杰的亲生儿子李家琛(1909—1967)一生在社会上却少有露面,他本人的事业亦不显于世。这或许是一种大智慧,倦于宦海风波,或许是性格内向,讨厌与各种人打交道,总之似乎是一直在回避政界的事情。

他于上海光华大学毕业,学会计,原先自己开有会计事务所,独自做自己的事情,尽量跟别人不搭界。新中国成立后私人的会计事务所不让开了,就供职于天津市木材厂,当会计,虽然参加了民革,也是普通一员。他做事为人极其本分,从不招惹是非,把原先祖上传下来的李鸿章的一些手稿、文电、资料向天津市文管会捐献了一大批,剩下一小部分留作纪念的,后来"文革"中被红卫兵抄家抄走了。他的妻子是当年军机大臣、多少与李鸿章有些对手意味的清流总后台李鸿藻的孙女,叫李季梅,在家料理家务。他们夫妻本想远离政坛是非,过过民间的清闲日子,可惜"树欲静而风不止",清闲的日子没过多久,"文革"爆发了,抄家、批斗没完没了,夫妻双双不堪凌辱,死于非命。

他们的孩子李道扬、李道凯、李丹丹,那时都还在读书,却遭遇了这样的家难。其实他们一房的钞票,在他们祖父李国杰时代就已经花得差不多了,到了他父亲当家的时候,已经靠自食其力,有时还要靠卖卖当当过日子了。新中国成立后李家琛每月工资只有六十五元,却要维持一家五口的生活,跟普通老百姓几乎没什么两样,李道凯兄妹并没有沾着豪门生活的边,却也没逃脱"狗崽子"的命运。那些最为不堪的日子,只能靠亲戚帮助生活。后来他们各自奋发努力,读书成才,在工作岗位上各有作为。尤其在教育部门工作的李道凯,南开大学物理系毕业后,在唐山工程技术学院任教,后来又调回天津。他始终以一片爱心关怀着班上每个孩子,多次受到学校和家长们的表扬。或许是他的精神感动了上苍,在唐山大地震时,他正一个人居住在一间临时搭建的小房子里,半夜里周边的所有大房子全都倒塌了,而他的小房子居然没事。他一个人走出来时,简直傻了眼了……几十年后,当笔者问他那是怎么回事时,他苦笑了一声,说是:"我也不知道。"

"秘书上行走"

李家焕先生是目前李家还在世的"家"字辈的老人之一,聊起过去的事情兴趣尤浓。他是云贵总督李经羲的孙子,著名国学学者、文物收藏家李国松先生的儿子,性格开朗,万事看惯,跟他聊天真是人生一大享受,因为那些充满智慧的语言和哲理,总把你带入一个快乐的天地,再大、再沉重的话题,他都能举重若轻。

老人家曾说起过一个他的任命的故事,令人笑掉大牙。

说是1945年日本人投降以后,聚集在重庆的国民党要员和社会贤达纷

"秘书上行走"李家煐

纷打包,准备"复员"。蒋介石也在赶制名册,任命一批接收大员,所拟定的新任天津市市长,是一位留美回国的专家学者型的人才杜建时。谁知天津市的著名人士张伯苓知道后坚决反对,在名单宣布的前一天提笔给蒋介石写了一封信,信中举荐北洋政府时期曾任过天津市长的张廷锷再当市长。张伯苓是南开大学的创办人,在国际上知名度很高,他在蒋介石面前可以随意骂人,蒋亦不敢得罪他。他给蒋的信件秘书不能代拆,而且必须随到随呈。

然而这次张老夫子举荐的张廷锷却是个十足的官僚,当年就职天津期间只做过一件好事,就是在南开大学的问题上帮了张伯苓的忙,现在抗战后胜利"复员",张伯苓还要他叫帮助恢复南开大学。蒋介石不敢怠慢,遂在天津市长名下写上张廷锷,而在杜氏名前加了一个"副"字。第二天宣布出来,众人都面面相觑,不知怎么回事。

其实此时的张廷锷已年老昏花,精力不济且不说,而且还患有面瘫,走路怕风,走起路来总用一只手捂着脑门,三句话没说完就流口水……实在是没有当市长的派头。上任之初,千头万绪,百废待举,于是托人赶快物色秘书,而且关照说,一定要忠实可靠的,不要共产党。经办人是李家的亲戚,自然想到李经羲的孙子李家煐,论成分他家是清朝政府的"高干"子弟,其丈人还是张学良的大学同学、拜把子兄弟胡若愚,况且他本人旧学根底很深,是其父李国松一手教出来的,当秘书绰绰有余,于是把李家煐带到了天津市政府。

李家煐走进来时,见张廷锷面对一桌子的公文、报告、材料正一筹莫展。见李家煐进来,当即令他起草一封给开滦煤矿总经理的信,向他商借一位英文秘书。说明此事顶要紧,一定要借给。李家瑛略思片刻,当场挥笔而就。张看后表示满意,就算面试合格了,随手抽出一张公文纸,书写给李家煐的任命书。

李家煐接过那任命书,上面居然写的是:"派李家煐为天津市市长秘书上行走。"当时已是1945年末,距清朝灭亡已三十余年了,该市长大人的脑子还像是逗留在紫禁城里一样,笔头还停留在"行走"年代,弄得李家煐不知这任命是真的还是假的。

况且,李家煐虽不是共产党,却不等于跟共产党没有联系。几年后,解放军百万雄师过大江,全国解放,他手持中共中央姚依林的亲笔信,到上海华东贸易部部长卢绪章和吴雪之那儿报到,成了新中国外贸战线的第一批业务骨干。工作上他不分昼夜,多次受到表彰,那是后话了。至于再后来的处境,不晓得怎么回事,领导们似乎与他有距离了。后来才知道,20世纪60年代开始讲究成分了,老李家的人是绝不能受重用的,但他外语很好,就被调到外贸学院教书去了。

其实,在政府部门工作的李家人往往都有共同的体会,就是开始他们很受重用,因为他们外语好,懂技术,而且听话,惯于"夹着尾巴做人",可是后来政治运动多了,出身不好到底是硬伤,于是车子越坐越大,房子越住越小。

"家"字辈的李家瑾、李家锦、李家昱、李家震、李家瓛、李家旺、李家宝、李家庞……无不如此。

20世纪50年代,他们老三房的兄弟中有的去美国,有的去香港,他和他的另一个兄弟留在了上海。他们早就从威海路老房子里搬出了,各自投入新时代的生活,成为国家干部。有一天,苏州房管部门来人找他,说是苏州拙政园旁边的一处三进的古典花园是他们家的,请他们去办理继承手续。他们一听不得了,弄不好一顶地主的帽子要带到头上,赶紧赶到苏州,办理了捐献手续。原来那还是他祖父李经羲名下的房产,老太爷晚年买下来的,原先是张之洞的哥哥张之万的老房子,卖给李经羲的。李经羲去世后李家出租,租给亲戚朋友的,并不认真收租,时间久了也就没人过问了。到了新中国成立后,20世纪50年代的风气是谁都愿当国家干部,而不愿戴地主帽子,大家都不肯认账,就都推到老太爷的头上,那么继承人李家煐就有当地主的危险了。

李家煐吓得赶快推推干净,全部捐献了事。

现在那处三进的大宅院划为拙政园的一部分,紧挨着拙政园的西墙,里面办了苏州园林博物馆图片展览。前二进是四合院,院墙有两丈高,院里尽种了些牡丹月季,还有几棵石榴树,极其高雅。最后一进是二层楼房,粉墙黛瓦,树影婆娑,满园绿色中,一栋红楼凌然,漂亮极了。

毕生皆造桥

每当和李氏家族的人聊天,聊到现今李家后代的情形时,他们往往会眼睛一亮,十分自豪地说:"我们家族还出了一个桥梁专家,南京长江大桥的总工程师、九江长江大桥和枝城长江大桥的总工程师。他一生都在造桥,还获得了国家颁发的首届科技贡献特等奖。他是我们家族老四房的人……"

而真正坐在李家咸先生面前时,他那特有的才人的超脱和大家之后的

著名桥梁专家李家咸

气度,再次令笔者感到了震撼。

"我的一生很简单,就造了几座桥。"李先生淡淡地说。

"是哪几座桥呢?"我追问道。

他像数自己孩子的名字一样随口道出:"新中国成立初是参加武汉长江大桥的设计,建南京长江大桥时担任副总设计师,主持了大桥的设计和施工工程,再后来,主持设计了枝城长江大桥、九江长江大桥、山东齐河县内的黄河大桥,还有援外项目——缅甸仰光的丁茵大桥,近年来交通部派下活来,去罗马尼亚帮助造桥……"

不是长江大桥就是黄河大桥,如此艰巨的工程和使命被他轻描淡写地一语带过。当我"逼"着他"走回过去"的时候,他只讲了几个典型场景。

1959年3月,李家咸被派往南京,主持南京长江大桥的设计工作。这时,他与苏联专家在桥墩的工程设计上,产生了严重的意见分歧。苏联专家坚持采用造武汉长江大桥时的管柱基础,而经过周密的调查和研究,李家咸认为南京的地质条件远比武汉复杂得多,应当采用国际上的先进技术"浮式沉井法",并且改用四种基础。可"浮式沉井法"在当时只是听说,谁也没见过,既无资料更没有实践经验。当铁道部的领导支持了李家咸、把大桥工程图纸交给工程处去实施时,谁知工程处也不愿接受这个方案,而情愿接受传统的"管柱法"。如此一来,李家咸两面受阻。

那时已是"文革"前夕,工人的意见往往要比工程师吃香。两种意见正相持不下,最后,铁道部大桥工程局局长和总工程师使了一道绝招——干脆把李家咸调到工程处,担任工程处的副总工程师,由他主持施工,把堆得小山似的工程图纸,变成雄伟壮丽的南京长江大桥!那年他仅34岁,是全局最年轻的总工,而且一直到80年代末,他都是全局最年轻的总工。

谁知天有不测之风云。这一年秋天长江水位特别高,正在施工中的大桥桥墩遇到严重威胁。一个八千多吨重的桥墩在江心开始摇摆,而且三天三夜不止,数十根二十五吨一根的钢缆全部被挣断,这是史外造桥史上从未遇到过的险象。八千吨的庞然大物在江心四分钟打一个"秋千",尤其是风浪中的高压电缆船,随时都像一个即将爆炸的火药库……李家咸以凡人难以想象的毅力,在现场指挥了三天三夜,终于排除了险情。

李家咸没等南京长江大桥通车就奔赴了新的工地。接下来,造枝城长江大桥六年、九江长江大桥四年、齐河黄河大桥五年……他都是项目总负责人。

1981年,他又奉命来到缅甸首都仰光,主持缅甸的国家大桥丁茵大桥的设计和施工。若在国内,任何一条大河都有几十年甚至几百年的水文资料,而缅甸方面却无法提供这些资料。当地又是长年高温,最冷的1月份,气温也相当于武汉6月的天气。1988年缅甸又出现政治动乱,中国援助建设的人员曾三次乘船到江中心避难……丁茵大桥通车之后,别人都可以回国了,缅甸方面通过中国大使馆硬是把李家咸"扣下"继续帮助工作。在缅甸八年,他不仅造了桥,而且为当地培养出了一支造桥技术队伍。他成了人们公认的亲手托起中缅友谊之桥的人。

现在他名义上已经被批准退休,而实际上一天也没有退休。南京第二长江大桥、江苏江阴长江大桥,他全是总顾问。国内凡是有重要的桥梁项目,总能看到他的身影,关键的技术活儿有关部门都要争求他的意见。他是个不善于待在办公室里的人,常常要往工地上跑,桥建在哪里,他就落脚在哪里,所以要往他家里打电话,常常听到师母在那头说:"又到工地上去了!"

海外"航空母舰"

李家"家"字辈在海外的要数老六房的李家昶和李家景最富传奇了。他们当初年纪轻轻离开父母到了香港,身上只有几十美金,为了生活,一切从头学起,一切从头做起,卧薪尝胆,励精图治,不畏艰苦,经过十数年的发愤努力,他们成功地办起了一系列大型企业,成为香港著名的实业家。他们国内国外企业并举,轻工业、重工业并举,还大做善事,嘉惠社会,服务

李家昶夫妇与孩子

民众,被李家人一致誉为李家的"航空母舰"。

李家昶是李国源的次子,抗战中随父母从芜湖老家一路逃难到香港,在太平洋战争爆发之前来到了上海。他目睹了日本人给中国带来的种种灾难,决心投身抗日事业,17岁时跟几个朋友一起,穿过重重封锁线,来到了重庆大后方,先是就读于当时已搬到重庆的复旦大学,参加了青年军,1944年响应当时国民政府"一寸河山一寸血,十万青年十万兵"的号召,投笔从戎,加入了国民党海军部队。入伍后的一个最直接的任务,是要去美国接收该国支援中国的八艘军舰,同时在美国接受培训,学习海军军事知识和技能,于是他成了"永顺"舰上一名年轻的营务官。一年后他们受训结束,回到国内时,日本鬼子已经宣布投降了,所以他没有赶上硝烟弥漫的战场。1948年国共两党战事又起的时候,他已没有了抗战时的激情感觉,就退役从商了,起初在中央银行做事,后来到了香港,大概是觉得受人支配不很舒服,索性出来,自己拉开架势闯江湖了。

李家昶有中国北方人那种不肯服输的豪爽性格,面对香港商海的狂风巨浪,从不畏惧,像当年在军舰上面对海上风浪一样,总是大手笔地挥洒。20世纪60年代他和弟弟李家景在香港棉纺织界已经挺有名气了,1963年,又一起去非洲尼日利亚这个新独立的国家去开拓。在非洲他们人生地不熟,没有别人好靠,天气又炎热,北方人很难适应,但是他们没有退缩。尽管当地政府给予一定的优惠政策,但刚刚独立的国家政局还不稳,时有政变和战事发生,随时都会碰到意想不到的困难。他们在非洲期间,竟遇上了七次大小政变。

而且那里当时的基础设施非常落后,一个能停泊一百多艘船的港口,码头上的起重机只有九台,等候卸船也要等死人;办厂的电力也不够,而且不知什么时候就会断电,影响棉纱的质量和均匀度;水资源也不够,生活都碰上困难……总之这个万事开头难的创业,比一般的"万事"还要难。他们不得不买来发电机自己发电;自己在厂里挖井取水;自己配备了车队,到远处拉了油回来发电;对付码头上的事情也要拿出灵活机动的方法,才能顺利卸货上岸,因为厂里所有的机器配件和生活所需,都要从香港和台湾运去,原料也要从别处运来。船一旦靠了岸而不能及时卸货,厂子里等不及……陆地运输也是困难重重,自己办车队,自己办货箱,来解决运输问题,这些都是事先难以预料的。

在非洲办个纺织厂已经费了九牛二虎之力,经过艰苦努力,总算顺利出品,逐渐赢利,企业生产走上正轨了,他老人家又出"新花样"了——又要办钢铁厂和搪瓷厂!别人不免要为他们担心,这些年吃苦吃得还不够啊?这到底行不行啊?可是李家昶似乎天生一个军人性格,只要有成功的可能性,困难面前是从不低头的。不多年,他们的环球钢铁厂就成了尼日利亚私营钢铁厂的"大哥大",产品供不应求,搪瓷厂也是当地极有名望的大厂。当地马路上来来往往的油车、水车和大型货车,几乎都是他们公司的。他善于出"思想",出任了他们的钢铁厂、搪瓷厂和棉纺印染厂的董事长;而他的弟弟李家景则善于企业管理,善于把宏观的目标,变成隆隆作响的机器轰鸣和山积海囤的产品,出任这一系列工厂的总经理,兄弟俩的配合简直天衣无缝。

对待公益事业他照样大手笔。他是香港苏浙同乡会的赞助人、上海总会永久名誉会长,为缅怀先父,还以香港苏浙同乡会的名义,在上海大学捐献了"国源厅",并捐赠香港佛教中学,设立了仰尼奖学金。

李家昶的夫人许韵苏女士,毕业于上海大同大学。他们有三儿一女,都已成才立业,都是美国名牌大学的硕士。儿子李道明和李道梁,现在都是美国拥有自己公司的成功企业家,他们当初都在老爸尼日利亚的厂子里实习过,对于那段充满挑战意味的商海生活印象极深。

或许,只有这样的挑战生活和商海战争才适合李家昶,才能把他的军人气质挥洒到极致。所以他的工作方法也与众不同,乐于大赏大罚,大刀阔斧,一旦遇上很讨厌的事则又是一番军人气概:"枪毙!枪毙!"……

钢铁,大概就是这样炼成的。

李家昶(居中)与环球钢铁厂员工在一起

李家景是李国源的第四子,在老六房李经叙一支的大排行中,排行老十。他曾就读于上海大同大学,到香港后曾任职香港五州纺织厂和宝星纺织厂。20世纪60年代初随家兄李家昶去非洲创业,在李家的

李家昶先生与蒋纬国

环球钢铁厂、环球搪瓷厂、西茂钢铁厂、捷丰纺织印染厂担任总经理和常务董事。他面如其心,生就一颗菩萨心肠,样样事情总是任劳任怨,埋头苦干,宽厚待人,为别人想得多,为自己想得少,困难再多,也只知奋进,是位永远受人爱戴的老黄牛。

他在事业成功之后,常常想到如何服务社会。他与夫人黄洁梅女士都信仰佛教,若干年来,他们将佛家"慈悲为怀,积善成德"的思想在具体的生活中充分表达了出来。他们参与了重建香港的志莲净苑的宏伟工作。香港志莲净苑是一处集宗教、文化、教育、福利等多项功能为一体的唐式佛寺,在社会上很有影响。他们为该寺的重建,不仅捐献巨款,而且躬身亲力,一木一竹,一事一物,莫不上心,和其他有志之士一起,兢兢业业,历时数年,终于于1998年顺利圆成。现在的志莲净苑,重新以古朴、庄严、典雅而崭新的大唐风貌,屹立在香港九龙钻石山上,成为香港又一处文化名胜。

有其父必有其子。他的儿子李道邦也笃信佛教,也是服务社会,慈悲为怀的杰出人士。当他在投资大陆房地产的时候,听说具有三百多年历史的名刹古寺华岩七佛塔年久失修,该寺心月方丈为之筹资多年未果时,毅然捐献巨款,助其把重修的工程落到实处。经过他的重庆万邦物业发展有限公司帮助和努力,这处古寺的七佛塔苑终于于1998年11月圆成开光。重新修建完工的华岩七佛塔苑,是一处集佛教文化、传统文化、旅游观赏、殡葬改革功能于一体的仿明清园林建筑,既能供舍利玉佛,建习习山庄,营华岩经舍,为僧俗死者寄骨,又适宜市民游览,的确能将自然景观和人文景观恰到好处地融为一体,呈现出"佛塔肃观,双峰当面,暮鼓晨钟,香烟缭绕……"的景观,既抢救了文化名胜,推进的佛教文化的传播,又为当地开发了旅游资源,促进了殡葬改革的发展,于国于民,功莫大矣!这座塔苑建成至今,已连续五年获得政府行业系统的最高荣誉奖励,成为一座优秀的与国际先进水平接轨的文化观光塔陵园。

李家景还做了大量扶贫救助的好事,内地洪涝灾害常牵动他的心。但他从不愿登报张扬,不愿上镜头,他认为自己只是千千万万个"义工"(义务工作者)当中的一个,始终保持了一颗善良的平常心。这在目前这个极其浮躁的社会环境里,不能不说是难能可贵的至高境界。

闯荡原始森林

李家曙是李氏家族家谱上的最后一房的子弟,他的父亲李国沆是老六房中的第五房的最小的儿子。抗战中李家曙从芜湖跟大人逃难时才10岁,所以找他的名字要从李氏家谱的后面往前翻才便当。

抗战中他随家人千辛万苦到了上海后,先后进圣约翰中学和圣约翰大学书,那时他们这一房的家族领袖是他的姑夫刘攻芸,因为其父和大伯父都去世得早,爷爷奶奶去世得更早,这一房三户人家二三十口人,只有两个人挣钱,即二伯李国源和三伯李国济,其余全是女人和孩子。而姑夫刘攻芸是唯一一个能与官场上打交道的人,自然成了家族的依靠,所以他们兄弟姐妹一谈到姑夫刘攻芸,总是一往情深。

转眼到了1949年,解放军大军一路南下,蒋家王朝崩溃在即,上海的有钱人家又面临了一次走与留的抉择。刘攻芸当时已是国民党中央银行的总裁(他老实,竟充当了该行在大陆的最后一任,也是最倒霉的一任总裁),还是财政部次长,不能不跟国民党南逃的。但他不忍抛下如此一大家人不管,要全带走又不可能,就设法把国源、国济、国沆的后代,一家带走一个。李家曙就是其中一个。临上飞机时,他的母亲从手上退下一只金戒指递给他,权作盘缠吧,虽说是跟姑夫走,总不能分文不名呀。他从此离开了大陆,先在香港,后去新加坡谋生。

大概人们很难料想得到,当初这个赤手空拳的小伙子,数年后摇身一变,竟变成了亿万富翁,成了李家的三艘"航空母舰"之一。

至于他们在海外的创业史,那堪称是华人闯荡世界的典型。开始的时候

什么杂务都干过，时间久了，才摸出了门道，抓住时机，逐步走向成功。李家曙去过香港、新加坡、马来西亚，干过银行业、纺织业和矿业。在新加坡1963年独立后，他随姑夫刘攻芸去新加坡开发，其中还到马来西亚的原始森林里去开发过钨铁矿。那时，原始森林里不仅没有路，需一边开路一边上山，还有许多不知名的有毒的虫子，有时走路时要把整个脑袋都包起来，只露两只眼睛，回到驻地才发现身上已经被咬了不少的包块……生活艰苦倒还在其次，要紧的是事情并不顺利，从办理开采权证、探路、开路、采矿、洗矿，到租码头、建码头、办运输，任何一项进展都困难重重，关卡林立。当他们费尽艰辛弄出了矿石，准备出口的时候，才发现那时的出口权是被日本公司操纵的，而日本公司又百般挑剔、找茬，致使好不容易开发出来的矿石，利润都被日本人赚去了，事情只能事倍功半，最后只好放弃。

吃了这一亏李家人开始聪明起来。李家曙后来自开纺织厂，创办利勤工业公司、沽利李有限公司，走生产和贸易一条龙的经营路线，终于在新加坡站稳了脚跟，闯出了一方属于自己的天地。

这期间，他还曾因电脑质量问题与王安公司打官司。王安公司那时仗着财大气粗，起先不予理睬，而李家人做事的脾气是不大肯马虎的，结果官司打了十年，王安公司不得不以高出原索赔四倍的价钱作一了结。

现在的李家曙，还是收集、整理李氏家族史料的热心人。近年来他多次回大陆探亲，每次总要召集亲友们欢聚，动辄就是上百人参加，不仅是叙旧，还积极收集

李家曙夫人谭桂云

李家曙夫妇结婚照

大陆开放后,李家曙(右三)来沪与兄弟们团聚

各种资料,组织家族会议,研究家族网站的建设,鼓励青年人积极努力,把李家人为国尽忠,发奋自强,屡败屡战的传统继续下去。他还与李家昶、李家景一起,出资印制了《合肥李文安公世系简况》一书,使世人对李氏家族这个中国的超级大宅门,起码有了一个总体上的了解。

几年前,他还在新加坡设立、主持了一个李氏家族寻根网站,不断将海内外李家人的情况,以及专家学者们研究李鸿章与近代中国的论文,在网上刊出,以期增加了解,互通声息,联络感情,共同奋进。他决心把这个网站长期办下去,他办不完,就叫后代接下去。这大概是中国第一个以家族内容为主题的网站,为中国家族文化的研究,提供了很好的实例,也很能说明李家人的心性,的确是与众不同。

从小开到言派名角

李家载是李家老五房李凤章的曾孙,父亲叫李国澄。他祖父李经翊一百多年前就已从安徽移居上海。由于他的伯祖李经祜一房无后(李经祜9岁去世,夫人柯氏抱牌位结婚),于是柯氏过继了李家载的父亲李国澄为子。由于李家载的祖父李经翊原本也是从老六房(李昭庆一支)过继来的,所以李家载原本也是李家老六房的后代,只是因为老五房李凤章无儿子,他们父子两代人就先后都过继给了五房。李家载的名字也就算到了老五房的谱系上。

老五房李凤章虽无儿子,却是李家首富,在芜湖经营房地产,为后代留下大量财富,也为他们这个票友世家提供了物质上的条件。李家载的父亲李国澄是有名的票友,喜欢谭派戏,据说有些名角早年从北方到上海来唱戏,就住在李国澄家里,他们常一起躺在大烟铺上,一边抽烟一边聊戏。李国澄一家早年住在威海路三茅宫后面,是一处二进五楼五底的大宅,原先是李根源的老房子,还有宽敞的庭园。后来发生过一次火灾,还遭遇过强盗,为防不

青年李家载

测,他们就搬到苏州住了两年。从苏州再回上海时,正置吴江路天乐坊造好,他们就搬到了天乐坊。

李家是个票友大家庭,不仅李家载的父母亲、亲生祖父、祖母都喜欢京剧,他的外公沈玉麟、表舅任凤苞(盐业银行董事长)也都是知名票友,还有一门杨氏亲戚,全家老少都是票友。这些人家不是官宦人家就是大生意人,家里都有宽敞的宅院,也有自己的"场面"(伴奏的乐鼓班子),遇有喜庆的事总是在家办堂会,唱京戏。

李家载的父亲李国澄是京戏天才,嗓子极好,吊嗓子时,琴师的胡琴都拉不上去了,他的嗓门还可以拉高,对谭派戏熟得不得了,喜欢言派,家里一天到晚总有票友走动。他是上海文记社票友,曾向路三宝学戏,收集了很多京剧唱片,凡是北房的名角来沪唱戏了,他总要包很多票子,分给亲戚朋友去看,甚至长期包了包厢。言菊朋早年到上海时还曾住过李家。各剧场的"案目"(剧场里包揽兜售戏票的人)对李家也很熟,拿票不用当场交钱,每年端午和中秋结算两次就行了。

大人爱唱戏,小孩子必然受到影响。李家载和表弟宋湛清从小生活在戏迷堆里,爱看京剧连台本戏,耳濡目染,渐渐对京剧发生了浓厚的兴趣。先是在家里跟着唱片学唱,后随其父亲的琴师周梓章吊嗓子,逐渐懂得了京剧的板眼。可是他们的表舅任凤苞听了还是摇头,觉得这样瞎唱下去不行,得有个正式的高手来教才行。

任凤苞是宜兴人,盐业银行的董事长,宜兴官宦人家任道镕(李鸿章的幕僚)的后代。他自己嗓子虽然不行,但非常嗜戏,干银行南北走动,看戏看得多了,对戏也很内行,言菊朋、余叔岩、王瑞芝、许良臣、罗亮生等的戏都看过不少,在戏剧界认识的人也很多。但是李家旧规矩很大,子孙后代可以看戏,可以请戏班子来唱堂会,可以跟着唱唱,但是不可以正式拜师学戏。官宦人家从观念上觉得戏子不上台面,是侍候人的,是下等人。任凤苞与言菊朋非常熟悉,经济上对言曾有过帮助。1931年言菊朋与荀慧生同来上海演出,这是言菊朋第三次到上海演出,任凤苞带了两个小兄弟前去听言菊朋的《法堂换子》。他们一下子惊呆了,觉得耳目一新,过去他们只知道谭鑫培和余叔岩的戏好,还不曾听说言菊朋。任凤苞问他们感觉怎么样?"那还用说,是好听呀!"这年他们16岁。

戏结束后他们就跑到后台去,由表舅任凤苞引见,拜见言菊朋。以后言每次来沪他们都跑去听,同时到后台或到言的住处请教问题。他们俩非常投入,渐渐迷上了言派。言菊朋见他们肯用功,于是也用心指点。据宋湛清先生后来回忆说,言菊朋先生教戏非常地道,毫无名角架子,他喜欢你提问,不怕你提问,无论你提什么问题,总是耐心解说,并亲自示范。言先生还非常谦虚,并不承认自己就是言派,而说自己是老谭派,是跟谭鑫培学的,其实他已经在老谭派艺术的基础上,闯出了自己的路子。这些都给小哥俩留下深刻的印象。

就这样,他们渐渐走上了言派艺术的正宗之路。李家载社交活动多,有时候时间兜不转了就由宋湛清一个人去听,回来再慢慢转告。他们跟言菊朋学了几出戏,如《桑园寄子》《空城计》《托兆碰碑》,其中《举鼎观画》和《法场换子》只教过他们两个。言派其他戏多半都是听来自学的,有的是跟琴师学的。他们虽然没有正式拜师,但的确得到了言氏的亲授,这使他们受益终身。

有了名师指点,加上自身嗓子好,进步自然很快。李家载的嗓音圆润,音色近似言菊朋,演唱婉约、流畅、悦耳,逐渐对言派艺术中虚实音的巧妙结合有了自己的心得,渐渐"抖"了起来,惹得他周围的戏迷又来包围他,他在戏迷圈圈里很快出了名。

李家载天生一副好嗓子,音质美,真嗓子、假嗓子能"兼容共济",运用自如,天生乐感好,这是他们李家的遗传。其实他不仅善唱戏,还擅长唱英文歌,跳交际舞。他读中学时唱英文歌已经出了名,同学间的派对如果缺了他,就会觉得是很大遗憾。他读书的东吴大学附中和光华大学,都是海派文化盛行的学校,他的好嗓子很能派用场,业余还常常到外国青年常聚会的歌舞厅和夜总会去"别别苗头",参加唱歌和跳舞比赛,诸如仙乐斯、爱亚林等舞厅都是他喜欢去的地方。他很喜欢参加比赛,常能把外国人比下去,有时看看台上的人唱得不好,他就上去抢人家的麦克风,毫无汗颜,典型的一个霸道小开。但是夜总会的老板很喜欢他,他能为舞场带来很多欢乐,他获得冠军后曾开香槟酒为其庆祝。久之,李家载荣获了一顶"宾·克劳斯贝"的头衔,风头真的不是一点点。

1948年,李家载的父亲李国澄病逝了,李氏家族的金山银山也吃得差不多了,到全国解放之初,李家载、沈文萃夫妇已经有了四个孩子。在家道中落的情况下,一个有家室的男人不能总是一天到晚地票戏了,何况他是这个大家庭唯一的成年男子,他必须走向社会,挣钱养家糊口。

他曾跟几个朋友一起尝试着做点小生意。那时上海西药很缺乏,他们就去香港买药,运回上海供应市场。但是他们太缺乏经验,无法斗过香港的地头蛇。他还去静安寺的一家大酒店工作过,但是一向在家里自由自在惯了的小开,无法忍受被人家管的日子,没多久又回来了。后来还是他的亲人帮了他大忙——他的二姐夫马芳粹(宁波富商之后,圣约翰大学建筑系毕业,李家宝的丈夫)与表弟宋湛清(东吴大学物理系毕业,工程师)研究出了钢丝录音机的制造方法,在解放初国外录音机无法进口的情况下,研制出了新中国第一台录音机,创办了一家钟声录音机厂。他们把李家载叫去搞销售,因为他人高马大,嘴巴会说,认识的人也多,干营销员一定不会错。果然,这个家族企业非常成功,虽然最初只有十来个人,但却填补了国内录音机行业的空白,适逢国家在热火朝天的社会主义建设时期,宣传工作是首当其冲的,各地宣传部门及民间文艺团体对录音机的需求大增,厂子的规模也不断扩大。李家载越干越有劲,成为厂里不可缺少的骨干之一。

这期间他仍在各大票房活动,今天这边请,明天那边请,忙得不亦乐乎,凡是喜欢言派戏的无不把他当作导师的首选,他家的客堂间也就整天朋友不断。他还常被广播电台邀去演唱并录制唱段,被誉为言派戏的传人。他脑子很灵活,不仅是擅唱言派戏,还善于研究,他利用录音机设备,对言菊朋的唱腔作了逐段的分析研究,有独到心得,名气也就越来越大,颇受追捧。

1959年12月,上海戏剧界为纪念言菊朋先生诞辰七十周年,在长江剧场举行言派名剧会演。李家载与言少朋、言慧珠、张少楼等名角一起演出,主演了《上天台》和《碌痕记》。由于他多年用功,一亮嗓就唱得字正腔圆,有振聋发聩之势,直博得满场喝彩;他台风又大方,举手投足间气质非凡,因此非常轰动。

没想到,这次演出贺龙元帅也前来观看了。贺龙元帅听了他的唱后就向旁边的人打听,这个人唱得很不错,是什么地方人呀?当人家告诉说此人叫李家载,是票友,在一家工厂里做工时,贺龙同志当即指示说:"这样的人才怎么可以流落在社会上,应当收到剧团里来嘛!"

20世纪50年代的工作作风是讲究雷厉风行的,很快,上海市文化局一纸商调函发到了徐汇区委工业部和上海录音器材厂,要求把李家载调入上海京剧院。

信函中说:"为了适应文化事业的发展,经市委批准,同意我局在业余剧团或在职人员中吸收有专长的艺术人才,扩大文艺队伍,充实新生力量。经了解,上海录音器材厂装配工人李家载同志擅长演'言派'戏。此类人才,我局所属艺术单位非常缺少,故特函商,调李家载同志到上海京剧院工作,希大力支持为感……"

无疑,李家载是当时繁荣文化工作所急需的特殊人才。于是,那次会演后仅仅十来天,李家载就被"商调"到上海京剧院,正式报到是在1960年1月。

从1960年1月到1966年6月,是李家载艺术生涯最辉煌的年代。当时报纸的演出广告上常常出现他的名字。与之配戏的有李玉茹、童芷苓等,《卧龙吊孝》是他最拿手的剧目,凡是言派老生总是他唱头牌。

言菊朋先生去世后的20世纪40年代,言派戏曾一度冷落了不少,这或许与言派戏难唱有些关系,而李家载始终坚持言派的艺术传统,甚至还适当地发展了言派艺术。他杂糅了其他流派的长处,综合运用了东西方歌唱艺术的某些特性,用七分真嗓子,三分假嗓子,把言派戏唱得好听了,因此受到票友和观众们的拥戴,被誉为言菊朋之后的言派领军人物。他曾对学生说:"我的言派中,有程派,也有余派。"行家们评价他,广纳百川,杂糅东西,浑然天成,因此能够推陈出新,常唱常新。

他唱言派戏不仅声似,而且神似。有一次,广播电台里播放他的唱段,言慧珠、言小朋与他们的母亲也在收听,全当成是言菊朋的唱段了,结果电台里报出是李家载的唱段,起初他们还以为是不是电台弄错了,可见李家载的功夫了得。

尤其难能的是,他的演唱还引起了一些中央领导同志的兴趣,毛泽东、邓小平等均喜欢听他的清唱。每到这时,上海京剧院就会通知他,晚上到文化俱乐部(茂名路58号,过去是法国总会,解放初称58号俱乐部)为首长演出,要精心准备,不能出错。晚饭后上海市委就派一辆小轿车停在他家门口,接他前去。

第一次去的时候,李家载不知是为什么首长演出,心里不免有些紧张,加上他家的老保姆不知深浅,见了轿车就往楼上大喊:"大少爷,车子来喽!"这在外人看来,你们李家还是旧式大家族的一套,弄得李家载就更紧张了。那天深夜演完回来,他没有往常的谈兴,而是神秘地径直走进内屋,关上门,与妻子沈文萃窃窃私语多时。后来大家才知道,他是为毛泽东主席演唱去了。这样的演出任务他共参加过六次。

1976年年初,有关部门奉命拍摄一批彩色京剧艺术片,其中《卧龙吊孝》和《让徐州》(当时称内部片),是由李家载担任主角,据说是为病中的毛泽东同志专门摄制的。尽管那时他已经被调出上海京剧院,于1973年调至上海图书馆从事抄家物资(图书和唱片)的清理工作,一旦要上言派的重头戏来了,人家仍是要请他出马。除了这两出戏,他擅长的还有《空城计》《碌痕记》

《白帝城》《大保国》《二进宫》《上天台》《贺后骂殿》等等。

粉碎"四人帮"以后,各地京剧票房逐渐恢复了活动,他即刻又活跃起来,常向南北各地的演员和票友传授言派,并热心帮助和辅导各业余京剧组织开展活动。1982年上海电视台的春节联欢晚会上,他跟程之、陈述三人合演了一出《空城计》,这是大家多年来未曾看到的传统剧目了,大开眼界,大饱眼福,非常轰动。演完后大家意犹未尽,接下来又开舞会,那是粉碎"四人帮"以后上海的第一场舞会。

1986年李家载因病去世。追悼会上,会场从里到外挂满了各方送来的挽联,当是对他一生艺术成就的最好概括:

桃李芬芳宇内
言艺赖以流传
(宋日昌)

哀哀黄鹤去,悠悠见白云
谁云斯人逝,神韵千古存
(沙金)

言为心声,剧苑已教存绝技
艺由己出,昊天何竟丧斯人
(高盛麟、曹世嘉、程正泰)

昨犹睽公幽宛歌,今何噩耗震电波
甫庆菊师艺有传,沉疴夺命可奈何
(民盟曙光医院支部)

家学渊源高歌言曲传神韵
载入梨史满园桃李谱新篇
(卢湾区工人俱乐部京剧队全体队员)
……

强调的都是他对于言派艺术的继承与传播。

第十七章：屡败屡战

李氏家族"道"字辈的人是在新的历史条件下，重新崛起的一代，出现了一大批卓有贡献的工程技术人员。

他们曾经背着很重的历史包袱，有的人甚至受到过残酷的迫害，在苦难中磨砺、修行。但是一旦大的形势好转，他们那些"以天下为己任"的细胞就又开始亢奋。

他们的执着似乎是历史性的，有着几分悲壮——李道稑就因为高祖在海军问题上栽了跟头，他就执意要参加海军，立志让李家人在海军建设中重新站起来；李道豫在人家去听苏联专家讲课，而把他拒之门外的情况下，发愤图强，力争要比别人学得更好；李道善、李道林、李道稹、李道稔、李道楷、李道芸、李道凯、李道森、李道明、李道韵……都曾因为家庭出身不好，经历过不同程度的委屈和灾难，但他们没有向命运低头，如今都成了生活的强者。

因为有着不同凡响的背景，有着不同凡响的心性，有着不同反响的烙印，那一行行的脚印，就不同凡响地醒目。

梁思成的高足

李道增先生是李家老三房李鹤章的后代，即李经羲的曾孙、李国松的孙子、李家炯的大儿子。他长期任职清华大学建筑学院院长，是梁思成先生的学生，工程院院士，是李氏家族学术地位最高的一位学者。

他1930年生在上海跑马厅边他曾祖父的老房子里，三四岁的时候，大家族经济破产，只好把老房子卖掉，全家几十口子人从里面搬了出来，分开过。

李道增(右)与导师梁思成(中)

  他的爷爷李国松早年在商业经营上曾经很成功,后来一不小心上了上海人的当,损失颇巨,这大概就是他不喜欢上海的原因。分家后,他带着夫人和几个小一些的孩子到天津去了,因北方民风淳厚,有不少亲朋故旧,心情能舒畅些。李家煌、李家炜、李家炯是李国松的元配夫人生的儿子,年龄稍大些,这时都已成家立业,大家就各奔前程。老大、老二李家煌、李家炜,似乎继承了祖上的从政细胞,与国民党政界人物时有交往,一个与吴国桢是把兄弟,一个还当上了蒙藏委员会委员,所以去了北京;老三李家煃已去世;老四李家炯即李道增的父亲,因在上海南洋兄弟烟草公司工作,只能留在上海,先搬到兆丰别墅,不久又搬到永嘉路485弄那条著名的弄堂。他们的堂兄弟李家骐(李国筠之子,李道豫之父)一家也留上海,另谋居处。从此结束了大家族四代同堂的生活格局,李经羲名下的这个住了二十几年的大宅门,开始解体。

走出大宅门的李家人,经济上衰落了,可心性还是很高,尤其对孩子们的学业抓得很紧。

也许是长期的租界生活的关系,李道增的父母思想非常海派,他们主张孩子们从小要读好英语,将来一定要出国留学,哪怕家里再没钱也要设法让孩子出国留学,所以从小把孩子都送进教会办的学校里读书。他们自己本身就是洋学堂里出来的洋学生,李家炯毕业于圣约翰大学,其妻唐贤元中西女中毕业,都是上海一流学校的高才生。他们对当时上海教会办的学校的严格管理非常赞赏。中西学校是基督教办的学校,一律住读,学生一个月回家一次,校纪校规与国外同类学校接轨。中西女中的附小从三年级就开始教英语了。所以李道增和姐姐李道基、弟弟李道堉都从中西女中的附小读起,从小接受了严格而规范的教育,这为他们后来的建树打下了扎实的基础。

李道基中西女中附小毕业后升入中西女中,又考上北京燕京大学,赴美国后从事经济师工作多年,还是中西女中在美国东部地区的校友会主席,她把女儿培养成一位著名的钢琴演奏家,改革开放后回国演出过。李道堉则从中西中学考入清华大学机械系,现任苏州林业机械厂总工程师。

李道增书读得比他们还要好,在李氏家族所有的孩子中是公认的学习榜样。他中西女中附小毕业后考入南洋模范中学初中部,高中时又考入上海中学(那时是江苏省立高等学校),1947年考取了清华大学物理系——这是号称中国最高学府里的最难读的一个系。至此,他读书的几个阶段似乎都很走运,不仅步入了最好的学校,而且碰上了最好的老师。谈起他的几位老师及求学生活,李道增总是充满了深情。

上海中学的教师都是名牌大学毕业的学生,李道增的班主任竟是清华大学第一届的物理系毕业生,他总是用高昂的激情鼓励他的学生,不仅传授知识,而且给人以精神力量,鼓动他的学生铁心报考清华大学;学校采用的物理和化学教材都是英文原版的,使学生在学专业的同时又加强了语言训练;校长是从英国留学回来的博士,他亲自上课,而且是用英语为学生讲授哲学课；学校为培养学生的英语演讲能力，还常举行英语演讲比赛，李道增曾夺得第一名……整个学校的校风，是一种奋发向上的、积极进取的、锻造优秀人才的环境，谁也不甘落后，谁都憋着一股劲，这正是一片适合李道增心性发展的环境土壤。

进入清华大学，他来到一个更加严格的，甚至几近冷酷的学术环境。老师都是名教授，上课一律用外国原版课本，每一节课，绝对都是用英语讲课。有的老师一走上讲台，就按照自己的思路一分钟也不停地讲下去，黑板上密密麻麻地写上一黑板，下课铃一响，老师收起教案走人，至于学生听懂听不懂他才不管呢，他认为只要你是清华的学生，你就应当听得懂！听不懂那是你自己的事，你自己应当抓紧赶上去！更有甚者，有的老师什么课还没讲呢，上来头一堂课先考试，那题目都是很难的题，考下来竟有三分之一不及格，教室里小伙子们不知所措，大家一头雾水——他们中有的是全市第一名，有的是全省第一名，如今这是怎么了……后来学生们才知道，那是老师特意安排的"节目"——你们不是天之骄子吗？你们不是国家的栋梁吗？谁让你们进了清华就沾沾自喜的？清华的风格最看不来沾沾自喜的腔调，老师就是要打掉你们身上的傲气和骄气，让你们知道山外有山，天外有天……

此后的日子是每周一小考，每月一中考，学期一大考，大家谁也不敢懈怠，总是想方设法找难题做。同班同学中有个周光召（后来任中国科学院院长）认识学校的一位助教老师，叫张伟，是钱伟长先生的助教，大家就常常去求他，向他要些题目做。那时老师一般不布置作业，可是大家倒宁肯老师布置些作业。对于一个真正想做些事业的人来说，还有什么比这种学习氛围更重要的呢？

那时的清华大学，大学一年级的基础课电工原理和应用力学都是最难读的课，但必须要考八十分以上才能正式读物理系，考不出的只能明年再考。那是真正的严师出高徒，所以清华的学生没有清闲的时候。

李道增就是在这样一个大环境里磨炼出来的学术尖子，他从不甘心落在人家后面,平时没有星期天,几乎也没有节假日,脑子里整天装的都是数据和推理。数年寒窗,水木清华,他就必然出类拔萃。

两年后他转到了建筑专业,来到了梁思成先生的门下。因他从小喜欢画画,而建筑专业又是一门综合性的学问,他的物理学基础和美术爱好可以得到很好的兼顾。那时中国的建筑业正面临一个新的突破期,传统的大屋顶不时兴了,国民党时期的建筑大多像方头棺材,新中国的建筑又如何体现民族的觉醒和民族的特色?这些对才20岁出头的李道增来说,具有极大的诱惑。何况又有梁先生这样可遇而不可求的王牌导师。1952年大学毕业后,他被留校任教,先后当了梁先生的秘书兼助教、教研室主任、系副主任、系主任。在清华大学将建筑系扩建为建筑学院的时候,他担任了第一任院长。他把专业重点,大胆地放在了过去国内很少有人涉及的剧场设计上,这是他的老师梁老先生都未曾涉猎的建筑艺术范畴。

以后就是漫长的教学加运动、教学加建筑设计、教学加行政管理、教学加科学研究……的繁忙岁月。翻开他半个多世纪以来的著作目录、建筑设计目录、作品得奖目录,他所带的研究生、博士生的论文目录,以及他所兼任的职务的目录,无论从哪个角度上讲,他都是无可挑剔的。他一个人肩挑了应当是许多人来肩挑的工作,付出太多、太多。1958年,他自从国家大剧院的计划一经提出,就是这个项目设计的主持人,前后三起三落,其中每一次提出,他都是项目的带头人。其他的设计还有一长串:解放军剧院建筑设计、总政排演场建筑设计、中国儿童剧场翻新工程设计、东方艺术大厦方案设计、天桥剧场翻新建筑设计、大连经济开发区剧场、福建省大剧院方案设计、台州市文化艺术中心方案设计……有的在全国竞赛中获一等奖。出版著作有《剧场建筑设计手册》《中国会堂剧场建筑》《国外剧场建筑图籍》《2300剧场设计总结》《西方戏剧、剧场史》(上下册,一至五卷)。尤其是那部一百五十万字、文图并茂的皇皇巨著《西方戏剧、剧场史》,凝聚了他整个学术生涯的全部心血,是国内第一部跨戏剧与建筑两个学科的学术专著,填补了我国这方面的空白。他所兼任的职务也是多得不得了,除了清华大学建筑学院院长、教授、博士生导师外,还是国务院第三、四届学位委员会学科评议组成员、中国建筑学会第七、八届常务理事、北京市建筑艺术委员会副主任……

按说,他的学术道路还是一帆风顺的,而且,在 20 世纪五六十年代政治运动不断的时代,他由于工作积极肯干,万事敢挑重担,跟周围的人关系都处理得不错,除了个别领导人,谁也看不出他是个李氏家族的"狗崽子",因此也没有吃过太大的皮肉之苦。然而,上帝总是不愿意把所有的顺心事都送给一个人,偏偏让他怀着一个巨大的心事,一个至今尚未实现的梦在苦涩地前行!

第一次要上国家大剧院项目的时候还是在国庆十周年前夕,是周恩来总理提出来的,已被列入北京十大建筑的计划内,另外还有解放军大剧院,都是当时仅有 28 岁的年轻教师李道增领衔设计的。那时清华大学的校长是蒋南翔,是调动了全校的精华全力投入这个国庆献礼的大项目,从建筑系、机械系、电机系、土木系、自动化系共抽调了三百名精兵强将。设计方案及图纸全都如期完成了,到了该破土的时候传来消息说,国家经费有限,目前不能上马了。不仅如此,连解放军大剧院也给拉下马了。整个北京十大建筑,别的都不拉,偏偏把李道增主持的两个项目全给拉下来了,而且,这三百个能人所精心配合完成的,堆得像小山似的图纸,在十年浩劫中,被造反派一把火烧个精光……谁也闹不懂,这是怎么回事。

粉碎"四人帮"后的 1990 年,建造国家大剧院的项目又被提出来了,又把李道增和他的同事们的胃口大大地调动了一番,国家计委下了文件,同意这个项目的可行性报告和技术经济论证,国务院文化部专门组成了国家大剧院筹建办公室,又组织大队人马连夜上马,由清华大学、北京建筑设计院、建设部设计院共同会攻,李道增代表清华参加其中一个方案的设计……然而这又是一个巨大的空心汤团,再次让李道增饱尝了希望和失望之苦!

1997 年,国家大剧院要动真格的了,李道增在 1991 年的方案基础上,两个月就拿出了模型。可是这次是国际招标,最后送到中央首长办公桌上的共有三个方案,其中就有李道增的一个方案。接下来是一个漫长的论证和等待期,等待的结果是,最终选中了法国人设计的那个要花几十个亿的、把剧场全部沉入地下的、上面盖一个"大馒头"的古怪方案,而在某些具体的部分,参照李道增的方案……

不知李道增教授有没有后悔过,他当初为什么要选择这个"倒霉"的专业方向呢?

大概这就是"屡败屡战"吧!

当笔者小心翼翼地跟他提起国家大剧院的话题时,年过古稀的李道增他仍是那么一往情深,那么情不自禁——那毕竟是他洒下了几十年汗水的园地啊!

福建铁路的开创者

李道黩是李鸿章的玄孙、李玉良(家瑾)家的老二,是李氏家族"道"字辈中的又一杰出的科技人才。他是福建省铁路事业的开创人,福建铁路局的总工程师。近五十年来,他主持和参加了多项铁路干线的主体设计,如鹰厦铁路的勘测和设计、郑州铁路枢纽站的设计、福建铁路坑边站的设计、厦门国际港口车渡港区铁路配套的总体设计、外福线和鹰厦铁路的咽喉要冲来舟编组站的设计……这些设计有的达到国际先进水平,有的为国家节约了数千万元资金,有力地促进了当地的现代化开发和建设。他的一生,留下了太多的50年代知识分子的特殊印记。

和中国许多知识分子一样,李道黩的设计工作一度是在一种"政治高压"下进行的,时不时地要在"运动"中摸爬滚打,反右运动中被下放过,"文革"中挨批挨斗,"扫四旧"时被抄家抄得片纸不留……他是解放初1953年大学毕业后参加工作的年轻人,历史清楚,白纸一张,按说任何问题都没有,问题就出在出身上,就因他是李鸿章的玄孙!

他毕业于上海同济大学土木工程系,原本应该 1954 年毕业,可是新生的共和国急需建设人才,决定让他们这一届学生提前毕业,所以他 1953 年秋天就来到了武汉,在铁道部第四设计院工作。那时正是实施国家第一个五年计划时期,国家的重点投资都在内地,如河南、江西、湖南、湖北等地,福建因处在与台湾一水之隔的沿海前线,时时要准备打仗,大规模的建设项目排不上号,但因战备的需要,解放台湾的需要,急需要上马一条简便的军用铁路。李道棨一到任,就赶上了鹰厦军用铁路的勘测任务。那时专业技术人员很少,大都是从大学刚毕业的小伙子,但李道棨是同济名牌大学毕业的学生,自然成了骨干。

福建西南部的群山是一片蜿蜒起伏、"难于上青天"的原始生态环境。李道棨和他的同事们一手拿着老百姓上山砍柴的砍刀,一肩扛着测量标杆,在荒无人烟的大山里餐风露宿,爬山越岭,一边开路一边上山。这毕竟是一条将近一千千米的穿梭在荒山野岭里的铁路线,地质条件非常复杂,沿途遇山要钻洞,遇水要架桥,要打数十条隧道,勘测和施工均非常困难。那时海峡两岸的政治形势非常紧张,大家都感到解放台湾的战役随时都可能打响,所以上级对这条铁路的技术要求很低,但时间要求则很高,一切都要快!快!快!李道棨和他的同事们像上甘岭的战士们一样,背着炒面袋,饿了抓一把炒面,渴了捧一把泉水,夜以继日地工作,终于以最快的速度完成了勘测设计任务。

后来解放军开来了八个师的工程兵部队,加上当地民工队和劳改队,终于在几年后建成通车。这在中外铁路建筑史上堪称奇迹,行家们说,这在解放以前是根本无法想象的。

当时的苏联专家认为,这条铁路只有军事价值而没有经济价值,所以一切只从军事方面需要考虑。尽管如此,这毕竟是福建省内的第一条铁路(原先虽然有一条建于 1910 年的仅 28 千米长的漳厦铁路,但在抗战时被拆掉了,所以解放初福建铁路仍是空白),意义非同寻常。而且一旦火车开进了深山老林,沿海与内地之间有了这样一条大动脉,情形就大不一样了,其经济价值就明显地突现出来,当然问题也随之暴露了出来。从此,李道犟似与这条铁路结了缘,设计生涯中几乎有三分之一的光阴与它缠在一起。

接下来他又参加了一个全国重点项目——郑州铁路枢纽站的设计工作,因那时全国的铁路网线还很不健全,郑州站处在东西南北线的交叉点上,过往车辆堵得厉害,车站很不适用。

中央指示,郑州是我国铁路网的心脏,一定要叫它跳动起来!当时铁道部部长腾代远,副部长吕正操,下决心解决郑州的问题。他们请来了苏联专家,又集中了一批技术人员,在武汉搞技术攻关,李道犟也是攻关组成员之一。说是要这些青年人向苏联专家学习,但是在组织听苏联专家讲课时,却不让他去参加,某些领导把听苏联专家讲课当成了一种政治荣誉,专门挑选了一些党团员去听课,出身不好的人没有份。这对李道犟的自尊心是个极大的刺激,他憋着一口气,不相信比不过人家,他决心一定要干得比别人更好,一定要超过他们。他给父亲写信,倾吐了自己的苦闷,也表示了自己不甘"出局",定要做出成绩的决心,在信中还写了一个大大的"哼"字,对那种"左派"的做法表示了强烈的抗议。

他虽不能去听苏联专家的课,但可以在工作中向专家请教,专家是苏联基辅设计院的布克什塔先生及其助手塔拉索娃,在实际工作中,他俩还是很讲究实际的,对有的领导提出"要无条件地服从苏联专家"的口号,他们就很有意见,他们说:"在设计上大家有什么意见和想法可以尽量提出来,因为我们没有到过现场,而你们去过现场,对实际需要更熟悉些,怎么能无条件服从我呢?"李道犟跟他们一起干了两年,的确获益匪浅。

事实证明,李道犟是个强者。1957年铁道部在北京审批方案时,他提出了一个修改方案,把二期工程的整个图形改变了,引起与会人员的极大兴趣,两位苏联专家也很高兴,他们认为这个改动很有实际意义,所以二期工程的最后方案实际上是按照李道燊的意见实施的,使郑州铁路枢纽真正起到了"结构"全局的作用。

设计得到了铁道部专家组的认可,当然是件高兴的事,可是还没等他高兴完,"反右"运动铺天盖地地兴起来了。在"大鸣大放"的时候,他提了一个建议:对于一些人,不能歧视他们,而应一视同仁;他们有他们的特长,应当尽可能地放手叫他们干工作,而不应该压制他们,不让他们发挥特长。结果领导不高兴了,认为这是有问题的言论,一道命令下来——下放劳动去!他就只好卷起铺盖,来到汉口一个叫江岸的车站,去干"李玉和"的手艺——搬道岔!临行时关照他,要在那儿劳动锻炼三年。

江岸站的站长"觉悟不高",并不歧视他,知道他有真本事,还叫他帮助搞些技术改造,注意发挥他的聪明才智,尽管每天要守十二个小时的铁轨,加上交接班一天工作要十三个小时,但是在那个时候,"大卖国贼"的后代能在一个不受歧视的工作环境中工作,几乎也是一种奢想。何况干体力活儿还有粮食供应上的优势,能发给43斤粮票,而机关里的技术人员只有28斤定额口粮,那时是实行粮食计划供应。所以讲好要下放三年,李道燊也认了。

但是"人怕出名猪怕壮",李道燊活儿干得好,能耐大,来找的人多,逐渐名声传出去了,周边哪个车站技术上出了问题都愿来找他解决。有一天郑州铁路局的领导来站上视察工作,看到他正在搬道岔,心疼得不得了,因为在搞郑州铁路枢纽设计时他们认识,而且相互很了解,于是决定把他借到郑州站帮助工作。这样在郑州干了半年,而武汉第四设计院领导又不平衡了,说这是我们的人呀,为什么要为人家干活?不行!于是在这种情况下,再把他抽回去,提前结束了搬道岔的差事。其实李道燊心里还真有点舍不得那份搬道工的工作,毕竟43斤粮食能吃饱呀,他那时正是年轻力壮、能吃能干的时候,28斤粮吃不饱呀!

回到设计院已是1958年底,正是要成立福州铁路局,到处抽人的时候。而各单位为保存实力都不愿放人,逼得铁道部的总工程师到下面来挖人。有一天他在四院的走廊里碰到李道燊,问他在干什么,他说刚刚归队,没干什么。那么正好,顺手抓了个现成的,何况李道燊还参加过鹰厦铁路的勘测,熟悉福建情况,那就再好不过了,把总工乐得合不拢嘴。从此李道燊在福州铁路局一干就是四十五年。

1962年蒋介石妄想反攻大陆时,福建铁道部门又是首当其冲地紧急备战,要保证所有战备物资的运输。铁道部来人视察了全路,认为一要花大力气整治路基病态,二要进行技术改造,两条任务要同时进行。然而任务这么紧,又面临近一千千米的铁路线,而且要在保证日常运营的情况下搞路基和技术改造,任务太重,照理说应由铁道部派大的设计院来承担此任务,但那时全国都在紧急备战,非常紧张,抽不出人来,最后只能是福州铁路局自己来,设计任务就由李道燊所在的设计所担任。

局长在一次会上急得对着李道燊大声喊道:"李道燊!就由你来上了!你要什么人,全省由你挑,我来给你调!这是重中之重的事情!天大的事情!我们要豁出命来上!"李道燊成了项目的总司令,调兵遣将,集中了一批基本素质好的、有拼搏精神的年轻人,由他带领,立马行动。结果第一次技术改造的设计一年多就完成了。铁道部来检查验收时,一位负责同志感慨地说:"一个小小的设计所,承担这样重大的任务,在全铁路系统是第一个!"

工作干得虽艰苦,但那个时代的人是以苦为乐,以苦为荣的,只要能为国家做贡献,流血流汗在所不惜。可是这样的日子也不太长久,1964年,"四清"运动又来了;1966年,十年"文革"又开始了。"文革"中他自然是被打成反动学术权威,被打倒在地,剥夺了工作的权利,整天开不完的批斗会,写不完的检查,还被隔离审查过,精神和身体都受到了极大的摧残。但是后来一旦国家要上项目了,造反派傻眼了,只好让他出来主持技术工作。

1970年福建要建坑边站了,他刚刚被"解放"恢复工作不久,担任了设计组的副组长,组长是军代表。为了方便使用和节约投资,他提出一个和军代表又很大不同的设计方案,当然遭到军代表的否定。别的技术人员刚刚恢复工作都是战战兢兢地过日子,对军宣队唯唯诺诺,而李道夔则不肯买什么人的面子,该怎么样就怎么样,于是引起某些人的嫉恨。好心的朋友们劝他不要坚持己见了,"识相"一点好。李道夔想:这样可不行,将来子孙后代会指着我们的脊梁骨骂的,会骂我们是败家子。他再次向军代表力陈利弊,他的方案最后终于获得通过,为国家节省了大量资金。

1975年的一天他突然接到一个电话,要到厦门去开会。原来是周总理对厦门的港口建设说话了:"一定要把厦门港建好!"为了开展国际贸易,国家决定要把厦门原在解放前太古洋行造的一个小码头,扩建成一个国际港口,这就需要有与港口相配套的铁路设施,要设计一个路港联动的编组站。这是世界银行贷款的项目,上级的指示是"只能接受任务,不能讨价还价;只能干好,不能干坏"。在这个综合工程中,他担任了总体设计组的负责人。

按常规,港区铁路应在陆地选线,这样既简单又省力,又无风险。但他考虑到,厦门将来还要大发展,陆地选线占地太多,这对于寸土寸金的海岛城市来说损失太大,何况还要占用一个已废弃的旧机场。经过严密审慎的论证后,他大胆提出了在海滩软土上选线建站、向海滩要地的方案。这个方案不仅可避免大量占地拆迁,而且建成后的路基还可以围滩造地一千八百余亩,为国家节约资金三千余万元。同时他认为,厦门现在没有国际机场,但不一定将来不需要建设国际机场,将来一旦要建国际机场,还可以利用旧机场的基地。厦门市后来的发展,正如李道夔预计的那样,五年后,厦门国际机场上马了,就是在李道夔笔下被保留下来的废机场上重建的,这一项设计又为国家节省了大量资金。1994年联合国世界银行专家组来此考察,称赞这项工程"独特新颖,别具一格,为海港区铁路配套工程设计开了个好的先例"。

1984年,国家决定上马福建水口电站,这个项目由世界银行贷款二十多个亿。这个电站的建设要淹没原有的外福铁路北段的40千米铁道,因而这段铁路整体要改线。改线的设计和施工任务又落到李道夔的肩上。

世界银行的专家提出,外福线的改线工程,必须在1989年11月30日以前完成，否则将取消对水口电站二十多个亿的贷款。为此，国家计委下达了死命令，外福铁路改线投资四个亿，四年内必须全部完成。这样一来，无论是投资额还是工期，都与原先铁道部批准的计划相去甚远。为了保证工程的实施，李道夔和他的同事们反复研究、论证，决定更改方案，由"北——南——北"的方案改为全部走北线的方案。新的构思遭到部分同行的反对，但李道夔一旦拿稳了主意就决心动手了，况且工期实在太紧，他顾不得许多了。他向部里提交了可行性报告，立下军令状，一头投入了紧张的工作，连续三年没回家过春节……这期间，世界银行每年三月来检查一次工作，每次都表示非常满意。最终他们仅用了三年零四个月的时间，全线建成通车，而且又为国家节省了三千万元的投资……

在那些军令如山、夜以继日的日子里，他无法顾及家庭。他的夫人王承

著名铁道工程专家李道夔、王承妫夫妇

妈也是高级工程师,是福建省建委的自来水建设工程专家。两夫妻常年奔忙在外,常常要把两个女儿托付给保姆照看。有一次,他们的小女儿就要出生了,而李道犟有任务在身,他急忙把妻子送进医院,然后从医院径直奔向火车站……等他在任务的间隙回到家时,女儿已经四个月了。对事业的执着,王承妈自己也有体会,所以她很理解丈夫,尽力挑起了家庭的生活和教育孩子重担。现在他们的女儿女婿都成为学有专长的技术人员。

粉碎"四人帮"后,李道犟连续两届担任了福建省政协委员,还当过江西省的政协委员,并代表福建省科技界赴北京参加全国科协大会。王兆国同志紧握着他的手说:"感谢您,李道犟同志,感谢您为福建人民做出的贡献!"

1989年,他从福建省的实际情况出发,提出了建设福建第二通道的设想,在南平到江西横丰间再建一条铁路。现在从上海乘火车可以直达武夷山,走的就是这条铁路。

1999年,福建电视台在国庆节期间,播放了专题片《无悔人生》,记录的就是他那些饱含酸甜苦辣的人生历程。

舞台美术专家

李道善是李家老大房李瀚章的后代,即李经畲的曾孙、李国成的孙子、李家美的小儿子,现名李畅,1929年生于北京甘石桥李家大院。

可能是受了家庭的影响,他从小喜欢艺术(他家从高祖李瀚章起,几代老太爷都是戏迷,家中几乎每个人都会唱戏),唱歌、唱戏、画画、武术等样样都来,后来竟成了终身的职业了。

抗战时他随父母到了重庆,十几岁就加入了左翼文化团体的演出活动,1945年考入国立戏剧专科学校。抗战胜利后学校搬到南京他跟到南京,解放后学校搬到北京他也跟到北京。后来该校与延安鲁艺及华北大学第三部合并为中央戏剧学院,他亦随之进入中央戏剧学院,在舞台美术系任教。

50年代,他参加了国家青年代表团出国演出,回国后重新分配工作。领导征求他本人的意见时,他认为学校艺术氛围不错,教书能发挥他的特长,就又回到系里任教。几十年来,他辛勤地耕耘在舞台美术这块人数不多的园地上,累积了丰富的教学和实践经验,著有《剧场与舞台美术》《舞台机械》《清代以来的北京剧场》等著作,历任讲师、副教授、教授,兼系主任和该校图书馆馆长。1954年起,还兼任中央文化部剧场建筑顾问、中国舞台美术学会副会长(发起人之一)。粉碎"四人帮"以后,担任了国际舞台美术学会中国分会秘书长;国家投资几十个亿的大剧院项目重新上马时,他担任专家组组长。

按说,李道善干的是幕后的工作,舞台美术嘛,不怎么出头露面的,工作性质决定了就是无名英雄,何况他生性又不喜张扬,喜欢在笔头上下功夫。可是他没想到,在他26岁的时候,还是出了一次大风头,就是1957年的整风反右的时候,一不小心,竟成了北京戏剧界的第三号大右派,名字还上了《人民日报》,批判他的文章占了整整半个版面。单位里则整天大会批,小会批,甚至还搬出了他的老师欧阳予倩等老先生来声泪俱下地"帮助"他,弄得他的名字在文艺界无人不知,无家不晓。

李道善人很活跃,性子直爽,办事一贯热心,说话据说很有煽动性。其实他不过是在"鸣放"期间向领导提了点意见,诸如外行领导内行啦,艺术是人类共同的财富,不一定有阶级性啦,应该建立一个舞美专业的协会组织啦等等,都是大家常谈的话题,有的甚至是很好的工作建议。但是一旦你成了运动的重点对象时,那就对不起了,你说的什么话,做的什么事,就都成了别有用心的了。又碰上李道善是个不大肯买账的脾气,满不在乎,挨完斗还去东安市场吃西餐,那思想问题就更严重了。结果七斗八斗,把他斗成了个"二级右派"。

那时右派也是分等级的(笔者实在孤陋寡闻,乃头一次听说),一级右派是要进监狱的;二级右派要下放农村劳动"锻炼",有的是在城市郊区,有的则发配到新疆、青海、黑龙江等边远地方,"锻炼"的时间有几年、十几年、二十几年不等,也有的一直"锻炼"到死;三级右派是留在原单位(或是调换一个工作),一边工作一边接受思想改造,但也不轻松,不是降级就是降薪。二级右派是不允许你养家糊口的,每月只发十八元钱的个人生活费。一级右派关在监狱里,吃牢饭,大概生活费也不需要发了。

李道善很"幸运"地被划入"二级",而且没有去外地,被遣往北京郊区的一个生产大队劳动"锻炼"。尽管一"锻炼"就是六年,尽管那年他只有26岁,尽管他有三个孩子要养活,尽管他背起铺盖卷加入劳动"锻炼"的大军时,他的妻子谢延宁正在医院里生他们的第三个孩子……好在那时的右派也多,光中央戏剧学院就抓出来四五十个(据说全国有五十四万),前往农村住集体宿舍也不算寂寞。何况,他的大哥李道和也"幸运"地当了右派,他原本北京燕京大学新闻系毕业,在《内蒙古日报》当记者,后来在包头市师范学院当教授、外语系主任,不知说了句什么话,也成了右派。于是李道善也算"道不孤"。在农村,种地、挖沟、修水库,什么活儿都干……

其实当时的上层领导中也不乏明白人,北京市市长彭真就是其中一个。据说把这些年轻聪明的右派留在北京郊区劳动"锻炼"就是他的主意。他认为这些人思想上有点"毛病",但个个都是业务尖子,弄到外地去就糟蹋了,培养一个人才不容易,何况是各行各业这么多人才,留在北京将来还好派用场。这大概是李道善们最大的幸运。

而更加幸运的是上帝还给了他一个聪明美丽,而且明事达理的妻子。他的妻子谢延宁也是艺术界的人士,是李道善在国立剧专时的同学,他们有共同的志趣和爱好。其实在北京演艺界谢延宁的名气原先比李道善要大,她是北京人民艺术剧院最早的演员之一,曾在《蔡文姬》《武则天》《雷雨》《茶馆》《丹心谱》《洋麻将》等剧中饰重要角色,是第一代《茶馆》阵容里的人物,身后有一大帮子追星族……然而一转眼就成了右派家属了,要靠自己一个人的工资抚养三个孩子。那时的剧院不像现在,盯住城里的大剧院,而是常常要

舞台美术专家李道善、谢延宁夫妇

送戏下乡,巡回演出,一个巡回起码半个月,有时要个把月,孩子就只好交给保姆。可是后来到了"大跃进"的时候,不知哪个缺德的人提出来,家用保姆是资产阶级的生活方式,提倡自己动手,解决困难。而谢延宁的困难是无法解决的,保姆被舆论赶走后,她只好把三个孩子送进托儿所、幼儿园,住全托。到了周末,人家革命家庭的孩子被爸爸妈妈接回家了,而右派分子的孩子只好仍待在幼儿园里。可是幼儿园的老师也要下班呀,实在没办法了,老师就把孩子带回自己家里……至于钱够不够花,那就得像李道稔的母亲一样,翻翻这个箱子,找找那个柜子,找找还有什么东西能拿去卖几个钱。

那时李道善的母亲还在世,老人因是从日本回来的华侨,手里有点钱,但也受到歧视,不敢公开地接济儿媳妇,怕人家说是接济右派,只能悄悄地买点孩子吃的食品,趁天黑了送去——那时的政治气氛就像是草木皆兵,渗透到社会的每一个细胞了,明明正常的人也变得像个贼似的了。

好在老天长眼,让他们的三个孩子都成长为艺术界的专门人才。

总算那些不堪的日子早就过去了。如今的李道善、谢延宁夫妇年已75岁,早就当上爷爷奶奶了,虽然都已退休,但仍在为艺术界和建筑界的各种事务忙碌着。改革开放以后,李道善多次赴美讲学,在美国伊利诺伊州爱尔金社区学院任客座教授,并在伊利诺伊州立大学、南伊利诺伊大学、南卡罗莱纳大学、泰克隆斯大学讲学。他的目光始终没有离开舞台,近些年关于国家大剧院的建设事,他又倾注了大量的心血。

总督宝剑风波

李鸿章的宝剑据李家后人说原先有两把,是德国"铁血宰相"俾斯麦和威廉德皇赠送的纪念品。其中一把老李把它带入了坟墓(作为殉葬品),原指望永远保存在地下的,想不到半个多世纪后(1958年),在大炼钢铁的群众运动中被挖了出来,好在没有拿去炼铁,被一个文化人看中了,拿去当了文工团演节目的道具,现在早已不知所踪。另一把就是现存李家人手里的,历经五代人的递传,费尽千辛万苦才保存下来的那一把。

这把剑初看与中国的剑没有什么两样,剑柄和剑鞘上按中国的传统雕刻了牡丹和蝙蝠的吉祥图案,剑身有三尺长,七八斤重,雕花的纹路间有一层淡绿色的铜锈。可是抽出剑来即可显出它的不同,中国的剑一般在剑心一线是渐高突起来的,而德国剑则是相反,在剑心一线挫了一道凹槽,这大概是根据物理原理设计的,目的是在行刺之后便于很快把剑抽回。

这把剑在李鸿章去世后原由他的二儿子、实为亲生长子的李经述收藏(李经方是从老六房过继来的),李经述在丧父之后的百日之时即"随父西去",剑就传到他的三儿子李国煦手里。李国煦32岁去世时,又由国煦之子李家瑾即李玉良继藏。李玉良是李经述的最大的一个孙子,由朱太夫人做主,过继给其伯父李国杰。所以他从小跟着李国杰走南闯北,见过不少大世

李鸿章的宝剑

李鸿章宝剑上的花纹

面,后来成为一个敢想敢干,为民主革命做出过不少贡献的民主人士。

李家到了李玉良一辈已是第四代,他们这一房的家族遗产已所剩无多,因为有了李国杰这个极会花钱的父亲,钱就像长了腿似的跑得快。李玉良有一段时间没有固定的职业,却有七个子女要养活,还有几个从他们上一代开始就在李家服务的老用人,所以从抗战时期起,就已开始卖卖当当地过日子了。新中国成立后李玉良先在上海公安局工作,后到安徽省省委统战部任职,1957年病逝前任安徽省文史馆秘书。尽管这种卖卖当当的日子持续了不少日子,可那把宝剑,始

终挂在他家的墙头上。

李玉良去世时他只有两个儿子参加了工作,一个儿子参了军,其余孩子都还在读书,已经工作的孩子就把有限的工资拿出来交给母亲,供弟妹们读书。但无论日子多么困难,那把祖传的宝剑他们不舍得卖,仍长期地挂在他家升平街老宅的墙上。可这在太平岁月还好说,到了十年浩劫"扫四旧"时,麻烦就大了。

1966年下半年,造反派成团成伙地在街上冲冲杀杀,见到"四旧"不是烧就是砸烂,吓得一些过去的殷实人家把美金、黄金、高级手表半夜里往垃圾箱里扔……李家人自然也非常紧张,因为李家的确还保存了一箱祖传的东西,那可是货真价实的"四旧",里面有李鸿章当年穿过的朝服、皇帝恩赐的黄马褂、三眼花翎顶戴、手批古籍、古瓷、古礼器以及李鸿章用过的印章、印盒、书写的扇面等等。这些箱子里的东西外人自然是不知道的,但李家在升平街住了几十年,街坊邻居无人不知他们是李家之后,寻常日子大家和睦相处,而"革命风暴"呼啸而来之时,只有翻脸不认人的人才算是"革命派"。

他家隔壁一家的老人,论成分不过是个小业主,就是因为在抄家时和造反派争辩了几句,惨遭造反派毒打,惨叫声一条街的人都能听到……这时正好在海军部队服役的李家老三李道稢来沪探亲,住在家里,他实在不忍听隔壁的惨叫声,就穿好军装前去制止了"小将"们的"革命行动"(那家人家至今都非常感谢李家)。然而回到家里面对自家的一箱"四旧"时,仍是一筹莫展。他心想母亲年纪越来越大了,支撑到今天已经很不容易了,断受不了这样的打击。刚巧当地的户籍警严晓玲女士跑来告知,按照上级规定,军属之家是不可以抄家的,但现在天下已大乱,谁也管不了谁了,这条街上无人不知你家的底细,为了安全起见,你们家若是有"四旧"的话,还是自己处理处理吧。

那么就只好如此了。当天夜里,他们兄弟几个陪着母亲卞慧卿,小心翼翼地把箱子抬到了天井里,把箱内之物撕的撕、烧的烧、砸的砸,然后"扫进历史的垃圾堆"了事。那件黄马褂,临焚之前想想实在不舍得,就剪下了上面五只金纽扣,把它混在针线箩筐里,造反派就不易发现了。那一堆大大小小、晶莹亮丽的各式印章,一般的也就扔掉了,有几方大的上面还刻着山水人物造型,精美无比,扔掉实在可惜,怎么办呢?还是小儿子李道稔想出一个好办法,干脆把上面的印文磨掉,去掉它的历史内涵而成了一块普通的印石,不就安全了吗?那堆印章是李鸿章、李经述、李国杰、李国煦三代人的印章,说没有用就全成了祸害了。一箱子东西全都处理完了,他们仍未舍得动那把宝剑。李道小心地把它用报纸包起来,今天藏到这儿,明天藏到那儿……他明明知道这是非常危险的事情。

但是有一天宝剑还是被造反派搜走了,是被李道稔的一个叫"大哥"的同学给"咬"出来的,他在李家看到过此剑。

李鸿章的曾孙李道稔先生

李道稔1949年8月参军,那年才15岁,曾在华东军政大学读书一年,所谓"大哥"就是他那时的一个同学,关系好得就像亲兄弟。毕业后"大哥"分配在陆军,而李道稔则要求去海军,因为那时国家正在组建海军。他想,既然高祖父是在海军(北洋海军)的事情上栽了跟斗,李家后人就有责任在海军建设上再站起来,于是来到东海舰队"兴国"舰上。部队驻扎浙江定海,白天参加训练、执行任务,晚上他总是一卷在手,灯下苦读。军事书、科技书、自然地理书、政治书、历史书、名人传记……只要那时能找到的书,他总是尽量找来看(如今李道稑已经去世了,我们从他留下的遗物中,看到有满满一大橱书)。他从士兵做起,以海疆为家,立志为中国的海军建设奋斗一辈子,理想目标是要当个将军。

可是一个十五六岁的小兵哪里知道,在极"左"思潮盛行的年头,李家人是不会受到重用的。

他参加了解放一江山的战役,战役打到最激烈的时候,他和战友们向一个山头冲锋,开始还算顺利,谁知敌人突然开始扫射,他还好,仅臂上负了点轻伤,而他前后左右的战友却倒下了一大片……他捡了一块弹片和一只炮弹壳带回来,作为对战友和那场战役的永久的纪念。

后来长期担任舰上作战参谋,在东南沿海一带执行巡逻任务。他业务上出类拔萃,对那些可疑的"渔船"总是保持高度的警惕,有一次他率先跳上了一条日本"渔船",果真发现了情报,他们当即决定把该船拖回港。后来经有关部门调查证实,那真的是一艘间谍船。

他曾荣获过三等功和四等功,多次受到表彰,但由于出身问题,长期未获提拔。1966年"文革"爆发后不久,部队也要"清理阶级队伍",他这个"大卖国贼"的后代,自然在第一个浪潮中就被冲刷了下来,被宣布复员回沪,到城建局的一个学校当行政干部。

就在这个时候,当年他那个"大哥"参加了"支左"工作组,偏偏在"支左"中又犯了生活错误,在隔离审查中为了争取宽大处理,不惜"反戈一击有功",大举揭发别人,其中就把李道稑家里的宝剑作为"四旧"给揭发出来了。

这么一来,不仅李道稑宝剑保不住了,他本人也因窝藏"四旧"而被下放到一家工厂去通阴沟,干杂活,劳动改造,早晨六点钟就要出门,晚上要写思想汇报,写检查,夜里十点钟才能踏进家门。他也会苦中作乐,把写检查和思想汇报当作练钢笔字,他说他还从来没有写过这么多字呢!如此这样一干就是三年,直到1975年才恢复工作,在城建工程学校担任办公室主任兼党支部书记。李道秭虽然因宝剑而落难,但是他还是时时想起那把宝剑,念叨它如今不知在什么地方。

所幸老天爷竟长眼,老李家的宝剑在外逗留了几年后,突然有一天又回到了李家。那倒不是"文革"后落实政策发还的,倒还真的是造反派给送回来的。造反派们说,经有关部门考证,这剑上没有李鸿章的名字,说明不是李鸿章的宝剑,你们大概搞错了。李道秭一阵窃喜,忙不迭地说:"是的是的,是我们搞错了!是我们搞错了!"就此收下了宝剑。

李道秭后因长期精神压抑,借酒浇愁,身体垮了,于2000年去世。

现在这把宝剑仍在他的身边,是在他的遗像边。

他生前与夫人邵玉桢医生约定,将来把骨灰撒到他工作、战斗了十余年的定海海域里去。

中国海军,是李家几代人的心病。

"杀人如麻"的李道稔

几年前的一个春节,笔者推开了上海第八人民医院外科病房的大门。人高马大的外科主任李道稔先生热情地走了过来。望着这位李鸿章的第五代孙,不由得令人产生联想:若不是辛亥革命,站在这儿的定是位穿长袍的"侯爷"式的人物。然而剧烈的社会革命改变了他的家族命运,把他塑造成了一位穿白大褂的外科专家。

他也是李鸿章一支中李玉良(李家瑾)的儿子,是李道榖和李道秭的小弟弟。他小时候非常调皮捣蛋,不好好读书,父母很为他的将来担心,暗地里找了个瞎子为他算命。那瞎子听完他的生辰八字后,略一算计,只说了四个字:"杀人如麻",她母亲吓得差点没晕过去。以后就常常担心他会闯祸,时时要盯住他,尤其不许他玩男孩子爱玩的刀枪棍棒之类。

"文革"初期社会上打砸抢乱成一片的时候,李道稔正在上海第二医学

"杀人如麻"的李道稔

院读书(1962年进校,1968年毕业,那时的医学院是六年制)。大学里的红卫兵是运动的急先锋,也是一切最愚蠢的过激行为的急先锋,全家人怕他年轻气盛,看不惯红卫兵而跟他们打起来,宁肯把他关在家里不让出去。

但是人的命运一旦定了大概是无法改变的。李道稔最终还是拿起了手中的刀——那是把解除病痛的外科手术刀。大学毕业后他被分配当外科医生,直到这个时候当母亲的才松了一口气——"杀人如麻"原来是这样的"杀人如麻"!

他毕业的时候(1968年)"文革"正闹得如火如荼,"大卖国贼"的后代是不要想留在城市里工作的。人家出身好的同学是"红五类"子女,属于依靠的和重点培养的对象,而他属于"黑五类",也就是另类,业务再好也受不到重用,不仅受不到重用,一不小心还要被划入"内控分子",因那时的逻辑是"老子革命儿好汉,老子反动儿混蛋"嘛。其实他的老子根本早就是革命阵营里的人了，高祖李鸿章到他这一代已经隔了四代人了。但也不行，人们在这个时候表现了对历史的极大的尊重，谁让你是李鸿章的后代呢？在这种情况下，他就必须乖乖地到大西北去，来到宁夏回族自治区北部，靠近内蒙古的平罗县的一个公社卫生院。

当地的医疗条件之简陋令他非常惊讶——一个公社的卫生院，担负着数万人的医疗保健任务，而连最起码的注射器具的消毒设备都没有，条件还不如上海的兽医站。诊疗室里常年生着一个炉子，上面放一个煮饭的饭锅，要打针了，就把针管针头扔进去煮一煮就是了。原先还没有手术室，遇到紧急的情况必须手术时，在办公室里拉一道白布帘就权当手术室了。其他设备也是简单得不能再简单了。院里只有十几个医务人员，差不多都是土生土长的卫生员。院长和书记都是抗美援朝时战场上的卫生员，战后复员回来的老兵。像他这样的名牌医科大学毕业的学生，不要说是公社卫生院，就是县医院里也没有，他一下子成了当地的新闻人物。

人的命运有时真的很奇怪，他这个"黑五类""狗崽子"，在上海受人歧视，政治上抬不起头来，到了乡下却成了香饽饽，受到当地领导的关心和重用。宁夏民风淳朴，看人看实际，并不从某种教条出发，这给了他极大的安慰，所以他在宁夏一干就是十三年，尽管物质条件非常艰苦，还必须经常背起药箱下乡送医上门，实际上跟赤脚医生差不多。但他觉得这个受人尊重的地方，把人当成人的环境，或许比物质条件更重要。

三年后，卫生院里发生了极大的变化，一下子拥进来七八十个医务人员。原来，全国的医疗部门要落实毛泽东的"六二六"讲话精神："把医疗卫生工作的重点放到农村去"，把城市里的很多医疗干部下放到农村，包括把一些医科大学也下放到农村去了。安排在李道稔所在单位的数十人，是天津医学院附属医院的医务人员，因那个学院整体下放了。令他感到高兴的是，这些人中有两位知名的外科教授，他就抓住机会认真向他们学习，几年下来，获益匪浅，比读研究生还要过瘾。李道稔现在想想，老天爷对自己还真是不薄呢！

西北地区的生活条件毕竟较差，1974年他患了肝炎。粉碎"四人帮"后的1981年，组织上为解决他夫妇分居问题，把他调到江苏，后来又回上海。现在，他已当上外公了，职务是上海第八人民医院的外科主任，还是徐汇区的政协委员。

讲到逆境对一个人成长过程的影响时，笔者曾问道稔先生："李鸿章去世已经一百多年了，这一百多年来，你们这些'大卖国贼'的后代，看来十之八九都在逆境中生活，然而为什么目前这一代人，一个个又都成就显著？"

李道稔说："逆境固然是坏事，但有时候也会变成一种好事，它会刺激你奋发、逼得你抗争。逆境有时候是一位导师，有时甚至还是一种财富，是一种花钱都买不来的财富。一个有了苦难经历的人，才会懂得什么是幸福，什么是责任，也才会明白什么是真善美。当你处在社会的最底层的时候，才可能看清社会的众生相，才能真正明白，我们这个农业大国，到底是怎么一回事。"

谈到家庭教育时，他还讲了一个故事。他说："我在家是老小，小时候非常调皮，读书不好好读，考试下来总是'开红灯'，而家里规矩很严，考不及格就要挨打、罚跪。罚跪次数多了，我一个叔叔可怜我，跑来帮我解围。他悄悄教我一个'屡败屡战'的办法。下次再挨父亲打时，我就大声争辩：'我虽然是屡战屡败，但我还在屡败屡战呀！'此招果真灵验，父亲看我讲得很认真，从此不打我了。原来这是我们家代代相传的一句口头禅。当年李鸿章打太平军，屡战屡败，在向朝廷汇报军情时，他巧妙地颠倒了一个词汇，把'屡战屡败'改为'屡败屡战'，这样既不改变原意，又把淮军在困厄面前的精神气概给凸显出来了。后来家族中取其意而用之，常以'屡败屡战'相勉，几成传统。"

如此说来，"屡败屡战"，或许是李氏家族文化的一条根。

继往开来的李家"道"字辈

改革开放以后,上海在"三年大变样"的新形势下,市政工程中的道路、桥梁建设渐起高潮。在新的市政建设观念和目标的要求下,提出了"景观设计"的新的科学命题。这些新的道路、桥梁按照现代市政建设的要求,既要实用,样式还要新颖,要与周边的环境相匹配,以求城市环境的整体和谐和美丽。这些道路、桥梁的景观设计方案,有不少出自"瀚章桥梁艺术设计公司",公司的老总是李家大房的后代李道楷。从公司的名称就可看出,他是李瀚章的后代,是第五世孙。

李道楷的祖上都是些办过大事的人——高祖李瀚章是晚清湖广总督、两广总督自不在话下;曾祖李经楚是交通银行的第一任总理(总经理),出任过金陵矿务局会办、京师大学堂提调、邮传部左丞(副部长)等职,多次作为政府官员赴英国、美国、德国、日本等工业发达国家考察实业;伯祖父李国式是德国留学生,中东铁路局驻上海办事处主任;祖父李国武是职业外交官,曾任中国驻海参崴总领馆主事。叔叔李家耿是北京协和医院医学博士,圣约翰大学皮肤科教授、上海第二医学院皮肤科教授、上海麻疯病医院院长;他的父亲原是上海海关的官员,新中国成立后在浦明中学教书,母亲是上海第一师范、曹阳二中的教师。

李道楷兄弟姐妹共九人,七男二女,他是最小的儿子。在李家读书传统的熏陶下,他们都继承了本分好学的家风,受过良好的教育:大哥道林,是热电设备专家;三哥道椿,是农业机械专家;五哥道棠,是交通大学生命化学工程教授、博士生导师……而轮到他考高中的时候,"文革"爆发了,他不仅没能继续读书,连日常生活都成了问题。家中一次又一次地被造反派抄家、骚扰,红卫兵说他们家暗藏武器,结果把家中原先收藏的文物、古籍、字画以及日用品,全都抄走,还挖地三尺直至家徒四壁为止。家中有一度简直无法待下去了，饭也吃不上，他只好到学校去。学校尽管也是乱哄哄，但是那时正是全国大串联的时候，学校有接待外地来沪红卫兵住宿的任务，需要一部分学生帮忙搞接待工作，包括打扫卫生、帮助食堂开伙等等，这实在是个可以救急的差事，他可以前去帮忙，利用这个机会住在学校里，同时也解决了吃住的问题。

但是这毕竟不是长久之计，他开始茫然地走南闯北，看看哪里可以落脚，最后的结果是，只能到安徽金寨县农村插队落户，像他这样出身不好的人，是不会被安排在上海工矿企业中工作的。

李道楷有个特长，从小喜欢画画，临摹的作品很多。原先祖上传下来成箱成箱的古代书画，堆满了一间亭子间，他课余就泡在那些古画里，翻看、不断临摹。眼见得多了，境界也就高了。不幸的是这些宝贝一夜之间都被弄走了。在农村，尽管生活非常艰苦，但是一旦有空，他还是要拿起笔来画画，始终没有放弃对艺术的追求，还曾参与当地"大别山区红四方面军革命斗争史"的美术编撰工作。1972年，他进入安徽六安师专艺术系（皖西学院前身）读书，学校很快发现他是个有用的人，给他一边读书一边在本校担任美术教师的机会。毕业后，他分别在六安师专、金寨一中当美术教师，在当地美术界还小有名气呢。

粉碎"四人帮"以后他回到上海，开始重新寻找自己的社会位置。社会在飞速地发展，现代美术的用途越来越广泛，他不在传统绘画里"磨蹭"，而是瞄准了高科技的表现手段。他不失时机地参加了美国的一个电脑软件研习班，让心中的色彩在电脑上沸腾。他成了一位3D设计师，运用新的手段进行各类3D设计和创作。这期间，他在淮海路上办起了上海康平文教廊，从事3D设计类工作，同时不断有新的科幻作品问世，如《二十一世纪畅想》《光速》《龙的传人》《海底城》等等，发表于《航空知识》《现代舰船》《奥秘》《科幻世界》等杂志上。

1999年，当一种新的设计理念——"景观设计"渐渐来到中国人身边的时候，李道楷的思路一下子被激活了，他的创作目标渐渐清晰起来，终于找到了适合自己驰骋创作细胞的平台。他立马全身心地投入了城市景观设计这个全新的、充满诱惑又充满挑战的艺术领域，凭着自己的长期积累和不断努力，拉开架势，尝试着上路了。当他的"上海瀚章景观设计有限公司"成立的时候，正赶上参与上海市西藏路桥梁景观、西藏路道路景观的方案设计……

十多年后的今天，他们已经拥有一支很"生猛"的团队了，活儿多得忙不过来。他配合和参与了上海市政设计院的桥梁、道路景观设计方案多达五六百处，承接过遍及全国各地的大小一千多个项目，电脑里储存了一万多份设计图片和工作成果的数码光盘备份。仅在上海承接的桥梁景观设计就有两百多座，较著名的项目有：苏州河西藏路桥、西藏路改造工程景观设计、苏州河武宁路桥改造工程景观设计、苏州河福建路桥改造工程景观方案设计、苏州河威宁路桥工程景观设计……参与外地项目中比较有影响的有：成都市沙河改造工程七座桥梁的景观方案设计，还有重庆嘉陵江大桥、苏州市陆慕桥、蠡口桥等项目。2008年

李道楷、许尼娜夫妇在瀚章景观设计公司

4月,他的一篇论文在《中外景观》杂志上发表,题目是《城市桥梁工程建设中的景观设计》,受到业内专家们的一致好评。

几年前,一部《我和春天有个约会》电视剧在上海滩风靡一时,剧中缠绵的故事给观众留下深刻的印象。剧中那位唱着"钻石钻石亮晶晶"的白浪哥,以其独特的形象和精湛的演技,成为当时上海青年追星族的又一个新目标。他就是李家老六房的后代、李慧龙的小儿子李道洪。

李道洪从小生活在一个非常开放的、海派的、具有浓厚的外交官气息的家庭,祖上三代都有在海外工作和生活的经历,还是晚清豪门大户中,跨越湘、淮两个集团的双料的高干家庭。他的曾祖父是李昭庆的二儿子李经榘(老大李经方过继给李鸿章),曾祖母是中国首任驻英公使郭嵩焘的二女儿;祖父李国栋是晚清驻奥地利使馆二等参赞,祖母是李鸿章的外甥张士瑜的女儿张继昭。父亲李慧龙(1897—1979,即李家骧,字慧龙)少年时代随父母住在大清驻奥地利公使馆内,稍长在奥国念书,毕业于奥地利米尔大学,逐渐精通了英、法、德国好几国文字,后来是个非常活跃的社会活动家。

在这几代人中,最具文人气息的是他的祖父李国栋。李国栋在出国前就已考中了举人,外放奥国后是位非常称职的外交官。他不仅处理日常行政事务,还对奥地利的历史和现状做过深入的研究,翻译和撰写了不少著作,如《奥国近代沿革历史》《奥国财政窥豹集》《洪荒鸟兽记》《奥国武学》《奥国马队规划》,古文基础也好,著有《薇香诗草》《说腴手谈随录》等,可知是个学贯中西的知识分子型的官员。

这样一个以政治和外交为基调的家庭环境,对李道洪来说,所接触的知识简直就是"五方杂处"式的知识。他喜欢看历史书,十分乐意在故纸堆里探寻历史上的一些谜案,而命运却让他成进入了演艺圈。他从16岁就被一个电视台的导演相中,中学还没读完,就以半工半读的形式加盟了香港丽的电视台,一方面主持节目,同时接受电视台编导和演员的基本训练。1969年拍摄的电影《钞票与我》是他"触电"的开始。1975年加入香港翡翠电视台,主演了《狂潮》和《网中人》等电视剧。1982年成为台湾中华电视台制作人、台湾电视公司制作人。1987年回港加入亚洲电视台，主持晚间节目《活色生香》。这个节目连续六年成为当时段的收视冠军。1994年国庆节期间，他担任了香港七家电视台国庆联播晚会的节目主持人，这一年，他还在一百多集的电视连续剧《包青天》中饰宋仁宗皇帝，使他在古装戏中又占据了一块高地。1995年，电视剧《我和春天有个约会》上演，他以白面小生"白浪"征服了海峡两岸的广大青年观众。如今，他已拍摄了千余集电视剧，包括《包青天》《上海风云》《国际刑警1997》《狂潮》《千王之王重现江湖》。

李道洪在电视剧《包青天》中饰宋仁宗

"道"字辈目前已成了李氏家族的主力军，属于承上启下、继往开来的新一代，无论在国内国外，都处于朝气蓬勃的上升时期。他们明白，李家到了他们这一代，经济上是绝无"老本"好吃的，在精神上的"老本"也只有一条，那就是——艰苦奋斗，"屡败屡战"。

第十八章：树大根深

一个世纪多以前，当李鸿章在京城里被八国联军逼得吐血的时候，大概不会想到，今天的中国，已经是个领土完整、国力日盛、在国际上能扬眉吐气的国家了；大概也不会料到，他的家族从他们六兄弟，已发展成一个中国的超级大宅门——拥有了数百上千的子孙后代，而且已经走向了世界，走向了高科技，涌现出一大批优秀的科技人才和实业型人才；当然他更不会想到，一百年来，这些人在他那顶"大卖国贼"帽子的"恩赐"下，所经历的世事沧桑……

从李鸿章之父李文安算起，这个晚清除了皇族之外的中国第一号豪门望族，历经二百多年的岁月磨砺后，现已渐渐走向平实，走向民间，走向科技和艺术。二百年间，这个家族与中国政坛的联系，与近现代政治、军事、外交和经济的联系，与社会各界的联系和影响，似乎没有哪个故家旧族能够比拟。其大起大落，大喜大悲，大红大黑……都不是善良的平民百姓所能预料的。可以说，中国近现代历史发展的每一个阶段，都可以从李氏家族的生活中找到烙印。从这个意义上讲，李家的故事既是一部李氏家族史，也是一部中国近现代史的"袖珍本"；既是李家的事，也不全是李家的事。

现在的李家后代，正在书写新一代李家人的形象，同样打着深深的时代的烙印——据李家老四房李家锦先生主编的《合肥李文安公世系简况》介绍，截至2001年，李家后代中的博士和博士后已有10位；教授、高级工程师和高级研究员已有58位；获中级职称的有40人；获得硕士学证书的有30人；具有大学学历的已有168人。他们似乎命中注定，他们就该着付出比别人更多的汗水和艰辛。

听听他们新一代人在海外的创业史，看看他们的名片，禁不住令人感到阵阵"霸气"——

　　李道明，美国南加州大学硕士，美国洛杉矶 Global Printing Services Ltd 董事长；李道梁，美国南加州大学硕士，美国萨克拉门托市 Leeland Enterprises Ltd. 董事长；李道启，美国南加州大学硕士，美国拉斯维加斯 Rdl Investments Inc. 董事长；李道汾美国南加州大学硕士，注册会计师；李道邦，香港万顺集团有限公司董事长、行政总裁；李道铣，港商独资重庆万邦物业发展有限公司董事、总经理；李道兴，德国亚斯保大学硕士，加拿大万成集团有限公司董事长、行政总裁，荣获加拿大 2000 年度全国杰出青年奖、国际青年总裁协会会员；李道唯，美国南加州大学博士，中国惠普有限公司电子销售部总经理；李道薇，美国南加州大学硕士，美国加州房地产经纪人协会资深

2004年老大房、老四房合肥寻根

研究员；李道琨，加拿大 Sabal 房地产公司总经理；李道极，原上海人民艺术剧院导演，现任美国洛杉矶 Sla 文化娱乐公司的总裁兼导演；李道基，在美国任经济师多年，兼任上海中西女中美国东部地区校友会主席；李持，美国化工博士，美国福特汽车公司设计部经理；李跃，美国光学博士，美国及国际光学学会资深会员，在美国硅谷某公司主持光学高科技研究工作；李庆，美国硅谷半导体设备公司 Kla-tencor 高级工程师；李永炜，美国加州大学博士，美国某电脑公司经理……至于近年来在各行各业出类拔萃的，就更多了……

真是满筐满篓，满坑满谷，眼花缭乱，不胜枚举……他们这些李家的海外学子，没有享受到当年老李送幼童赴美留学的待遇，也没有捞到新时期公费出国的优惠，却在自己的努力下，在家族历史包袱的重压下，刻苦努力，奋发成才，有的是靠自己晚上和假日外出打工，白天读书，吃尽苦中苦才完成学业的，终而成了各自业务领域的一代新秀。

对于过去，他们无可选择；面对未来，他们正扎扎实实地前行……这大概也是老李当年所没有料到的。

路，似乎就是这样一代一代走下去的。
历史，似乎就是这样一个世纪一个世纪推进的。

附录一：

李氏家族世系简表

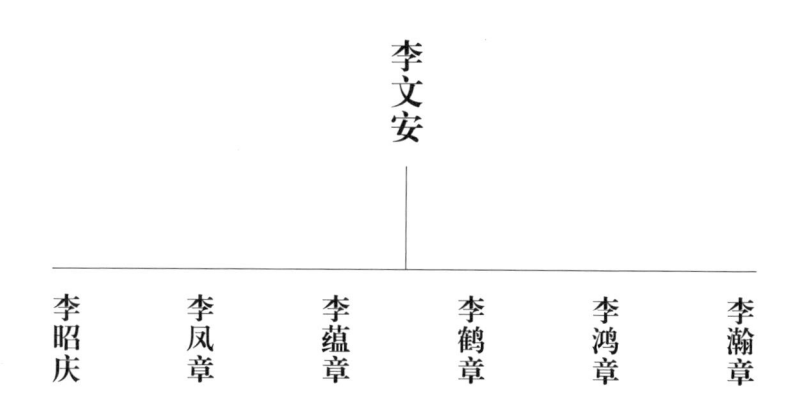

```
                      李文安
                        │
  ┌──────┬──────┬──────┼──────┬──────┐
 李昭庆  李凤章  李蕴章  李鹤章  李鸿章  李瀚章
```

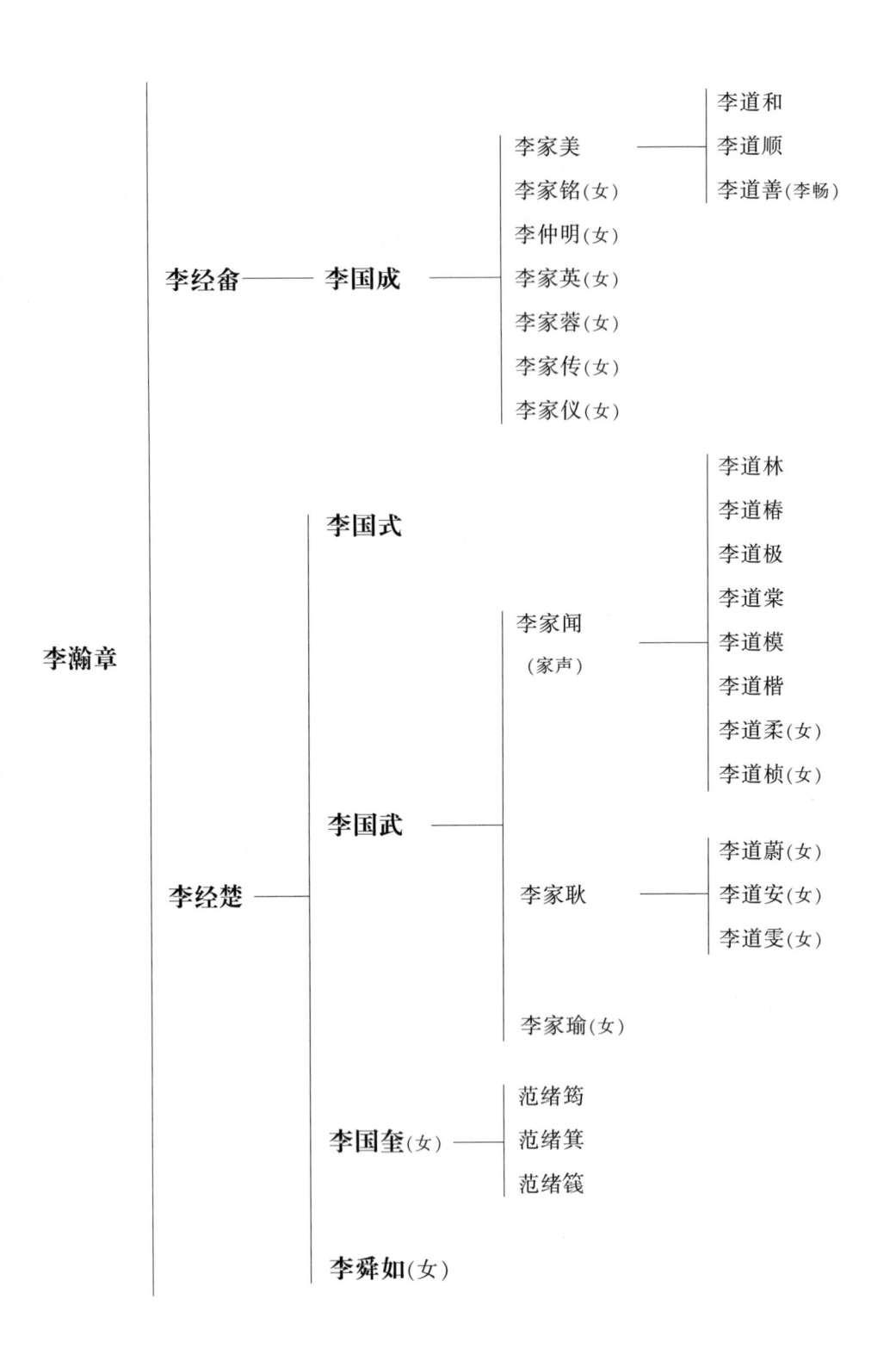

```
                                               ┌─ 李道和
                              ┌─ 李家美 ──────┼─ 李道顺
                              │                └─ 李道善(李畅)
                              ├─ 李家铭(女)
                              ├─ 李仲明(女)
         ┌─ 李经畬 ── 李国成 ──┼─ 李家英(女)
         │                    ├─ 李家蓉(女)
         │                    ├─ 李家传(女)
         │                    └─ 李家仪(女)
         │
         │           ┌─ 李国式
         │           │                        ┌─ 李道林
         │           │                        ├─ 李道椿
         │           │                        ├─ 李道极
         │           │         ┌─ 李家闻 ─────┼─ 李道棠
         │           │         │   (家声)     ├─ 李道模
         │           │         │              ├─ 李道楷
李瀚章 ──┤           │         │              ├─ 李道柔(女)
         │           │         │              └─ 李道桢(女)
         │           ├─ 李国武 ┤
         │           │         │              ┌─ 李道蔚(女)
         │           │         ├─ 李家耿 ─────┼─ 李道安(女)
         │           │         │              └─ 李道雯(女)
         │           │         │
         │           │         └─ 李家瑜(女)
         └─ 李经楚 ──┤
                     │                        ┌─ 范绪筠
                     ├─ 李国奎(女) ────────────┼─ 范绪箕
                     │                        └─ 范绪筱
                     │
                     └─ 李舜如(女)
```

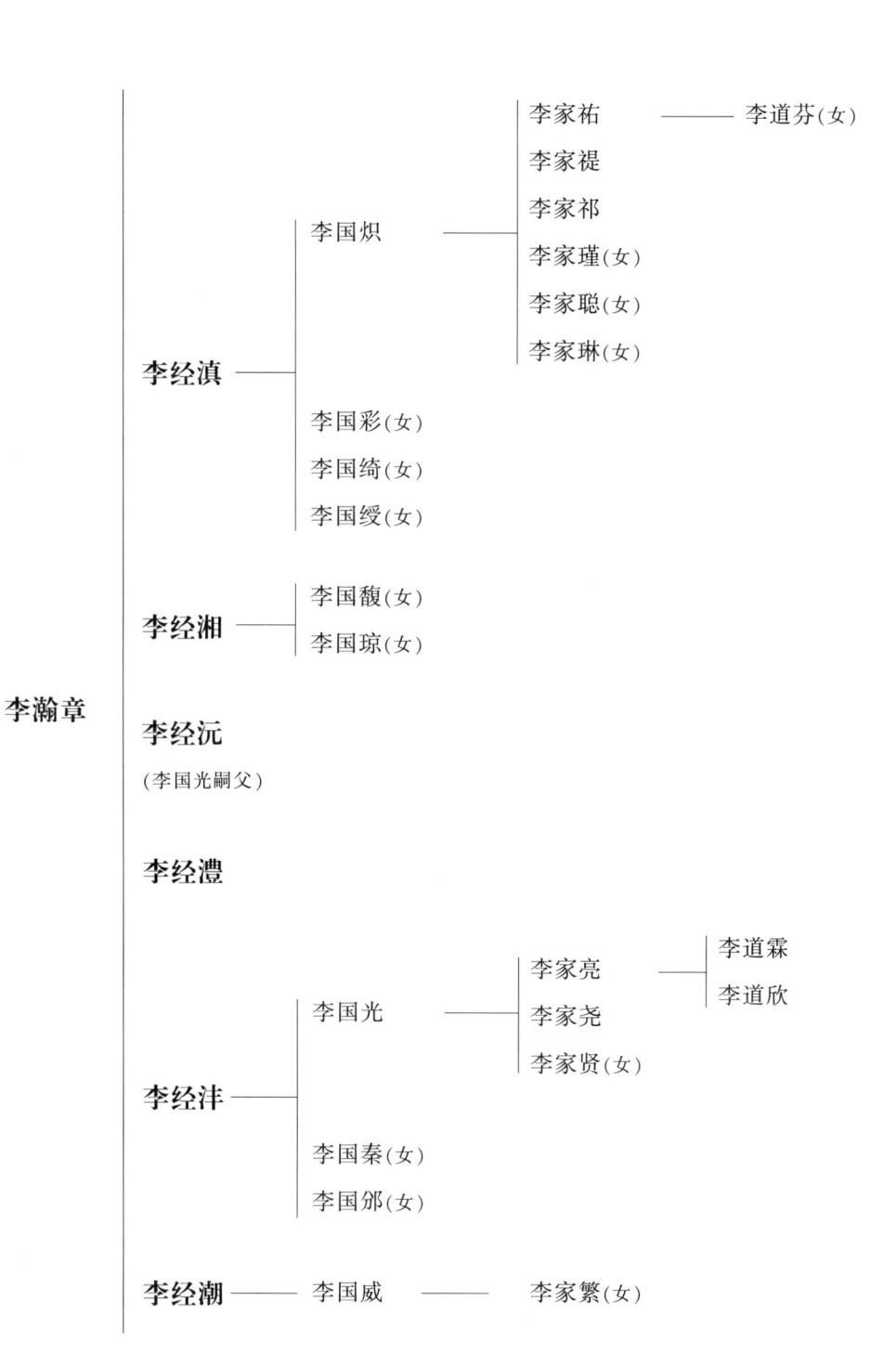

```
                                            ┌─ 李家祐 ── 李道芬(女)
                                            ├─ 李家褆
                                            ├─ 李家祁
                        ┌─ 李国炽 ──────────┼─ 李家瑾(女)
                        │                   ├─ 李家聪(女)
                        │                   └─ 李家琳(女)
           李经滇 ──────┤
                        ├─ 李国彩(女)
                        ├─ 李国绮(女)
                        └─ 李国绶(女)

                        ┌─ 李国馥(女)
           李经湘 ──────┤
                        └─ 李国琼(女)

李瀚章      李经沅
           (李国光嗣父)

           李经澧

                                            ┌─ 李家亮 ──┬─ 李道霖
                                            │           └─ 李道欣
                        ┌─ 李国光 ──────────┼─ 李家尧
                        │                   └─ 李家贤(女)
           李经沣 ──────┤
                        ├─ 李国秦(女)
                        └─ 李国邠(女)

           李经潮 ── 李国威 ── 李家繁(女)
```

389

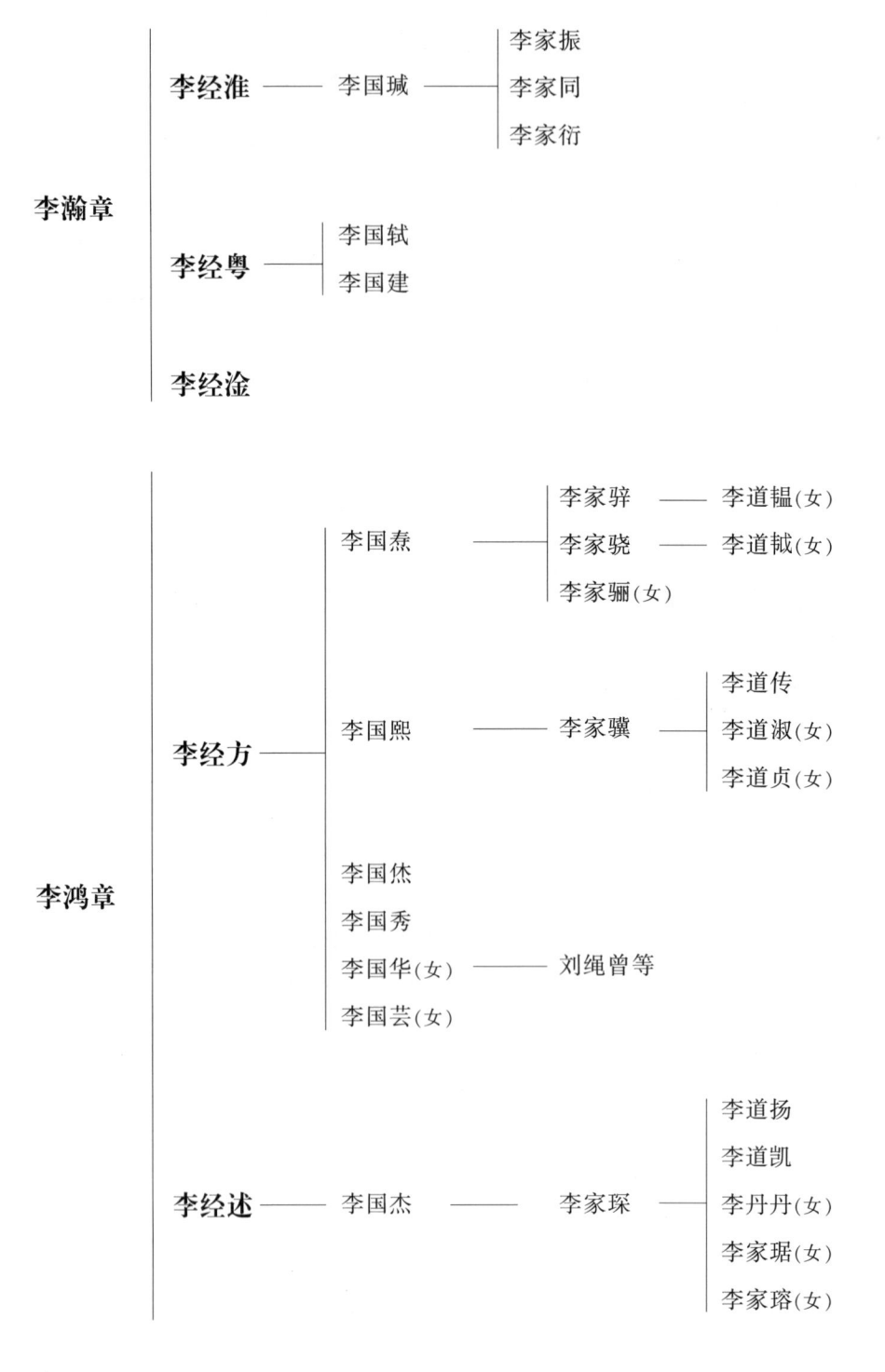

```
                                              ┌─ 李家振
          ┌─ 李经准 ── 李国瑊 ──┤── 李家同
          │                                     └─ 李家衍
李瀚章 ──┤
          │             ┌─ 李国轼
          ├─ 李经粤 ──┤
          │             └─ 李国建
          │
          └─ 李经淦

                         ┌─ 李家骅 ── 李道韫(女)
          ┌─ 李国焘 ──┼─ 李家骁 ── 李道𫓯(女)
          │             └─ 李家骊(女)
          │
          │                            ┌─ 李道传
          ├─ 李国熙 ── 李家骥 ──┼─ 李道淑(女)
          │                            └─ 李道贞(女)
李经方 ──┤
          ├─ 李国㸅
          │
          ├─ 李国秀
          │
          ├─ 李国华(女) ── 刘绳曾等
          │
          └─ 李国芸(女)

李鸿章

                                              ┌─ 李道扬
                                              │─ 李道凯
李经述 ── 李国杰 ── 李家琛 ──┼─ 李丹丹(女)
                                              │─ 李家琚(女)
                                              └─ 李家瑢(女)
```

390 | 李鸿章家族

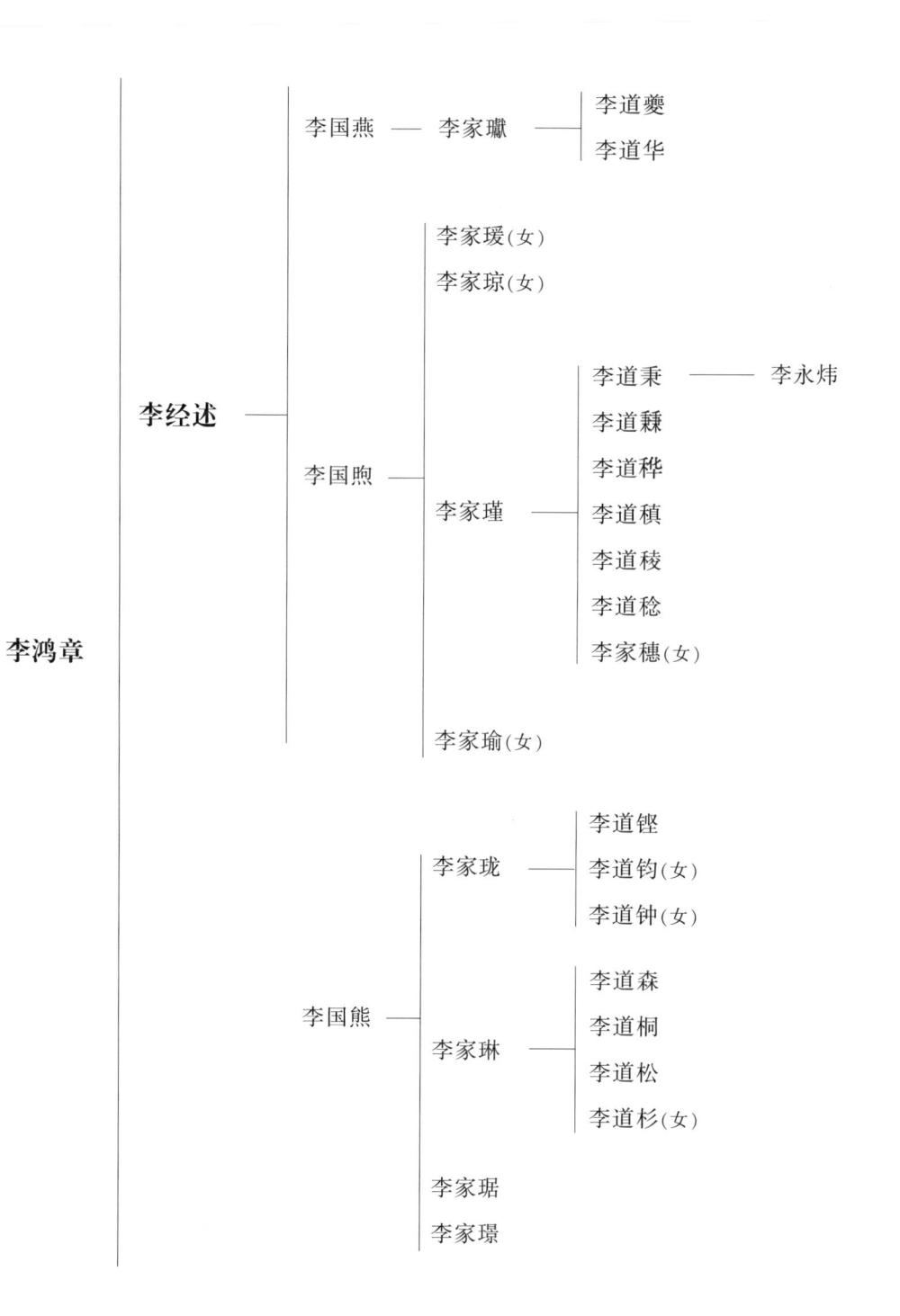

```
李鸿章 ─ 李经述 ┬ 李国燕 ─ 李家瓛 ┬ 李道夔
              │                 └ 李道华
              │
              ├ 李国煦 ┬ 李家瑷(女)
              │       ├ 李家琼(女)
              │       ├ 李家瑾 ┬ 李道秉 ─ 李永炜
              │       │       ├ 李道棘
              │       │       ├ 李道稑
              │       │       ├ 李道稹
              │       │       ├ 李道稜
              │       │       ├ 李道稔
              │       │       └ 李家穗(女)
              │       └ 李家瑜(女)
              │
              └ 李国熊 ┬ 李家珑 ┬ 李道铿
                      │        ├ 李道钧(女)
                      │        └ 李道钟(女)
                      ├ 李家琳 ┬ 李道森
                      │        ├ 李道桐
                      │        ├ 李道松
                      │        └ 李道杉(女)
                      ├ 李家琚
                      └ 李家璟
```

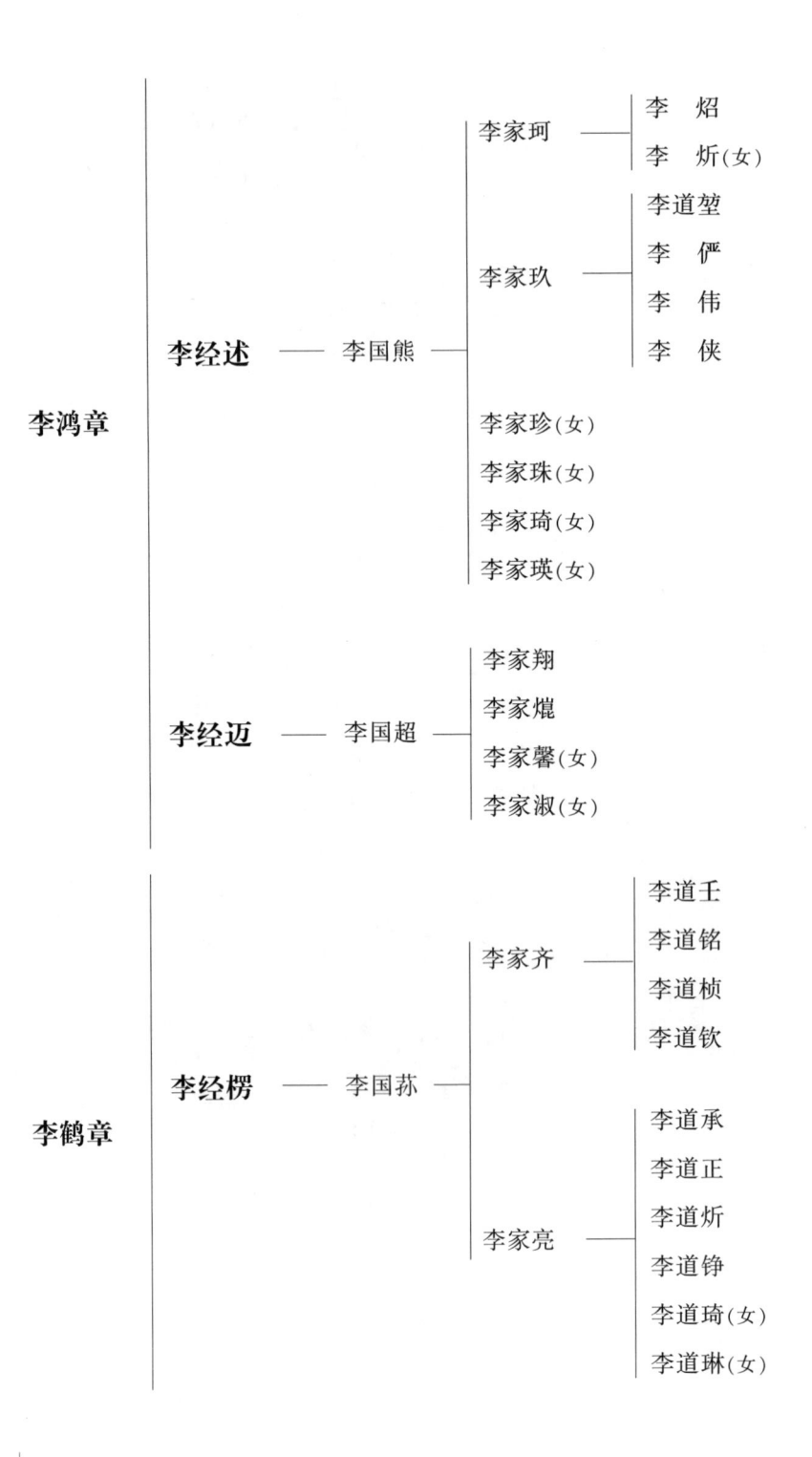

```
                                              ┌─ 李　炤
                              ┌─ 李家珂 ──────┤
                              │               └─ 李　炘(女)
                              │
                              │               ┌─ 李道堃
                              │               ├─ 李　俨
                              ├─ 李家玖 ──────┤
                              │               ├─ 李　伟
                              │               └─ 李　侠
          李经述 ── 李国熊 ──┤
                              ├─ 李家珍(女)
                              ├─ 李家珠(女)
                              ├─ 李家琦(女)
                              └─ 李家瑛(女)

李鸿章
                              ┌─ 李家翔
                              ├─ 李家煋
          李经迈 ── 李国超 ──┤
                              ├─ 李家馨(女)
                              └─ 李家淑(女)


                                              ┌─ 李道壬
                              ┌─ 李家齐 ──────┤ 李道铭
                              │               ├─ 李道桢
                              │               └─ 李道钦
          李经楞 ── 李国荪 ──┤
                              │               ┌─ 李道承
                              │               ├─ 李道正
李鹤章                        │               ├─ 李道炘
                              └─ 李家亮 ──────┤ 李道铮
                                              ├─ 李道琦(女)
                                              └─ 李道琳(女)
```

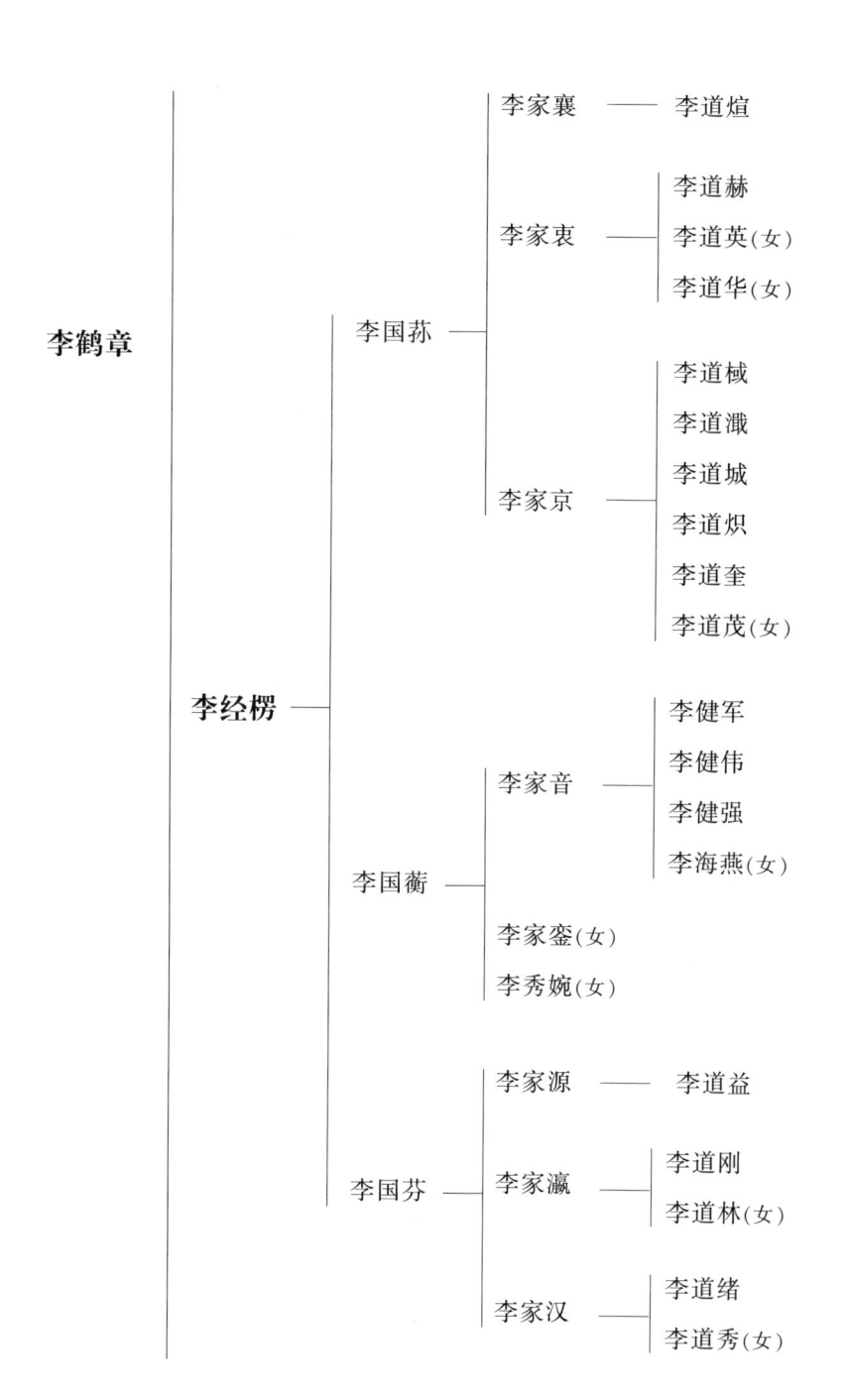

```
李鹤章 ── 李经楞 ┬─ 李国荪 ┬─ 李家襄 ── 李道煊
                │          ├─ 李家衷 ┬─ 李道赫
                │          │          ├─ 李道英(女)
                │          │          └─ 李道华(女)
                │          └─ 李家京 ┬─ 李道械
                │                     ├─ 李道溅
                │                     ├─ 李道城
                │                     ├─ 李道炽
                │                     ├─ 李道奎
                │                     └─ 李道茂(女)
                ├─ 李国蘅 ┬─ 李家音 ┬─ 李健军
                │          │          ├─ 李健伟
                │          │          ├─ 李健强
                │          │          └─ 李海燕(女)
                │          ├─ 李家銮(女)
                │          └─ 李秀婉(女)
                └─ 李国芬 ┬─ 李家源 ── 李道益
                           ├─ 李家瀛 ┬─ 李道刚
                           │          └─ 李道林(女)
                           └─ 李家汉 ┬─ 李道绪
                                      └─ 李道秀(女)
```

```
                                            ┌─ 李家煌 ── 李道培
                                            │
                                            │         ┌─ 李道均
                                            │         │
                                            │         ├─ 李道堪
                                            ├─ 李家炜 ─┤
                                            │         ├─ 李道厚(女)
                                            │         │
                                            │         └─ 李道佳(女)
                                            │
                                            │         ┌─ 李道增
                              ┌─ 李国松 ─────┤         │
                              │             ├─ 李家炯 ─┼─ 李道堉
                              │             │         │
                              │             │         └─ 李道基(女)
                              │             │
                              │             │         ┌─ 李道坊
                              │             │         │
                              │             │         ├─ 李道至(女)
                              │             ├─ 李家煐 ─┤
                              │             │         ├─ 李道圭(女)
                              │             │         │
                              │             │         └─ 李道瑶(女)
                              │             │
                              │             ├─ 李家忻
                              │             │
                              │             ├─ 李家莘(女)
          ┌─ 李经羲 ──────────┤             │
          │                   │             ├─ 李家荣(女)
          │                   │             │
          │                   │             ├─ 李家銮(女)
李鹤章 ───┤                   │             │
          │                   │             ├─ 李家莹(女)
          │                   │             │
          │                   │             └─ 李道荽(女)
          │                   │
          │                   │             ┌─ 李家聪
          │                   └─ 李国筼 ────┤
          │                                 └─ 李家骈 ── 李道豫
          │
          │                                 ┌─ 李家麟
          │                                 │
          └─ 李经馥 ── 李国芝 ───────────────┤         ┌─ 李安德
                                            │         │
                                            └─ 李家彪 ─┼─ 李蓓蓓(女)
                                                      │
                                                      └─ 李露茜(女)
```

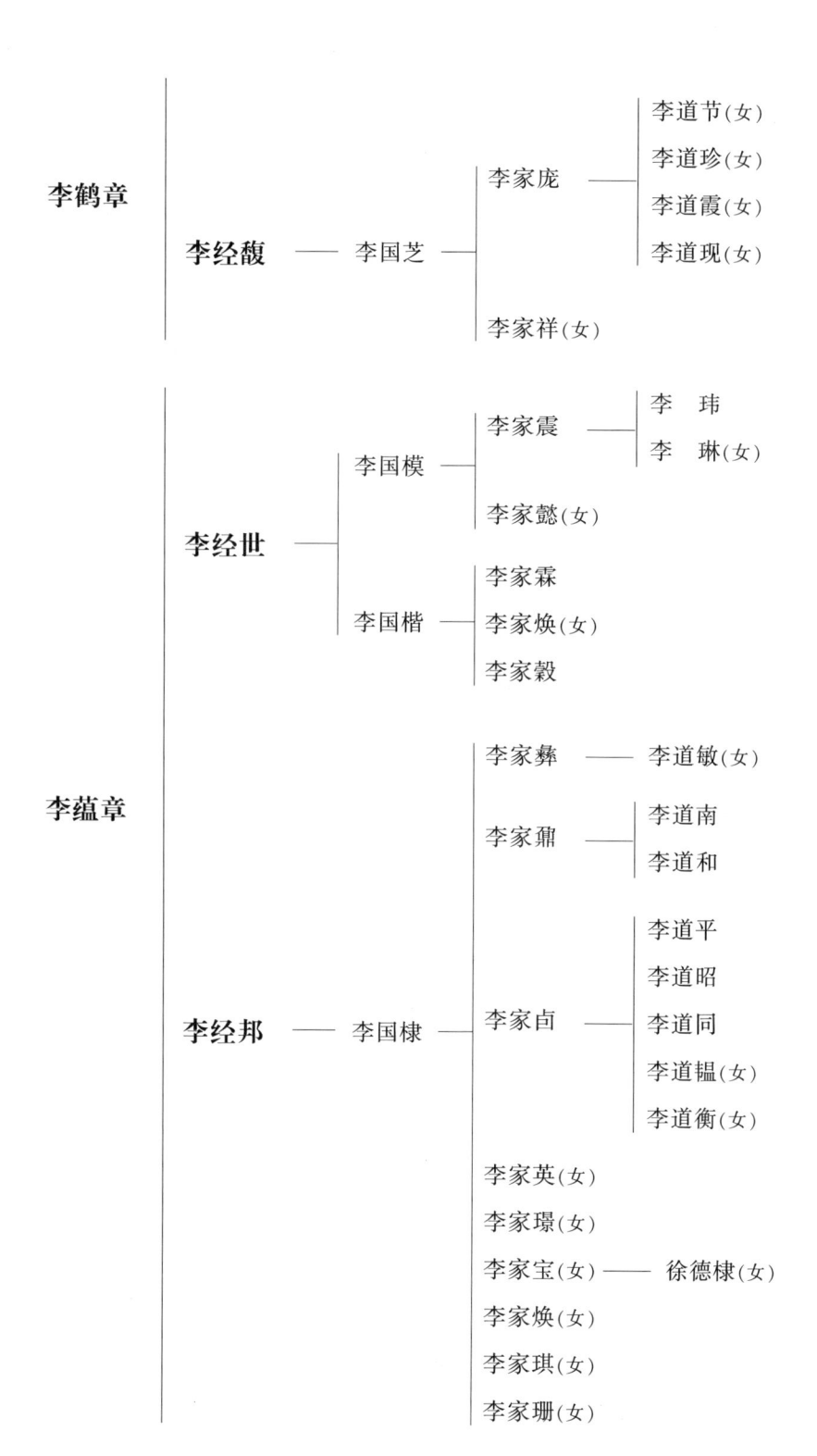

```
                              ┌─ 李家庞 ─┬─ 李道节(女)
                              │         ├─ 李道珍(女)
                              │         ├─ 李道霞(女)
李鹤章 ─┬─ 李经馥 ── 李国芝 ──┤         └─ 李道现(女)
        │                     │
        │                     └─ 李家祥(女)
        │
        │                              ┌─ 李家震 ─┬─ 李 玮
        │                 ┌─ 李国模 ──┤          └─ 李 琳(女)
        │                 │            └─ 李家懿(女)
        │   李经世 ───────┤
        │                 │            ┌─ 李家霖
        │                 └─ 李国楷 ──┼─ 李家焕(女)
        │                              └─ 李家毅
李蕴章 ─┤
        │                              ┌─ 李家彝 ── 李道敏(女)
        │                              │
        │                              ├─ 李家鼐 ─┬─ 李道南
        │                              │          └─ 李道和
        │                              │
        │                              │          ┌─ 李道平
        │                              │          ├─ 李道昭
        │                              ├─ 李家卣 ─┼─ 李道同
        │   李经邦 ── 李国棣 ─────────┤          ├─ 李道韫(女)
        │                              │          └─ 李道衡(女)
        │                              │
        │                              ├─ 李家英(女)
        │                              ├─ 李家璟(女)
        │                              ├─ 李家宝(女) ── 徐德棣(女)
        │                              ├─ 李家焕(女)
        │                              ├─ 李家琪(女)
        │                              └─ 李家珊(女)
```

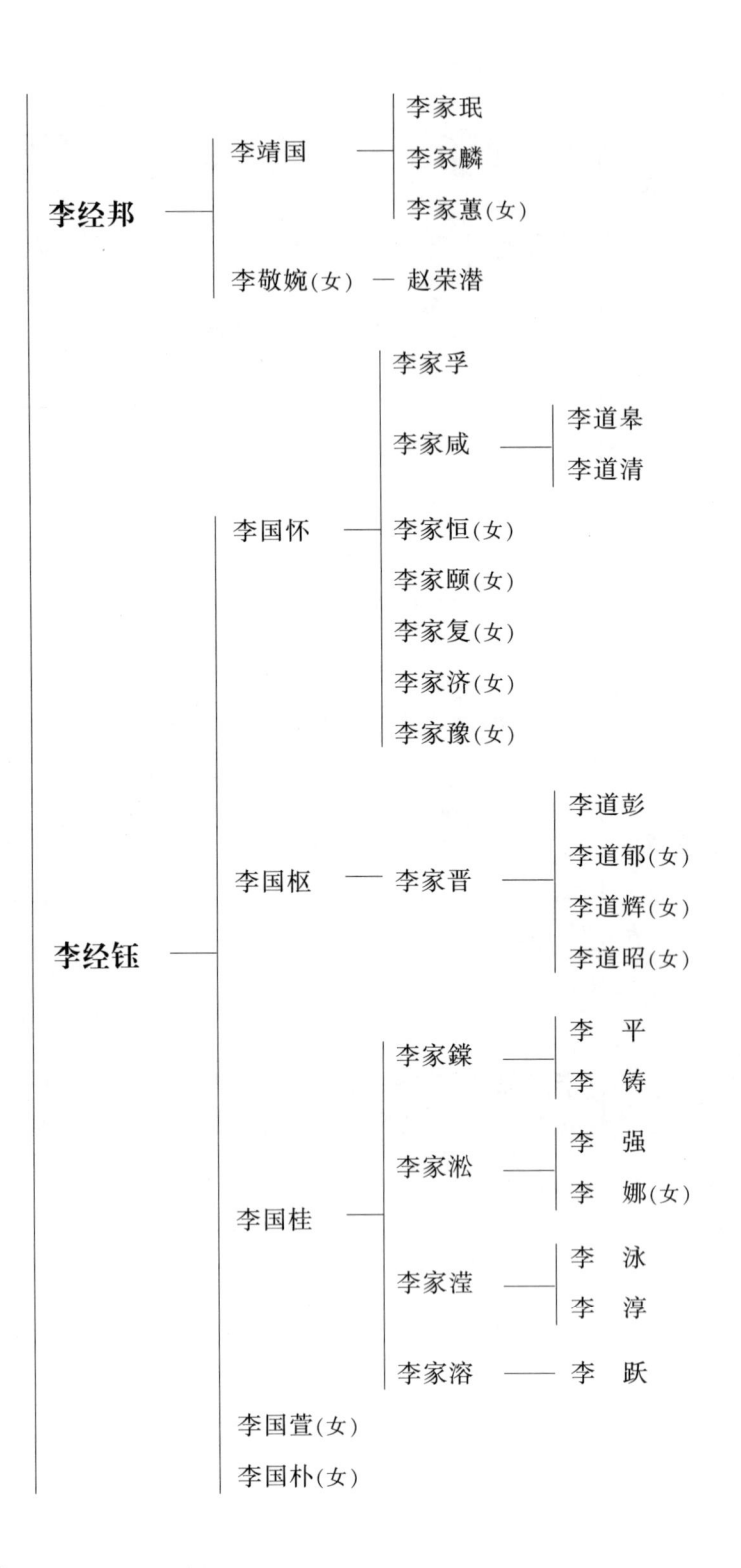

```
                                   ┌─ 李家珉
                    ┌─ 李靖国 ─────┼─ 李家麟
          ┌─ 李经邦 ─┤              └─ 李家蕙(女)
          │         │
          │         └─ 李敬婉(女) ── 赵荣潜
          │
          │                         ┌─ 李家孚
          │                         │              ┌─ 李道皋
          │                         ├─ 李家咸 ─────┤
          │                         │              └─ 李道清
          │              ┌─ 李国怀 ─┼─ 李家恒(女)
          │              │          ├─ 李家颐(女)
          │              │          ├─ 李家复(女)
          │              │          ├─ 李家济(女)
          │              │          └─ 李家豫(女)
李蕴章 ─┤                           ┌─ 李道彭
          │              │          ├─ 李道郁(女)
          │              ├─ 李国枢 ── 李家晋 ─────┼─ 李道辉(女)
          │              │                       └─ 李道昭(女)
          │              │                         ┌─ 李  平
          │              │          ┌─ 李家鏐 ────┤
          │              │          │              └─ 李  铸
          └─ 李经钰 ─────┤          │              ┌─ 李  强
                         │          ├─ 李家淞 ────┤
                         │          │              └─ 李  娜(女)
                         ├─ 李国桂 ─┤              ┌─ 李  泳
                         │          ├─ 李家滢 ────┤
                         │          │              └─ 李  淳
                         │          └─ 李家溶 ──── 李  跃
                         │
                         ├─ 李国萱(女)
                         └─ 李国朴(女)
```

```
李蕴章 ── 李经达 ┬─ 李国柱 ┬─ 李家锦 ┬─ 李凌(女)
                │          │          ├─ 李芸(女)
                │          │          └─ 李明(女)
                │          ├─ 李蕙英(女)
                │          └─ 李淑宜(女)
                │
                ├─ 李国檀 ┬─ 李家敏 ┬─ 李 伟
                │          │          ├─ 李 俊
                │          │          ├─ 李 侃
                │          │          └─ 李玫玫
                │          ├─ 李家敬
                │          └─ 李家缄(女) ┬─ 沈一帆(女)
                │                        ├─ 沈一鸣(女)
                │                        └─ 沈如璧(女)
                │
                ├─ 李国荣 ┬─ 李家篁 ┬─ 李谌(女)
                │          │          ├─ 李谭(女)
                │          │          └─ 李谠(女)
                │          ├─ 李家簳 ┬─ 李卓兵
                │          │          └─ 李卓玉
                │          ├─ 李家篦 ┬─ 李万均
                │          │          └─ 李冰夷(女)
                │          ├─ 李家箴 ┬─ 李元庆
                │          │          └─ 李静芳(女)
                │          ├─ 李淑真(女)
                │          └─ 李仁频(女)
                │
                └─ 李国福(女)
```

397

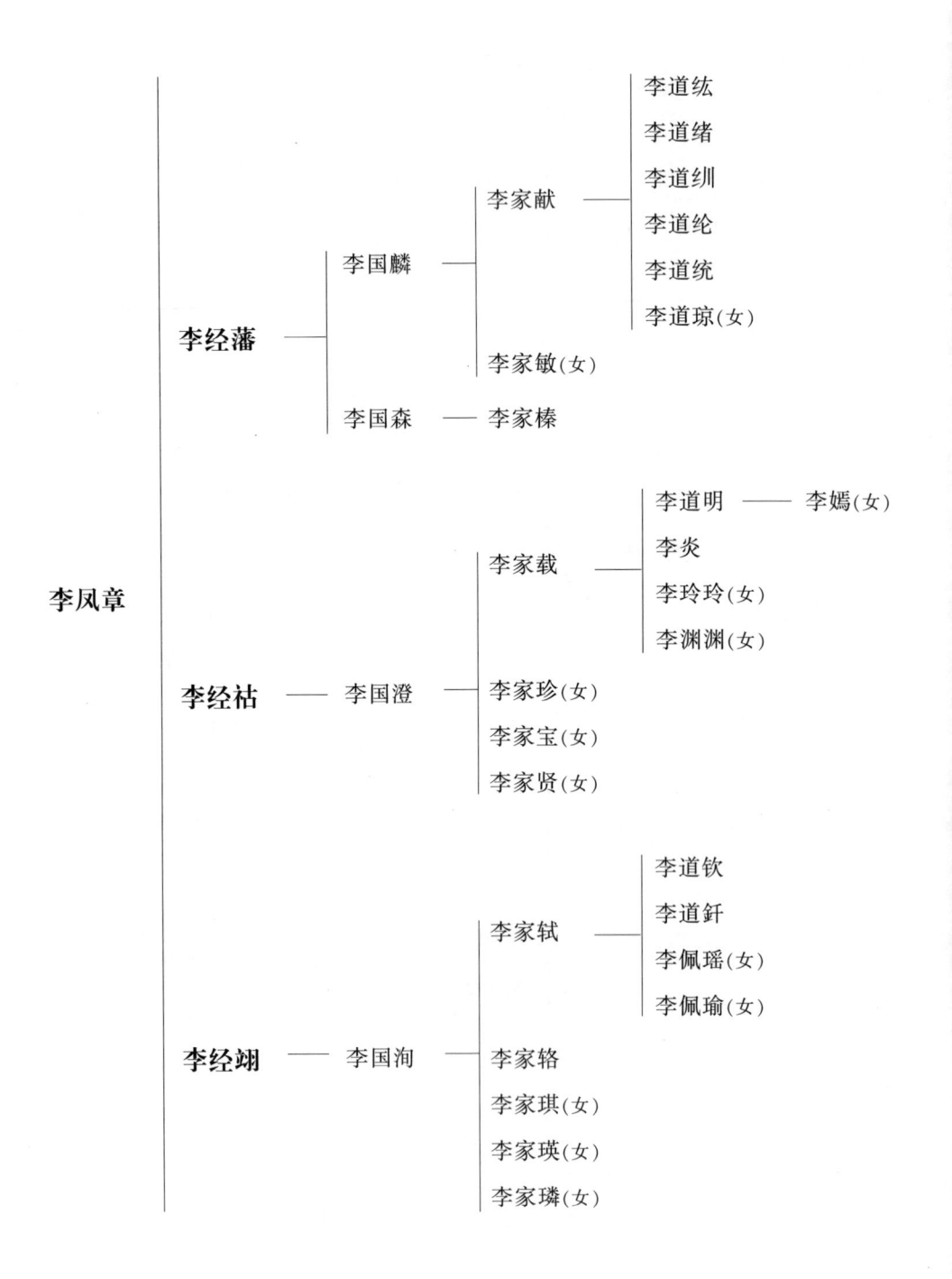

```
                                               ┌── 李道纮
                                               ├── 李道绪
                                               ├── 李道纰
                          ┌── 李家献 ──────────┼── 李道纶
               ┌── 李国麟 ──┤                   ├── 李道统
               │           │                   └── 李道琼(女)
   李经藩 ─────┤           ├── 李家敏(女)
               │
               └── 李国森 ── 李家榛

                                               ┌── 李道明 ── 李嫣(女)
                          ┌── 李家载 ──────────┼── 李炎
                          │                   ├── 李玲玲(女)
                          │                   └── 李渊渊(女)
李凤章 ──── 李经祜 ── 李国澄 ──┼── 李家珍(女)
                          ├── 李家宝(女)
                          └── 李家贤(女)

                                               ┌── 李道钦
                          ┌── 李家轼 ──────────┼── 李道釬
                          │                   ├── 李佩瑶(女)
                          │                   └── 李佩瑜(女)
           李经翊 ── 李国洵 ──┼── 李家铬
                          ├── 李家琪(女)
                          ├── 李家瑛(女)
                          └── 李家璘(女)
```

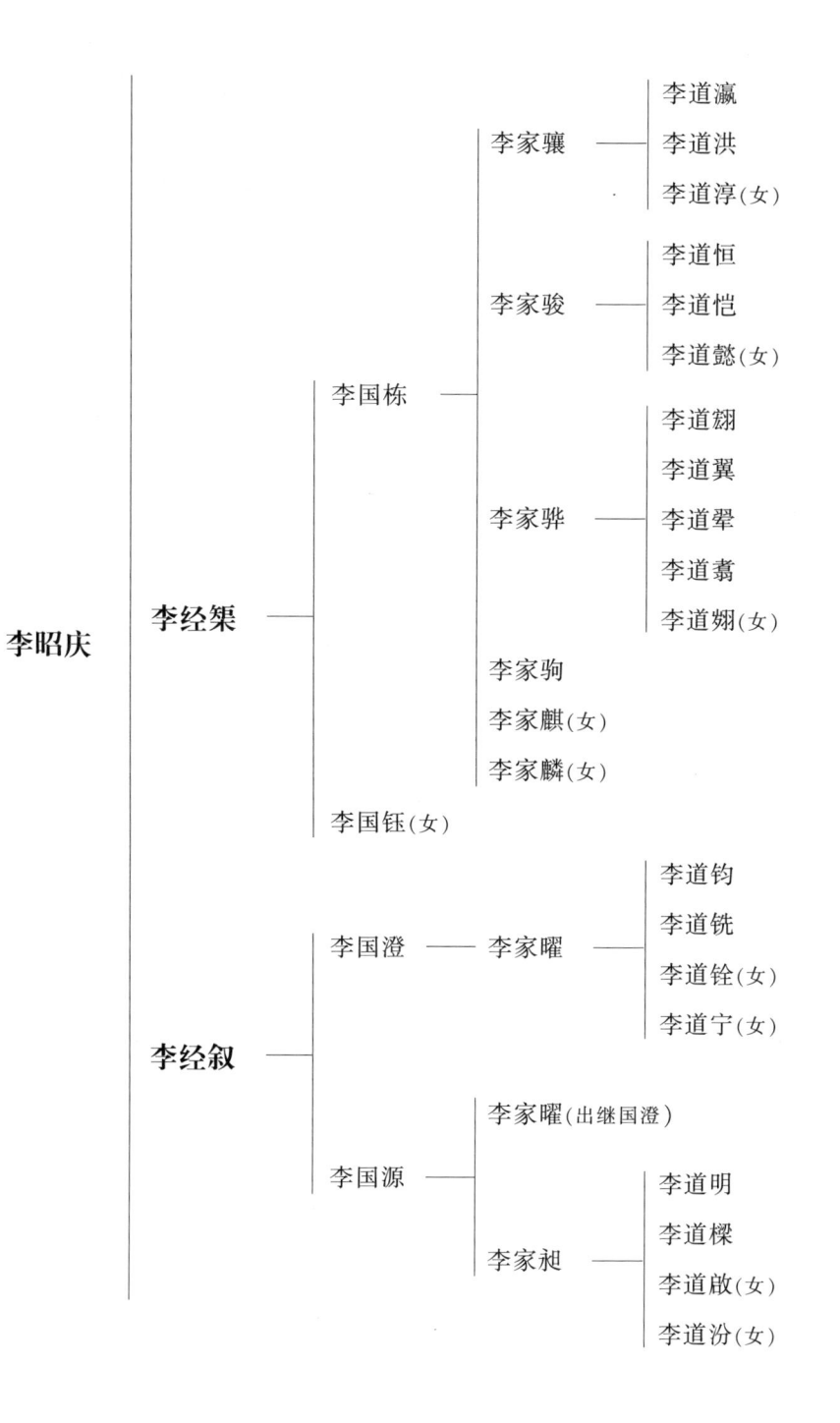

```
                                              ┌── 李道瀛
                              ┌── 李家骧 ──────┤── 李道洪
                              │                └── 李道淳(女)
                              │
                              │                ┌── 李道恒
                              │── 李家骏 ──────┤── 李道恺
                              │                └── 李道懿(女)
                              │
                              │                ┌── 李道翃
                              │                ├── 李道翼
              ┌── 李国栋 ──────┤── 李家骅 ──────┤── 李道翚
              │               │                ├── 李道翯
              │               │                └── 李道翙(女)
              │               │
              │               ├── 李家驹
   ┌── 李经楚 ─┤               ├── 李家麒(女)
   │          │               └── 李家麟(女)
   │          │
   │          └── 李国钰(女)
李昭庆 ─┤
   │                                           ┌── 李道钧
   │                                           ├── 李道铣
   │          ┌── 李国澄 ─── 李家曜 ────────────┤── 李道铨(女)
   │          │                                └── 李道宁(女)
   └── 李经叙 ─┤
              │               ┌── 李家曜(出继国澄)
              │               │
              └── 李国源 ──────┤                ┌── 李道明
                              │                ├── 李道樑
                              └── 李家昶 ──────┤── 李道啟(女)
                                               └── 李道汾(女)
```

```
                                    ┌── 李道冀
                         ┌── 李家昌 ──┤── 李道平
                         │          ├── 李道燕(女)
                         │          └── 李道红(女)
                         │
                         │          ┌── 李道邦
                         ├── 李家景 ──┤── 李道兴
                         │          └── 李道敦(女)
              ┌── 李国源 ──┤
              │          │          ┌── 李道唯
              │          ├── 李家晖 ──┤
              │          │          └── 李道薇
              │          │
              │          │          ┌── 李道帜
              │          └── 李家晨 ──┤
              │                     └── 李道帆(女)
              │
              │          ┌── 李家明(女)
李昭庆 ── 李经叙 ──┤── 李家晋(女)
              │          └── 李家星(女)
              │
              │                     ┌── 李道珣
              │          ┌── 李家智 ──┤── 李道琛
              │          │          └── 李道琳(女)
              │          │
              │          │          ┌── 李道瑾
              └── 李国济 ──┤── 李家旭 ──┤── 李道珩
                         │          └── 李道琛
                         │
                         │          ┌── 李道琨
                         └── 李家昱 ──┤
                                    └── 李道琤(女)
```

400 | 李鸿章家族

```
李昭庆 ─ 李经叙 ┬ 李国济 ┬ 李家升 ┬ 李道慧(女)
              │       │       └ 李道瑜(女)
              │       ├ 李家晃 ┬ 李道珫
              │       │       ├ 李道琪(女)
              │       │       └ 李道珠(女)
              │       └ 李家旺(女)
              ├ 李国沆 ┬ 李家皓 ┬ 李道融
              │       │       ├ 李道康
              │       │       └ 李道健
              │       ├ 李家曙
              │       ├ 李家昕 ┬ 李道琼(女)
              │       │       ├ 李道元
              │       │       └ 李道斌
              │       ├ 李家晶 ┬ 李道珊(女)
              │       │       └ 李道琳(女)
              │       ├ 李家雯(女)
              │       └ 李家曼(女)
              └ 李国珍(女) ┬ 刘广恒
                          ├ 刘广斌
                          ├ 刘广炘
                          ├ 刘广琴(女)
                          └ 刘广文(女)
```

附录二：

李鸿章家族大事记

1801年：李鸿章之父李文安生

1821年：李瀚章生

1823年：李鸿章生

1825年：李鹤章生

1829年：李蕴章生

1833年：李凤章生

1834年：李文安乡试中举

1835年：李昭庆生

1838年：李文安与曾国藩同年中进士

1844年：李鸿章乡试中举

1847年：李鸿章中进士

1851年：李鸿章任武英殿纂修，国史馆协修。李瀚章代理湖南永定县知县。李经世生。

1853年：李鸿章奉命回乡办理团练，加入剿杀太平军，李鹤章随兄从军。年底，李文安也奉命回乡募勇防剿太平军。

1855年：李文安卒于合肥军次，年55岁。

　　　　李昭庆的长子李经方生，后过继为李鸿章嗣子。

1858年：太平军再次攻占庐州（合肥），焚毁李鸿章祖宅。

　　　　李鸿章赴江西，入曾国藩幕。

1859年：李经羲生。

1861年：李鸿章元配夫人周氏卒于江西。上海官绅厉学潮、钱鼎铭抵安庆向曾国藩乞师。李鸿章奉命编练淮军。

1862年：李鸿章率淮军赴沪作战，与华尔洋枪队共剿太平军。12月，实授江苏巡抚。

1863年：李鹤章作战负伤。淮军攻克苏州，李鸿章设计杀掉八降王后，被赏太子少保，并赏穿黄马褂。

1864年：太平军兵败南京，标志了风行十三年的太平天国运动结束。清廷封李鸿章一等伯爵，赏戴双眼花翎。李经述生。

1865年：李鸿章出任两江总督。奏请创办江南制造局，此为清朝最大的近代军工企业，标志了洋务运动的开始。

1866年：李昭庆率马队赴河南协剿捻军。

1866年：曾瓜李代：曾国藩回两江总督本任，李鸿章受命钦差大臣，专办剿捻事宜。

1867年：清廷任命李鸿章为湖广总督，仍在军中办理剿捻，调李瀚章为江苏巡抚，代理湖广总督。李经叙生。

1868年：捻平，李鸿章被赏加太子太保，并以湖广总督协办大学士。

1870年：李鸿章调任直隶总督兼钦差大臣，接办洋务。

1871年：李鸿章、曾国藩联名致函总署，奏请选派聪颖子弟赴美留学，以收自强久大之效。此为中国官派留学生之始。

1872年：李鸿章创办著名企业轮船招商局。李昭庆卒于天津。

1874年：李鸿章被授文华殿大学士，大力举办近代军工企业和近代民用企业。

1875年：李鸿章督办北洋海防事宜。李瀚章出任四川总督。

1876年：李经迈生。李经世乡试中举。

1877年：李国松生。

1879年：美国前总统格兰特将军抵天津，访晤李鸿章。

1880年：李鹤章卒于合肥。

1881年:李国杰生。

1882年:李经方、李经畬乡试中举。

1883年:中法之战爆发。

1884年:翰林院编修梁鼎芬弹劾李鸿章有六可杀之罪,朝廷以其莠言乱政将其革职。

1885年:李鸿章与伊藤博文签订中日天津条约,与法使签订中法新约十款。李经述乡试中举。

1886年:李蕴章卒于合肥。

1888年:李藕菊嫁张佩伦。北洋舰队正式成立。

1889年:李国焘生。李经藩乡试中举。

1890年:李凤章卒于芜湖。李经畬中进士,任翰林院编修。

1891年:李鸿章聘范当世抵津,为李经迈、李经进家庭教师。李经世卒于天津。

1892年:李鸿章七十寿辰,慈禧、光绪赐以厚礼。李鸿章幼子李经进病卒,年仅十五。李鸿章继配夫人赵氏病卒天津。

1893年:李经钰乡试中举。

1894年:甲午战争爆发,中日海军黄海大战,北洋舰队大败于大东沟。

1895年:李鸿章率李经方、罗丰禄、马建忠、伍廷芳等人赴日议和,签订《马关条约》。

1896年:李鸿章奉命出使俄、德、英、法等各国,李经方、李经述、罗丰禄等随行。李国源生。

1897年:李鸿章投闲京师,在总署行走,居贤良寺。李经叙随驻美大臣伍廷芳至美,以二等参赞驻秘鲁,代办大臣事务。李国松乡试中举。

1898年:李鸿章奉命勘查山东黄河工程。

1899年:李瀚章卒于合肥。年底,李鸿章任两广总督。李家彝生。

1900年:庚子事变爆发。年初,李鸿章离京赴广州接任两广总督。6月,北京局面逐渐失控,清廷命李鸿章火速进京收拾局面;7月,清廷重新任命

　　　　李鸿章为直隶总督兼北洋大臣。李鸿章10月抵京,与奕劻一起,与
　　　　列强谈判。

1901年:《辛丑条约》签订。11月17日,李鸿章在北京贤良寺吐血而卒。李经
　　　　羲任广西、云南巡抚。

1902年:李经述卒于天津。李经楚在上海创办义善源钱庄。李国筠乡试中举。
　　　　李国栋乡试中举。

1903年:李国栋任出使奥地利大臣二等参赞。

1904年:李经楚任邮传部左丞。

1905年:李经迈任出使奥地利大臣。

1906年:李国超生。

1907年:李经方任出使英国大臣。李经叙任驻墨西哥使馆总领事。

1908年:李经楚任交通银行第一任总理(即总经理)。

1909年:李经羲任云贵总督。李经叙病卒墨西哥。

1911年:辛亥革命爆发。李鸿章家族大批人从安徽合肥、芜湖等地避入上海
　　　　和天津租界。

1913年:李经楚卒于北京。李鸿章侧室莫氏夫人卒。

1917年:5月至7月,李经羲任北京政府国务总理兼财政总长。

1921年:李家彝任陈独秀的外文秘书。

1924年:李国杰任轮船招商局董事长。

1925年:李经羲卒于上海。

1929年:李国筠卒于上海。

1935年:李经方卒于大连。李经畲卒于北京。

1937年:抗日战争爆发。仍居住在安徽合肥和芜湖的李家人开始逃难,进入
　　　　上海、香港、天津。李氏家族总体上离开了安徽。

1939年:李国杰在上海遇刺身亡。

1940年：李经迈卒于上海。

1949年：李家景、李家曙、李家升随姑夫刘攻芸去香港。李国秦、李国光、李家昶、李慧龙(家骧)、李家皓等人均在此前后到了香港，白手起家，重新创业。

1950年：李国松卒于上海。

1954年：诗人李国柱卒于上海。

1960年：李家昶、李家景从香港赴尼日利亚创业，创办了捷丰纺织厂、环球钢铁厂、环球搪瓷厂等大型企业。

1962年：李国焘病卒上海。

1966年：十年"文革"爆发，几乎所有在大陆的李家人都受到了冲击，有的夫妇双双死于非命。

1974年：李国源病卒香港。

1976年：李家彝受迫害死于上海。

1985年：粉碎"四人帮"后，李家后代中的科技人员受到重用。李道qian任福州铁路局总工程师。

1995年：造桥专家李家咸获首届全国科技大会特等贡献奖。

1997年：李道增主持设计的国家大剧院项目进入最后"决赛圈"。

1998年：合肥李鸿章故居被公布为安徽省重点文物保护单位。

1999年：合肥李鸿章故居修复后正式对外开放。合肥市政府有关部门领导邀请李家后人李家锦、李家昱、李家咸、李家庞、李道楷、李道极、李永炜等参加了揭幕典礼。

2000年：李道增执教于清华大学建筑学院多年后，当选中国工程院院士。李道兴被评为加拿大全国杰出青年、国际青年总裁协会会员。

2001年：5月，李鸿章家族半个世纪以来第一次在上海大聚会。李家锦主编的《合肥李文安公世系简况》面世。

2003年:合肥李鸿章享堂修复,对外开放。电视剧《走向共和》播映。

2004年:春节期间,合肥李鸿章故居陈列馆程红馆长专程赴沪,参加李氏家族的大聚会,热情邀请李家后人去合肥"寻根"。10月,数十位李家后人组团去合肥。

2009年:宋路霞著《细说李鸿章家族》一书由上海辞书出版社出版。

附录三：

参考书目

《合肥李文安公世系简况》李氏家族编印 2001年
《合肥李氏宗谱》 李氏家族编印 1915年
《愚荃敝帚二种》李文安 同文书局缩印 1883年
《澹园日记》李经述 稿本复印件 李氏家族提供
《慎余堂田产目录》不分卷 李经邦等 稿本17册
《合肥县太傅第田塘房产目录》积善堂辑 李氏抄本 民国初年
《李傅相手谕旅顺诸将书》一卷 李鸿章 1895年 石刻拓本
《李鸿章家族》丁德照、陈素珍编著 黄山书社 1994年
《李鸿章家书》翁飞、董丛林编注 黄山书社 1996年
《李鸿章家族碑碣》张昌柱等 黄山书社 1994年
《合肥李氏三代遗集》3册 李国杰辑 台湾文海出版社印行
《合肥李勤恪公(瀚章)政书》2册 李经畬等编 台湾文海出版社印行
《李文安传》光绪年间 石印本 (清)国史馆
《合肥相国七十赐寿图》盛宣怀、罗丰禄等 1893年 石刻4册
《李文忠公(鸿章)朋僚函稿》24卷 台湾文海出版社印行
《李鸿章年谱》窦宗一 台湾文海出版社印行
《李鸿章新传》雷禄庆著 台湾文海出版社印行
《曾文正公年谱》《崇德老人纪念册》聂其杰 台湾文海出版社印行
《淮军平捻记》周世澄著 台湾文海出版社印行
《庸盦笔记》(清)薛福成 江苏古籍出版社 2000年
《晚清七十年》唐德刚 岳麓书社 1999年

《李鸿章评传——中国近代化的起始》[美]刘广京编　陈绛译校，上海古籍出版社　1995年

《龙旗飘扬的舰队》　姜鸣　三联书店　2002年修订本

《被调整的目光》　姜鸣　上海人民出版社　1996年

《李鸿章传》　苑书义　人民出版社　1994年

《李鸿章》　梁启超　海南出版社　2001年

《异辞录》　刘晦之　中华书局　1988年

《淮系人物列传——文职、北洋海军、洋员》马昌华主编　黄山书社1995年

《淮系人物列传——李鸿章家族成员、武职》马昌华主编　黄山书社1995年

《晚清兵制　第一卷　淮军志》罗尔刚　中华书局　1997年

《晚清兵制　第二卷　海军志　第三卷……》罗尔刚　中华书局　1997年

《适可斋记言、记行》马建忠　上海著易堂　1896年　刻本4册

《清末现代企业与官商关系》[美]陈锦江　中国社会科学出版社　1997年

《李鸿章官场艺术与人际权谋》　翁飞　陕西师范大学　2001年

《外国人评点李鸿章》　张明林　吉林摄影出版社　2003年

《穿蓝色长袍的国度》[英]阿猗波德·立德著　王成东译　时事出版1998年

《朋友、客人、同事》[美]K.E 福尔索姆　刘悦斌等译 中国社会科学出版社 2002年

《影响中国历史的安徽人》　黄山书社　1994年

《留美幼童——中国最早的官派留学生》钱刚、胡劲草 文汇出版社　2004年

《中国近代企业的开拓者》孔令仁主编　山东人民出版社　1991年

《对照记》　张爱玲　花城出版社　1997年

《我的姐姐张爱玲》　张子静　学林出版社　1997年

《庐洲府志》

附录四：

文安公后裔 2015 故乡归来记

"在这百花盛开、春意盎然的日子里，在这心潮汹涌、激情澎湃的日子里，在这天天想日日盼的日子里，我们从祖国的四面八方、从海外各地，120多人啊！合肥！我们终于回来了！合肥啊，故乡！我们魂牵梦萦的故乡！让我们激情满怀地拥抱您！您的儿女回家了！

——节选自道和《祝酒词》"

2015年4月25日上午，文安公（李氏兄弟之父）后裔怀着对先祖的崇敬和对故土的眷恋之情团聚在合肥市中心步行街李鸿章故居门前合影留念，开启了此次故乡行的序幕。此次故乡行的规模空前，来自美国、加拿大、新加坡、台湾、香港、北京、上海、天津等三十余座城市的一百二十多位族亲济济一堂，共叙思乡之情，共谋家族繁荣。

在改革开放，祖国繁荣富强的今天，族亲们在先祖遗德的感召下又团聚在了一起。这是本家族史上的一件盛事，也是新中国成立以后本家族最具规模的一次聚会。

百多年来，由于政治的原因，各届政府对于鸿章公的历史功过评说迥异，我们李氏后人也因此备受牵连，无奈的被大起大伏。如今，随着中国社会现代化和工业化的文明进程不断深入人心，以及历史学界对于鸿章公和清末中国现代化进程的研究越来越深入，大量的无声史料，揭示和还原了历史的原貌。虽经历史浪潮的起伏，我们李氏后裔深爱祖国的一颗赤子之心却一直没有变化！希望祖国和平安宁，繁荣富强，同时也希望国家能公平公正的对待为她的繁荣富强做出杰出贡献和牺牲的每一个儿女！

本次活动,内容安排上丰富紧凑,在短短的两天中,族亲们在李鸿章故居门前拍摄了大合影之后,驱车来到位于合肥东郊大兴集的李鸿章享堂,在庄严肃穆的气氛中,大家面向新建的鸿章公墓冢(原墓冢在1958年被铲平,鸿章公的遗骨也散失无存了)举行了祭拜仪式,献花、献辞、鞠躬,全体族亲们怀着无比崇敬的心情祭奠了以鸿章公为代表的先祖们,并誓将继承先祖们的遗志,团结互助,共同教育好家族的后代子孙,为国家的富强大业推出更多的有用之才。

当日下午,全体族亲瞻仰了位于磨店于湾村的李氏家庙遗址。据介绍,家庙为瀚章公、鸿章公等六兄弟为祭奠文安公修建的,当时家庙包括各种房间共99间,如今遗址只残存几块断碑与石鼓,依稀可见几处残垣的遗迹,而遗址上伊藤博文送来的玉兰树却依然郁郁葱葱,此情此景让族亲们黯然感伤。

参观熊砖井把族亲们的寻根热情推向了最高峰,熊砖井坐落在磨店乡祠堂郢村,我合肥李氏就是喝着这口井里的水走上清王朝的政治舞台的,如今井里依然是水清如镜,围拢在井口旁,大家无法抑制内心的激动,借来一个锈铁桶,接上几段旧麻绳,锈铁桶装满了井水在亲人们期盼的目光中争相传递,井水倒在嘴里,泼洒在身上,滋润却在心头。

在热情的祠堂郢村乡亲们的引领下,族亲们还参观了李老夫人(文安公诰命夫人)耕种过的"麻大田"及瀚章公、鸿章公六兄弟年幼时戏水的柳荫塘,族亲们三五成群漫步在养育先祖的耕田和水塘边不禁感慨万分。

25日晚,族亲们在合肥市庐阳区百花餐厅举行了团聚晚宴,合肥市文物管理处处长程红、李鸿章故居陈列馆馆长吴胜作为特邀嘉宾出席了晚宴,并发表了热情洋溢的讲话。本次活动辈分最高年龄最大的老六房李家昌先生也进行了即席演讲,表达了我合肥李氏对故乡的热爱和家族长辈们对晚辈们的期望。族亲们观看了"合肥李氏寻根网"的创建者老六房家曙先生(2015

年3月辞世)的生平视频,老二房李永炜先生讲述了李家曙先生为家族奉献的感人事迹,族亲们沉浸在对家曙先生深深的怀念与感恩之中,李家曙为家族而生,李家族将永远铭记。最后,老四房李道和先生致祝酒辞,祝酒辞博得了全场的掌声与喝彩。

26日全天,族亲凭聚会特制胸牌免费参观了"李鸿章故居",故居向族亲们展出了馆藏珍品"祖容图"(老五房李珮瑶捐献)"庆生银盾"(老二房李永炜捐献)"合肥李氏珍藏夋兔颖霜晖象牙朱砂笔"(社会人士捐献),大部分族亲都是第一次瞻仰了上至殿华公的祖容。

在市文物处的关怀下,在程红处长、吴胜馆长亲自协调与支持下,"李鸿章故居陈列馆"为本次文安公后裔故乡之行提供了大力的帮助,故居工作人员承担了本次聚会来往亲人的接送任务,为"回家看看"的亲人们准备了丰厚的礼品,并免费接待了族亲们的参观造访。

故乡行活动虽遇到宾馆停供热水、电梯故障等等无法预料的小插曲,但最终在全体族亲的理解与积极配合下圆满结束。

在此,故乡行活动组委会代表全体参加活动的族亲向热心赞助本次活动的族亲们表示感谢!特别地,向因各种原因无法参加本次故乡行活动的赞助者们致以衷心的亲切的谢意!

文安公后裔2015年合肥故乡行聚会组委会
执笔:李泳、李昂
2015年5月5日

附件1:活动特邀嘉宾:
宋路霞、程红、吴胜

附件2：参加活动的家族人员：

李家昌、李家昱、李家晃、李家晨、李家骁、李家玲、李刚、李强、李家亮

李道和、李道韫、李道钟、李伟、李道同、李道薇、李道衡、李道铨、李道钧、李道凯、李道圭、李侃、李道铣、李道桐、李道彭、李道洪、李道辉、李道冀、李道昭、李道琛、李若冰、李道琪、李道燕、李竹坪、李道铮、李道帆、李道珠、李晓刚、李炘、李道帜、李道丽、李平、李道红(陈红)、李泳、李东、李道琳、李跃、李道玥

李永怡、李永昕、李力、李永漪、李昂、李永炜、李海燕、李菡、李微、李永汶、李永灏、李永蜒、李永深、李进春、李明、李泳达、李葛昶、李宁、李永宁、李雪琪、李如歌、李浩然、李永轩、李永煌

李昌荣、李超、李胜、李昌鹤、李昌烨、李昌政、李昌泽、李昌楷、李昌临

李福麟、李福瑞

后记

关于李鸿章家族的大宅门故事,我几年前曾写过一本《李鸿章家族》,由台湾立绪出版社出版繁体字版;2005 年由重庆出版社出版了简体字版;2009 年由上海辞书出版社修订再版,书名改为《细说李鸿章家族》。这次由安徽文艺出版社推出的是第四个版本。这个版本在上述版本的基础上,主要补充了李氏家乡近些年来的变化,以及李家后人的网站活动、集体回乡寻根活动、"李家大院服务团队"的活动。

近二十年来,我怀着极大的探秘兴趣,探访李家的前尘往事,前后跑了很多地方,走访了七十多位李家后人和专家学者,在图书馆和档案馆查阅了很多资料,终于在各方的帮助下,算是把书写成了。史海深浅,初尝滋味,深感史学工作的不易,这对于不知天高地厚的我来说,实在是个很好的教训。好在在这个过程中,呆人有呆福,常得高手点拨,真的获益匪浅。

首先是得到了很多李氏家族后代的理解和帮助。李家"国"字辈的老人中有李国光先生、邱辉女士(李国森先生的夫人)、徐德英女士(李国洵先生的夫人);"家"字辈中的老人有:李家玉、李家煐、李家震、李家瑛、刘䜣万、李家昱、李家庞、李家旺、李家咸、李家骁、张凤云、李家玖、齐丽霞、李家昶、李家景、李家晋、李家昌、李家晖、李家星、李家晨、李家曙、李家皓、李家昕、李家亮、李家尧、范绪箕、赵荣潜、刘绳增、范绪簹、吴淑珍、李淑宜等等。

李家"道"字辈和"永"字辈中的朋友也提供了很多资料和帮助,他们是:李道增、李道楷、李道林、李道善(李畅)、李道赖、李道稔、李道积、邵玉贞、李道模、李道椿、李道芸、李道韫、李道洪、李道丽、李道同、李道钺、李道棱、李道森、李道凯、李道铿、李道钧、李道明、李道铣、李道平、李道炯、李渊渊、杜连、李伟、李侃、徐德棣、沈一鸣、李永炜、李永力、李永深、李泳、李嫣等等。

还有一些学术界的老师,给了我极大的鼓励和具体的指导,他们是上海社会科学院历史研究所的熊月之所长、复旦大学的陈绛教授、华东师范大学的董秀芬教授、华东师大图书馆的吴平、黄明、杨同甫教授、上海档案馆的邢建榕、陈正卿研究员、安徽社会科学院的翁飞研究员、安徽省政协文史办公室的屠筱武主任、陈劲松副主任、金宏慧副主任、安徽合肥李鸿章故居陈列馆的程红馆长、吴胜副馆长、合肥肥东县文化馆的丁德照研究员等等。

我第一次到香港采访李氏后人时,周巧琴女士和顾圆圆、林肯夫妇提供了食宿方面的帮助。在北京采访时,得到了宋文玉、杨惠光、杨星胜的热情帮助。《李鸿章家族》出版后,还获得了李家昶、李家景和李家曙先生的奖励,在此一并向他们表示衷心的感谢!

遗憾的是,几年前多次采访过的李家老人,如李家锦先生、李家曙先生、李家宝女士、李道稚先生、李道韫女士(原音乐学院教师),他们提供了很好的史料、李家老照片和故事线索,如今他们不及看到此书的出版,先已离世了。也以此书,表达对他们的怀念。

著名家族史的调查和研究,在中国才刚刚起步,内中丰厚的"矿藏",还有待去发掘和整理。有心深入其中,自会感到满眼风光,乐趣无穷。但愿这本书,能够带来些许这方面的信息,促进这项研究的开展。当然,书中错误一定不少,愿得到行家里手的帮助。

宋路霞